KB123392

1959년 인천시 지명조사표

- 인천시지명제정위원회 '결정통과본' -

인천학자료총서 34

1959년 인천시 지명조사표

– 인천시지명제정위원회 '결정통과본' –

강재철·김영수·이건식 공편

보고사
BOGOSA

<서문>

본서는 지금으로부터 64년 전인 1959년 인천시지명제정위원회 「(인천시) 지명조사표」 '결정통과본'을 정서한 결과물이다. 하지만 일제 강점기 자료와 이후에 생성된 자료까지 망라하여 통시적으로 인천시 지명의 비교 검토가 가능하도록 구성함으로써, 메인 텍스트인 상기 '결정통과본'의 지명사적 위상과 가치가 크게 부각될 수 있도록 꾸민 일종의 자료모음집이다. 따라서 기본 자료의 외연이 크게 확장된 본서는 일종의 '인천시지명비교자료집성(仁川市地名比較資料集成)'의 하나라 할 수 있다.

지난날의 역사를 돌이켜보면, 「(인천시) 지명조사표」 '결정통과본'을 낳게 한 <'59년 전국지명조사사업>은 우리나라 지명사의 한 획을 그을 만한 큰 사건이었다.

'59년 당시 우리나라 상황은 해방공간기와 6.25의 여파로 모든 면에서 매우 어려운 시기였다. 좌우 대립이 극심한 가운데 6.25를 겪으면서 국토가 피폐할 대로 피폐해진 상황이었다. 당시 이승만 정부의 국가적 트렌드는 우선 순위가 국토재건으로서 무형의 지명까지 손을 댈 여력이 없었다. 그러나 당시 비록 세계에서 최빈국이었지만 이 어려움을 극복하고 우리나라 유사 이래, 비록 남한 지역에 국한된 것이었지만 가장 과학적이고 체계적인 전국 지명조사를 무난히 수행해냈다. 이런 데에는 전 국토의 지명제정사업이 남북이 대치된 휴전 상태에서 어쩔 수 없는 선택지(選擇肢)였기 때문이었다. 그리하여 '53년 10월 한미상호방위조약, '56년 1월 한미지도협정 이후 미군의 선제적 요청과 지원으로 '59년 군(軍)·관(官)·민(民)이 삼위일체가 되어 단시일 내에 수행할 수가 있었다. 어찌 보면 '59년 지명조사 사업은 6.25 전쟁의 부산물인 셈이다. 갑작스럽게 발발한 6.25는 정확한 지도 한 장 없이 치러진 전쟁이었다. 당시의 지도는 일제 강점기 때 만들어진 1/5만 지형도를 근거로 만든 미극동군 전시판(戰時版) 「작전군사지도」였는데, 우리나라의 지명 가운데는 동일 장소에 해당하는 이칭(異稱)과 난칭(亂稱)들이 너무 난립(亂立)되어 작전 수행상 막대한 지장을 초래했다. 이래서 '묵호'로 갈 군함이 '목포'로 가는 경우도 있었고, 애꿎은 민간인 지역에 포탄을 쏟아붓기 일쑤였다. 때문에 한미 양국이 전술지도의 중요성을 너무나 잘 알고 있었기에 당시 특수 재정과 인적 구성상 힘든 일이었지만, 군·관·민 모두 긍지와 사명감을 갖고 사업에 참여하여 우리나라 지명사의 기념비적 업적을 쌓아 올린 것이다. 8.15해방으로 국권을 되찾고 '59년 지명조사 사업으로 국토를 효율적으로 관리할 수 있는 진정한 영토주권을 되찾게 되었다. 일제에게 주권을 빼앗긴 지 실로 50년 만의 일이었다.

'59년 지명조사 사업의 결과는 '1개소 1지명 원칙', '사용자제정 원칙', '국제화 원칙'에 의한 하나의 통일된 표준지명을 제정함으로써, 향후 한미 신판 지도의 제작은 물론 행정구역명 이외의 표준지명을 제정하는 자료로 활용되었다. 이는 '61년 4월 국무회의의 전신인 당시 국무원에서 표준지명으로 확정 공포하여 법적인 근거를 갖췄다(『국무원고시 표준지명 별책』(「국무원고시 제16호(표준지명사용에관한건)」)[관보 제2837호], 1961.4.22). 하지만 미증유의 국가적 규모의 지명제정사업 이면에는 사소한 흠도 없지 않았다. <'59년 전국지명조사사업> 자체의 일부 오류와 『표준지명 별책』 자체의 오류가 있어 이후 지명관리에 혼란을 준 점도 없지 않다. 지명조사 때의 오류 하나를 예로 들면, 인천시 남동구 장수동의 '거마산'과 '상아산'을 예로 들 수 있다. 두 산의 상호 위치가 전도되어 오늘날에 이르고 있다. 사소한 실수로 땅의 역사를 우리 스스로가 왜곡시킨 사례가 될 것이다.

우리나라 지명은 역설적이게도 일제에 의하여 조사 정리가 되어 문헌으로 남게 되었다. 이후 일제 지명의 침식으로 고유지명의 위축기를 맞고 있었으나 광복과 더불어 지명도 해방이 되었다. 하지만 우리 손으로는 '59년까지 제대로 조사 정리가 되지 않은 상태였다. 때문에 우리가 주체가 되어 조사된 전국 「지명조사표」는 자유민주주의와 반공 반일의 기치 아래, 당시 시대정신이었던 '왜색말소운동', '국어순화운동'이 철저하게 배경에 깔려 있다. 이러한 운동의 연장선에 놓인 작업이 한글학회에서 펴낸 『한국지명총람』(조사기간: 1964년~1977년)이다. 그러나 〈'59년 전국지명조사사업〉은 정확한 지도 제작이 목적이었고, 민(民) 주도로 이루어진 『한국지명총람』은 우리 겨레말의 발굴 보존에 그 목적이 있었다. 여기서, 참고로 북한은 1966년 지명조사사업의 완료 이후 주체사상을 반영하면서 지명을 관리하고 있음을 밝혀둔다.

어느 특정 지역의 역사와 문화를 알기 위해서는 그 지역의 옛 지명을 알아야 한다. 옛부터 내려온 지명들이 그 고장의 겹겹이 쌓인 땅의 역사와 문화를 말해주기 때문이다. 이른바 화석화된 과거 지명을 소환해내야 한다. 주지하다시피 지명은 지리와 역사와 언어의 합체(合體)다. 이를 분석하여 화석화된 지명의 질료(質料)를 제대로 형상화해내야 한다. 그리고 이러한 결과는 특정 지역의 정치 경제 사회 문화의 토대로써 반드시 활용되어야 한다. 유구한 역사가 땅을 기반으로 이루어져 왔고, 앞으로도 이루어질 것이기 때문이다. 본 자료의 출간이 초석이 되어, 인천학 연구의 새로운 지평이 열리기를 기대한다. 아울러 이를 위하여 인천시지명제정위원회 '결정통과본'의 자매편[수정증보판]에 해당하는 고일(高逸) 선생의 『인천순력기(仁川巡歷記)』도 곧 출간되길 소망한다. 고일 선생은 인천을 대표하는 언론인으로서 인천시사편찬위원회 상임위원으로 활동한 분이다.

끝으로 이 책은 각자 세부 전공은 달랐어도 국어국문학과 출신 동학들의 공동작이다. 모든 게 협업으로 이루어졌지만 컴퓨터 활용 능력이 뛰어나고 국어사 전공자인 이건식 교수가 '제1저자'로서 주도적으로 수행했음을 밝혀둔다. 그러나 본서에 대한 모든 공과(功過)와 책임은 편자 3인 모두에게 있다.

편자 3인은 본 과제를 수행하면서 "참에 도달하기 위해 함께 즐기면서 가자"라는 심포지엄 정신에 충실을 기하였다. 라틴어 심포지엄은 그리스어 심포시아(symposia)에서 온 것으로서, "함께 술을 마시는 것"이라고 한다. 향연(饗宴)에 초대받은 사람들처럼 화기애애한 가운데 1년여의 세월을 보냈다. 이런 데는 나름대로 이유가 있었다. "지역학은 그 고장에 대한 애정에서부터 출발하여 국가와 민족에 대한 헌신으로 종결되어야 한다"는 강한 신념이 있었기 때문이었다. 인천과 대한민국의 땅을 사랑했기에 눈과 허리에 이상이 올 정도였지만 그 고통을 잊은 채 즐기면서 수행하다 보니 어느덧 마무리 짓게 되어 기쁘기 짝이 없다.

아무쪼록 본서의 출간이 하나의 기폭제가 되어 이와 같은 사업이 타 시·군·구로 널리 확산이 되길 빌 뿐이다. 하여, 전국에서 제일 먼저 선편을 잡은 인천학연구원의 '인천학자료총서' 34집이 좋은 본보기가 되어 향후 우리나라 전체 지명학 발전의 새로운 전기가 마련되길 희망한다.

올해는 인천개항 140주년이 되는 해이다. 이 뜻깊은 해에 본 고일선생본이 빛을 볼 수 있도록 프로젝트를 맡겨주신 인천학연구원과 귀한 소장 자료를 제공해주신 시인이자 서지학자이신 신연수(申連洙) 선생님께 이 자리를 빌려 심심한 감사의 말씀을 올린다.

- 공교롭게도 본 과제를 수행하는 동안인 작년 7월, 60년이 훨씬 넘게 깊이 잠들어 있던 인천시를 비롯한 『전국 지명조사철』이 국토정보플랫폼에 탑재되었다. 오비이락(烏飛梨落)으로 비쳐질 지 모르겠지만, 고일 선생본의 이본을 탐문하는 과정에서 일어난 학계의 호사(好事)라고 생각한다. 고일선생본은 국토지리정보원 탑재 1년여 전에 최초로 학계에 알려진 자료로서, 본 자료의 발굴 때문에 전국에 걸친 동일 계통의 자료가 그대로 실물로 남아 있다는 사실을 알게 해준 귀한 자료이다. 단연코 고일선생본은 사계(斯界)의 관심을 촉발(促發)시킨 촉매제(觸媒劑) 역할을 해준 하나의 이본으로 기록되어야 한다. 그리고 고일 선생이 저본으로 삼았을 인천시지명제정위원회에서 상급 기관으로 올린 동일 계통의 원본의 소재를 알 수가 없어 고일선생본의 서지적 정보를 보다 명확히 밝힐 수 없음을 유감으로 생각한다. -

2023년 계묘년 1월 31일
이 땅의 봄날을 기다리며

편저자 대표 강재철

목 차

제1부_ 정서편

❑ 북부출장소관내

❑ 남부출장소관내

❑ (인천시) 부평출장소

❑ 남동출장소관내

❑ 서곶출장소

제2부_ 비교편

제3부_ 영인편

5. 「1916년 地誌調書 仁川府 편」 [우철] ··· 387 / 395

부록

〈본서의 구성〉

「1959년 인천시 지명조사표」 자료총서 수록 내용

〈제1부 정서편〉은 판독이 쉽지 않은 1959년 인천시지명제정위원회가 조사 제정한 「지명조사표」 '결정통과본'[고일선생본]을 정서한 것이며, 〈제2부 비교편〉은 자료집의 충실을 기하기 위하여 '결정통과본'과 관련된 4개 비교 자료를 수록한 것, 〈제3부 영인편〉은 연구자를 위하여 '결정통과본' 및 비교편 자료 일부, 그리고 조사용 지도와 「1917년 지지조서 인천부 편」을 영인한 것이다. 끝으로 [부록]은 총색인으로서 유형별 지명색인과 '가나다순' 지명색인을 작성한 것이다. 〈제1부 정서편〉의 자료 중 '동부출장소' 편은 원자료가 없기 때문에 부득이 국토지리정보원 탑재 「전국 지명조사철」 자료[1]를 대체한 것이다.

〈제1부 정서편〉은 원문 자체가 흐리고 글씨체가 출장소별로 달라 판독하기 까다로운 곳이 많았다. 특히 고일 선생의 수기 내용은 달필이지만 독특하여 판독하기 어려운 곳이 있었다. 자료 이용자는 한 번쯤 확인 과정을 거치는 것이 좋지 않을까 한다.

〈정서편〉 1은 「1959년 인천시 지명조사표」이고, 〈정서편〉 2는 「한국 지명조사철 인천시 편 동부출장소」 - 보유편이다.

〈제2부 비교편〉은 '결정통과본'을 심도 있게 이해하기 위하여 관련 자료와의 비교 내용을 제시하였다. 즉 비교 대조의 수법을 통하여 저본의 가치를 실증적으로 부각 설명시키기 위한 작업이다.

〈비교편〉 1은 동시에 진행된 「지방별 지명조사철 인천시 편」[2] 자료와의 이동(異同)을 대조해봄으로써 당시 공시적 자료의 정확성을 기하기 위한 비교 자료이다. 예를 들어보면 행정구역의 경우 '인구수, 호수' 등의 집계 정보와 BS 좌표 정보가 차이가 있었다. 따라서 두 자료 간의 차이에 대한 비교표를 제시하였다.

〈비교편〉 2는 통시적 관점에서의 동일지명 변천과 신규 조사지명의 증감(增減) 및 지명의 종류별 조사 실태 등을 알기 위한 비교 자료이다. 일례를 들면, 「1959년 인천시 지명조사표」에는 다수의 인공지명이 수록되어 있으나 『한국지명총람』의 경우는 인공지명의 경우 극히 일부만 실려 있고 대다수 자연지명이 실려 있음을 알 수 있었다.

〈비교편〉 3은 1의 결과로 얻어진 정부의 표준지명을 제시한 (비교) 자료이다. '61년부터 우리나라의 공식 지명을 고착화시킨 중요한 자료이다. 이 자료는 법적 효력이 있어서 표준지명으로 지정된 지명에 대해 공적인 이칭 사용은 법에 저촉되는 사안이다. 국무원고시 표준지명은 제1부 정서편에 '◑' 표시를 넣어 두었다.

〈비교편〉 4는 「1916년 지지조서 인천부 편」[3]을 타 자료들과의 통시적 차원에서 제시해본 (비교) 자료이다.

---

1 이 자료는 국토정보플랫폼(http://map.ngii.go.kr/ms/nmfpcInfo/nmfpcBeffat.do)의 '자료실-지리지 및 지명유래집'의 메뉴에서 이미지화되어 서비스되고 있다. 이 자료를 활용할 수 있게 허락해 준 국토지리정보원 측에 감사의 말씀을 드린다.

2 이 자료는 국토정보플랫폼(http://map.ngii.go.kr /e-book /search /index.jsp)의 '근대측량자료-지방별지명조사철' 메뉴에서 이미지화되어 서비스되고 있다. 이 자료를 활용할 수 있게 허락해 준 국토지리정보원 측에 감사의 말씀을 드린다.

3 이 자료는 국토정보플랫폼(http://map.ngii.go.kr /e-book /search /index.jsp)의 '근대측량자료-지지조서' 메뉴에서 이미지화되어

한일합방 6년 뒤의 인천의 제반 사항을 알 수 있는 자료로서 '59년 전국지명조사사업 자료와 내용상 직접적으로 비교되는 중요한 자료이다. 국토정보플랫폼에 탑재된 자료라서 본 자료집에 넣을까 망설이기도 했지만 판독이 쉽지 않은 난삽한 자료이기 때문에 게재하기로 하였다. 오독이 있을 수 있으니 미심쩍은 연구자는 직접 원문을 보고 확인 사용하기 바란다.

〈제3부 영인편〉은 연구자의 편의를 위하여 원문을 제시한 것이다. 게재 목적에 걸맞게 필요한 부분을 대조 사용하는 것이 좋지 않을까 한다.

〈영인편〉 1은 「1959년 인천시 지명조사표」이고, 〈영인편〉 2는 「전국 지명조사철 인천시 편」 – 보유편으로 중앙지명제정위원회가 작성한 것이다.

〈영인편〉 3과 〈영인편〉 4의 지도는 '59년 지명조사 사업 때 해당 지역의 조사위원들이 직접 사용한 조사용 지도이다. '59년 이전의 인천시 지명이 주기(註記) 되어 있음은 물론 BS 좌표 정보가 그려져 있다. 「지명조사표」의 '지도상 기재'나 '좌표'는 이 조사용 지도에 근거한 것이다. '59년 지명조사 사업 때의 구체적인 조사 과정의 한 모습을 알 수 있게 해줄 뿐만이 아니라, 해당 지명의 위치나 동일 지명의 연속성 등을 살피는데 도움을 주는 자료이다. 이 과정은 조사원 교육 때 가장 신경 쓴 부분의 하나다.

그런데 이 조사용 지도 상의 지명과 '59년 새로 조사된 지명을 비교해보면 위치 등 오류가 보인다. 이런 잘못이 있게된 이유는 여러 가지가 있었겠으나 하나의 근본적인 이유는 조사용 지도의 지명 주기 방식이 일제 때의 기본 지형도와 다르게 바뀌었기 때문에 기인된 것으로 이해된다. 이 조사용 지도는 6.25때(1950~1953) 사용한 미극동사령부 제작 원도(原圖)와 관련이 있는데, 미군은 일제 강점기 한반도 기본도를 바탕으로 수정 원도를 제작하였다. 이때 알파벳 문자의 특성상 종서를 횡서로 바꾸면서 지명의 주기 위치가 잘못되는 경우가 있었다. 이 지형도를 한국군이 그대로 한글로 바꾸어 수정 사용하던 것이 문제가 되었다. 참고로 주기는 자열(字列)에 따라 수평자열과 수직자열, 사향자열(斜向字列)이 있는데 종전의 조선총독부 1/5만 지형도는 특정 지역의 위치와 범위에 따라 수평자열과 수직자열 방식을 적절히 섞어 쓰는 혼합 방식으로 표기되어 있으나, 미 원도나 이를 바탕으로 만들어진 조사용지도는 모두 수평자열 방식으로 좌에서 우로 표기되었다.

〈영인편〉 5는 「1916年 地誌調書 仁川府 편」이다.

끝으로 [부록]은 이용자에 따라 많은 정보를 쉽게 얻을 수 있도록 유형별 지명색인과 '가나다'순 지명 총색인 두 가지를 작성 게재하였다.

〈참고문헌〉

건설부국립지리원 지도과, 『地圖와 地名』(수정 증보판), 進明社, 1982년 10월 30일.

국방부장관, 「지명조사사업보고의 건」, 4294년(1961년) 1월 6일.(국가기록원 BA0084257)

서비스되고 있다. 이 자료를 활용할 수 있게 허락해 준 국토지리정보원 측에 감사의 말씀을 드린다.

〈일러두기〉

1. 판독 및 맞춤법 원칙

1) 일반 원칙

– 원본 그대로 입력하되 현행 맞춤법 규정에 맞는 표기를 '( )' 속에 기입하였다. 다만 지명의 경우, 연철 표기되었을 때에는 바로 잡지 않았다.

2) 맞춤법 수정 입력 원칙

– 가독성을 고려하여 단어 전체나 해당 글자를 '( )' 속에 기입하는 방법으로 두 가지를 적용하였다.

가) 단어 전체를 대상으로 '( )' 속에 표시하는 경우

예) 불이었으나(불리었으나), 부레(부제), 불이웟고(불리었고), 엣날(옛날), 리유(이유)

나) 해당 글자만 '( )' 속에 표시하는 경우

예) 신설되엿(었)음

– 어색한 문법적 표현도 어법에 맞는 표기를 '( )' 속에 기입하였다.

예) 감영이 설치한 곳으로→감영이 설치한(된) 곳으로 예) 인천지점을 설치하던 중 4291년에 경동에 신축 이전 현재에 있음 → 인천지점을 설치하던 중 4291년에 경동에 신축 이전 현재에 있음(이름)

– 일부의 한자 표기도 온전한 표기를 '( )' 속에 기입하였다.

예) 李조시대에 → 李조(李朝) 시대에

2. 띄어쓰기 입력 원칙

– 국립국어원에서 정한 띄어쓰기 규정을 적용하여 입력하였다.

– 주요 시설물에 대한 명칭은 모두 붙여 쓰는 것을 원칙으로 하였다.

예) 대한 천일은행 → 대한천일은행

- 문맥 상 쉼표가 필요한 경우에는 쉼표를 보충하여 넣었다.

예) 인천지점을 설치하던 중 4291년에 경동에 신축 이전 현재에 있음 → 인천지점을 설치하던 중, 4291년에 경동에 신축 이전 현재에 있음(이름)

- 문맥 상 문장이 끝난 경우에 쉼표나 마침표를 보충하여 넣었다.

예) 단기 4256년에 金融組合으로 설치 단기 4290년에 農業은행 인천지점으로 개칭하여 현재에 있음 →단기 4256년에 金融組合으로 설치, 단기 4290년에 農業은행 인천지점으로 개칭하여 현재에 있음(이름)

3. 한자의 보충 입력 원칙

1) 지명의 경우

- 지명이 한글로만 표기되었을 경우 '( )' 속에 해당 한자를 보충하였다. 다만 해당 지명이 표제항일 경우에는 '( )' 속에 해당하는 한자를 보충하지 않았다.

예) 해방 전에는 인천시 도심지에 있어 중정이라 불이었으나 → 해방 전에는 인천시 도심지에 있어 '중정(仲町)'이라 불이었으나(불리었으나) 예) 관공리 사택이 많은 고로 관동으로 칭하였다 함 → 관공리 사택이 많은 고로 '관동(官洞)'으로 칭하였다 함

2) 일반어의 경우

- 지명 유래의 설명에서 한자어가 한글로 표기되었을 경우에 독자에게 정확한 개념을 말해 줄 필요가 있을 경우 '( )' 속에 한자를 보충하였다.

예) 이 고개는 철마산 산복을 통하는 고개로서 → 이 고개는 철마산 산복(山腹)을 통하는 고개로서

3) 유명 인명의 경우 한자 제시와 생몰 연대 보충

- 현저한 인물일 경우 '( )' 속에 한자와 생몰 연대를 보충하여 넣었다.

예) 이조초엽에 정성 조반이란 사람이 이 부락에 → 이조 초엽에 정성(승) 조반(趙胖; 1341-1401)이란 사람이 이 부락에

4. 일본식 외래어 입력 원칙

– 원본 그대로 입력하되 '( )' 속에 현행 외래어 표기에 맞는 어휘를 제시하였다.

예) 일본식 외래어 다이루(타일)

5. 지명 표기의 강조 표시

– 가독성을 위하여 ' '(따옴표) 표시를 보충하여 넣었다.

> 예) 관동으로 개칭함 → '관동'으로 개칭함
> 관동이라 개칭함 → '관동'이라 개칭함
> 예) 관공리 사택이 많은 고로 관동으로 칭하였다 함 → '관공리' 사택이 많은 고로 '관동'으로 칭하였다 함

6. '단기' 연호의 누락 보충 원칙

– '단기' 연호가 누락되었을 경우 '(단기)'를 보충하였다.

> 예) 단기 4278년 10월 31일에 설립. 그전 **外國人俱樂部**를 仁川府에서(4255) 매수하여 도서관으로 사용하던 것을 4279년 4월 1일 박물관으로 개관함 → 단기 4278년 10월 31일에 설립. 그전 ~~鄕土館(독일人住宅)~~**外國人俱樂部을**(를) 仁川府에서 (단기) 4255년 매수하여 도서관으로 사용하던 것을 4279년 4월 1일 박물관으로 개관함

7. 고일(高逸) 선생 수기(手記) 입력 원칙

– 해당 내용을 진하게 표기하고, 이전 내용이 있는 경우에 삭제선을 넣었다. 판독이 안 될 경우에는 글자 수만큼 '○'를 보충하였다.

> 예) 단기 4256년에 **金融組合**으로 설치
> 예) 단기 4278년 해방에 의하여 화선동[글자 바꿈 교정부호]으로 개칭된 것임
> → 단기 4278년 해방에 의하여 '~~화선동~~**선화동**으로 개칭된 것임
> 예) 지금으로부터 50년 전 **협**률사로 경영타가 → 지금으로부터 50년 전 ⊖**협**률사로 경영타(하다)가

– 본래 내용 전체를 소거한 경우는 다음과 같이 삭제선을 넣어 표시하였다.

		~~동화화학~~ ~~공업소~~ ~~東和化學 工業所~~					~~911~~ ~~482~~	~~왜정시 건립된 건물로서 화학품을 제조 하는 공장임~~	㊔削	

8. 기타의 입력 원칙

- 판독이 어려운 경우는 글자 수만큼 '○'으로 표시하였다.
- 설명이 필요할 경우에는 각주로 처리하였다.
- 난외(欄外)의 '㊀, 再' 등의 표시는 비고 란에 기입하였다.
- 숫자의 경우 세 자리를 기준으로 ' , '를 넣었다.
- 중복 표시(' 〃 ')의 경우는 위 항목의 내용을 생략없이 그대로 반복표기하였다.
- 조사 항목 중 '좌표'는 'BS 좌표'로 이름을 바꾸어 제시하였다.
- 1961년에 고시된 국무원고시 표준지명의 경우에는 지명 항목 우측에 '◑'로 표시하였다.

〈해제〉

「1959년 인천시 지명조사표」

1. 발굴 경위

이 자료는 고일(高逸, 1903~1975) 선생의 유품 한가지로 「1959년 인천시 지명 조사표」에 본인이 직접 내용을 첨삭한 것이다. 고일 선생은 본명이 희선(羲善)이고 호가 산재(山哉)인데, 인천의 대표적 언론인으로 1956년 이후 오랫동안 인천시사편찬위원회 상임위원으로 활동하였다. 1971년에는 '인천시사'를 편찬하는 데에 중요한 역할을 담당하였다. 이 해제에서는 『고일 선생본 인천시 지명조사표』로도 약칭하기로 한다.

이 『고일 선생본 인천시 지명조사표』는 현재 인천에 거주하는 서지학자 신연수(申連洙) 선생이 소장하고 있다. 따라서 일명 '신연수 선생 소장본'이라 할 수 있겠다. 평소 친분이 있던 신연수 선생이 공동 연구원인 강재철(단국대 명예교수)에게 이 자료를 소개함으로써 비로소 학계에 알려지게 되었다.

아울러 자료 연구 막바지에 『仁川巡歷記(資料集)』를 열람할 수 있게 해주신데 대하여 감사드린다. 이 역시 고일 선생 유품의 하나로서, 『고일 선생본 인천시 지명조사표』와 밀접히 관련된 미발표 원고다.

2. 계통적 위치

「1959년 인천시 지명조사표」 중, 『고일 선생본 인천시 지명조사표』의 계통적 위치를 알려 주는 자료는 다음과 같다.

> 本稿①는 一九五九年 四月 二日 現在 仁川市地名調査表②에 依據하여 仁川市史編纂委員會에서 制定된 것③을 基礎로 하여 其他 調査 等에서 整理한 것④임.을 다시 追後 再整理하기로 한다. 〈高逸, 仁川巡歷記(資料集)[4]〉

위에서 ①과 ④는 『仁川巡歷記(資料集)』이고, ②는 인천시 지명제정위원회에서 제정한 『仁川市地名調査表』이다. 그리고 ③은 ②에 의거하여 仁川市史編纂委員會에서 制定한 자료이다. 『고일 선생본 인천시 지명조사표』가 ③이라고 단정할 수 없다. 다만, 『고일 선생본 인천시 지명조사표』는 ③의 자료를 만들기 위해 고일 선생이 ②를 수정한 것일 가능성이 있다.

4 이 자료는 신연수 선생이 소장한 것으로 高逸 선생의 육필 원고본이다.

3. 형태적 특징

1) 자료 형태

이 자료의 크기는 세로 26cm, 가로 39.5cm이다. 갱지의 등사본이며 글자는 청색으로 프린트되어 있으며, 군데군데 고일 선생의 수기(手記) 내용이 기재되어 있다. 원문 자체가 흐리게 인쇄되어 있는데다가 한자를 독특한 글씨체로 썼기 때문에 판독하기가 까다롭고, 또한 현행 맞춤법과 다른 표기법도 있어서 이를 현행 맞춤법에 맞게 교정해 주는 작업이 필요한 자료이다.

2) 각 출장소별 자료 분량

각 출장소별 매수는 다음과 같다. 표지를 포함한 매수이다.

〈표 1〉 각 출장소별 수록 매수

출장소	매수	비고
중부출장소	21	
북부출장소	10	
동부출장소		없음
남부출장소	9	
부평출장소	15	
남동출장소	13	
서곶출장소	11	
주안출장소	10	
문학출장소	7	
합계	96	

이 『고일 선생본 인천시 지명조사표』에는 동부출장소 '지명조사표' 자료가 누락되어 있다. 고일 선생본 발굴 이후인 2022년 7월 7일 국토지리정보원이 공개한 1959년 중앙지명제정위원회 「전국 지명조사철 인천시 편」의 '동부출장소' 자료로 대체하였다.

4. 내용적 특징

1) 『고일 선생본 인천시 지명조사표』의 표지

『고일 선생본 인천시 지명조사표』의 8개 출장소 자료 중에서 중부출장소의 표지는 다음과 같다.

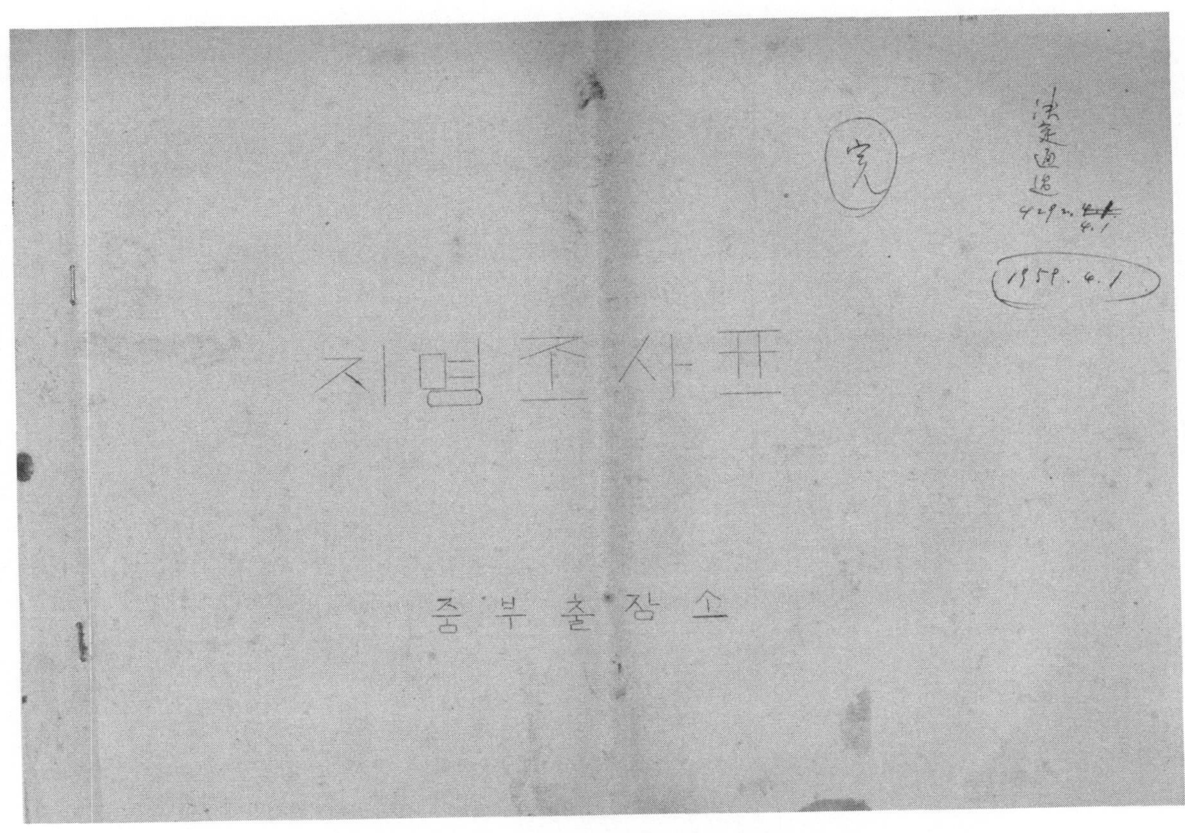

〈그림 1〉『고일 선생본 인천시 지명조사표』 중부출장소 표지

작성일이 1959년 4월 1일이며, 인천시 지명제정위원회의 결정통과본임을 알 수 있다. 참고로 출장소에 따라 작성일이 4월 2일로 된 것도 있음을 밝혀 둔다. 전국지명조사사업에서 경기 지역은 '서울, 강원, 충북' 등의 지역과 함께 제1단계로 착수되었는데 단기 4292년(1959년) 3월 16일 – 4월 17일 사이에 지명 조사 사업을 전개하였다.

2) 『고일 선생본 인천시 지명조사표』의 내용

실린 내용을 예시하면 다음과 같다.

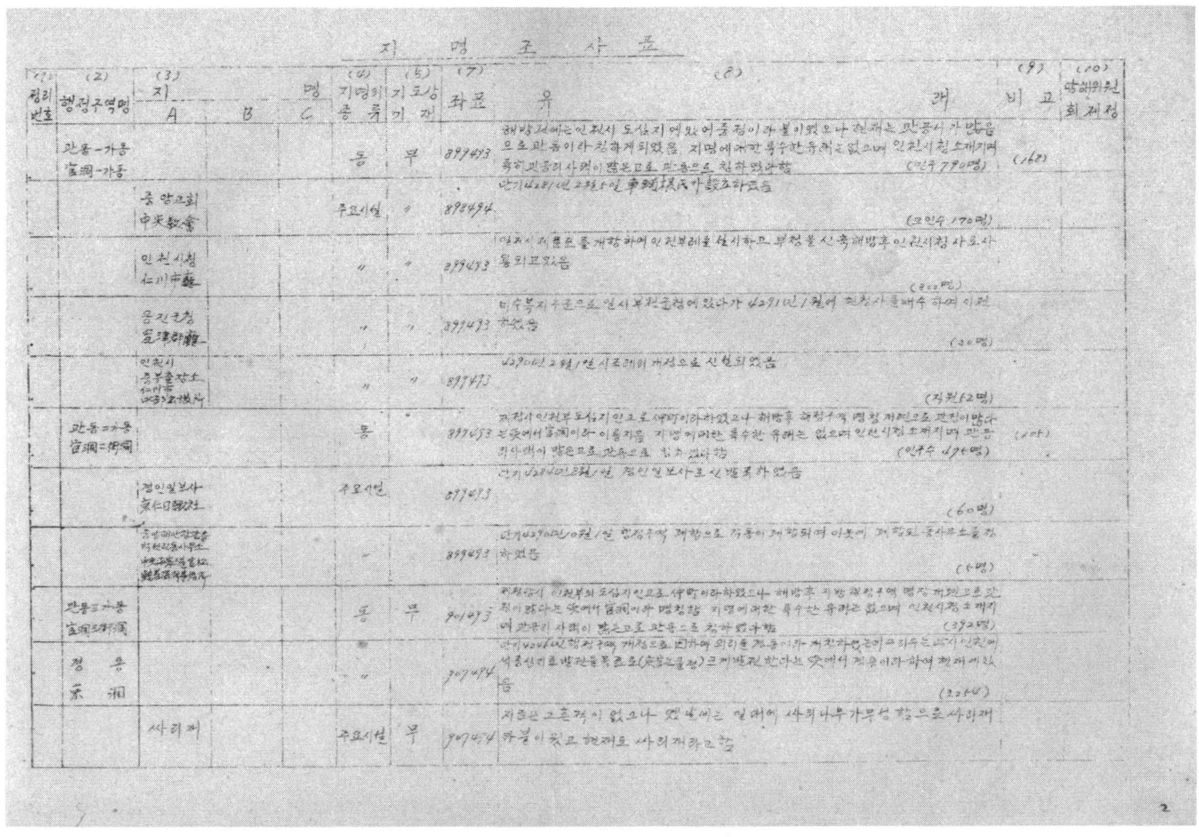

지 명 조 사 표

(1) 정리번호	(2) 행정구역명	(3) 지명 A	B	C	(4) 지명의 종류	(5) 지도상 기재	(7) 좌표	(8) 유래	(9) 비고	(10) 당해위원회 제정
	관동一가동 舘洞一街洞				동	무	899493	해방 전에는 인천시 도심지에 있어 [illegible] 불리었으나 현재는 관공서가 많음으로 관동이라 칭하게 되었음. 지명에 대한 특수한 유래는 없으며 인천시청 소재지며 특히 관공리 사택이 많은 고로 관동으로 칭하였다 함 (인구 790명)	(168)	
		중앙교회 中央教會			주요시설	〃	898494	단기4281년 2월5일 [illegible]가 창立하였음 (교인수 170명)		
		인천시청 仁川市廳			〃	〃	899493	[illegible] 인천부제를 실시하고 부청을 신축 해방후 인천시청사로 사용되고 있음 (200명)		
		옹진군청 甕津郡廳			〃	〃	899493	[illegible] 임시 부천군청에 있다가 4291년 1월에 현청사를 매수하여 이전하였음 (20명)		
		인천시 중부출장소 仁川市 中部出張所			〃	〃	899493	4290년 2월1일 시조례의 개정으로 신설되었음 (직원52명)		
	관동二가동 舘洞二街洞				동		899493	[illegible] 관동으로 칭하였다 함 (인구수 474명)	(104)	
		경인일보사 京仁日報社			주요시설		899493	단기4284년 3월1일 경인일보사로 신발족하였음 (60명)		
		[illegible]			〃		899493	단기4290년 10월1일 행정구역 개편으로 각동이 개합되어 이곳에 개합된 동사무소를 칭하였음 (6명)		
	관동三가동 舘洞三街洞				동	무	901493	[illegible] 관동으로 칭하였다 함 (392명)		
	송동 宋洞				〃		907494	[illegible] 송동이라 하여 현재에 있음 (3264)		
		싸리재			주요시설	무	907494	지금은 그 흔적이 없으나 옛날에는 일대에 싸리나무가 무성함으로 싸리재라 불리었고 현재도 싸리재라고 함		

〈그림 2〉『고일 선생본 인천시 지명조사표』 중부출장소 내용의 일부

다음과 같은 양식으로 인천시 지명에 대한 조사 내용을 정리하고 있음을 알 수 있다.

(1) 정리번호
(2) 행정 구역명
(3) 지명
(4) 지명의 종류
(5) 지도상 기재
(6) 경위도
(7) BS 좌표
(8) 유래
(9) 비고
(10) 당해위원회 제정

(1)의 '정리번호'는 관리를 위한 일련 번호를 기입하는 조사 항목이다. 남부출장소의 극히 일부에만 '일련번호'가 기재되어 있고 대부분의 경우 '일련번호'를 매기지 않았다.

(2)의 '행정 구역명'은 조사된 지명이 속한 '행정 구역'을 기재하고 있다.

(3)의 '지명'은 조사한 지명의 명칭을 기재하고 있다. 'A, B, C' 등 세 칸의 양식이 제시되었다. 지명의 이칭이 있을 경우 'B, C' 등에 제시되었다. 지명에 대한 한자 표기가 있을 경우에 대부분 기재하였다.

(4)의 '지명의 종류'는 지명의 유형을 기재하고 있다. '자연 지명'의 경우 지명의 유형이 제시되어 있으나, '인공 지명'의 경우 대체로 '주요 시설, 중요 시설' 등으로만 지명의 유형이 기재되어 있다.

(5)의 '지도상 기재'는 지명 조사 시 배포한 '1/50000' 지도에 조사된 지명이 기입되어 있는지를 적고 있다. 극히 일부의 지명이 지도 상에 기재된 것으로 조사되어 있다.

(6)의 '경위도'는 '경도'와 '위도' 좌표를 기입하는 양식인데 '경도'와 '위도'의 좌표는 전혀 기재되지 않았다.

(7)의 'BS 좌표'는 '군사용 좌표'로 추정된다. 가로 축의 좌표와 세로 축의 좌표를 각각 세 자리 숫자로 표시하고 있다.

(8)의 '유래'는 해당 지명을 얻게 된 내력을 기술하고 있다. 행정 구역 명칭과 부락 명칭의 경우 그러한 명칭을 얻게 된 내력을 기술하고 있다. 자연 지명 역시 명칭의 유래를 기술하고 있다. 대부분의 '인공 지명'의 경우에는 '인공 지명'의 내력과 '호수, 인구수, 인원' 등의 규모를 제시하고 있다.

(10)의 '당해위원회 제정'은 인천시 지명제정위원회가 결정한 지명을 적는 양식이다. 그런데 '남부출장소'와 '부평출장소'의 경우에만 부분적으로 인천시 지명제정위원회가 결정한 지명을 기재하고 있다.

이상과 같은 지명 조사 양식은 국방부 지리연구소에서 주관하여 1959년에 실시한 '전국지명조사사업'에서 정해진 양식이다.

『고일 선생본 인천시 지명조사표』는 '1959년 인천시 지명제정위원회 결정통과본'을 완결(完決) 짓기 위하여 고일 선생이 직접 수기(手記)로 정리한 내용을 담고 있다.

3) 조사된 지명의 수량과 유형

『고일 선생본 인천시 지명 조사표』에는 '동부출장소'의 지명을 제외하고 인천시 8개 출장소의 지명 789개가 수록되어 있다. 이 중에서 19개의 지명은 삭제 표시가 되어 있다. 고일 선생이 삭제 표시를 한 것으로 추정된다. 한편, 『고일 선생본 인천시 지명조사표』에는 중복해서 실린 지명이 있다. '반월로(半月路), 계양산(桂陽山), 경명현(景明峴), 圓通고개, 국립성계원(國立成蹊園), 오봉산(五峰山), 주안염전(朱安鹽田)' 등은 2번 수록되었고, '경인도로(京仁道路)'의 경우에는 4번 수록되었다.

『고일 선생본 인천시 지명조사표』는 이 자료에 수록된 지명 중에서 인공 지명이 자연 지명보다 월등하게 많이 조사되어 있다. 이것은 1959년에 실시된 전국지명조사사업의 목적이 정확한 지도 제작에 따른 것이다. 이러한 목적은 1960년대 이루어진 지명 조사 사업인 『한국지명총람』과 차이를 보인 것이다. 『한국지명총람』의 지명 조사는 우리말 '자연 지명'에 중점을 둔 것이기 때문이다.

『고일 선생본 인천시 지명조사표』에 수록된 인공 지명의 유형을 이해하는 일은 1959년 당시 인천시의 사회 조직 체계를 이해하는 일이 된다. 이를 위하여 1961년에 작성된 「지방별 지명조사철 인천시 편」에 제시된 인공 지명의 유형을 활용하여 『고일 선생본 인천시 지명조사표』에 수록된 인공 지명의 수량과 유형을 제시하면 다음과 같다. 다만 '동부출장소'의 경우에는 「지방별 지명조사철 인천시 편」의 자료를 활용하였다.

〈표 2〉 1959년 조사된 인천시 지명의 유형과 수량

		중부 출장소	북부 출장소	남부 출장소	부평 출장소	남동 출장소	서곶 출장소	주안 출장소	문학 출장소	동부 출장소	계
자연 지명	고개	2			3	1		1	1	1	9
	군도						2				2
	령				1		2				3
	바위				1						1
	삐중다리		1								1
	산	1		2	1	5	4	2	2		17
	섬		2	2			18				22
	하천				1	3	3		1		8
	자연 지명 계	**3**	**3**	**4**	**7**	**9**	**29**	**3**	**4**	**1**	**63**
인공 지명	건설국				1						1
	검사소	1									1
	검역소	1									1
	검찰청	1									1
	경찰국	1									1
	경찰대	1									1
	경찰서	2			1					1	4
	고아원	3		3	3			1			10
	고적			1	3			1	1		6
	공원	2						1			3
	공장	3		3	3	1		1			11
	공작창		1								1
	관개지				1						1
	관재국	1									1
	광산							1			1
	교육청	2									2
	교회	11	6	7	8	3	4	4	1	8	52
	구역출장소	1	1	1	1	1	1	1	1	1	9
	군청	2									2
	극장	4	2	1	1					1	9

	나루터						1			1	2
	다리	4	4	1	4	3	2			2	20
	도로	3	5	6	2	1		1			18
	도서관	1									1
	도장									1	1
	동	45	8	8	16	10	12	7	6	8	120
	동사무소	7	5	6	10	6	6	5	3	6	54
	묘지	1									1
	박물관	1									1
	발전소	1									1
	방송국			1							1
	변전소	1	1	1	2						5
	병원	4	1		4			2	1		12
	보건소	1									1
	부락			15	34	46	28	23	13	2	161
	뽐부장				1						1
	사무소	2						1			3
	산성								1		1
	서원								1		1
	세관	1									1
	세무서	1								1	2
	소방서	1			1						2
	수로		1		1						2
	수신국			1							1
	시장	1	2								3
	시청	1									1
	신문사	3									3
	약수								1		1
	양조장							1	1		2
	어시장	1									1
	어업조합	1		1							2
	역	3		1	1	1		1	1		8
	염시험장			1							1
	염전					2	6	2	2		12
	요리점	1									1
	우체국	1			2	1		1		1	6
	운동장	1									1
	유원지			1							1
	유치원		1								1
	은행	7									7

	자치구	1									1
	재판소	1									1
	작업장				1						1
	저수지			1		1				1	3
	전도관			1							1
	전매서	1									1
	전매청	1				2					3
	전신국	1		1							2
	절	3		1				1	1		6
	정미소	5						1			6
	제강소		1								1
	제방					1					1
	제작소		1								1
	제재소		1								1
	조선소		1								1
	주식회사	7	11					2		4	24
	지서			2	1	2	1	1	1		8
	지점	1									1
	창고				1						1
	철공소	1									1
	철교					1					1
	철도			1							1
	출장소	3	1	1	2	1	1	1	1	1	12
	측후소	1									1
	파출소	4	3	1							8
	판매소								1		1
	학교	24	2	10	7	2	6	8	1	7	67
	항구	1	2								3
	화장장							1			1
	형무소			1							1
	회사	1		3	2		1	2		3	12
	회의소	1									1
	훈련소				1						1
	인공 지명 계	**187**	**61**	**82**	**115**	**85**	**69**	**71**	**38**	**49**	**757**
합계		**190**	**64**	**86**	**122**	**94**	**98**	**74**	**42**	**50**	**820**

조사된 인천시의 지명 820개 가운데에 자연 지명은 63개에 불과하나 인공 지명은 757개에 달한다. 이와 같이 인공 지명을 다량으로 많이 조사한 목적은 1959년 당시의 전국지명조사사업의 목적이 정확한 지도 제작에 있었다는 증거이다.

5. 조사의 목적과 방법

1) 조사의 목적

『고일 선생본 인천시 지명조사표』의 저본이 된 「1959년 인천시 지명조사표」는 국방부 지리 연구소가 1959년에 실시한 전국지명조사사업의 일환으로 작성된 것이다. 제7절 '『고일 선생본 인천시 지명조사표』가 나오기까지의 과정'에서 기술된 내용을 통해서 「1959년 인천시 지명조사표」의 작성 경위와 목적을 자세하게 이해할 수 있다. 1959년 전국지명조사사업은 지도에 표시할 지명을 선정하고 그 위치를 정확하게 조사하는 것이었다.

2) 조사의 방법

「1959년 인천시 지명조사표」의 조사 방법을 직접 기술한 자료는 전하는 것이 없다. 「1959년 인천시 지명조사표」가 1959년 전국지명조사사업의 일환으로 작성된 것이므로 전국지명조사사업의 조사 방법을 준수했을 것으로 생각된다. 전국지명조사사업에서 적용되었던 조사 방법은 제7절 『고일 선생본 인천시 지명조사표』가 나오기까지의 과정에서 기술된 내용을 참고할 수 있다.

1959년 전국지명조사사업에서 '시군 지명 제정위원회'의 구성을 '위원장 1명(시장/군수), 부위원장 1명(시군내무과장), 위원 약간명'으로 규정하고 있고, '읍면 지명 제정위원회'의 구성을 '위원장 1명(읍면장), 부위원장 1명(부읍장/부면장), 위원 약간명(이장 포함)'으로 규정하고 있다. 따라서 1959년에 실시된 인천시 지명제정사업에서, '인천시 지명제정위원회'와 9개 출장소별 '지명제정위원회'가 구성되어 운영되었을 것으로 생각된다. 그러나 관련 자료가 없어 인천시 관련 '지명제정위원회'의 구성과 활동 내역을 알 수 없다.

6. 자료적 가치

1) 『고일 선생본 인천시 지명조사표』의 자료적 희귀성과 수정 노력

1959년에 실시된 전국지명조사사업에서 각 지방 지명제정위원회에서는 각 지방 지명조사표를 중앙 지명제정위원회에 보고하였다. 그리하여 2022년 7월 경, 국토지리정보원에서는 '전국 지명조사철'이란 명칭으로 '국토정보플랫폼'에서 중앙 지명제정위원회가 각 지방 지명제정위원회로부터 취합한 전국 지명조사표에 대한 이미지를 서비스하고 있다.

그런데 오늘날 각 지방 지명제정위원회에서 작성한 지명조사표는 극히 일부만 전하고 있다. 즉 다음과 같은 지방 지명조사표가 알려져 있다.

• 임실군 지명조사표 : 국가기록원 싸이트에서 이미지 서비스
• 제주 지명조사표 : 제주시 보관
• 경상북도 지명조사표 : 경북대학교 소장
• 해남군 북평면 지명조사표 : 해남군 북평면사무소 보관

「임실군 지명조사표」는 국가기록원 사이트에서 이미지 자료를 서비스하고 있고, 「경상북도 지명조사표」는 경북대학교 도서관에 소장되어 있다. 그리고 「제주 지명조사표」는 오창명 선생의 지명 관련 연구에서 논의하고 있다. 한편 「해남군 북평면 지명조사표」는 해남우리신문(http://www.hnwoori.com/news/articleView.html?idxno=361)에 간략한 내용이 소개되어 있다. 1959년 전국지명조사사업 당시 각 지방지명제정위원회에서 보고한 '지명조사표'가 이와 같이 오늘날 매우 적게 남아 전하고 있다. 물론, 각 지방의 관청에서 보관 중인 자료를 조사하면 각 지방에서 작성한 '지명조사표'가 더 발굴될 가능성은 있다. 이러한 점에서 『고일 선생본 인천시 지명조사표』는 자료적으로 희귀성이 있으며, 1959년에 실시된 전국지명조사사업의 특성을 밝힐 수 있는 역할을 할 것으로 기대된다.

『임실군 지명조사표』에는 수정의 흔적이 없다. 그러나 『고일 선생본 인천시 지명조사표』에는 1959년 4월에 작성한 『인천시 지명조사표』의 내용에서 잘못된 것을 고일 선생이 직접 수정한 흔적이 있다. 『고일 선생본 인천시 지명조사표』의 수정 사항을 통해, 인천시의 지명을 정확하게 정립하려는 고일 선생의 노력을 살필 수 있다.

2) 60 여년 전 인천시 사회상을 파악할 수 있는 자료

『고일 선생본 인천시 지명조사표』는 1959년 무렵의 인천시 도시 기능을 심층적으로 이해할 수 있는 자료를 제공했다는 점에서 그 의의를 찾을 수 있다. 이 『고일 선생본 인천시 지명조사표』는 1959년 당시의 행정구역명과 자연 지명은 물론 주요 시설물의 명칭도 다수 조사한 결과물이다. 또한, '행정 기관, 회사, 관공서' 등의 인원 수를 조사하여 제시하였고, 주요 시설물에 대하여는 시설물의 종류와 특징을 조사하여 제시하였다.

이와 같은 각종 정보는 1959년 경, 인천시의 도시 기능 등 제반 사회상을 입체적으로 이해할 수 있는 중요한 자료가 될 것으로 기대된다. 12개나 되는 '염전'과 1개의 '염시험장'은 인천시가 '천연 소금 생산지'였음을 말해 주는 것이며, '검사소, 검역소' 등은 인천시가 '항구 도시'임을 말해 주는 것이다. 8개나 되는 '기차역'도 또한 인천시가 물류 공급의 창구, 즉 서울의 인후지지(咽喉之地)였음을 말해 주는 것이다. 1개의 '외국인 공동묘지', 중국 요리집인 '중화루', 52개나 되는 교회는 인천시가 외국과의 교역 창구임을 말해 주는 것으로 생각된다.

3) 과거와 현재를 연결시키는 인천학 연구의 새로운 지평의 창조

1959년 인천시에 존재했던 각종 제조 공장의 발자취를 더듬어 가고, 또 제조 공장에 몸 담았던 분들의

추억을 정리하는 작업은 인천학 연구의 새로운 지평을 열 것으로 생각된다. 예컨대 '주안동二동'에 있었던 '중앙도자기회사'에 근무했던 분이 당시의 직장 생활 추억담을 인터넷에 게시하였는데, 이러한 추억담을 체계적으로 정리한다면 인천의 살아 있는 역사를 파악할 수 있을 것으로 생각된다. 이 자료 총서의 간행으로 인천 시민들이 이루어 낸 생활사의 참다운 모습이 자세하게 밝혀지기를 기대한다.

4) 1959년 전국지명조사사업의 중요성 부각

『고일 선생본 인천시 지명조사표』 자료 총서는 1959년에 실시된 전국지명조사사업의 중요성을 학계에 본격적으로 부각시킨 첫 번째 연구 작업인 점에서 그 의의를 찾을 수 있다. 1959년에 실시된 전국지명조사사업의 결과물은 우리나라 지명사를 이해하기 위한 자료임에도 불구하고 그동안 학계의 주목을 받지 못하였다.

5) 인천시 지명의 심층적 이해

인천시 지명의 본래 뜻을 심층적으로 이해할 수 있는 자료를 제공했다는 점에서 그 의의를 찾을 수 있다. 『고일 선생본 인천시 지명조사표』에는 지명 유래와 주요 시설물에 대한 연혁이 조사되어 기록되어 있다. 지명 유래의 경우 『한국지명총람』의 인천시 편에 제시된 것보다 상세하여 인천시 지역의 지명이 갖는 본래의 뜻을 밝히는 데에 도움이 될 것으로 기대된다.

6) 향후 인천시사 기술의 보완 자료

국방부 지리연구소가 실시한 전국지명조사사업의 목적에 따라, 인천시 지명제정위원회가 설치되었고, 인천시의 지명 조사가 이루어져 그 결과물이 1959년에 작성되었음에도 불구하고, 인천시사를 기술한 각종 간행물에서 1959년 인천시 지명제정위원회의 설치와 지명 조사 사업의 결과를 언급하지 않고 있다. 앞으로 인천시사를 편찬할 때에 본 자료 총서에서 밝혀진 것 외에 인천시 지명제정위원회에 관한 자료를 더 발굴하여 그 전모를 상세하게 기술하는 일이 필요할 것이다. 그리하여 지명 조사 사업의 중심 기구인 인천시 지명제정위원회의 사적 의의를 인천시사에서 기술할 필요가 있다.

7) 각종 연구 자료로서의 활용 기대

『고일 선생본 인천시 지명조사표』는 앞으로 각종 연구에서 활용되어야 함은 물론이다.

한 가지 예를 들면, 본 자료 총서를 통하여 선인들의 지명 제정관을 엿볼 수 있다는 점에서 그 의의를 찾을 수 있다. 『고일 선생본 인천시 지명조사표』에 첨삭된 손글씨의 내용을 보면, 지명 제정 당시 시대정신의 하나였던 '왜색말소운동'과 '국어순화운동'이 배경에 깔려 있음을 알 수 있어 주목된다. 오늘날 아파트 이름이나 간판에 외래어의 남용이 눈에 뜨이는데 이러한 태도에 귀감이 될 것이다.

이 밖에 지도사적 의의 등 『고일 선생본 인천시 지명조사표』의 자료적 가치는 하나하나 들어말하기 힘들

것이다.

7. 『고일 선생본 인천시 지명조사표』가 나오기까지의 과정

1) 전국지명조사사업의 배경

단기 4294년(1961년) 1월 6일에 국방부장관이 국무회의에 제출한 「지명조사사업보고의 건」에 따르면 6.25 전쟁 당시 우리나라 지명이 통일되지 못하고 지도 상의 지명과 현지 지명이 상이하여 국군과 국제연합군의 작전 수행에 큰 지장을 초래하게 되어 남한 전역의 지명조사를 통하여 통일된 지명 제정의 필요성이 인식되었다.

단기 4289년(1956년) 5월 22일 미제8군사령부는 한국 육군을 통하여 한국 정부에 한국지명에 대한 조사와 통일제정을 요청하여 단기 4290년(1957년) 제83차 국무회의에서 국방부 아래에 지리연구소를 두었고 국방부 지리연구소가 4292년도(1959년도) 사업으로 남한 전역의 지명조사사업을 실시하였다.

2) 전국지명조사사업의 목적

1961년에 작성된 『지명조사사업보고서』에서 기술한 주요 내용을 검토해 보면 국방부 지리연구소가 1959년에 시행한 전국지명조사사업의 목적은 남한 전역의 지명을 조사하여 다음과 같은 사항을 처리하고자 한 것임을 알 수 있다.

(1) 표준화된 지명 제정 사업
(2) 제정된 지명의 법적 지위 확보
(3) 지모(地貌)와 지형 변화에 따른 측량과 지명 조사의 실시
(4) 정확한 지명의 유지와 관리

1959년 전국지명조사사업의 착수는 미 육군의 건의에 의한 것이므로 위에 제시한 전국지명조사사업의 목적 중 (3)이 지명조사사업의 가장 중요한 목적이라고 판단할 수 있다. (3)은 '제정된 지명'에 대한 정확한 측량 정보를 획득하기 위한 작업으로 지도 상에 '제정된 지명'을 정확하게 표시하는 데에 그러한 일의 주안점이 있기 때문이다.

1959년 인천시 지명제정위원회에서 조사, 정리한 '지명조사표'에는 '행정 구역'의 명칭은 빠짐없이 조사되었다. '행정 구역'의 명칭은 '자연 지명'이나 '인공 지명'을 파악하고 이해하는 기준점이 되는 지명이기에 빠짐없이 조사되는 것은 당연한 것이다. 그런데 '1959년 인천시 지명조사표'에 수록된 지명은 1960년대에 조사된 『한국지명총람 인천시 편』의 수록 지명과 큰 차이를 보인다. 「1959년 인천시 지명조사표」(보유편 포함)에는 820개의 지명이 조사되어 수록되어 있는데 '자연 지명'은 63개만 수록되었으나 '인공 지명'의 경우

에는 757개의 지명이 수록되어 있다. 이에 반하여 『한국지명총람 인천시 편』의 경우에는 '인공 지명'의 경우는 극히 일부만 수록되어 있고 '자연 지명'의 경우에는 '소지명'까지도 상세하게 조사, 수록되어 있다. 이러한 점에서 『한국지명총람』의 지명 조사는 존재했던 지명을 조사하는 것에 목적을 두었으나 1959년 전국지명조사사업의 지명 조사는 표준 지명을 정하고 이러한 표준 지명을 지도 상에 정확하게 표시하여 이를 군사적 목적이나 국가 운영에 활용하고자 한 것임을 알 수 있다.

3) 전국지명조사사업의 조직 구성

[1] 국방부 지리연구소의 설치

단기 4290년(1957년) 8월 23일에 개최된 第83차 국무회의에서 '지리연구소령'이 의결되어 국방부 산하에 지리연구소가 설치되었다. 뒤이어 국방부는 단기 4290년(1957년) 12월 10일에 국방부일반명령 제143호로 지리연구소창설위원회가 정식으로 발족하게 되어 위원장에 육군 준장 안광호(安光鎬), 부위원장에 육군 대령 김관걸(金觀傑)이 임명되었다.

[2] 중앙지명제정위원회

국방부 지리연구소는 단기 4291년(1958년) 5월 22일 제1차회의, 단기 4291년(1958년) 5월 29일 제2차회의, 단기 4291년(1959년) 10월 6일 회의를 통하여 중앙지명제정위원회 위원과 조직을 구성하였다.

중앙지명제정위원으로 다음 사람들이 선출되었다.

(5) 김상호, 박로식, 강석오, 신동욱, 이영태, 육지수, 이하윤, 한갑수, 허 웅, 김법린, 백락준, 모윤숙, 오천석, 고광만, 이헌구, 주요섭, 표문화, 박만규, 홍순철, 이희복, 최흥준, 권중휘, 정인승, 장지영, 권승욱, 최현배, 이희승

위원총회의 구성은 다음과 같이 하였다.

(6) 위원장 1명 (호선으로 선출)
부위원장 2명 (내무부 지방국장, 국방부 지리연구소장)
위원 약간명
간사 약간명

분과위원회는 다음과 같이 구성하였다,.

(7)

가. 제일분과위원회

- 각급지방위원회에서 조사보고된 지명의 종합정리 및 지명제정에 관한 업무를 담당.
- 위원 구성

김상호(서울대학교교수), 강석오(이화여자대학교교수), 김종구(해군수로국기획과장), 박기서(해무청표지과장), 신영보(대한지리학회), 이계순(내무부지방국행정과장), 이병칠(육군측지대대장), 이지호(서울대학교교수), 이영택(경기고등학교교사), 최헌희(육군공병감실운영과장), 최흥준(문교부편수관)

나. 제이분과위원회

- 표준 한글 지명표기에 관한 사항을 담당
- 위원구성

권승욱(한글학회), 정인승(한글학회), 이희복(문교부편수관), 이희승(서울대학교교수), 장지영(연세대학교교수), 최현배(연세대학교교수), 박로식(신흥대학교교수)

다. 제삼분과위원회

- 표준 로마자지명 표기에 관한 사항을 담당
- 위원구성

권중휘(서울대학교교수), 고광만(서울대학교교수), 육지수(서울대학교교수), 이하윤(서울대학교교수), 차상원(서울대학교교수), 홍순철(문교부편수관), 모윤숙(문총최고위원), 홍시환(대한지리학회), 표문화(국방연구원강사), 이춘성(공보실선전과장대리)

[3] 지방각급위원회 구성 요강

지방각급위원회 구성 요강은 다음과 같다.

(8)

가. 도(서울특별시) -시군-읍면 등의 지명제정위원회를 둔다.

나. 도(서울특별시) 지명제정위원회 구성

위원장 1명(도지사/서울특별시장, 부위원장 1명 (내무국장), 위원 약간명

다. 시군 지명제정위원회

위원장 1명(시장/군수), 부위원장 1명(시군내무과장), 위원 약간명

라. 읍면 지명제정위원회

위원장 1명(읍면장) 부위원장 1명(부읍장/부면장) 위원 약간명(이장 포함)

4) 지명조사의 양식

[1] 지명조사표

지명조사표 양식은 다음과 같다.

지 명 조 사 표

(1) 정리번호	(2) 행정구역명	(3) 지명			(4) 지명의 종류	(5) 지도상기재	(6) 경위도	(7) 좌표	(8) 유래	(9) 비고	(10) 당해위원회 제정	(11) 상급위원회 승인	(12) 중앙위원회	
		A	B	C									한글표기	로-마자표기
	한글 漢字													

[2] 지명 카드

지명 카드의 양식은 다음과 같다.

附錄18: 지 명 카 ~ 드 No. 一 No. 二

조사철및 정리 No.	020602 — 3	행정구역	경기 도(시) 부천 군(구) 대부 읍(면) 남 리(동)		
제정 지명	한글	말 부 흥	지명종류: 부 락	별칭 지명	한글: 끝부흥이 / 한자: 末富興
	로-마자	MALBUHEUNG			
지명 유래	이 부락의 산세가 부엉이 같이 생겼다 하여 과거에는 작은부엉이로 불리워 오다가 약 50년전 부터 끝부엉이로 불리워 오던것이 말부흥으로 된것은 일정시 농촌진흥회 발족시 이를 한자로 기명키 위하여 말부흥이라 하게 되었음.			호수: 58	인구: 348
지도 SHEET NO.	1:250.000	NJ52 — 9	좌표		경도: 126° 36′ 40″
	1: 50.000	6525 — IV		BS 681 205	위도: 37° 12′ 40″
비고	지도상 부항포로 기재되어 있음. "말부흥"으로 요정정。	조사년월일: 92. 3. 30	작성년월일: 92. 10. 8	작성자인	

국방부 지리 연구소

5) 실험지명제정사업

경기도 양주군 회천면과 주내면을 실험지명제정사업의 대상으로 지정하였다. 단기 4291(1958년) 11월부터 12월 30일까지 실시하여 '위원회구성, 지명조사의 방법, 지명제정' 등의 측면에서 전국적인 지명조사사업 시 고려할 문제를 도출하였다.

6) 지명제정사업지시공문

- 단기 4292년(1959년) 2월 17일자 국방부 장관 명의 국방부 국방총제1477호
- 도위원회 간사 소집 명령
- 단기 4292년(1959년) 2월 28일까지 지방각급위원회 구성 보고
- 지명제정사업의 지역별 실시

  제1단계(서울, 경기, 강원, 충북) : 단기 4292년(1959년) 3월 16일 - 4월 17일

  제2단계(경북, 경남) : 단기 4292년(1959년) 4월 27일 - 5월 30일

  제3단계(충남, 전북, 전남, 제주) : 단기 4292년(1959년) 6월 1일- 7월 4일
- 지명제정위원회 문서 및 통신 계통

7) 최종 처리계획

- 제정된 지명의 법적 보장

  고시할 지명 종류의 순위

  (도시, 부락, 산맥, 산, 해협, 만, 항구, 하천, 평야, 군도, 섬, 반도, 삐중다리(岬), 영, 고개, 계곡, 나루터, 사장, 온천, 삼림, 소습지, 저수지, 못, 제방, 굴, 폭포, 바위, 약수터)
- 측량법에 의한 지명 조사의 시행

8) 전국지명조사사업결과의 국무원 보고

- 단기 4294년(1961년) 1월 6일 지명조사사업결과를 국방부장관 명의로 국무원에 보고
- 국방부장관 명의의 공문과 지명조사사업보고서(부록 첨부)

9) 제정된 지명의 고시

- 1961년 4월 22일 국무원고시 제16호 관보 제2837호로 제정된 지명을 고시
- 인천시의 경우 자연 지명 49개, 인공 지명 157개 총 206개 지명을 고시

10) 1959년 전국지명조사사업의 의의

- 일제 시기 지명 조사 사업이 한국의 토지 경제권을 수탈할 목적 아래 전국 지명 조사가 이루어졌다면 1959년의 전국지명조사사업은 '표준 지명'을 제정할 목적으로 전국 지명 조사가 이루어졌다는 점에서 1959년 전국지명조사사업은 지명사적인 관점에서 의의를 가질 수 있다. 생산적으로 국가 운영을 하기 위해서 '표준 지명'의 마련은 가장 먼저 이루어져야 하기 때문이다.

제1부

정 서 편

1. 「1959년 인천시 지명조사표」
2. 「전국 지명조사철 인천시 편 동부출장소」 - 보유편

1.
「1959년 인천시 지명조사표」

1) 중부출장소
2) 북부출장소관내
3) 남부출장소관내
4) (인천시) 부평출장소
5) 남동출장소관내
6) 서곳출장소
7) 주안출장소관내
8) (인천시) 문학출장소

決 定 通 過 完
4292. 4. 1

지명조사표

중 부 출 장 소

지 명 조 사 표

(1) 정리 번호	(2) 행정 구역명	(3) 지명 A	B	C	(4) 지명의 종류	(5) 지도 상 기재	(7) BS 좌표	(8) 유래	(9) 비고	(10) 당해 위원회 제정
	관동一가동 官洞一街洞				동	무	899 493	해방 전에는 인천시 도심지에 있어 '중정(仲町)'이라 불이였으나(불리었으나) 현재는 관공서가 많음으로(많으므로) '관동'이라 칭하게 되었음. 지명에 대한 특수한 유래는 없으며 인천 시청 소재지며 특히 '관공리' 사택이 많은 고로 '관동'으로 칭하였다 함. (인구 790명)	(168)	
		중앙교회 中央敎會			주요 시설	무	898 494	단기 4281년 2월 5일 車輔根氏가 設立하였음. (교인 수 170명)		
		인천시청 仁川市廳			주요 시설	무	899 493	일제 시 '제물포'를 개항하여 인천 부레(제)를 실시하고 부청을 신축. 해방 후 인천시 청사로 사용되고 있음. (300명)		
		옹진군청 甕津郡廳			주요 시설	무	899 493	미수복지구 군으로 일시 부천 군청에 있다가 (단기) 4291년 1월에 현 청사를 매수하여 이전하였음. (20명)		
		인천시중부출장소 仁川市 中部出張所			주요 시설	무	899 493	(단기) 4290년 2월 1일, 시 조례의 개정으로 신설되었음. (직원 52명)		
	관동二가동 官洞二街洞				동		899 493	제정(帝政) 시, 인천부 도심지인 고로 '仲町'이라 하였으나 해방 후 행정구역 명칭 개편으로 관청이 많다는 뜻에서 '官洞'이라 이름 지음. 지명에 대한 특수한 유래는 없으며 인천 시청 소재지며 '관공리' 사택이 많은 고로 '관동'으로 칭하였다 함. (인구 수 475명)	(105)	
		경인일보사 京仁日報社			주요 시설		899 493	단기 4284년 8월 1일 '경인일보사'로 신발족하였음. (60명)		
		중앙해안항관송학선린동사무소 中央海岸港官松鶴善隣洞事務所			주요 시설		899 493	단기 4290년 10월 1일 행정구역 폐합으로 각 동이 폐합되여(어) 이곳에 폐합된 동사무소를 정하였음. (5명)		
	관동三가동 官洞三街洞				동	무	901 493	제정 당시 인천부의 도심지인 고로 '仲町'이라 하였으나 해방 후 지방 행정구역 명칭 개편으로 관청이 많다는 뜻에서 '官洞'이라 명칭함. 지명에 대한 특수한 유래는 없으며 인천 시청 소재지며 '관공리' 사택이 많은 고로 '관동'으로 칭하였다 함. (392명)		
	경동 京洞				동		907 494	단기 4246년 행정구역 개정으로 因하여 '외리'를 '경동'이라 개칭하였는데 그 리(이)유는 당시 인천에서 중심지로 발전을 목표로('京字'는 '클 경') 크게 발전한다는 뜻에서 '경동'이라 하여 현재에 있음(이름). (3,254)		
		싸리재◑			고개	무	907 494	지금은 그 흔적이 없으나 옜(옛)날에는 일대에 싸리나무가 무성함으로 '싸리재'라 불이웠고(불리었고) 현재도 '싸리재'라고 함.		
		애관 愛館			주요 시설	무	906 492	지금으로부터 50년 전 '협률사'로 경영타가(하다가) '축항사'로 변천하여 흥행업을 경영하다가 '애관'으로 개칭, 상설 영화극장으로 인천에(인천에서) 유명함. (18)		
		상업은행인천지점 商業銀行 仁川支店			주요 시설	무	905 493	단기 4232년에 '대한천일은행'으로 설입(립). (단기) 4232년에 '인천상업은행'으로 개칭하여 경영하다가 단기 4289년에 '경동'에 신축 이전하여 현재에 있음(이름). (38)		
		조흥은행인천지점 朝興銀行 仁川支店			주요 시설	무	906 493	단기 4230년에 서울에 '한성은행'이라 설입(립)하고 경영하다가 단기 4276년에 '동일은행'과 합병하고 단기 4279년에 '조흥은행'이라 개층(칭)하여 '인천지점'을 설치하던 중, (단기) 4291년에 '경동'에 신축 이전 현재에 있음(이름). (36)		
	내동 內洞				동	무	904 492	李조(李朝) 시대에 住民이 집중 거주하였고 감영이 설치한(된) 곳으로 안윽한(아늑한) 동내(네)라 하여 '내리'라 하였고 그 후, 행정구역 개정으로 '내동'이라 개칭하여 지금에 이르럿(렀)음. (3,489)	호수 304 세대수 636	

(1) 정리 번호	(2) 행정 구역명	(3) 지명			(4) 지명의 종류	(5) 지도 상 기재	(7) BS 좌표	(8) 유래	(9) 비고	(10) 당해 위원회 제정
		A	B	C						
	내동 內洞				동	무	904 492	李조(李朝) 시대에 住民이 집중 거주하였고 감영이 설치한(된) 곳으로 안윽한(아늑한) 동내(네)라 하여 '내리'라 하였고 그 후, 행정구역 개정으로 '내동'이라 개칭하여 지금에 이르럿(렀)음. (3,489)	호수 304 세대수 636	
		서울지방법원 인천지원 서울地方法院 仁川支院			주요 시설	무	903 493	단기 4228년에 '인천항재판소'로 설치하고 (단기) 4240년에 '인천재판소'라 개칭. 단기 4243년 '경성지방법원 인천지청'으로 개칭. 단기 4265년에 재정 부족으로 폐청했다가 단기 4267년에 부활되어 지금에 이르럿(렀)음.		
		서울地方檢察廳 仁川支廳								
		영화국민학교 永化國民學校			주요 시설	무	905 494	단기 4226년 미국 사람이 선교사 학교를 설입(립)하고 '영화학교'라 칭하다가 단기 4259년에 조선교육령에 의하여 '영화보통학교'라 개층(칭). 단기 4274년 교육영(령) 제84호에 의하여 '영화국민학교'로 개칭하여 현재에 이르럿(렀)음. (학생 수 480)		
		농업은행인천지점 農業銀行仁川支店			주요 시설	무	904 493	단기 4256년에 '**金融組合'으로** 설치. 단기 4290년에 '農業은행 인천지점'으로 개칭하여 현재에 있음(이름). (종업원 28)		
	답동 畓洞				동	무	907 489	단기 4230년 전에는 논(畓)이 있든(던) 곳으로서(써) 미나리 및 벼를 심어 농사를 하든(던) 고장이라 하여 '(畓)답' 자를 따서 '답동'이라 칭하게 된 것임. (인구 3,143명)	337호	
		부천군청 富川郡廳			주요 시설	무	906 492	고구려의 주부토군(主夫吐郡)으로 현종(顯宗) 九년 '지사부(知事府)'라고 했다가 구(그) 후 도호부(都護府) 목부현(牧府縣). 단기 4247년 3월 '부천군'이라 칭함. 본 군 행정구역은 一읍 九면 九四리로 편성되어 있음. (직원 수 48명)		
		송도중고등학교 松都中高等學校			주요 시설	무	909 489	단기 4239년 4월 미국인 목사가 창입(립)하여 단기 4242년 학부로부터 인가를 얻어 사립**중등令**에 의하여 2년 중등과, 4년 초등과로 6.25 남침으로 개성지구 후퇴로 휴교. 단기 4284년 중고등으로 병설. 개성 미수복으로 인천에서 개교. 현재에 지(至)함.		
		신흥국민학교 新興國民學校			주요 시설	무	905 490	단기 4255년 2월 경, 왜정 시 '(旭)욱소학교'로 신설. 단기 4279년 3월 '신흥국민학교'로 개치(칭)하였음. (5,018)		
		박문국민학교 博文國民學校			주요 시설	무	905 491	단기 4253년 9월 1일 설입(립). 단기 4258년 11월 18일 '인천박문학교'로 인가를 받음. 단기 4291년 4월 1일 수녀원에서 운영, 인계 받아 여아만을 교육하고 있음. (443명)		
		시은고등공민학교 施恩**高等**公民學校	**東本願寺**		주요 시설	무	908 489	단기 4285년 4월, 미 '침례교회' 교우 및 아동교육기관으로, 단기 4286년 9월 공민학교와 고등공민학교의 정식 인가를 얻음. 현재는 고등공민학교로 계속함. (460명)	**前 東本願寺 자리**	
		천주교인천답동성당 天主敎仁川畓洞聖堂			주요 시설	무	905 491	단기 4222년 5월 파리 외방 선교사 불국인(佛國人) 서신부(徐神父)가 '답동' 현 위치(位置)에 신축하였음.		
		해성보육원 海星保育院			주요 시설	무	905 491	본 보육원은 천주교 소속 '성바오로 수도원(修道院) 인천지원' 경영으로 서기 1894년(단기 4227년) 11월 15일에 창설되어 차시(此時)로부터 약 3,500명의 아육(兒育)들이 육성(育成)되었으며 특히 영아육성(嬰兒育成)에 헌신함. (410명)		
	도원동 桃源洞				동	무	915 486	일정 시, 山이 복숭아와 같이 생겼다 하여 '도산정(桃山町)'이라 부르고 해방되자 '도원동(桃源洞)'으로 개정하였음. (인구 수 8,121명)	1,552	
		황골고개◑			고개			옛날 양쪽 산 가운데 골(谷)이 있고 그 시대 부락이 '황곡동(黃谷洞)'이라 하여 '황(黃)' 자(字)와 골(谷)을 합하여 '황골고개'로 부르고 있음.		

(1) 정리 번호	(2) 행정 구역명	(3) 지명 A	B	C	(4) 지명의 종류	(5) 지도 상 기재	(7) BS 좌표	(8) 유래	(9) 비고	(10) 당해 위원회 제정
		도원교 桃源橋			다리		917 489	(단기) 4288년 6월 30일 준공. 소재지가 '도원동'이므로 '도원교'로 명명되였(었)음.		
		인천시도원공설운동장 仁川市桃源公設運動場			주요 시설		919 487	(단기) 4267년 3월 10일자 준공하고 소재지가 '도원동'이므로 '인천시 도원공설운동장'으로 불리우고 있음.		
		인천경찰서도원동경찰관파출소 仁川警察署桃源洞警察官派出所			주요 시설		919 488	(단기) 4291년 2월 1일에 신설되였(었)음.		
		인천소방서 仁川消防署			주요 시설		917 486	(단기) 4277년 9월 1일 조선총독부 지방관 관재(제)령에 의하여 '인천소방서'로 부르든(던) 바, (단기) 4278년 8.15 해방으로 인하여 대한민국 내무부령에 의하여 현재 '인천소방서'로 불리우고 있음. (34명)		
		보합공민학교 宝盒公民學校			주요 시설		917 485	단기 4285년 8월 20일자 도(道) 인가로 공민학교로 승인·신설 되었음. (722명)		
		도원국민학교 桃源國民學校			주요 시설		918 488	(단기) 4291년 4월 1일자로 문교부 인가에 의하여 신설되였(었)음. (406명)	三學級 合學	
		도원교회 桃源教會			주요 시설		917 489	(단기) 4287년 2월 10일 설립되였(었)음. (100명)		
		제二교회 第二教會			주요 시설		917 485	(단기) 4282년 9월 12일 설립. '대한예수교 제二교회'로 창설하고 현재는 '인천시 제二교회'로 불리우고 있음. (200명)		
		보각사 普覺寺			주요 시설		919 489	(단기) 4239년(?) 5월 10일자 '보각사(普覺寺)'로 창립(創立)되였(었)음. (100명)		
		대륙산업주식회사 大陸産業株式會社			주요 시설		914 484	(단기) 4252년 10월 16일 인천부 '도산정(桃山町)' 47번지에 '조일양조주식회사'로 창립하여 경영 중, (단기) 4278년 8월 15일 일본 항복으로 인하여 (단기) 4289년 2월 24일 '대륙산업'으로 현재 불리우고 있음.		
		도원공원 桃源公園			주요 시설		915 487	(단기) 4289년 신규 공원으로 명명되였(었)음.		
	용동 龍洞				동		905 494	約 60年 前에는 山으로 山所가 많이 있든(던) 곳으로 山所 자리가 '용혈'이라고 불려오기 때문에 이곳 山所를 移葬하고 마을을 만들어 '용혈'이라 傳하여 오던 關係로 '龍' 字를 따서 '용동'이라 함. (1,519)		
		용동절			주요 시설		905 494	지금으로부터 53년 전 싸리밭 덤불 속에 있던 男女老人인(이) 토굴을 쌋(쌓)고 불상을 모시고 수도하던 중 '금강산' '건봉사' 주지승이 양수하여 법당을 신축하고 포교소로 구(그) 후 여러 차례 주지승이 교체되여(어) 현재는 '금강산 건봉사 능인포교소'로서(써) 속층(칭) '용동절'이라 함. (교도 수 200명)		
	북성동一가동 北城洞一街洞				동	무	893 497	동내(네) 지역이 인천의 북부에 속하여 '북' 자를 따고 '성'은 고종 3년 9월 병인양요 시대 불란서군과 싸우기 위하여 상(성)을 쌋(쌓)던 관계로 '북성동'이라 하였음. (1,300명)	(145호)	
		인천역 仁川驛	하인천역 下仁川驛		역	무	894 496	(A)'인천역'이란 해방 후 현재의 명칭이고 (B)'하인천역'이란 왜정 시대의 명칭임.		
		대한제분인천공장 大韓製粉仁川工場			주요 시설	무	892 499	(단기) 4286년 3월 1일에 자본금 3억환으로 창설한 우리나라 우수한 제분 공장임.		
		외국인공동묘지 外國人共同墓地			산	무	895 500	약 70년 전, 독일인 '뮐라'라는 사람이 외국인의 전용묘지로 설치하였음.		
		경기도어업조합연합회 京畿道漁業 組合聯合會			주요 시설	무	893 498	경기도 산하 각 어업조합을 연합한 반관반민의 조직체로써 서해안 일대에서 어획되는 각종 어류는 이 연합회를 통해서 각처로 산매되고 있음.		

(1) 정리 번호	(2) 행정 구역명	(3) 지명			(4) 지명의 종류	(5) 지도 상 기재	(7) BS 좌표	(8) 유래	(9) 비고	(10) 당해 위원회 제정
		A	B	C						
	북성동二가동 北城洞二街洞				동	무	895 496	병인양요 시대 불란서군과 싸우기 위하여 성을 쌋(쌓)던 연고로 성의 유래가 있고 인천에(의) 북방 지역이라 하여 '북성동'임. (2,310)	(215호)	
		하인천파출소 下仁川派出所			주요 시설	무	894 496	'북성동', '송월동', '선림(린)동'을 관할하는 파출소임. (단기) 4242년 4월에 설립되였(었)음. (15명)		
		북성교회 北城教會			주요 시설	무	897 498	(단기) 4286년 3월에 창설된 교회로서(써) 성결교 계통임. (100명)		
	북성동三가동 北城洞三街洞				동	무	896 498	고종 3년 9월 병인양요 시대 불란서군과 싸우기 위하여 성을 쌋(쌓)던 터이고 인천에(의) 북방 지역이라 하여 '북성동'이라 함. (1,898명)	(192호)	
	사동 沙洞						904 486	단기 4230년 전에는 해안지대로서(써) 모래사장이였(었)으며 조수가 드나들던 것을 단기 4246년 왜정(倭政) 시대에 매립(埋立)하여 당시는 동명을 '(濱町)빙정(빈정)'이라 하여 왓(왔)으나 8.15 해방 후에 모래 '사' 짜(자)를 따서 '사동'이라 불이(리)게 되었음. (2,041)	256	
		인천세관 仁川稅關					904 486	단기 4216년 7월 개항과 동시, '(海関)'을 설치하였음. (137)		
	선린동 善隣洞			청관 清館	동		897 495	약 70여 년 전에 중국인이 거주하여 '청관'이라고 불(부)르다가 일인(日人)이 다시 중국인만 거주하므로 '지나정(支那町)'으로 정하고 다시 '미생정(彌生町)'으로 개정하여 현재는 한국인 중국인이 거주하므로 상호간 상조하는 의미에서 '선림(린)동'이라 하였음. (780)	163	
		인천화교자치구 仁川華僑自治區			주요 시설		897 495	약 70년 전에 중국 영사관으로 사용하다가 서울로 이전하고 그 후로 '중화상회'가 존치하였다가 (단기) 4284년에 '인천화교자치구'와 합병하였음. (10)		
		인천화교소학교 仁川華僑小學校					897 495	약 40년 전에 중국인이 중국 아동교육을 위하여 설립하였음. (584)		
		~~공화춘~~ ~~共和春~~					896 495	~~인천에서 제一 먼저 중화요리점으로 건설되였(었)음 (20)~~	(削)	
	선화동 仙花洞	화가동			동		913 484	옛적에 선창 '빈주리'로 각처에 선인이 왕내(래)하고 있든(던) 곳으로 '花街洞'이라 하고 日政中期에는 '敷島町'으로 불러오든(던) 것을 단기 4278년 해방에 의하여 '화선(선화)동'으로 개칭된 것임. (2900)		
		보건소 保健所			주요 시설		913 484	단기 4284년 12월 20일 인천시에서 '시립보건소 마약중독자수용소'로 창립하여 위생과 마약중독자를 치료하는 의료 기관임. (50)		
		동진보육원 同進保育院			주요 시설		912 483	지금으로부터 18년 전에 日人이 건립된(한) 건물로서(써) 있든(던) 것을 단기 4283년 10월 10일에 제주도로부터 전쟁고아 수용소로 '동진보육원'이 이전하여 현재 분이된(분리된) 고아를 수용하고 있는 사회 사업체임. (80)		
		~~유풍장유식품 주식회사~~ ~~裕豊醬油食品 株式會社~~			~~주요 시설~~		~~912~~ 485	~~왜정 시에 건립된 공장으로서(써) 당시 명칭이 '藤井장유공장'으로 경영 중 단기 4278년에 현 경영 중인 '유풍장유주식회사' 宋基哲氏가 식료품을 가공하고 있음. (50)~~	(削)	
		~~조흥양조장~~ ~~朝興釀造場~~			~~주요 시설~~		~~912~~ 485	~~단기 4278년 해방 시부터 '선화동' 1번지에서 安光載氏가 운영 중임. (30)~~	(削)	
	송학동一가동 松鶴洞一街洞				동		898 494	제정 시 山기슭에 마을이 있다 하여 '山手町'이라 칭하였으나 해방 후 산에 솔이 있고 학들이 있다 하여 '송학동'이라 이름 지음. 홍여(예)문이 만들어지기 전에는 그 일대가 丘陵이였(었)으며 큰 솔들이 있었다 함. (130)	24	
		인천시교육청 仁川市教育廳			주요 시설		898 494	단기 4285년 6월 4일 교육법에 의거 설치되였(었)음.		

(1) 정리 번호	(2) 행정 구역명	(3) 지명			(4) 지명의 종류	(5) 지도 상 기재	(7) BS 좌표	(8) 유래	(9) 비고	(10) 당해 위원회 제정
		A	B	C						
		인천시립박물관 仁川市立博物館			주요 시설		898 494	단기 4278년 10월 31일에 설립. 그 전 **外國人倶樂部을(를)** 仁川府에서 [(단기) 4255(년)] 매수하여 도서관으로 사용하든(던) 것을 (단기) 4279년 4월 1일 박물관으로 개관함. (5)		
		인천시자유공원 仁川市 自由公園			주요 시설		898 494	제정 시에는 '西공원'이라 말하였으나 우리나라 사람들이 '萬國공원'이라 불러왔는데 그것은 西洋 사람들의 집이 많고 서양 사람들의 우(유)객이 많어(아) 그렇게 불러왔으나 (단기) 4290년 '자유공원'으로 명명되었음. (단기) 4290년 11월에 맥아더장군 동상이 건립되였(었)음.		
	송학동二가동 松鶴洞二街洞				동		901 492	제정 당시 山기슭에 위치하여 '山手町'이라 하였으나 해방 후 행정구역 명칭 개편으로 옛날 山에 큰 소나무가 많았으며 또 솔밭에 학이 와 이섯다(있었다) 하여 '松鶴洞'이라 이름 지음. 지금부터 5년 전, '홍여(예)문'이 만들어지기 전에는 그 일대다가(일대가 다) 丘陵으로 되여(어) 있었으며 큰 솔이 이섰다(있었다). (699)	146	
		인승(성)여자중학교 仁聖女子中學校			주요 시설		901 492	단기 4287년 12월 31일 재단법인으로 설립되였(었)음. 직원 11명 학생 女 230명. (230)		
		무궁화공민학교 無窮花公民學校			주요 시설		901 492	단기 4283년 4월 1일 재단법인으로 설립되였(었)음. (직원 11명 학생 800명). (800)		
		제일교회 第1教會			주요 시설		901 492	단기 4279년 10월 19일 '장로 제1교회'로 설립되었음. (800)		
	송학동3가동 松鶴洞三街洞				동		901 493	제정 시 산기슭의 부락이라 하여 '山手町'이라 하였으나 해방 후 행정구역 명칭 개편으로 옛날 산에 솔(소)나무와 학이 이섰다(있었다) 하여 '松鶴洞'이라 이름 지음. 지금으로부터 50년 전 '홍여(예)문'이 만들어지기 전에 그 일대가 丘陵이었으며 큰 솔들이 이섰다(있었다) 한다. (920)	192	
		시민관 市民館			주요 시설		901 493	단기 4255년 12월 6일 二층 건물로 건축하여 公會堂으로 사용타가(하다가) 6.25 전란으로 소실되였(었)으나 다시 재건하여 좌석 1,163석을 갖인(가진) '市民舘'으로 개관. (1,200)		
		제二시민관 第二市民館			주요 시설		902 492	제정 시는 '무덕관'으로 검도 유도장이였(었)으나 6.25 전란 후 일시 난민들이 수용되였(었)었으나 그 후 인천시가 보수하여 (단기) 4291년 '제二시민관'으로 수리 개관. (500)		
		인천세무서 仁川稅務署			주요 시설		901 493	단기 4246년 5월 1일 설치됨.		
		인천상공회의소 仁川商工會議所			주요 시설		901 493	지금으로부터 약 60년 전 발족하였으며 6.25 동난(란) 시 소실되고 (단기) 4292년에 신축하였음. (6)		
		인천경찰서 仁川警察署			주요 시설		901 492	단기 4252년 10월에 설치되였(었)음. (311)		
		시은교회 施恩教會			주요 시설		901 492	단기 4287년 설치되였(었)음. 목사 1명, 교인 100명. (100)		
		홍예문 虹霓門	홍여문		주요 시설		902 494	단기 4238년 을사보호조약 당시 일인(日人) 육군공병 목야 대좌가 와서 인천을 발전하기(시키기) 위하여 이 장소에 길을 통하도록 하였다. 길을 통하기 위해서 한국인이 소요 경비를 반, 일인(日人)이 반식(씩) 거출해서 착공하였으나 중간 공사에 이(의)외로 돌이 많었든(많았던) 관계로 공사를 중지하고 한국정부의 원조를 얻어 三년 간에야 완성하고 명칭은 무지게(개) 같이 생겨서 '홍예문'으로 칭하였음.		
	송월동1가동 松月洞一街洞				동		899 501	이 동리에는 소나무가 무성하였든(던) 관계로 '송' 자를 따서(고) '월'이란 소나무 속에 달이 뜬다는 의미에서 '소(송)월동'으로 하였음. (3,979)	372	
		송월시장 松月市場			주요 시설		899 501	과거 인천시 '가축시장'으로 되여(어) 있든(던) 것을 단기 4287년 9월에 이(일)용품 시장인 '송월시장'으로 변경하였음.		

(1) 정리 번호	(2) 행정 구역명	(3) 지명 A	B	C	(4) 지명의 종류	(5) 지도 상 기재	(7) BS 좌표	(8) 유래	(9) 비고	(10) 당해 위원회 제정
		송월교회 松月敎會			주요 시설		901 501	이 교회는 단기 4281년 4월에 창설되였(었)는데 종파는 감리교 계통임. (30)		
		북성송월동사무소 北城松月洞事務所			주요 시설		899 499	단기 4288년 10월에 '북성동'과 '송월동'이 폐합됨으로서(써) '북성송월동사무소'가 설치하게 되였음(되었음).		
	송월동二가동 松月洞二街洞				동		898 499	'송'이란 이 동리에는 소나무가 무성하여 '송'짜(자)를 따고 '월'이란 소나무 속에 달이 뜬다는 의미에서 '송월동'으로 하였음. (5,230)	53	
		애경유지주식회사 愛敬油脂(株式會社)	애경사		주요 시설		898 499	'애경유지'는 단기 4287년 6월에 공업주식회사로서(써) 자본금 2억환으로 창설하였음. 속칭 '애경사'라고 칭하고 있는데 이것은 왜정 당시 왜놈일인들이 이 회사를 경영할 당시의 칭호임. (26)		
	송월동三가동 松月洞三街洞				동		900 498	'송'이란 이 동리에는 소나무가 무성하여 '송'자를 따고 '월'이란 소나무 속에 달이 뜬다는 의미에서 '송월동'이라 하였음. (2,323)	225	
		송월국민학교 松月國民學校			주요 시설		900 498	단기 4288년 5월에 창설되었음(**前 朝鮮總督 別庄 터**). (702)		
		송월교회 松月敎會			주요 시설		900 498	단기 4288년 9월에 창설된 교회로서(써) 종파는 장로교 계통임. (70)		
	신생동 新生洞				동		904 487	단기 4278년 전 왜정 시대에는 '궁정(宮町)'이라 불리였(었)으나 해방 후 행정구역 명칭을 '신생동'이라 칭하게 되였(었)음. (2,330)	267	
		남인천여자 중고등학교 南仁川女子 中高等學校			주요 시설		906 488	단기 4278년 4월 12일 '인천공립여자상업학교'로, 그 후 단기 4288년 4월 '인천여자상업고등학교'로, 단기 4289년 1월 '남인천여자중학교'로 교명을 변경함. 중학 1,119명 고등 591명 계 1,710명 교직원 중학 30명 고등 31명 계 61명(**前 仁川神社 터**)[5].		
		경전인천지점 京電仁川支店			주요 시설		902 489	단기 4245년 7월 10일에 개점하였음. (210)		
		환일정미소 丸一精米所			주요 시설		906 485	단기 4257년 10월 10일 합명회사 주명기가 정미서(소) 창립. (단기) 4271년 9월 '환일정미주식회사'로 조직 병(변)경. (단기) 4278년 6월 '조선정미주식회사'에 흡수 합병. (단기) 4290년 1월 '환일정미소'로 개칭, 금일에 지(至)함(**前 '加藤精米所'·'朝鮮精米所'**)[6]. (70)		
		시(신)생애육원 新生愛育院			주요 시설		903 488	단기 4284년 1월 4일 사변으로 인하여 경찰에 보호 중인 아이들을 보호하기 위하여 여자 경찰서에서 '경찰애육원'으로 발족. 그 후 4289년 7월 사단법인 '신생애육원'으로 되였(었)음. (71)		
	신포동 新浦洞				동		903 490	단기 4230년 전에는 해안을 통한 개천이 있는 지대임으로(이므로) '터진개'⊖⊖라고 불리였(었)으나 지금은 그 흔적이 없고 '신포동'이라 칭하게 된 것임. (1,929)		
		경기도관재국 京畿道管財局			주요 시설		901 491	(단기) 4282년 4월 22일 경기 임시 관재소로 발족. 동년 12월 직제 변경으로 '경기도관재국'으로 명칭 변경 되였(었)음. (74)		
		동방극장 東邦劇場			주요 시설		904 487	단기 4266년 5월에 창설하여 단기 4298년 8월 15일 이후 금일에 지(至)하기까지 운영하고 있음. (13)		
		어시장 魚市場			주요 시설		902 489	47년 전부터 '인천공설어시장'으로 발족, 현재에 이름.		
	신흥동一가동 新興洞一街洞				동		908 486	과거에는 '신창동(信昌洞)'이었으나 일본인이 '화정(花町)'으로 개칭하고 일인(日人)이 약 7활(할)을 점령 거주타가(하다가) 해방 후 과거 '신창동'의 '신' 자를 따서 '(新)'으로 개칭하여 '신흥동'으로 됨. (4,384)	588	

5 원문 비고란에 흐릿하게 '再考'라고 쓰여 있다. 확정 전에 일차 연필로 메모해 둔 것임을 알 수 있다.

(1) 정리 번호	(2) 행정 구역명	(3) 지명			(4) 지명의 종류	(5) 지도 상 기재	(7) BS 좌표	(8) 유래	(9) 비고	(10) 당해 위원회 제정
		A	B	C						
		해광여자기술학교 海光女子技術學校			주요 시설		908 486	해방 후 한글강습소로부터 발족하여 '공민학교, 양재고등공민학교' 등으로 개칭되였(었)다가 현재는 '해광사'의 명을 따서 '해광여자기술학교'로 개칭되였(었)음. (41)		
		신흥一二동사무소 新興一二洞事務所			주요 시설		908 486	단기 4283년 '신흥一동'과 '신흥二동'이 페(폐)합되여(어) '양동' 명칭을 따서 '신흥一, 二동사무소'로 사용하고 있음.		
		곡물검사소 穀物檢査所			주요 시설		908 486	단기 4290년 6월 27일 농림부 '농산물검사소 인천출장소'가 현 소재지에 설치됨. (11)		
		해광사 海光寺			주요 시설		908 486	약 50년 전 일본인이 창립하여 당시 '화엄사(華嚴寺)'로 불려왔으며 해방 후 '해광사'로 개칭하였음(海光은 바다가 보인다는 뜻임). (1,000)		
		~~경인음료회사~~ ~~京仁飮料會社~~			주요 시설		~~908~~ ~~486~~	~~약 20년 전 서울에 본사를 두고 경영했으나 해방 후 본사와 불(분)리하여 주로 (음료 사이다 쥬스 등)을 제조하고 있음. (26)~~		
		삼화정미소 三和精米所			주요 시설		908 486	약 30년 전 일본인 소유로 '가꾸마루(角丸)정미소'를 해방 후 '삼화정미소'로 개칭하였음. (57)		
		협신정미소 協信精米所			주요 시설		908 486	약 30년 전 일본인 소유로 당시 '노수기노(杉野)정미소'를 해방 후 '협신정미소'로 개칭하였음. (52)		
		대륙정미소 大陸精米所			주요 시설		908 486	단기 4270년 '가와무라(河村)정미소'로 창설, 해방 후 '대륙정미소'로 개칭함. (28)		
		협신화학공장 協信化學工場			주요 시설		908 486	과거에는 '대양제분공장'으로 운영되다가 단기 4290년에 '협신화학공장'으로 개칭됨. (7)		
	신흥동二가동 新興洞二街洞				동		909 486	과거에는 '신창동'으로 불리웠(었)으나 일본인이 '花町'으로 개칭하였고 해방 후 '신창동'의 '信' 자를 '新'으로 개칭하여 '신흥동'으로 됨. (2,417)	277	
		항도상업기술학교 港都商業技術學校			주요 시설		909 487	과거에는 '인천지방법원' 밑(및) '仁川府立圖書館'이였(었)으나 해방 후, '仁川市立圖書館'으로, 다시 '항도중학교'로 있었고 단기 4288년 3월 5일 '항도상업기술학교'로 발족하였음. (356)		
		경기도립인천병원 京畿道立仁川病院			주요 시설		911 485	단기 4259년에 창립하여 되였(었)음. (34)		
		인천경찰서신흥동파출소 仁川警察署新興洞派出所			주요 시설		911 485	단기 4250년에 건립하여 당시 '화정파출소'였으나 해방 후 해(행)정구역 명칭 개정과 동시, '신흥동 파출소'로 개칭함. (10)		
		고려정미소 高麗精米所			주요 시설		909 485	약 30년 전 일본인이 창립하여 당시 명칭이 '력무(力武)정미소'였으나 해방 후 '고려정미소'로 개칭케(하게) 되였(었)음. (45)		
		~~신영기업사~~ ~~新永企業社~~			주요 시설		~~911~~ ~~487~~	~~과거에는 금융조합련(연)합회 소유로 '인천 제六공장'으로 경영되다가 금융조합 해체와 동시 개인이 불하하여 '신영긔(기)업사'로 개칭되였(었)음. (16)~~	削	
		이화철공소 二和鐵工所					909 485	약 20년 전 일본인 소유로 당시 '니노미야(二宮)철공소'를 해방 후 '니노미야'의 '二' 자를 따서 '이화철공소'로 개칭하였음. (10)		
		~~이구직물공장~~ ~~李九織物工場~~					~~909~~ 485	~~해방 후 창설한 것으로 업주(李九範)의 성명을 따서 '이구직물공장'이라 함. (50)~~	削	
		~~송도직물공장~~ ~~松都織物工場~~					~~909~~ 485	~~(단기) 4285년에 창설하여 업주인 (李炯震)이 원래 개성사람으로 피난온 후 창립하여 고향인 개성의 별칭 송도를 따서 '송도직물공장'이라 함. (65)~~	削	

6 원문 비고란에 흐릿하게 '再考'라고 쓰여 있다. 확정 전에 일차 연필로 메모해 놓은 것으로 판단된다.

(1) 정리 번호	(2) 행정 구역명	(3) 지명			(4) 지명의 종류	(5) 지도 상 기재	(7) BS 좌표	(8) 유래	(9) 비고	(10) 당해 위원회 제정
		A	B	C						
	신흥동三동 新興洞三洞							지금으로부터 약 150년 전에 어떤 풍수가 이곳에 머무르게 되었는데 풍수의 말이 이곳에 대지가 매립된 곳이니 경마장을 세우면 지방의 덕을 보리라고 하여 경마장을 건립하였든(던) 곳으로서(써) 각처 인사들의 유휴장으로 유명하였으며 日政 時, '花町三丁目'이라 칭하고 단기 4278년에 '新興三街'로 改稱된 것임. (3,426)		
		남인천역 南仁川驛					909 482	日政 時, '朝鮮京東鉄道株式會社' 仁(個)人이 創設하여 다시 '朝鮮鐵道주식회사'에 양도하여 사철로 경영하든(던) 것을 (단기) 4278년 국철로 이관, 현재 인천 남부 지역에(의) ~~유일한 교통중점지대 역임~~ 요충임. '仁川港역'((단기) 4270.8.6.) '水仁역'((단기) 4281.6.1.) '南仁川역'((단기) 4288.7.1.).		
		기마경찰대 騎馬警察隊					911 481	왜정 시는 '경기화물주식회사'로서(써) 화물자동차를 통합하여 경영하다가 해방 후 분산되여(어) 빈 집으로 있든(던) 것을 기마경찰이 입주하여 현재 4人의 대원으로서(써) 교통 정리를 하는 유일한 기관임. (4)		
		신흥삼선화동 사무소 新興三仙花洞 事務所					911 483	왜정 당시 주민들로서(주민들에 의해) 건립된 건물로 '仙花町三官舍'라 칭하고 있든(던) 행정말단기관이며 (단기) 4278년도에 '신흥三동회'라 부르고 다시 (단기) 4290년도에 동 폐합으로 인하여 '신흥三선화동사무소'로 되였(었)음.		
		경기도자동차 기술학교 京畿道自動車 技術學校					911 481	왜정 시 '경기화물주식회사' 건물. 一部는 기마경찰에서 사용하고 一部를 借家하여 한국의 '교통안전협회' 산하에 있는 자동차운전기술교육 및 교통사고에 대한 교육을 지도하는 교육 시설임. (10)		
		동방산업사 東邦産業社					911 482	일정 중기에 토지 부족으로 인하여 日政 治下에 매몰(물)하여 日人 소화제재소를 경영하다가 해방이 되였(었)기 우리 정부로부터 불하하여 '동방산업사'라 칭하고 외자 물자 보관 및 외국 농산물을 가공하는 ~~一~~ 기업체임. (20)		
		~~동화화학공업소~~ ~~東和化學工業所~~					~~911~~ ~~482~~	~~왜정 시 건립된 건물로서(써) 화학품을 제조하는 공장임.~~	削	
		~~대림창고~~ ~~大林倉庫~~					~~911~~ ~~481~~	~~단기 4286년 건립된 큰 창고로서(써) 각 공장에서 가공된 물자 적재로 유일한 창고임.~~	削	
	유동 柳洞				동		913 489	본 동은 약 70년 전에는 해변으로서(써) 버드나무(가) 밀집하여 주택이 없었는데 고종 때 버드나무를 벌목하고 주택을 건축하고 주민이 거주하게 되여(어) 동명을 버드나무 '유' 자를 따서 '유동'이라 칭함. (2,275명)	(285호)	
	율목동 栗木洞	밤나무골			동	무	911 489	약 70년 전에는 해변이였(었)으며 밤나무가 밀집하고 인구가 점차 증가함에 따라 주택을 건축하여 부락을 건설하였음으로(으므로) 동명을 '밤' '율' 자와 '나무' '목' 자를 따서 '율목동'이라 칭함. (3,517명)	(472호)	
		인천고등학교 仁川高等學校			주요 시설	무	911 491	단기 4228년 관립 '인천 외국어학교'로 발족하여 일제 시대((단기) 4245년)에 '인천공립상업학교'로 개칭하였다가 (단기) 4285년에 '인천공립고등학교'로 개칭하여 현재에 이르고 있음. (1,224명)		
		부천교육청 富川教育廳			주요 시설	무	909 489	교육법 공포에 따라 단기 4285년 6월에 신축하였음. (21명)		
		유율목동사무소 柳栗木洞事務所			주요 시설	무	911 489	왜정 시대는 '율목정(栗木町)'으로 발족하여 (단기) 4283년 3월에 '유동', '율목동' 사무소가 통합하였음. (5명)		
		인천시립도서관 仁川市立圖書館			주요 시설	무	909 489	단기 4254년 11월 '자유공원'에 창립되였(었)다가 (단기) 4274년 4월에 '신흥동'으로 신축 이전하고 다시 4279년 12월에 현 청사로 이전하여 현재에 이르고 있음.		

(1) 정리 번호	(2) 행정 구역명	(3) 지명			(4) 지명의 종류	(5) 지도 상 기재	(7) BS 좌표	(8) 유래	(9) 비고	(10) 당해 위원회 제정
		A	B	C						
		기독병원 基督病院			주요 시설	무	909 491	원래 '부인병원'이든(던) 것을 一.四 수복 후 미국인이 ~~매수~~**인수**하여 현재 경영하고 있는데 내과를 비롯하여 각 과~~원⊖ 의사~~를 두고 시민 보건에 이바지하고 있음. (42명)		
	인현동 仁峴洞				동	무	906 496	일정 시는 '용강정(龍岡町)'이든(던) 것을 해방 후 '인현동'이라 개칭되였(었)음. 본 동 관내 원래 큰 고개가 있었고 '인천'이라는 '인'과 큰 고개가 이섰다(있었다) 하여 '현'을 합하여 '인현동'으로 되였(었)음.	(355호)	
		중앙로 中央路	杻峴沓洞線		도로		~~906~~ ~~496~~	과거 '축현 답동선'을 단기 4290년 10월 7일 시내 도로 명칭 제정에 의하여 '중앙로'로 신규 제정되였(었)음.		
		숭인로 崇仁路	도원동선 桃源洞線	채미전거리	도로		913 490	'仁峴洞'과 '崇義洞'을 연결하는 線이라 하여 '崇仁路'라 함.		
		화평철로교 花平鐵路橋	화평철로문 다리		다리		907 497	과거 설치 당시에는 平洞에 人口가 集中되고 平洞 경계선이였(었)기에 '平洞鐵路門'이라 함.		
		동인천역 東仁川驛	축현역 杻峴驛	상인천역 上仁川驛	역	없음	908 496	역이 설치될 당시 싸리가 많이 있었고 '싸리재'라는 이름을 따라 '축현역'이라고 되였(었)다 함.		
		축현국민학교 杻峴國民學校			주요 시설		906 496	학교가 설치되기 전에는 싸리밭이었고 '싸리재'라는 명사를 따서 '축현국민학교'로 되였(었)음. (3,262명)		
		인천여자고등학교 仁川女子高等學校			주요 시설		906 498	설입(립) 당시 여고(女高)가 하나였기에 인천을 따서 '인천여고교'라 하였다 함(舊 **典圜局 자리)**. (962명)		
		축현파출소 杻峴派出所			주요 시설	없음	908 497	~~이 장소가 싸리 나무가 많았고 '싸리재'라는 명사를 따서~~ **축현 관내에 소재하였으므로** '축현파출소'~~로 하였다 함.~~		
		인천구세군 仁川救世軍			주요 시설	없음	908 495	일정 시부터 계속 존속되고 있음.		
		동일산업주식회사 東一産業株式會社			주요 시설	없음	907 497	일정 시, '加納양조장'이든(던) 것을 해방 후 '동일산업주식회사 주조공장'으로 사용되고 있음.		
		동방동인천분공장 東紡東仁川分工場			주요 시설	없음	905 497	일정 시, '深覓양조장'이든(던) 것을 '동양방직 동인천 분공장'으로(직물염색공장) 사용되고 있음.		
		인천청과시장 주식회사 仁川青果市場			주요 시설			일정 시, '인천물산주식회사'라 칭하고 청과 매매를 취급든(하던) 것을 해방 후 '인천청과시장주식회사'로 개편하고 청과도매장으로 사용되고 있음(舊 **杻峴驛 자리)**. (24명)		
	전동 錢洞				동		903 496	이조 말엽 현재 여고 짜(자)리에 ~~조폐공사가 있었다 하여 그 명사를 따서 '전동'이라 하였음.~~ **典圜局이 있었는데 典을 錢으로 改稱하였음.** (3,351명)	(436호)	
		오정포산 午正砲山	기상대산		산		902 493	일정 시, '~~관상대~~**觀測所**'를 설치하고 정오 알리는 포를 발포하였다 하여 '오정포산'이라 ~~하였으나 근래는 기상대가 있음으로(있으므로) '기상대산'이라고도 함.~~		
		운교 雲橋	구름다리		다리	없음	905 499	일정 시, ~~⊖⊖⊖~~**日人은 '黑橋'라 하던** 것을 공크리트교로 개축한 다리로서(써) ~~달을 보든 장소라 하여 '운교'라 칭함~~ **韓人들은 '구름다리'라 하여 왔다.**		
		인천중학교 仁川中學校			주요 시설		902 494	일정 시, '**우터골** 공설운동장'이든(던) 것을 '**인천**중학교'를 건입(립)하고 왜인 자녀만을 교육 시키든(던) 것을 해방 후 ~~⊖⊖⊖---⊖⊖⊖ 인천에 중학교를 처음 설입(립)되였(었)기에 '인천중학교'로 되었다 함.~~ **명칭을 그대로 계승함.** (1,418명)		
		제물포고등학교 濟物浦高等學校			주요 시설	없음	902 494	단기 4287년 학교를 신축하고 '제물포고등학교'라 칭함. 인천이 구(舊) 한국 시대에 제물포였기 때문에 그 고유명사를 살리기 위하여 '제물포고등학교'로 하였다 함. (698명)		
		인천여자중학교 仁川女子中學校			주요 시설	없음	903 498	단기 4285년에 신축하였음. (1,418명)		

(1) 정리 번호	(2) 행정 구역명	(3) 지명			(4) 지명의 종류	(5) 지도 상 기재	(7) BS 좌표	(8) 유래	(9) 비고	(10) 당해 위원회 제정
		A	B	C						
		인천측후소 仁川測候所			주요 시설		902 493	일정 시, '국입(립) ~~기상대~~ **觀測所**'이든(던) 것을 해방 후 '국입(립)중앙기상대'로 하여 서울로 이전함과 동시 '인천측후소'로 개칭되였(었)음.		
		전동교회 錢洞教會			주요 시설		903 498	단기 4286년 신축된 교회임. (180명)		
		전동변전소 錢洞變電所			주요 시설		904 497	일정 시부터 변전소로 현재까지 지속되고 있음.		
		인천해군병원 仁川海軍病院			주요 시설		905 498	6.25 사변 후 신설된 해군 전속 병원임. (**日政 時, 日人慶田組別庄基地**)		
		~~대화주조장~~ ~~大華酒造場~~			~~주요 시설~~		~~904 496~~	~~일정 시부터 한국인이 계속 운영되(하)고 있는 주조장임.~~	削	
	중앙동일가동 中央洞一街洞				동		897 494	해방 후 행정구역 개편으로 인천시 중앙에 위치하였기 때문에 '중앙동'이라 이름 지음. 제정 시에는 인천부에서 제一 번화한 자리므로(자리이므로) '본정(本町)'이라 불렀고 해방 후도 '기관, 회사' 등이 집중되~~㊀~~어 ~~건물 역시 고층 건물이 뭉여(모여) 있는 고로~~ '중앙동'이라 함. (385명)	(69호)	
		외자청인천사무소 外資廳仁川事務所			주요 시설	무	897 494	단기 4281년 10월 4일 '외자청 인천사무소'로 발족하였음. (**일정 시, '朝鮮銀行仁川支店'이었었다**)		
		~~한염해운주식회사~~ ~~韓塩海運株式會社~~			~~주요 시설~~	~~무~~	~~897 494~~	~~단기 4281년 4월 20일 初代 崔秉俊氏가 創設, 現在 海運 및 荷役業을 경영하고 있음.~~ (150명)	削	
		중화루 中華樓			주요 시설	무		지금으로부터 약 60 **余年** 전에 ~~현 위치에 신축하여~~ **한 때 外國人 호텔로 되었다가 그 후** 중화요리점**이 되었음.**		
	중앙동二가동 中央洞二街洞				동	무	898 493	해방 후 지방행정구역 개편으로 인천시 중앙에 위치하였기 때문에 '중앙동'이라 이름 지음. 일제 시에도 인천부에서 제一 번화한 거리라 하여 '본정(本町)'이라 불렀고 해방 후도 '기관, 회사' 등이 집중되고 고층 건물이 뭉여(모여) 있는 고로 '중앙동'이라 함. (345)	(59)	
		인천전매서 仁川專賣署			주요 시설	무	898 493	단기 4267년 7월 1일 인천전매국이 창설. 해방 후 '전매서'로 개칭됨.		
		한국흥업은행 인천지점 韓國興業銀行仁川支店			주요 시설	무	898 493	해방 전 '조선무진'이 해방 후 '상호은행'으로 발족 '인천지점' 설치. (단기) 4283년 6월 '상공은행 인천지점'으로 개편. (단기) 4287년 '흥업은행'으로 개편. 현재 '흥업은행 인천지점'. (29명)		
		대한적십자사 경기도인천지부 大韓赤十字社 京畿道仁川支部			주요 시설	무	899 493	단기 **4281년** '**仁川**적십자사, '**경기도지사**'**로** 개칭, 발족. '경동' ~~고주철 사택에 사무소를 두어 집무하야(여) (단기) 4292년 1월에 현재의 장소로 이전함.~~ (**日政 時, '58銀行', '130銀行', '安田銀行'으로 도(되)었다가 해방 후 '朝興銀行 仁川支店'. 朝興新築移轉後 이곳으로 옴**). (50명)		
		경기도관재국 인천출장소 京畿道管財局 仁川出張所			주요 시설	무	899 492	단기 4282년 4월 15일 설치(**病院跡**). (10명)		
	중앙동三가동 中央洞三街洞				동	무	899 493	해방 전 '본정(本町) 삼정목(三丁目)'을 해방 후 지방행정구역 개편으로 인천시의 번화하고 중앙에 위치하여 있기 때문에 '중앙동'이라 이름 지음. 일제 시도 제一 번화한 거리이므로 '본정'이라 하고 해방 후도 기관 회사 고층 건물이 뭉여(모여) 있는 고로 '중앙동'이라 함. (435명)	(99호)	
		외무부인천출장소 外務部仁川出張所			주요 시설	무	899 493	단기 4284년 외무부 인천출장소로 신설되였(었)음. (11명)		
		인천여자고등 기술학교 仁川女子高等 技術學校			주요 시설	무	899 493	단기 4291년도 3월 15일 설입(립) 개교하였음. (**日政 時, 独逸人 所有 '世昌洋行' 자리**). (98명)		

(1) 정리 번호	(2) 행정 구역명	(3) 지명 A	B	C	(4) 지명의 종류	(5) 지도 상 기재	(7) BS 좌표	(8) 유래	(9) 비고	(10) 당해 위원회 제정
		인천지방해무청 축항사무소 仁川地方海務廳築港事務所			주요 시설	무	899 493	단기 4288년 2월 17일 새로 설치되였(었)음. (200명)		
	중앙동四가동 中央洞四街洞				동	무		해방 전 '본정사정목(本町四丁目)'을 해방 후 지방행정구역 개편으로 인천시의 번화하고 중앙에 위치하여 있기 때문에 '중앙동'이라 하고 일정 시에도 제一 번화하다 하여 '본정(本町)'이라 하였으며 해방 후도 기관 회사 고층 건물들이 뭉여(모여) 있는 고로 '중앙동'이라 함. (338명)	(66호)	
		한국은행(제일) 인천지점 韓國第一銀行仁川支店			주요 시설	무	899 491	~~단기 4278년 해방 직후~~ (단기) 4266년 12월 20일 '저축은행 인천지점'으로, ~~창설되어~~ (단기) 4291년 11월 1일 '한국제一은행'으로 개칭되였(었)음.		
		인천신보사 仁川新報社			주요 시설	무	899 491	단기 4278년 해방 직후 대중일보로 발족하여 (단기) 4283년 9월 19일 '인천신보사'로 개편 발족하였음. (60명)		
		주간인천사 週刊仁川社			주요 시설	무	899 491	단기 4289년 3월 9일 주간신문으로 발족하였음. (일정 시, '日鮮빌(빌)딩'의 一部). (20명)		
		인천수상경찰서 仁川水上警察署			주요 시설	무	899 491	단기 4282년 5월 1일 새로 '水上署'로 창설되였(었)음. (前 2가 松屋 자리)		
	항동四가동 港洞四街洞				동	무	898 492	외(왜)정 당시 항구가 있는 곳이라 '港町'으로 명칭한 것을 해방 후 지명 변경으로 '港동'이라 칭하며 옛 '제물포'의 중심지 항구가 바로 이곳이라 한다. 6.25 당시 파괴되고 현재는 유엔군 주둔지임.		
		인천지방전매청 仁川地方專賣廳			주요 시설	무	898 491	해방 직후 지청으로 발족하였다가 (단기) 4284년 '지방전매청'으로 승격.		
	항동五가동 港洞五街洞				동	무	899 491	'항동四가동'과 동일한 곳이며 6.25 당시 폐회되여(어) 현재는 미 군사 시설만이 있고 약간의 시민만 거주하고 있음. (61)	(13)	
		한국미곡창고 주식회사인천지점 韓國米穀倉庫株式會社仁川支店			주요 시설	무	899 491	단기 4263년 11월 15일 '朝鮮米倉 인천지점'으로 설치되였(었)음. 解放後 韓國米倉으로 되었음. (70)		
		대한해운공사 인천지점 大韓海運公社仁川支店			주요 시설	무	899 491	단기 4283년 1월 1일 '인천지점'으로 설치되였(었)음. (10)		
	항동六가동 港洞六街洞				동	무	901 489	'항동四가동'과 동일한 유래를 가졌으며 6.25 이후 폐회되여(어) 주민은 없음.		
		인천우체국 仁川郵遞局			주요 시설	무	901 489	단기 4261년 4월 1일 설치되였(었)음. (60)		
		인천전신전화국 仁川電信電話局			주요 시설	무	901 489	단기 4290년 12월 21일에 새로 설립되였(었)음. (94)		
	항동七가동 港洞七街洞				동	무	901 488	'항동四가동'과 동일한 유래를 가졌으며 6.25 후는 약간의 시민이 거주하고 있음. (18)	(4)	
		국립인천해항 검역소 國立仁川海港檢疫所			주요 시설	무	901 488	인천항이 개항될 당시부터 '月尾島'에 설치되었다가 現 場所로 移轉하였음. (8)		
	해안동一가동 海岸洞一街洞				동	무	895 493	외(왜)정 시 바다와 항구 근처라 하여 '해안동'으로 칭하였으나 해방 후 (단기) 4280년 2월 1일 지명 변경으로 '해안동'으로 칭하였으며 (단기) 4216년 제물포 개항 당시부터 점차적으로 발전된 곳임(埋立地帶). (335)	(60)	
	해안동二가동 海岸洞二街洞				동	무	896 493	'해안동一가동'과 동일한 유래를 가지고 있음. (240)	(42)	

(1) 정리 번호	(2) 행정 구역명	(3) 지명			(4) 지명의 종류	(5) 지도 상 기재	(7) BS 좌표	(8) 유래	(9) 비고	(10) 당해 위원회 제정
		A	B	C						
	해안동三가동 海岸洞三街洞				동	무	897 492	'해안동一가동'과 동일한 유래를 가지고 있음. (90)	(18)	
		한국은행인천지점 韓國銀行仁川支店			주요 시설	무	899 492	일정 시, '조선은행 인천지점'으로 발족. 해방 후 '한국은행'으로 개칭하게 되였(었)으며 현 청사는 (단기) 4287년에 신축함. (前 仁川米豆取引所 자리로 新築) (54)		
	해안동四가동 海岸洞四街洞				동	무	899 491	'해안동一가동'과 동일한 유래를 가지고 있음. (50)	(10)	
		한국산업은행 인천지점 韓國産業銀行仁川支店			주요 시설	무	899 491	외(왜)정 당시부터는 '식산은행 인천지점'으로 칭하였으나 (단기) 4287년 4월 1일부터 '산업은행 인천지점'으로 개칭하게 되였(었)음. (舊 仁川米豆取引所 자리) (25)		
									海港洞은 거의 埋築地帶	

決 定 通 過 完
4292. 4. 1

지명조사표

북 부 출 장 소 관 내

지 명 조 사 표

(1) 정리 번호	(2) 행정 구역명	(3) 지명 A	B	C	(4) 지명의 종류	(5) 지도 상 기재	(7) BS 좌표	(8) 유래	(9) 비고	(10) 당해 위원회 제정
	북부출장소 北部出張所				출장소	무	900 507	인천시 조례에 의하여 출장소를 설치하다. ((단기) 4290년 2월 1일). (54,679명)	(6,906호)	
	만석동 万石洞				동	무	898 510	일제 시 '만석정(萬石町)'을 '만석동'으로 개칭하다. (11,588명)	(1,802호)	
		만석동파출소 万石洞派出所			중요 시설	무	901 505	(단기) 4242년 설치. 현 '동인천경찰서' 관할 하에 있음. (9명)		
		대한예수교장로회 인천제4교회 大韓예수教長老會 仁川第四教會			중요 시설	무	902 503	(단기) 4284년 설입(립). (100명)		
		기독교감리회 만석교회 基督教監理會 万石教會			중요 시설	무	901 505	(단기) 4288년 설입(립). (50명)		
		조일장유주식회사 朝日醬油株式會社			중요 시설	무	901 522	(단기) 4242년 일인(日人)이 설입(립). 현 군 지정 공장으로 조업. (50명)		
		삼화제분주식회사 三和製粉株式會社			중요 시설	무	902 503	(단기) 4286년 '풍국제분 인천공장'으로 설입(립). (단기) 4290년 '삼화제분'으로 개칭, 조업. (52명)		
		대동제강주식회사 大同製鋼株式會社			중요 시설	무	901 507	(단기) 4273년 '부평강업주식회사 조선공장'으로 설입(립). 8.15 해방과 동시 '대동제강주식회사'로 개칭, 조업. (70명)		
		한국유리공업 주식회사 韓國유리工業 株式會社			중요 시설	무	897 512	(단기) 4290년 유리 공장으로 준공하여 조업. (320명)		
		동양방직주식회사 東洋紡織株式會社			중요 시설	무	900 504	(단기) 4265년 일인(日人) 기업체로 설입(립). 8.15 해방과 동시 우리나라 방직에 공헌이 크며 현재 조업. (2,200명)		
		조선기계제작소 朝鮮機械製作所			중요 시설	무	904 507	(단기) 4270년 일인(日人) 기업체로 설입(립). (단기) 4279년 정부 직활(할)공장으로 발족. (단기) 4283년 해군에서 조업하여. (단기) 4290년 상공부로 재 이관 조업. (408명)		
		만석동사무소 万石洞事務所			중요 시설	무	898 504	일제 시 '만석정회(萬石町會)'를 해방과 동시 '만석동사무소'로 개칭. (6명)		
		주식회사조선 제강소 株式會社朝鮮 製鋼所			중요 시설	무	899 504	(단기) 4270년 일인(日人)이 설입(립). (단기) 4291년 조업 시작.	再	
		인천조선공업 주식회사 仁川造船工業 株式會社			중요 시설	무	895 508	(단기) 4276년 일인(日人)이 설입(립). 해방 후 조업을 계속.	再	
		대성목재공업 주식회사 大成木材工業 株式會社			중요 시설		897 505	(단기) 4269년 일인(日人)이 설입(립). (단기) 4278년 조업 계속.		
		묘도 猫島	괭이부리		삐중 다리	묘도 猫島	897 513	자연으로 된 섬이였(었)으나 해면 매축으로 인하여 육지로 변하여 삐중다리로 됨. 이조 고종 三년 洋擾時 猫島砲台가 있었음.		괭이 부리
		월미도 月尾島			섬	월미도 月尾島	881 492	섬으로 이조 고종 三年 洋擾時 江華水路로 向한 月尾島城이 있엇(었)음. 유원지로 유명함.		
		소월미도 小月尾島			섬	소 월미도 小 月尾島	880 489	'월미도'에 비하여 적(작)으므로 '소월미도'라 함.		

(1) 정리 번호	(2) 행정 구역명	(3) 지명 A	B	C	(4) 지명의 종류	(5) 지도 상 기재	(7) BS 좌표	(8) 유래	(9) 비고	(10) 당해 위원회 제정
	송현一동 松峴一洞				동	무	912 492	일한합병 당시 '송현리'라 칭하였고 그 후 '송현一, 二, 四동'으로 행정구역이 분할되였(었)다가 (단기) 4283년 인천시 조례에 의하여 '송현一동'으로 통합. (8,965명)	(1,800호)	
		송현성결교회 松峴聖潔敎會			중요 시설	무	912 496	단기 4236년에 설입(립). (500명)		
		미림극장 美林劇場			중요 시설	무	910 496	단기 4291년에 설입(립). (450명)		
		중앙시장 中央市場			중요 시설	무	909 496	약 25년 전에 인천시에서 설치. 6.25 당시 전부 소실. 수복 후 재 견(건)립.	(500점포)	
		송현一동사무소 松峴一洞事務所			중요 시설		910 497	단기 4285년에 동민에(의) 협조로 건립. (5명)		
		북부간선만화로 北部幹線萬花路			도로		910 495	약 20년 전에 신설[자(自) 화평동파출소 - 지(至) 배다리]. **(단기) 4290년 10月 13日 萬花路로 命名.**		
	송현二동 松峴二洞				동		917 497	단기 4283년 인천시 조례에 의하여 '송현三, 五, 六동'을 현 '송현二동'으로 통합. (11,731명)	(1,168호)	
		북부출장소사무소 北部出張所事務所			중요 시설	무	912 499	단기 4290년 인천시 조례에 의하여 사무소로 사용. (40명)		
		송현二동사무소 松峴二洞事務所			중요 시설	무	912 499	(단기) 4290년 인천시 '우유죽급식소'를 사무소로 사용. (5명)		
		송현변전소 松峴變電所			중요 시설	무	914 502	단기 4274년 설치. (6명)		
		경기도적십자병원 京畿道赤十字病院			중요 시설	무	911 501	단기 4289년 설치. **(29명)** ~~280명~~		
		장노(로)교제五교회 長老敎 第五敎會			중요 시설	무	911 499	단기 4284년 설치. (270명)		
		송현전선도로 松峴前線道路			도로	무	914 500	단기 4269년 신설.		
		송현수로 松峴水路	수문통		수로	무	91 503	단기 4269년 신설.		
		송현제一교 松峴第一橋			다리	무	909 498	단기 4269년 '송현수로'에 가설.		
		송현제二교 松峴第二橋			다리	무	910 500	상동.		
		송현제三교 松峴第三橋			다리	무	913 503	상동.		
	송현四동 松峴四洞				동	무	910 503	갈대밭과 해면을 매립한 지대로 구 '화수3정(花水3町)' 일부와 '송현2동(구 송현3정(町))' 일부로 되여(어) 있음. (847명)	(101호)	
		교통부인천공작창 交通部仁川工作廠			중요 시설	무	911 504	단기 4270년 '일본차량회사 인천공장'으로 창입(립). 단기 4278년 '조선차량주식회사'로 개칭, 조업. 단기 4283년 '교통부 인천공작창'(으)로 하여 조업. (517명)		
		한국화공주식회사 韓國化工株式會社			중요 시설	무	911 501	단기 4272년 창설. 단기 4286년부터 조업. (38명)		
		~~광인제재소~~ ~~廣仁製材所~~			~~중요 시설~~	무	~~911 500~~	~~단기 4268년 설치 조업. (34명)~~	㊀削	
		송현국민학교 松峴國民學校			중요 시설	무	909 504	단기 4270(년) '송현공립보통학교'로 개교. 단기 4274(년) '송현국민학교'로 개칭. (3,654명)		
		반월로 半月路			도로	무	912 504	반월형으로 되여(어) 있기 '반월로'라 칭함.		
		송현시장 松峴市場			주요 시설	무	910 502	(단기) 4290년 영세 상인에(이) 정착키(하기) 위한 시장을 개설. (250명)		
	화평동 花平洞				동	무	907 501	단기 4247년 3월 1일 경기도령 제8호에 의거 '平洞의 '平' 자와 '花村里'의 '花' 자를 따서 '花平洞'으로 칭하게 되었음. (6,359명)	(818호)	

(1) 정리 번호	(2) 행정 구역명	(3) 지명			(4) 지명의 종류	(5) 지도 상 기재	(7) BS 좌표	(8) 유래	(9) 비고	(10) 당해 위원회 제정
		A	B	C						
		화평동사무소 花平洞事務所			중요 시설	무	908 498	단기 4276년 설립. (4명)		
		화평동파출소 花平洞派出所			중요 시설	무	908 498	원래 '인천경찰서' 관활(할)이였(었)든(던) 것이 단기 4284년 '동인천경찰서' 관활(할)에 있음.		
		화평성결교회 花平聖潔敎會			중요 시설	무	907 499	단기 4252년 설립. (300명)		
		만화로 万花路			도로	무	908 498	万石洞에(의) '万' 자와 '花平洞'의 '花' 자를 따서 '万花路'라 칭함.		
	화수동一동 花水洞一洞				동	무	906 504	인천 개항 이전에 '화도동', '수유동(무네미)', '신촌리(새말)'이였든(었던) 것이 '신화수리'로, 다시 '화수정(花手町)'으로 해방 후 정명(町名)을 '동'으로 개칭. 구 '화평정(花平町)' 일부가 '화수一정(町)' 및 '2정(町)'을 병합하였음. (5,706)	(533)	
		대한성양(냥) 공업주식회사 大韓성양(냥) 工業株式會社			주요 시설	무	904 501	단기 4291년 발족. (150)		
		인천극장 仁川劇場			중요 시설	무	905 501	단기 4291년 개관. (1,000명)		
		만화로 万花路			도로	무	904 500	花平洞 "万花路" 기재 사항과 동일함.		
	화수동二동 花水洞二洞				동	무	907 505	유래(는) '화수동 1동'과 같음. '화수4정(町)'을 '화수동二동'으로 개편. (6,313)	(750)	
		이천전기공업 주식회사 利川電氣工業 株式會社			중요 시설	무	908 507	(단기) 4272년 동경 '시바우라 전기회사(도시바(東京芝浦)의 전신)'와 미국의 '제네발(랄) 회사'가 합자하여 설립. (단기) 4289년 '이천전기주식회사'로 개칭, 조업. (102)		
		한국화학비료 주식회사 韓國化學肥料 株式會社			중요 시설	무	906 507	(단기) 4271년 일인(日人)이 설입(립). 8.15 해방과 동시 조업. (57)		
		대림조선소 大林造船所			중요 시설	무	905 509	(단기) 4278년 '대림산업주식회사'에서 조선부(소)로 설입(립). (30)		
		영화중고등학교 永化中高等學校			중요 시설	무	907 506	(단기) 4279년 인가를 어더(얻어) 개교. (1,030)		
		화수부두◑ 花水埠頭	나무선창		항구	무	907 509	이조(李朝) 때는 '花島鎭'이라 호칭하였으나 (단기) 4226년 처음으로 선박이 입출하여 속칭 '나무선창'이라 하며 인천북항의 요소(要所)가 되엿(었)다.		
		반월로 半月路			도로	무	906 506	'송현동四동' '반월로' 기재와 동일.		
		선거 船渠			제방	선거 船渠	904 512	일제 시 '조선기계제작소'에서 방파제로 구축함.		
		화수1,2,3송현4동 사무소 花水一,二,三松峴 四洞事務所			중요 시설	무	906 504	단기 4273년 '화수4정회(町會)' 사무실을 단기 4278년 '화수2동'으로 하였다가 단기 4288년 동사무소 통합으로 '화수一, 二, 三 송현四동사무소'로 됨. (5명)		
		수상경찰서만석동 파출소 水上警察署万石洞 派出所			중요 시설	무	907 509	'인천수상경찰서' 관활(할) 파출소. (10명)		
	화수동三동 花水洞三洞				동	무	906 503	'화수一동'의 유래와 같음. (3,170)	(384)	
		화도교회 花島敎會			중요 시설	무	907 502	(단기) 4240년 창립. (130)		
		화도유치원 花島幼稚園			주요 시설	무	907 502	단기 4264년 개원, 중단하였다가 단기 4288년 재개원. (30)		

決 定 通 過
4292. 4. 1
完

지명조사표

남 부 출 장 소 관 내

지 명 조 사 표

(1) 정리 번호	(2) 행정 구역명	(3) 지명 A	B	C	(4) 지명의 종류	(5) 지도 상 기재	(7) 좌표	(8) 유래	(9) 비고	(10) 당해 위원회 제정
	남부출장소 南部出張所				출장소	무	922 479			
	숭의동1동 崇義洞一洞				리	무	914 481	~~그 유래는 잘 모르나~~ 원내(래) 인천부 '장사래'라 불러(려) 오다가 (단기) 4269년 10월 1일 부천군 다주면 '장이(의)리'로 되였(었)던 것이 행정구역 변경으로 말미아마(암아) 인천부 '대화정(大和町) 1정(町)'으로 되였(었)으나 해방과 더부러(더불어) 현재에는 '숭의1동'으로 부르고 있음.	(호수 467) (인구 3,813명)	
		장의리 長意理	장사래	독갑다리	부락	장의 長意	926 477	행정구역이 부천군 다주면으로 속하여 있을 당시 '장이(의)리'로 되였(었)으며 속칭 '장사래'(B)라고도 불이(리)우다가 이 부락 내에 큰 다리가 있어 '독갑다리'라고 칭하였으며 현재까지도 (C)'독갑다리'로 통칭하고 있음.		
		경인도로 京仁道路			도로	무	916 482	~~자세한 유래는 모르나~~ (단기) 4265년도 경, 경인간 도로가 준공되여(어) '경인도로'로 칭함. 곧 현재 중요 도로로 통행 중임.		
		다복면업인천공장 多福綿業仁川工場			주요 시설	무	923 484	단기 4260년 9월 1일에 설립하고 당시 '다복면업주식회사'로 있다가 (단기) 4285년부터 현재까지 '재단법인 전성학원'에서 운영하고 있음. (종업원 20명)		
		~~인천공설운동장 仁川公設運動場~~			~~주요 시설~~	~~무~~	~~918 484~~	~~유래는 확실이(히) 몰으나(모르나)~~ 4270년도 경에 준공하여 인천시 공설운동장으로 사용 중에 있음.	別部에 記入	
	숭의동3동 崇義洞三洞				리	무	920 489	원내(래) 부천군 다주면 '장이(의)리'라 불여(려) 오다가 행정구역 변경으로 말미아마(암아) 인천부 '대화정(大和町) 3정'으로 되였(었)으나 해방과 더부러(더불어) 현재에는 '숭의3동'으로 불으고(부르고) 있음. (인구 5,292명)	(호수 954호)	
		숭의1,3동사무소 崇義一,三洞事務所			주요 시설	무	920 489	(단기) 4290년 1월 1일 통패(폐)합으로 인하여 '숭의1,3동사무소'라 불이(리)우고 있음.		
		경인도로 京仁道路			도로	무	929 485	~~자세한 유래는 모루(르)나~~ (단기) 4265년도 경, 경인 간 도로가 준공되여(어) '경인도로'로 칭하고 현재 중요 도로로 통행 중임.		
		한국예수교 인천전도관 韓國예수敎 仁川傳道館			주요 시설	무	922 489	**前 美公使 알렌別庄, 이명구별장, 李順熙의 啓明學院으로 使用다(하다)가 解放後** 단기 4289년 1월에 박태선 ~~장노(로)가 설립하고 현재 한국예수교를 전도 중에 있음~~ **전도관으로 新築했음.** (신도 수 8,500명)		
		삼성주물공장 三星鑄物工場			주요 시설	무	924 486	단기 4279년 10월 1일부터 현재까지 전기(前記) 공장을 운영 중에 있음. (종업원 104명)		
	남부출장소 南部出張所				출장소	무	922 479	~~지금으로부터 약 30년 전 일정 시, 부천군, 다주면, 장의리을(를) 시 구역.~~		출장소
	숭의동二동 崇義洞二洞				동	무	923 479	지금으로부터 약 30년 전 일정 시, 부천군 다주면 장의리을(를) 시구역 확장과 동시에 인천시 '야마도맞지(大和町)'로 개칭, 인천시로 편입하였다가 왜정 말기에 '1,2,3,4동'으로 분할. 8.15 해방과 동시에 '숭의二동'으로 개칭하였음. (인구 8,590명)	1,247호	동
		남부출장소사무소 南部出張所事務所			주요 시설	무	922 479	본 사무소는 인천시 행정기구 변경에 따라 출장소을(를) 증설케(하게) 되여(어) 구 '숭의1,2,4동 사무소'와 (단기) 4290(년) 1월에 본관을 증축하여 (단기) 4290년 2월 1일 부로 개설하였음. (2동, 총건평 40평, 직원 35명)		출장소(사무소)
		숭의二,四동사무소 崇義二,四洞事務所			주요 시설	무	923 479	단기 4290(년) 1월 1일 부 인천시 동 행정기구 개편에 따라 '1,2,4동사무소'을(를) '숭의 2, 4동 사무소'로 분리한 후 단기 4291(년) 4월에 원 사무소 퇴페(頹廢)로 인하여 개축하였음. 건평 19.5평, 수용능역(력) 30명		동(사무소)

(1) 정리 번호	(2) 행정 구역명	(3) 지명 A	B	C	(4) 지명의 종류	(5) 지도 상 기재	(7) 좌표	(8) 유래	(9) 비고	(10) 당해 위원회 제정
		숭의동파출소 崇義洞派出所			주요 시설	무	916 481	단기 4267(년) 10월에(왜정 시) '야마도고반(교번)소(大和交番所)'로 설치. 8.15 해방과 동시에 '숭의파출소'로 개칭하였음.		파출소
		인천사범학교 仁川師範學校			주요 시설	무	924 479	원래 '개성사범학교'로서(써) 6.25 동란으로 인하여 남(하)하였다가 1.4 수복 당시에 인천으로 전교(轉校). (단기) 4285(년) 6(월) 28일 부로 '인천사범학교'로 교명 변경. (단기) 4290년 6월 30일 본관 준공. (대지 12,590평, 건평 1,678평, 교실 100개, 학생 2,200명)		학교
		전매청염시험장 專賣廳塩試驗場			염전	염전	915 475	단기 4264년 1월에 준공. '조선염업주식회사'에서 경영. 8.15 해방과 동시에 '인천전매청'에서 접수 경영케(하게) 되었음. (면적 37정 5단, 년(연)산 2,000톤, 종업원 40명)		염전
		장사리 長沙里	장사래		부락	장의리 長意	926 477	지금으로부터 수백년 전에는 이 지대가 전부 해안지대로서(써) 긴 모래사장이 있었다 하여 '(長沙里)'로 호칭하였다 함.		장사리
		만화주물공장 萬和鑄物工場			주요 시설	무	918 479	원래 인천시 '금곡동'에서 주물공장을 경영하다가 (단기) 4289년 6월 1일 현 주지(住地)에 공장을 이전 설치하였음. (건평 300평, 주물제품 년(연) 700톤 생산, 종업원 40명)		공장
		장안극장 長安劇場			주요 시설	무	914 482	단기 4290년 7월 20일 준공.(건평 130평, 수용인원 740명, ~~영사기 35mm 자가 발전 난방장치 완비.)~~		극장
		경인도로 京仁國道**路**			도로		917 481	본 도로는 아스팔트 포장. 서울 즉(직)통 도로로서(써) '숭의1동'과 '숭의2동' 경계선에 위치하였음.		경인 국도
		숭의교회 崇義教會			주요 시설	무	913 482	'대한기독교 감리교회'에서 설치. (단기) 4288년 5월에 준공. (건평 40평, 신도 수 90명)		교회
		보합교회 寶合教會			주요 시설	무	923 477	'대한예수교 장노(로)회'에서 설치. (단기) 4288년 3월에 준공. (건평 60평, 신도 수 100명)		교회
	남부출장소 南部出張所				출장소	무	922 479			출장소
	숭의동四동 崇義洞四洞				동	무	928 482	지금으로부터 약 18년 전 일정 말기에 '야마도맞지(大和町)'를 인구의 팽창으로 인하여 4개 동으로 분할. 8.15 해방과 동시에 '숭의四동'으로 개칭하였음. (인구 수 3,785명)	(一洞과 같이) 612호	동
		수봉산 水峰山	수봉산 壽鳳山		산	수봉산 壽鳳山	934 477	본 산은 水峰山 또는 壽鳳山으로 호칭하는데 전설을 들으면 수봉산에는 어데을(어디를) 파도 물이 잘난다 하여 '물' '수' 자, '봉우' '봉' 자을(를) 따서 '수봉산'이라 칭함.	朱安 으로 編記	水峰山
		동인천교 東仁川橋			다리	무	928 485	이 다리는 '주인선' 중간 지점인 '도화동', '숭의四동' 경계선에 위치한 순 철제 다리로서(써) ~~폭이 약 15척 거리(길이) 약 80척의 광활한 다리로서(써) 서울로부터 인천에 이르는 관문이라고 할 수 있음.~~ **4291年 11月 竣工되었음.**		동인천교
		~~와룡주정공업사 臥龍酎精工業社~~			~~주요 시설~~	무	~~927 784~~	~~원래 연백군 연안읍 '산양리'에서 '와룡양조장'을 경영하다가 6.25 동란으로 남하하여 현 위치에 주정공장을 설치. 단기 4287년 9. 1일 준공. 년(연)산 주정 18,000석. 대지 8,000평 건평 622평 종업원 70명)~~	削 (효명공장)	공장
		인천남중고등학교 仁川南中高等學校			주요 시설	무	926 484	원래 '해성중고등학교'로서(써) 단기 4289년 5월 30일 준공. 단기 4291년 7월 2일부로 '인천남중고등학교'로 교명 변경. (대지 5,743평, 건평 940평, 교실 ○0개, 학생 ○○○명, 교원 ○1명)		학교
		숭의국민학교 崇義國民學校			주요 시설	무	925 483	원래 (大和公立普通學校)로서(써) 단기 4271년 6월 10일에 준공. 단기 4279년 10월 11일에 '숭의국민학교'로 교명 변경. (대지 4,000평, 교실 26개, 교원 38명, 학생 2,284명)		학교
		숭의변전소 崇義變電所			주요 시설	무	925 483	단기 4255년 7월 11일 준공. ~~(총 면적 6,392평 건평 165평 변전 능역(력) 66,000V)~~		변전소

(1) 정리 번호	(2) 행정 구역명	(3) 지명 A	B	C	(4) 지명의 종류	(5) 지도 상 기재	(7) 좌표	(8) 유래	(9) 비고	(10) 당해 위원회 제정
		성애원 聖愛院			주요 시설	무	925 483	대한기독교 침예(례)회 총회에서 경영하는 후생 시설로서(써) (단기) 4286년 6월 1일 준공~~(대자 4,260평, 건평 28평, 원아 75명, 직원 7명)~~		
		경인도로 京仁~~國~~道路			도로		928 485	본 도로는 서울 인천 간, 즉(직)통 도로로서(써) 아스팔트포장. '도화동'과 '숭의3동', '숭의4동' 경계선에 연속하였음.		경인 국도
		여의실◑ 如意室	여우실		부락	여의 (如意)	927 483	고래(古來) 전설에 의하면 이 부락 중간에 큰 나무가 있고, 그 나무 밑에 성황당이 있었다 함. 그 동리 사람들은 그 성황당에다가 지성끗(것) 치성을 드리면 만사가 여의하게 된다 함.		여의실
	남부출장소 南部出張所				출장소	무	922 479			
	옥련동 玉蓮洞				동	옥련 玉蓮	924 442	청양(량)산에 구슬 같은 돌이 있고 옛날 한 나무가 있었는데 마치 련(연)못 같다 하여 '옥련동'이라고 불이(리)운다 함. (2,196)	(446)	
		대암◑ 大岩	큰암		부락	대암동 大岩洞	928 425	부락 부근에 있는 산에 큰 바위가 만타(많다) 하여 '대암'(A) 또는 '큰암'(B)이라고도 불이(리)우고 있음.		큰암
		한진◑ 漢津	한나루		부락	한진 漢津	924 436	구 한국 시대에는 이곳 부락 압(앞)이 바다와 연결데여(되어) 있(든)던 관계로 나루(룻)배로 건너단인(다닌) 관계로 '한나루'라고도 불이(리)우고 있음.		한나루
		옹암 甕岩	독바위	독배◑	부락	무	917 442	부락 뒷 산에 독과 같은 바위가 만타(많다) 하여 '독바위'(B) 또는 '독배'(C)라고도 불이(리)우고 있음.		독바위
		옥동 玉洞	옥골◑		부락	무	926 441	문학산맥 골자구니(골짜구니)에 있는 부락으로서(써) 구슬 같은 백색돌이 나왔다 하여 이곳 부락민은 흔히 '옥골'이라고 불리우고 있음.		옥골
		청양(량)산 淸凉山			산	무	929 434	이 곳 산 중턱 부근에 곳곳마다 많은 청수가 흘은다(흐른다) 하여 청과 압(앞) 바다가 안중에 보이명(며) 타산에 비하여 서늘하다 하여 '청양(량)산'이라 함.		
		~~문학산맥~~ ~~文鶴山脈~~			산맥	무	~~927~~ ~~445~~	~~문학산맥에(의) 일 부분이 이곳까지 뻐치고(뻗치고) 있음.~~	削	
		아암도◑ 兒岩島			섬	아암도 兒岩島	914 425	섬도 적(작)고 섬에 바위가 적(작)은 바위로 이루어젓(졌)다 하여 '아암도'로 불리운다고 함.		
		송도◑ 松島			부락	무	916 437	왜정 시대 이곳 옥련동을 '송도'라고 불리우고 있든(던) 것을 지금도 '송도'라고 흔이(히) 불이(리)우고 있음.		
		~~송도도로~~ ~~松島道路~~			도로	무	~~927~~ ~~442~~	~~인천시에서 남방 6㎞ 되는 도로이며 4269년에 송도유원지 발족과 동시 신설되였(었)음.~~	削	
		송도역 松島驛			역	무	929 442	단기 4270년 8월 5일 개설하고 '경동철도주식회사'로 되였(었)다가 단기 4278년 8월 15일 해방 ○○○○○○철로 됨.		
		능허대 凌虛台	凌壺台		고적	무	916 437	이조 시대 중국으로 가는 사신을 영송(迎送)하든(던) 곳. 고(高) 30m 가량의 구능(릉)으로 천성(天成)의 대를 이루고 있음.		
		옥련동사무소 玉蓮洞事務所			주요 시설	무	924 442	왜정 시대에는 '송도정회(松島町會)'였으나 대한민국 수립 후 '옥련동사무소'로 개칭하게 되였(었)음.		
		송도지서 松島支署			주요 시설	무	922 432	단기 4269년 개설.		
		송도국민학교 松島國民學校			주요 시설	무	929 441	단기 4281년 4월 1일 '학익국민학교 옥련~~⊖~~분실'로 발족. 단기 4285년 5월 24일 '옥련국민학교'로 인가 단기 4290년 4월 1일 '송도국민학교'로 개칭하게 되였(었)음. (613)		

(1) 정리 번호	(2) 행정 구역명	(3) 지명			(4) 지명의 종류	(5) 지도 상 기재	(7) 좌표	(8) 유래	(9) 비고	(10) 당해 위원회 제정
		A	B	C						
		인천무선국송도수신국 仁川無線電信局松島受信局			주요 시설	무	917 434	단기 4291년 10월 개설.		
		송도장노(로)교회 松島長老敎會			주요 시설	무	923 432	단기 4279년 6월에 신설.		
		송도유원지 松島遊園地			주요 시설	무	921 429	단기 4269년도 개설. 현재는 군 주둔 과(관)계로 一 부분만 개설하고 있음.		
		성광보육원 聖光保育院			주요 시설	무	926 432	단기 4285년 7월에 신설. (60)		
	남부출장소 南部出張所									
	용현동一동 龍現洞一洞				동	무	929 474	구(舊) 한국 시대 '용정리'와 '비룡리'로 부르든(던) 것을 8.15 해방 후 '용정리'의 '용'과 '비룡리'의 '비'는 현(顯=現)과 의미가 동일함으로(하므로) 현을 따서 '용현동'으로 됨(二洞 것을 採擇) (인구 10,783명)	(호수 2,283)	
		비룡◑ 飛龍			부락	비룡 飛龍	924 467	약 300년 전에 대폭우를 이르(루)운 날 용이 등천하였다 하여 불리운다고 함.		
		독정◑ 讀亭			부락	독정 讀亭	929 473	지금은 그의 흔적이 없으나 약 200년 전에 공·맹자의 도를 수도하기 위하여 선비들이 정자를 근(건)립하고 수학하였다 하여 불리우고 있음.		
		용현지서 龍現支署			주요 시설	무	923 466	'용현동', '학익동' 一(일)대의 치안 상 피로(필요)함에 있어 '용현동' 관내에 근립함으로(건립하므로) '용현지서'라고 불리움.		
		감리교회 監理敎會			주요 시설	무	927 471	(단기) 4283년 6.25 동란 후 ~~피난민을 수용한 600여 세대에 수용소가 근(건)립한 후 신자를 위하여~~ '기독교 대한감리'**에서 세워진 敎會입**. ~~교회를 근(건)립하고 신자들이 예배를 보고 있음.~~ (신자 106명)		
		팔복교회 八福敎會			주요 시설	무	935 472	(단기) 4288년 ~~'만석동', '북석동' 등지에서 판잣집 철거로 인하여 1,800여~~ 세대가 증가 됨에 따라 신자가 증가됨으로(되므로) '대한 예수교 장노(로)회 팔복교회'에서 예배당을 (단기) 4290년 4월에 근(건)립하고 신자로 하여금 예배를 올리고 있음. (신자 120명)		
		인천공민학교 仁川公民學校			주요 시설	무	926 472	(단기) 4288년 ~~'만석동', '북성동' 등지에서 판자집 철거 이동한 후~~ 년(연)령 초과자로 취학하지 못한 자를 위하여 (단기) 4289년 10월에 설립된 '인천공민학교'를 근(건)립하고 교수를 하고 있음. (아동 324명)		
		용현一동사무소 龍現一洞事務所			주요 시설	무	929 474	(단기) 4283년 1월 9일자 인천시 조래(례) 제24호로 제정된 동의 명칭으로 '용현一동' 구역. 말단 행정을 취급하는 사무실임.		
	남부출장소 南部出張所				소	무	922 479			
	용현동이동 龍現洞二洞				동	무	921 468	부천군 다주면 '용정리'를 인천부에 편입, '일지출정(日之出町)'으로 한 것을 단기 4278년 8.15 후에 인천시에서 옛날 용이 날러(라)간 곳이라 해서 '용현동'으로 칭하게 되였(었)으며 단기 4279년 행정구역 분활(할)로 인하여 '용현동二동'으로 됨. (인구 수 5,622명)	(819호)	
		비룡리 飛龍里	비랭이		부락	비룡 飛龍	922 467	행정구역 '용현동二동'의 일부 부락으로서(써) 옛날 용이 날러(라)간 곳이라 해서 '비룡리'로 불리우고 (B)'비랭이'라고도 널리 알여(려)져 있음.		
		약물터◑			부락	무	914 469	200여 년 전부터 용현 해안 산록 바위틈 샘물을 '약물'이라고 해서 원근 사람들이 많이 모여드러(들어) 지금도 부근 일대를 '약물터'로 널리 불리우고 있음.		

(1) 정리 번호	(2) 행정 구역명	(3) 지명 A	 B	 C	(4) 지명의 종류	(5) 지도 상 기재	(7) 좌표	(8) 유래	(9) 비고	(10) 당해 위원회 제정
		원도 猿島	낙도 落島	낙섬◑	섬	낭도 浪島	906 469	현재 지도 상에는 원도(猿島:浪島의 잘못임. 지명조사표에도 浪島로 되어 있음)로 있으나 (C_~~남~~'~~낙~~섬'으로 널리 불리우고 있으며 (B)'낙도'는 한자 표기 지명이다.		
		염전저수지 塩田貯水池	낙도저수지◑ 落島貯水池		저수지	무	911 469	단기 4259년 '조선염업주식회사'에서 염전용으로 시설. '염전저수지'(A)가 정확한 명칭이나 '낙섬' 부근에 소재한다 해서 (B)'낙섬저수지' 해수욕장으로 널리 불리우고 있음.		
		용현二동사무소 龍現二洞事務所			주요 시설	무	921 468	단기 4279년 '용현동' 중, 산업도로 서편을 '二동'으로 분활(할), '용현동' 547의 2의 귀속 건물을 불하 동사무소로 사용. (건평 15평 二층)		
		용현국민학교 龍現國民學校			주요 시설	무	917 468	단기 4281년 4월 학익 분교실 개교. 단기 4286년 7월 '용현국민학교' 인가 개교. '용현동' 612번지 소재. ~~건평 384평, 부지 1,857평. (아동 수 1,500명)~~		
		황해중학교 黃海中學校			주요 시설	무	919 468	단기 4285년 10월 '용현동' 612번지에 설립. ~~건평 250평, 부지 3,330평. (학생 수 300명)~~		
		무선고등학교 無線高等學校			주요 시설	무	915 470	단기 4285년 '용현동' 610번지에 신축 설립. ~~건평 150평, 부지 1,200평. (학생 수 550명)~~		
		예수교장노(로) 회제七교회 예수교長老會第 七敎會			주요 시설	무	922 467	단기 4286년 '용현동' 565번지에 설립. ~~건평 60평~~. (신도 수 200명)		
		~~인천제염시험장~~ ~~仁川製塩試驗場~~			~~염전~~	~~염전~~ ~~塩田~~	~~912~~ ~~473~~	~~단기 4259년 '조선염업주식회사'에서 시설. 단기 4278년 '전맹(매)청 인천제염장'으로 개칭. 37정5반. (종업원 80명)~~	(削)	
	남부출장소 南部出張所				출장소	무	922 479			
	학익동 鶴翼洞				동	학익 鶴翼	935 459	단기 4269년 부천군 문학면 '학익리'가 행정구역 폐합으로 인천부 '학익정(鶴翼町)'으로 불이(리)우고 단기 4278년 8.15 해방 후 '학익동'으로 개층(칭)하였으며 고래로부터 '학익'의 명칭은 그 지형이 학(鶴)의 나래와 갔(같)다 하야(여) '학익'이라 불이(리)우고 있음. (4,820)	세대 932	
		노적산◑ 露積山			부락	노적산 露積山	925 455	행정구역명 '학익동'의 일 부락으로서(써) 지형이 (露積)노적봉과 같이 생기였(었)다 하여 예(옛)날부터 속칭 '노적산'이라 불이(리)우고 있음. (341)	세대 67	
		햇골◑학골			부락	무	937 457	행정구역 '학익동'의 일부로서(써) 그 지형이 학(鶴)의 나래와 같다 하여 '(鶴翼)학익골'인 것을 고래로부터 발음의 변화로 인하야(여) '햇골'이라 불이(리)우고 있음. (250)	세대 42	
		제운이◑			부락	무	941 454	행정구역 '학익동'의 일부로서(써) 고래로부터 속칭 '제운이'라 불이(리)우고 있음. (233)	세대 37	
		송도선 松島線			도로	무	924 457	옛날에는 (人道)인도 박(밖)에 업든(없던) 것을 단기 4269년에 산업도로서(도로로써) 신설하엿(였)음.		
		문학선 文鶴線			도로	무	941 458	옛날에는 (人道) 박(밖)에 업든(없던) 것을 약 30년 전에 산업도로로서(써) 신설하였음.		
		학익동사무소 鶴翼洞事務所			중요 시설	무	931 463	단기 4276년도에 ~~학익동민의 재력으로서(써) 건립하고~~ 현재까지 동사무소로 사용하고 있음.		
		인천소년형무소 仁川少年刑務所			중요 시설	무	938 459	단기 4268년에 '소년형무소'로서(써) 건축하고 소년수를 수용하다가 8.15 해방 후부터 (단기) 4280년 11월까지는 미군형무소로 사용하고 단기 4283년 9(월) 15(일)부터 단기 4284년 1월 4일까지 포로수용소로 사용하였으며 그 후부터 소년형무소로 소년수를 수용하고 있음. (수용인원 1,000)		
		인천무선전신국 仁川無線電信局			중요 시설	무	932 465	단기 4256년 6월 10일 서울 한강통에 '경성무선전신국'으로 발족하여 단기 4277년 11월 10일에 '인천무선전신국'으로 건립되엿(었)음. 동경 126도 36分 44초, 북위 37도 26分 44초 국제해안무선통신업무. (정원 20)		

(1) 정리 번호	(2) 행정 구역명	(3) 지명			(4) 지명의 종류	(5) 지도 상 기재	(7) 좌표	(8) 유래	(9) 비고	(10) 당해 위원회 제정
		A	B	C						
		기독교방송국 基督教放送局			중요 시설	무	924 456	단기 4289년도에 미국 TEAM 재단으로서(써) '기독교방송국'으로 건립하고 미국, 소련, 중국, 몽고, 한국 5개 국어로서(써) 종교 방송만을 실시하고 있음.		
		인하공과대학 仁荷工科大學			중요 시설	무	928 467	단기 4287년 2월 5일에 하와이에서 열인(린) 망명 교포 50주년 기념행사에서 학교 건립 재단을 모흔(은) 것이며 仁川에 건립하는 관계로 '仁' 자와 하와이 교포의 재단인 관계로 '荷' 자를 따서 '仁荷'라 하였으며 단기 4287년에 시공하여 매년 증축 중에 있음. (취학 인원 700)		

決 定 通 過 完
4292. 4. 2

인천시
지명조사표

부 평 출 장 소

지 명 조 사 표

(1) 정리번호	(2) 행정 구역명	(3) 지명 A	B	C	(4) 지명의 종류	(5) 지도 상 기재	(7) 좌표	(8) 유래	(9) 비고	(10) 당해 위원회 제정
	인천시부평출장소 仁川市富平出張所				출장소	무	990 516	과거 행정구역이 부천군 '부내면'이였든(었던) 바 단기 4273년 4월 1일 인천시로 편입되여(어) '부평출장소'로 명칭이 변경되여(어) 현재에 지(至)함. (47,536)	8,880	
	계산一동 桂山一洞				동	부평 富平	992 564	구 한국 시대에 부평부사 또는 '부평군청' 소재지로서(써) '부평읍'이라 부르게 되며(되었으며) (단기) 4280년 지명 변경 시에 '계양산' 하에 소재함으로(하므로) '계상(산)동'이라 개칭함. (1,873)	지도 상 요정정 320	
	~~부평읍富平邑~~ 부평구읍◑ 富平舊邑				부락	부평 富平	992 564	구 한국 시대에 부평부사 또는 부평군청 소재지로서(써) 부평읍이라 불리었든(던) 시대의 소재지 명칭임. (1,873)	지도 상 요삭제 320	
		계산一동사무소 桂山一洞事務所			주요 시설	무	993 564	(단기) 4273년 행정구역 폐합 시에 '대정정회(大正町會)'로 발족하여 (단기) 4278년에 동사무소로 개편. (단기) 4280년 계양산을 상징하는 의미에서 '계산동'이라 부르게 되였(었)음. (3)		
		계산우체국 桂山郵遞局			주요 시설	무	992 565	(단기) 4244년에 '부평우편소'로 개소되여(어) (단기) 4283년 행정구역 제정에 따라 '계산우체국'으로 개칭됨. (5)		
		~~부내지서~~ 富平警察署 ~~富內支署~~			주요 시설	무	992 565	(단기) 4254년 부내면 경찰관 주재소로 설치되여(어) (단기) 4278년 8.15 해방 후 '부내경찰관지서'라 개칭됨. (5)		
		부평문묘 富平文廟	향교 鄕校		주요 시설	무	991 564	이조 태종 시대에 설치되여(어) 공 · 맹자님을 위시한 승(성)현의 위패를 모시고 매년 배향 제전을 올리고 있음. (200)		
		계양산◑ 桂陽山	안남산 安南山	아남산	산	계양산 桂陽山	985 579	고려 이(의)종 시대에 '안남도호부'가 됨에 따라 '안남산'이라 칭하고 고려 고종 시대에 '계양부'로 됨에 따라 '계양산'으로 부르게 됨.	서곶(곶) 출장소 계양면 (계양산)	
		~~고성산성(古城山城)~~ 계양산성(桂陽山城)	~~계양산성(桂陽山城)~~ 고성산성(古城山城)	고적	성	고성산 古城山	993 577	임진왜란 당시 '계양산'의 동쪽 능선 중턱에 성을 구축하여 산 이름을 따서 '계양산성'이라 부르다가 오랜 세월이 흘러 '옛성'이라는 의미에서 '고성산성'이라 부르게 됨.	지도 상 요정정 계 양 면 (계양산)	
		경명현 景明峴	징명고개		고개	경명현 景明峴	981 571	고려조(조선조) 시대에 부평부사 박히(희)방(朴熙房)이가 '부평八경'을 인위 조작할 시에 이곳에 문루를 성축하고 (A)'경명현'이라 명명한 것을 보통 (B)'징명이 고개'로 변칭됨.	서곶(곶) 출장소	징명이고개 景明峴
		衆心城			고적			李朝 末 敵防禦用(富平邑과 西串連絡地)		
		下里橋								
	계산二동 桂山二洞				동	무	001 551	원래 '계산동'에 속한 것이나 그 상거(相距)함이 2키로에 따로 떠러저(떨어져) 있으므로 (단기) 4284년 '계산二동'으로 분리됨. (399)	58	
		신생리 新生里	살나리◑	살나리부락	부락	무	009 563	약 30년 전 신설된 부락으로서(써) 새로히(이) 생겼다고 '신생리' 즉 이것이 '살나리'로 부르게 됨. (399)	58	살나리 新生里
		한다리	大橋					富平府(京仁中路) 石築橋 擴大		
	갈산동 葛山洞				동	무	996 542	단기 4273년 행정구역 제정에 있어 '갈월리' '(葛)갈' 자와 달 보는 산(山)이라 하여 '갈산동'이라 정한 것임. (1,644)		267
		갈월리◑ 葛月里	갈월 葛月		부락	갈월 葛月	998 542	이조 말에 부평 읍내의 관사를 수리함에 있어 대들보를 '갈월리' 산에 있는 칙(칡)(葛)을 썼다하여 '갈' 자와 그 산에서 정월 보름달을 본다하여 '월(月)' 자로(를) 합하여 '갈산(월)동'이라 칭한 것임. (1,596)		갈월 葛月 257

(1) 정리 번호	(2) 행정 구역명	(3) 지명 A	B	C	(4) 지명의 종류	(5) 지도 상 기재	(7) 좌표	(8) 유래	(9) 비고	(10) 당해 위원회 제정
		사근다리◑			부락	무	990 535	단기 4256년 한강수리조합의 공사를 시작하면서 (단기) 4257년 다리를 (다) 노(놓)았는데 그 다리가 삭아서 (삭)있(았)을 때에 그 동리에 집을 짓고 (리) 살아서 이름을 '삭은다리'라 이름. (50)		사근 다리 10
		조선전업부평변전소 朝鮮電業富平變電所			주요 시설	무	995 540	단기 4273년 10월 8일 건설 공사에 착공. 단기 4275년 6월 준공이며, 농업창고에서 동쪽으로 5분간이면 도착하게 됨.		
		농업창고 農業倉庫			주요 시설	무	993 539	단기 4274년 10월부터 부내면 농업창고를 건립. (단기) 4278년 9월부터 정미소로 일부 시설. 현재 농업창고 및 정미소로 운영 중임. 부평역과 부평읍 통행 중간임. (15)		
		새별공민학교 새별公民學校	새별학교		주요 시설	무	993 540	단기 4283년 3월 20일 건립. 농업창고 뒤에 있음. (46)		
		한강수리조합간선 漢江水利組合幹線			수로	무	993 537	단기 4256년 '한강수리조합'에서 신설 공사하였는데 서쪽에서 흐르는 물이 '갈월리' 앞으로 흐르고 있음.	계양면 고천(촌)면	
		한강수리조합관개지 漢江水利組合灌漑地	부평수리조합관개지 富平水利組合灌漑地		주요 시설	부평수리조합관개지 富平水利組合灌漑地	002 531	단기 4258년 부평 김포의 조습 황무지를 개간하여 벼 농사를 짓는 지역으로서(써) '부평수리조합'이라고 명칭이 변경되였(었)음.		
		청천교 淸川橋			다리	무	993 537	단기 4258년 '한강수리조합'에서 관개용 수로를 부설할 때 설치한 교량으로 '청천동' 방면에서 물이 흐른다 하여 '청천교'라 함.		청천교 淸川橋
		삼산갈산동사무소 三山葛山洞事務所			주요 시설	무	995 541	(단기) 4273년에 '길야정(吉野町)'으로 발족하여 (단기) 4278년에 '삼산갈산동'으로 개칭, 현재에 지(至)함. (4)		
	구산동 九山洞				동	무	014 492	그 소재한 지역이 첩첩히 산이라 하여 '구산'이라 부르게 됨. (145)	28	**비루 고개**
		비루고개◑	별유고개	이별고개	고개	무	013 482	이 고개는 예전 서울 인천 간에(의) 국도에 통해 있으며 우리나라 사신이 중국에 가려면 이 고개를 넘어서 가야만 배를 타게 되는데 사신으로 가는 사람은 고국에 다시 도라오지(돌아오지) 못함으로 이 고개에서 북향사배하고 간다는 뜻에서 이별한다는 뜻임.		이별 고개
		중앙소년직업훈련소 中央少年職業訓練所			주요 시설	무	014 ○○○	전국에 있는 고아 및 군경 유가족의 자녀들에게 자활할 수 있는 기술을 습득 시키기 위하여 (단기) 42○○년 8월에 신설하였음.		
	부평一동 富平一洞				동	부평 富平	990 513	(단기) 4273년 행정구역 폐합 시에 '소화정(昭和町)'으로 발족. (단기) 4278년에 동사무소로 개편. 과거 행정구역이 부천군 부내면이였든(었던) 것을 상징하여 '부평동'이라 부르게 되였(었)음. (13,356)	2,697	
		부평一동사무소 富平一洞事務所			주요 시설	무	989 515	단기 4275년에 '신부동'에 설립하였으며 단기 4278년에 부평 중앙지인 95번지에 二층 건물을 매입하여 현재에 임하였음. (5)		
		인천시부평출장소 仁川市富平出張所			주요 시설	무	990 516	단기 4274년에 일본인 '아베'라는 자가 二층 건물을 건립하여 당시 인천부에 기증한 것이 현재에 임하였음. (37)		
		하촌◑ 下村			부락	대정리 大井里	992 513	단기 4233년 '부평역'을 중심으로 '아랫마을'과 '웃말'로 각각 불리우나, 중간에 와서 '아랫마을'을 '하촌'이라 불리우고 있음. (938)	123	하촌 下村
		신용동◑ 新龍洞	신용 新龍		부락	무	990 511	단기 4233년 '부평역'을 중심으로 '아랫마을'과 '웃마을'로 각각 불리우나 중간에 와서 '웃마을'을 '신용동'이라 불리우고 있음. (1,500)	189	신용 新龍

(1) 정리 번호	(2) 행정 구역명	(3) 지명			(4) 지명의 종류	(5) 지도 상 기재	(7) 좌표	(8) 유래	(9) 비고	(10) 당해 위원회 제정
		A	B	C						
		~~다다구미(多田組)~~ 同所坊◑			부락	무	988 514	왜정 시대에 조병창 공장 건설 당시 청부업으로 공사를 맡아 건설하던 일인 청부자의 명칭이 '다전조(多田組)'라고 불리였(었)으나 한국 시절에는 同所井이다. 현재 주민이 많이 거주하고 있었으며 속칭이 자연적으로 '다다구미'라고 불리우고 있으나 倭色抹殺로 同所井도 同所坊이라 制定함. (1,350)	225	~~다다구미~~ ~~多田組~~ 同所坊
		자유시장 自由市場			부락	무	990 514	(단기) 4277년 공지로 있었던 곳에 소규모의 상가들이 토대로 세워졌으며 점차로 상가가 번영하자 '자연 시장'이라는 명칭을 만들었고 (단기) 4279년에 유지 회합에 있어 '자유시장조합'이라는 명칭을 새로히(이) 만들어 상인들이 많이 집중한 곳이라 '자유시장'이라 불리우고 있음. (2,177)	381	자유시장 自由市場
		공설시장 公設市場			부락	무	988 515	왜정 시대에 '공설시장'이라고 명칭을 붙이어서 상가지(商街地)를 만들려고 하였든(던) 곳으로서(써) 시장과 상인들은 없으나 전례를 따라 자연 '공설시장'이라고 불리우고 있음. (1,643)	171	공설시장 公設市場
		수도사거리◑ 水道四街里			부락	무	989 522	(단기) 4242년 경, 서울 인천 사이에 뻣친(뻗친) 수도가 설치되였(었)고, 부평역에서 김포로 통하는 도로가 있어 수도가 흐르는 길과 도로가 십자로 되여(어) 있기 때문에 인근에 사는 주민들이 부락 명칭을 '수도사거리'라고 칭하게 되였(었)음. (1,770)	198	수도사거리 水道四街里
		신트리◑	신대리 新垈里		부락	새터말 新基村	994 525	왜정 시의 인천부 '부평출장소에'서 공지로 있든(던) 자리에 가옥 부지로 정하여 새로운 부락을 만들었으며 명칭을 당 출장소에서 '신대리'라고 불렀음. 그 후 사삼(람)들이 '신대리'를 '신트리'라고 자연 불(부)르게 되였(었)음. (1,420)	지도 상 요정정 187	신트리 新基村
		신부동◑ 新富洞	예배당말		부락	무	992 515	왜정 시의 동회사무소 자리에 해방 후 즉시 예배당으로 만들어 '예배당촌'이라고 불러였으며(불리었으며) 그 후 인가 호수가 증가됨에 주민들이 명칭하기를 새로히(이) 부해지는 동리라고 하여 '신부동(新富洞)'으로 칭하게 되였(었)음. (823)	133	신부 新富
		~~지제루사택~~ ~~(지-젤舍宅)~~ 志節坊◑	티-젤		부락	무	994 522	왜정 시 '티젤자동차 공장'이 있었든(던) 공장 사택으로서(써) 해방 후 우리 주민들이 입주하여 이름을 '티-젤사택' 또는 '지제루사택'이라고 칭하게 되였(었)음. (457)	74	지제루사택 지제루 舍宅
		~~노(로)타라~~	~~㊀ 큰다라~~		~~도로~~	~~무~~	~~989~~ ~~512~~	~~왜정 시 도시계획지로서(써) 부평을 문화도시로 만들기 위하여 '자유시장'을 도심지로 최대의 노(로)타리를 만들어 발전을 도모하든(던) 거대가 큰 노(로)타리임.~~	(削)	驛前 ~~노- 타라~~
		부평역 富平驛			주요 시설	무	990 510	단기 4233년 9월 18일 건설. (32)		
		경인의원 京仁醫院			주요 시설	무	990 513	단기 4270년 12월 20일 안형범(安亨範)이 처음으로 병원을 신축함. 20명까지 수용할 수 있음. (5)		
		부평병원 富平病院			주요 시설	무	990 513	단기 4271년 6월 10일 원장 김승태(金承泰)가 신축하고 수용 인원은 20명까지 할 수 있음. (5)		
		부평경찰서 富平警察署			주요 시설	무	990 513	단기 4279년도 '부평' 중앙에 신축. (220)		
		부평소방서 富平消防署			주요 시설	무	990 513	단기 4275년에 '부평二동' 언덕 우(위)에 건설하였든(던) 것을 위치 상 불리하다 해서 단기 4290년도에 '부평노(로)타리' 앞에 크게 신설하였음. (15)		
		부평극장 富平劇場			주요 시설	무	991 514	단기 4273년 4월 6일 신축하였으며 관람 수용 수는 1,200명임. (12)		
		부평동국민학교 富平東國民學校			주요 시설	무	990 516	단기 4273년 4월에 신축하였으며 아동 수용 수는 1,900명임. (31)		
		부평서국민학교 富平西國民學校			주요 시설	무	989 514	단기 4279년 9월 10일에 신축하였으며 창설은 (단기) 4273년 4월 24일이였(었)음. 아동 수용 수는 1,650명임. (29)		

(1) 정리 번호	(2) 행정 구역명	(3) 지명			(4) 지명의 종류	(5) 지도 상 기재	(7) 좌표	(8) 유래	(9) 비고	(10) 당해 위원회 제정
		A	B	C						
		대림산업 大林産業			주요 시설	무	988 512	단기 4270년에 건설한 기업체로서(써) 널리 알려져 있으며 건축과 제재(製材)를 하고 있는 사업체임. (93)		
		부평성심동원 富平聖心童園			주요 시설	무	995 512	단기 4283년도에 설립하였고 사회 사업으로 전재(쟁) 고아들을 보육하고 있음. (125)		
		구세군영 救世軍營			주요 시설	무	993 513	단기 4289년에 건설하였으며 주로 교회 사업 및 자선 사업을 하고 있음. (50)		
		조운부평지점 朝運富平支店			주요 시설	무	990 510	단기 4264년 12월 창설. 현재 철도 운수사업에 종사하고 있음. (4)		
		중앙교회 中央敎會			주요 시설	무	989 513	단기 4260년에 설립하였으며 교인 수는 217명임. (217)		
		성결교회 聖潔敎會			주요 시설	무	989 515	단기 4262년 5월 10일에 설립하였으며 교인 수는 200명임. (200)		
		부광교회 富光敎會			주요 시설	무	989 515	단기 4281년 1월에 '부평교회'에서 분교하여 자립한 교회임. (180)		
		부평우체국 富平郵遞局			주요 시설	무	989 516	단기 4273년 3월에 창설하였으며 단기 4275년 12월 20일에 처음으로 전화를 가설하였음. (17)		
		부평뽐부장 富平뽐부장			주요 시설	무	995 522	인천시내 상수도 압력 가중을 위하여 설치됨.		
	부평二동 富平二洞				동	무	984 507	단기 4277년 1월에 '부평二동'으로 분리되였(었)음.		
		소반재말	~~삼능사택~~ ~~三菱舍宅~~	~~홍중사택~~ ~~弘中舍宅~~	부락	무	984 508	단기 4273년 군수공장으로 '弘中工場'이 설립됨에 따라 사택을 건축함으로서(써) '홍중사택'이라 칭하고 그 후 工場이 三菱으로 명칭이 변갱(경)됨에 따라 '삼능사택'이라 칭함 하였으나 (단기) 4277년 1월에 '부평二동'으로 편입함. 古來로 '소반재'라 하였으매 倭色 一掃로 '소반재말'이라 制定함.		삼능 三菱 소반 재말
		부평二동사무소 富平二洞事務所			주요 시설	무	984 508	단기 4273년 왜 군수공장 '弘中工場'의 식당을 창설한 곳으로서(써) (단기) 4277년에 '부평二동'으로 분리됨에 따라 동사무실로 쓰고 있음. (3)		
		부평중학교 富平中學校			주요 시설	무	984 508	8.15 해방 전에는 '삼능회사' 양생공(養生共(工)) 학교였으나 해방 후에 '부평중학교'로 됨. (230)		
		부평감리교회 富平監理敎會			주요 시설	무	984 508	8.15 해방 전에는 '삼능회사' 식당이든(던) 건물을 해방 후 '부평감리교회'에서 사용함. (150)		
		동광애육원 東光愛育院			주요 시설	무	984 504	(단기) 4289년 8월에 개원하여 현재에 이름. (40)		
		부평천주교회 富平天主敎會			주요 시설	무	990 505	(단기) 4285년 5월에 인천시 '답동 천주교회'에서 분리하였으며 金永植 신부가 창설하였음. (150)		
		연백성모원 延白聖母院			주요 시설	무	990 505	(단기) 4285년 5월에 개원하여 현재에 이름. (30)		
		경찰전문학교 警察專門學校			주요 시설	무	990 504	(단기) 4274년 '소화고녀'로 건축. 8.15 해방 후 '박문고녀'로 개칭. (단기) 4288년 3월 27일 '경찰전문학교'로 됨. (50)		
		성모자애병원 聖母慈愛病院			주요 시설	무	990 505	보육원 '연백승(성)모원' 수용 아동 및 요구호 대상자 치료를 목적으로 (단기) 4290년 9월 1일 개원하였음.		
		부평변전소 富平變電所			주요 시설	무	998 505	(단기) 4269년에 '명치정(明治町) 변전소'로 창설하여 8.15 해방 후 '부평변전소'로 개칭함. (30)		
	부평三동 富平三洞				동	무	975 510	단기 4273년 인천시 '부평출장소'가 설치되며 '부평동'의 관할 구역에 속하였다가 인구 증가됨에 단기 4283년 '부평三동'으로 분리됨. (3,343)	795	
		신촌 新村			부락	무	975 510	단기 4273년 이 지대에 공장이 설치됨에 따라 새로 부락이 생겨 '새말' 즉 '신촌'이라고 부르게 됨. (3,343)	795	신촌 新村

(1) 정리 번호	(2) 행정 구역명	(3) 지명			(4) 지명의 종류	(5) 지도 상 기재	(7) 좌표	(8) 유래	(9) 비고	(10) 당해 위원회 제정
		A	B	C						
		부평三십정二동 사무소 富平三十井二洞 事務所			주요 시설	무	975 511	단기 4283년 행정구역인 동이 신 설치됨으로서(써) 사무소를 신축하였음. 4		
	부개동 富開洞				동	무	004 505	동내(네) 앞에 '復盖峰'이 있음으로(있으므로) (단기) 4278년 행정구역 변갱(경) 시에 '부개봉'이라는 '부개'를 따서 '부개동'이라 하였음. (4,638)	809	
		부개동사무소 富開洞事務所			주요 시설	무	004 506	(단기) 4273년 행정구역 폐합 시에 '명치정회(明治町會)'로 발족하였다가 (단기) 4278년 '부개봉'을 상징하여 '부개동'으로 개칭하게 되었음에 새로 신축함. (4)		
		마분리◑ 馬墳里	마분 馬墳		부락	무	004 505	병자호난(란)(丙子胡亂) 당시 중국 호병(胡兵)이 진(陣)을 치고 있든(던) 곳('마장 안'이라 함)으로서(써) 우리나라 어느 장수가 따(타)고 온 말이 급작이(갑자기) 죽어서 '마장 안' 아래에다 묻었다 하여 그 후 이곳 이름을 '마분리'라 하였음. (1,170)	지도 상 요정정	마분 馬墳 215
		굴재미◑			부락	불잠 佛岑	002 506	개울(河)이 패여서 굴 같이 생겼다 하여 '굴제(재)미'로 부름. (173)	지도 상 요정정 32	굴재미
		부평무선전신전화 건설국 富平無線電信電話 建設局			주요 시설	무	004 513	(단기) 4275년 왜놈이 외국 송신을 하기 위하여 건설한 것으로서(써) 현재에 이름. (9)		
		새말 新村	벽돌막◑	벽돌말	부락	신마항리 新馬航里	006 516	(단기) 4245년 장안에 사는 민병식의 토지로서(써) 벌판이었든(던) 바 어려운 사람들을 이민, 개간 시켜 동내(네)가 생겼으므로 '새말'이라 부름. 또 벽돌 공장이 생김으로부터 '벽돌막'이라 함 433	82	벽돌말
		부평연화(와)공장 富平煉瓦工場			주요 시설	무	006 516	(단기) 4275년 왜놈 安部泰甫가 건설한 벽돌 공장으로서(써) 년(연)간 생산고는 120만환 정도임. (30)		
		신복동◑ 新福洞	고니새말 小西村	신복 新福	부락	무	000 523	이 지대는 벌판으로서(써) 약 40년 전 왜놈 小西가 방축을 막아서 개간하여 농토를 마련함과 동시, 부락 이름을 '고니새마을'이라 하였으며 동 이름을 '신복동'이라 하였음. (623)	115	신복
	십정二동 十井二洞				동	십정 十井	979 503	단기 4283년 '십정동'으로부터 불(분)리되였(었)음. (1,150)	지도 상 요정정 210	
		원퇴이고개◑ 圓通고개			고개	무	977 498	50여 년 전 '경인선' 철도 부설 공사 시에 이 고개에 굴을 뚤려다(뚫으려다) 실패되여(어) 원통(怨痛)하다고 하여 '원통'으로 불리우게 됨.		원퇴이고개 圓通고개
		국립성계원 國立成蹊園			주요 시설	무	978 498	단기 4283년 9월 28일 나병환자를 집단 수용키(하기) 위하여 설치하였음.		
	산곡동 山谷洞				동	산곡 山谷	970 527	고려 말에 이 지역에 산이 많고 꽃이 많다 하여 '山花村'으로 불리었는데 이조 시대에 행정구역 설치 상, '산곡'이라 한 것이 그대로 전하여 '山谷洞'이라 함. (7,547)	지도 상 요정정 1,319	
		산곡청천동사무소 山谷淸川洞事務所			주요 시설	무	970 528	(단기) 4288년 9월에 仁川市 洞 페(폐)합으로 동사무소를 '산곡동' 西편에 둠. (4)		
		~~백마장(白馬場)~~ **매꽃새말 山花新村**	~~매꽃말 ⊖⊖⊖~~ **백마장◑ 白馬場**	산곡리 山谷里	부락	무	969 534	傳說에 의하면 市場 명칭으로 '白馬場'이라 했고 '山花村(메꽃말)'이라 불렀으며 왜정 시, 부천군 부내면 '山谷里'이라 했고 해방 후 행정기구 개편으로 '山谷洞'이라 함. (7,547)	1,319	~~백마장 白馬場~~ **매꽃 새말**
		산곡국민학교 山谷國民學校			주요 시설	무	970 528	'부평서국민학교' 分校로서(써) 단기 4286년 7월에 '산곡국민학교'로 독립 인가되였(었)음. (1,014)		
		국산자동차공장 國産自動車工場			주요 시설	무	980 525	단기 4272년 6월 20일 慶北 咸陽人 '金龍周'라는 者가 全株의 80%를 点(點)하고 창설하였으며 현재 용자금으로 '자동차, 다야(타이어)' 등 부속품을 제작하고 있음. (53)		

(1) 정리 번호	(2) 행정 구역명	(3) 지명			(4) 지명의 종류	(5) 지도 상 기재	(7) 좌표	(8) 유래	(9) 비고	(10) 당해 위원회 제정
		A	B	C						
		신한베아링공장 新韓베아링工場			주요 시설	무	978 525	왜정 시대 '光洋精工社'로서(써) 해방 후 '朝鮮베아링주식회사'로 개칭하고 관재국으로부터 불하 받아 '新韓베아링회사'라고 개칭, 자동차 베아링을 제작하고 있음. (44)		
		부천형무소작업장 富川刑務所作業場			주요 시설	무	982 525	왜정 시, 「淺野」가 레도工場을 '부천형무소'로 이관하여 현재 작업장으로 사용함. (24)		
		장고개◑ 長峴			고개	무	988 525	이조 초엽에 가축 시장으로 유명하여 그 명칭을 '白馬場'이라고 했고 현재 西串 '佳佐洞'으로 통하는 고개를 '장고개'라 함.	서곶(곶) 출장소	장고개 長峴
	삼산동 三山洞				동	무	002 542	단기 4283년 인천시 동 관할 구역 제정 시에 '삼산동'으로 칭하게 되였(었)음. (728)	134	
		후정리◑ 後井里	후정 後井		부락	후정 後井	000 542	약 250년 전 동리 뒤에 우물이 있었다 하여 '후정(後井)'이라 하여 불리워(어) 짐. (388)	지도 상 요정정 75	후정 後井
		영성미◑ 靈城里	흙터머지		부락	무	004 542	동리 뒤에 산이 있었는데 고려로부터 '영선(성)산'이라 불러 약 30여 년 전에 부락이 생겨 '영성리'라 부르게 되고 또 30년 전 '한강수리조합'의 수로를 부설할 때 흙을 많이 쌓아 놓게 되여(어) '흙터머지'라 부르게 됨. (340)	59	영성미 靈城
		벼락바위◑			바위	무	000 542	옛 시절에 '영성산' 아래에 있는 큰 바위가 낙뢰로 벼락을 맞어(아) 그 바위가 깨어졌다 하여 '벼락바위'라 함.		벼락 바위
	서운동 瑞雲洞				동	무	010 552	단기 4278년 8월 15일 해방 후 인천부가 '인천시'로 개칭됨에 따라 '동운정(東雲町)'이 '서운동'이라 개칭됨. (782)	202	
		도두머리 道頭里	동운정 東雲町		부락	무	010 552	(A)지금으로부터 약 50년 전에 산맥이 솟은 길머리에 신설된 부락이라 해서 부천군 부내면 '도두리'라 칭하게 되였(었)음. (B)부천군 부내면 '도두리'가 약 20년 전에 인천부로 편입됨에 따라 '동운정(東雲町)'이라 개칭. (782)	202	도두 머리 道頭里
		한강수리조합 부평출장소 漢江水利組合 富平出張所			주요 시설	무	007 554	단기 4258년에 '한강수리조합'이 준공되였(었)으며 부평 지역 950정보를 관할케 하기 위하여 '수리조합 부평출장소'를 설립하였음. (7)		
		굴포천◑ 掘浦川			하천	무	023 552	한강의 지류로 조수가 드나드는 개울인바 단기 4278년 '한강수리조합'의 수리 관개 시설 공사 때 개수한 곳으로 파냈다고 하여 '굴포천'이라 부르게 됨.	계양면 고촌면 오정면	굴포천 掘浦川
	일신동 日新洞				동	무	009 503	별로 유래는 없으나 왜정 시대 '향취정(香取町)'을 해방과 더부러(불어) 나날이 새로히(이) 발전하라는 뜻에서 '일신동'이라 함. (252)	47	
		~~항동리(航洞里)~~ **황골**	황굴◑		부락	무	015 498	부락의 모양이 배 형체와 같다 하여 '항동리'로 되였(었)다 함. (132)	25	항굴 航洞
		시온애육원 시온愛育院			주요 시설	무	009 499	(단기) 4290년 이옥순이 창설하여 현재에 이름. (30)		
	작전동 鵲田洞				동	무	996 554	부내면이 인천시로 편입됨에 따라 소부락을 통합케(하게) 되여(어) '작전동'은 ('鵲田', '化田', '新垈', '佳峴') 4개 부락임으로(이므로) 그 중 가장 큰 부락의 명칭을 이용한 것으로서(써) '鵲田부락'의 鵲과 '化田부락'의 田을 따서 '작전동'이라 칭하게 되였(었)음. (1,584)	223	
		작전동사무소 鵲田洞事務所			주요 시설	무	995 554	'化田里(된밧)' 서북쪽에 위치한 단칭(층) 와가로서(써) (단기) 429~~0~~1년 8월에 인천시 예산으로 준공한 건물임.		
		가현리 佳峴里	가루개◑ 佳会峴里		부락	가현 佳峴	997 557	약 400년 전에 현존 부락은 원래가 무성한 삼림으로서(써) 새로 이곳에 집을 진 것이 유래로 되여(어) 대단히 아름다우며 부락 서쪽에 위치한 고개가 있음으로(있으므로) 해서 '佳会峴里'가 '회현리'로 불리운 것이 부내면으로 편입됨에 따라 '가현리(佳峴里)'로 불리운 것임. (273)	43	가루개

(1) 정리 번호	(2) 행정 구역명	(3) 지명			(4) 지명의 종류	(5) 지도 상 기재	(7) 좌표	(8) 유래	(9) 비고	(10) 당해 위원회 제정
		A	B	C						
		신대리 新垈里	새대◑		부락	신대리 新垈里	994 553	옛날에는 현존 부락이 원래가 무성한 삼림으로서(써) 새로 이곳에 집을 진 것이 유래로 되(여)어 '새터'라 한 것이 부내면으로 편입됨에 따라 '신대리'라 한 것이 또한 우리말로 불(부)르기 쉽게 '새대'라 한 것임. (281)	45	새대
		화전리 化田里	된밭◑		부락	화전 化田	996 554	원래 황무지를 개간함으로서(써) 농경지를 만든 것임에 '화전리'라 칭한 것으로 추측되며 더욱 상세한 것은 미상임. (353)	61	된밭
		작정리 鵲井里	까치말◑		부락	무	002 550	약 400년 전 현존 부락 공동 우물 옆에 위치해 있는 나무에 까치가 많이 모임으로서(모이므로써) '까치우물'이라 한 것이 부내면으로 편입됨에 따라 '작정(전)리(鵲田里)'를 우리말로 불리우기 쉽게 한 것이 '까치말'로 된 것임. (677)	74	까치말
		~~국방도로(國防道路)~~ 仁永道路			도로	무	997 547	왜정 말엽에 신설한 것으로 인천 서울 간을 연결한 것으로 현재 왜정 시의 '국방도로'라고 한 ~~것이 그대로 유래된 것임~~을 '인영도로'로 제정함 (仁川 永登浦 一貫 大路)		~~국방도로~~ 仁永 도로
		하천다리 河川橋	하천교 河川橋		교량	무	997 549	왜정 말엽에 도시계획지로서(써) 선정이 되여(어) 이에 수반하여 부설된 '효성동'과 '작전동'에 이르는 개울에 '김포도로'를 통하는 다리임.		하천교
	청천동 淸川洞				동	청천 淸川	973 537	이조 말엽에 부평읍과 仁川을 통하는 中間으로서(써) 부평읍 원을 찾아가는 길에 '淸川洞' 냇물이 맑음으로(맑으므로) 말(馬)에 물을 먹이든(던) 관습이 있어 '淸川里'라 하였고 그 후 행정기구 개편 시에 '淸川洞'이라 칭한 것임. (1,513)	지도 상 요정정 272	
		마장리 馬場里	마재이◑		부락	무	972 531	이조 말엽 부천군 馬場面에 屬하였든(던) 關係로 馬場里 또는 '마쟁이'라고 하였으며 해방 후 행정구역 개편으로 淸川洞이라 함. (1,531)	272	마재이 馬場里
	효성동 曉星洞				동	효성 曉星	977 556	옛날 '曉星里' 時代 '曉星里'를(는) '새별'이라 불리었음. 曉 字는 '새벽 효'라 '(새)' '별(星)' 자를 '(별)'이라 하여 '새별'이라 불렀음. (1,581)	165	
		새별이◑			부락	무	977 556	曉星을 우리말로 불으는(부르는) 것으로 '曉星洞' 全体를 말하는 것임. (1,581)	165	새별이
		이촌◑ 李村	안말		부락	무	978 558	'효성동'은 四개 부락으로 분산된 자연부락이고 옛날에 '이촌'은 산 밑에(의) 부락이라 '안말'이라고 불리었음. 또 '이촌'이라고 불리운 것은 李氏가 많이 居住함으로(하므로) '李村'이라고 현재 불리우고 있음. (400)	35	이촌말 李村
		김촌◑ 金村	아래말		부락	무	980 552	'김촌'은 '효성동' 아래 부락이라 '아랫말'이라고 불리우고 金氏가 多數 거주함으로(하므로) '김촌 부락'이라고 칭함. (651)	75	김촌말 金村
		임촌◑ 任村	넘말		부락	무	974 553	'임촌'은 '효성동' 서쪽이고 또 등이 있어 '넘말'이라고 불리우고 任氏가 다수 거주하고 있음으로(있으므로) '任촌(村)'이라 칭함. (500)	45	임촌말 任村
		안화지◑ 安和地	안아지		부락	무	963 548	옛날부터 그 지명이 흔히 '아화지'라고 하여 '안화지'라고 불리웠(었)음. 그 지방은 옛날에 산중이고 해서 거기서 살면 모든 것이 고요하고 살기 좋다 하여 '안화지'라고 하였음. (30)	10	안아지 安和地
		효성동사무소 曉星洞事務所			주요 시설	무	977 556	'임촌말' 동쪽 언덕에 자리잡고 있으며 (단기) 4290년 7월에 신축한 단층 기와집임. (3)		

決 定 通 過
(未記)
4292. 4. 2

完

지명조사표

남 동 출 장 소 관 내

지 명 조 사 표

(1) 정리 번호	(2) 행정 구역명	(3) 지명			(4) 지명의 종류	(5) 지도상 기재	(6) 경위도	(7) BS 좌표	(8) 유래	(9) 비고	(10) 당해 위원회 제정
		A	B	C							
	남동출장소 南洞出張所								단기 4273년 4월 1일 부천군 '남동면'이 행정구역 변경으로 인하여 '인천부'에 편입, '남동면'의 남동(남쪽에 위치하여)을 따서 '남동'으로 됨. **(단기) 4246年 3月 1日 富川郡 南村面 烏洞面이 仁川府에 編入될 때 兩面의 南洞二字를 採擇 命名.** (12,092人)	1,825	
	고잔동 古棧洞				동			980 403	현재 '논현동'과 '도림동' 경계에 소재한 '오봉산맥'에서 남쪽 바다를 향하여 길게 위치함에 옛날에는 바다에 떳(떴)다고 하여 '고잔(高棧)'이라고 하였으며 이조 때에는 또한 사닥다리와 같다고 하여 '고잔(古棧)'이라 고쳐 불리워(어) 왔음. (1,233)	185	
		괴화◑ 槐花	고양말		부락	괴화동 槐花洞		988 407	옛날 이곳에 괴목(槐木)이 있어 (A)'괴화(槐花)'라고 불리워(어) 왔으며 (B)'고양말'은 '괴화'의 속칭임. (150)	18	
		갈산◑ 葛山	갈매		부락	갈산동 葛山洞		981 403	옛날 이곳에 측(칡)(葛)이 많이 나기 때문에 (A)'갈산' 또는 '갈뫼'로 불리워(어) 왔으며 (B)'갈매'는 '갈뫼'의 변어임. (282)	39	
		북촌◑ 北村			부락			979 399	이곳 위치는 '고잔동' 북쪽에 위치하고 있어 '북촌'이라 불리워(어) 왔음. (250)	42	
		남촌◑ 南村			부락	내동 內洞		978 393	'고잔동' 남쪽에 위치하고 있어 '남촌'이라 불리워(어) 왔음. (213)	요정정 34	
		서촌◑ 西村			부락			978 398	'고잔동' 서쪽에 위치하고 있어 '서촌'이라 불리워(어) 왔음. (187)	29	
		동촌◑ 東村			부락			980 397	'고잔동' 동쪽에 위치하고 있어 '동촌'이라 불리워(어) 왔음. 151	23	
		남동제三구염전 南洞第三區塩田			염전			965 402	(단기) 4255년에 준공하여 (단기) 4256년에 제염함. (총 90정보 '고잔동' 해당 분 45정보) (27)		
		한국화약주식회사 인천공장 韓國火藥株式會社 仁川工場			주요 시설			988 403	(단기) 4272년 3월에 '조선유지주식회사'로 착공되여(어) 왜정 시에 다이나마이트를 제조하고 현제(재)는 '한국화약주식회사 인천공장'으로 되여(어) 화약을 제조하고 있음. (276)		
		남동천주교회 南洞天主教會			주요 시설			981 403	(단기) 4287년 7월 16일 완공. (287)		
		남동기독교회 南洞基督教會			주요 시설			979 395	(단기) 4291년 7월 25일 완공. (119)		
		고잔동사무소 古棧洞事務所			주요 시설			979 398	(단기) 4290년 1월 동 분리 시에 현 위치('북촌부락')에 이전하여 '고잔동' 행정사무를 담당함. (3)		
	남촌동 南村洞							981 443	구 한국 시대에 남촌면에 속하였었고 집 방향이 남쪽을 향하였기 때문에 '남쪽 마을'이라 부르든(던) 것을 남촌면의 '남촌'을 따서 '남촌동'으로 불리워(어) 왔음. (934)	152	
		벗말			부락			981 443	옛날 동리 주위에 염벗(소금 생산 창고)이 많았다 하여 '벗말'이라 불리워(어) 왔음. (934)	152	
		승기천◑ 承基川			하천			973 447	문학 관내 '승기리'에서 흐르는 하천으로 '승기리(하천 시초)'의 명칭을 따서 '승기천'이라 하였음. (기리(길이) 4K 정도)		
		승기교 承基橋			다리			973 447	'남촌' '선학' 간 경계에 위치하고 '승기천'에 있는 교량으로 '승기교'라 불리워(어) 왔음.		
	논현一동 論峴一洞				동	논현리		982 418	옛날 우리나라 사신들이 이 부락 고개에서 국사를 의론(논)하였다 하여 '논현'이라 하며 '논현一동'으로 행정구역을 정함.		
		호구포◑ 虎口浦	범아가리		부락			974 414	옛날 이곳이 포구였으며 그곳에 있는 한 바위 형태가 범이 입을 벌리고 있는 형상이매(임에) (A)'호구포'라 하였으며 부락 주민들은 일명 (B)'범아가리'라고도 함. (500)	28	

(1) 정리 번호	(2) 행정 구역명	(3) 지명 A	B	C	(4) 지명의 종류	(5) 지도상 기재	(6) 경위도	(7) BS 좌표	(8) 유래	(9) 비고	(10) 당해 위원회 제정
		북논현◑ 北論峴	논고개	웃말	부락			987 417	옛날 나라 사신들이 이 부락 고개에서 국사를 의논하였다 하여 '논현'이며 부락이 북쪽에 위치하여 (A)'북논현' (B)'논고개'라고도 하며 웃(윗)쪽에 위치하여 (C)'웃말'이라고도 함. 246	30	
		남논현◑ 南論峴	논고개	아랫말	부락			987 414	옛날 나라 사신들이 이 부락 고개에서 국사를 의론(논)하였다 하여 '논현'이며 부락이 남쪽에 위치하여 (A)'남논현' (B)'논고개'라고도 하며 (C)아랫(래)쪽에 위치하여 '아랫말'이라고도 함. (258)	31	
		사리울◑	사리월		부락	사리동		978 422	이 부락은 바다(닷)물이 부락 앞까지 들어와 어부들이 부락 앞에서 배를 타고 사두질을 하러 가는 터임으로(이므로) (A)'사리울'이라 불리웠(었)으나 발음 변화로 (B)'사리월'이라 불리움. (236)	44	
		배꼽부리◑배꼽뿌리	백호뿌리					971 422	옛날 어느 예언자가 말하기를 앞으로 이곳에 '백호 부락'이 앉을 것이라 하여 (B)'백호뿌리'라고 불리웠(었)으나 발음 변화로 주민들은 (A)'배꼽뿌리'라고 부르고 있음.		
		논현사거리 論峴四巨里			도로			988 417	'논현동' 중심지이며 길이 사거리로 되여(어) 있어 '논현사거리'로 함.		
		논현국민학교 論峴國民學校			주요 시설			977 417	(단기) 4273년에 건립하여 '논현동'에 위치함으로(하므로) '논현국민학교'라 함. (1,000여 명)		
		소래전매지청남동분청 蘇萊專賣支廳南洞分廳			주요 시설			972 415	(단기) 4242년 설치하여 '소래전매지청' 관하 분청임으로(이므로) '소래전매지청 남동분청'임. (15)		
	논현二동 論峴二洞				동	논현리		995 419	옛날 우리나라 사신들이 이 부락 고개에서 국사를 의론(논)하였다 하여 '논현'이라 하며 '논현二동'으로 행정구역을 정함.		
		서당골◑ 書堂골	시당골		부락			997 421	옛날 이 부락에 서당이 있었다 하여 (A)'서당골'이라 불리웠(었)으며 발음 변화로 (B)'시당골'이라 함. (31)	8	
		동촌◑ 東村	동역		부락			998 424	'논현二동' 동쪽에 위치하여 (A)'동촌'이라 하며 (B)'동역'이라고도 불리우고 있음.		
		장도◑ 장(獐)島	노렴	소래 蘇萊	부락			998 407	옛날 이 부락은 노루와 같은 형태의 섬이였(었)다 하여 (A)'장도'라 하며 (B)'노루섬' 또는 '노렴'이라고도 불리우며 그 후, 염전이 생기여(어) 부천군 소래면 관내 일부를 점하여 '소래전매청'이라 하여 부락 명칭도 '소래'로 불리우게 됨. (516)	73	
		소래역 蘇萊驛			역			998 412	'수인선' 철도 내에 '소래(장도) 부락'에 위치함에 '소래역'이라 함. (5)		
		소래전매지청 蘇萊專賣支廳			주요 시설			000 414	(단기) 4267년 창설하여 관내 염전이 소래면(부천군) 일부에 점하여 '소래전매지청'이라 칭함. (40)		
		논현지서 論峴支署			주요 시설			999 411	(단기) 4282년에 설치하여 '논현동'에 위치하고 '논현지서'라 칭하고 '논현 一', '二', '고잔', '남촌', 도림 5개 동의 치안을 담당함. (6)		
		논현一,二동사무소 論峴一,二洞事務所			주요 시설			987 416	'논현사거리'에 위치하고 (단기) 4291년에 신축. '논현一, 二 동' 행정사무를 담당함. (4)		
		소래철교 蘇萊鐵橋	소래 다리		다리			000 405	'수인선' 철도에 가설된 철교로 '소래 부락'에 위치하여 (A)'소래철교'라고 하고 주민들은 (B)'소래다리'라고도 부른다. 길이 100m.		
		논현우체국 論峴郵遞局			주요 시설			998 412	(단기) 4279년에 설치하여 '논현동'에 위치함에 '논현우체국'이라 칭하고 관내의 체신 사무를 담당함.		
		오봉산◑ 五峰山			산	오봉산 五峰山		993 423	산에 봉우리가 다섯 개로 되여(어) 있어 '오봉산'이라고 함.(동남쪽 일부)		
		산뒤◑	산후 山後		부락	산후리 山後里		998 420	'오봉산' 후면에 위치한 부락이므로 (A)'산뒤'라고 부르며 (B)'山後'는 '산뒤'의 한자 표기이다. (183)	35	

(1) 정리 번호	(2) 행정 구역명	(3) 지명			(4) 지명의 종류	(5) 지도상 기재	(6) 경위도	(7) BS 좌표	(8) 유래	(9) 비고	(10) 당해 위원회 제정
		A	B	C							
	도림동 桃林洞				동			988 429	(단기) 4273년 4월 부천군 '도산리'를 행정구역 변경으로 인천부에 편입하여 '신도산리'로 불리워(어) 왔으며 해방 후 '도림동'으로 행정구역을 정함. (1,030)	161	
		도림리◑ 桃林里			부락	도림 桃林		922 436	옛날 이곳에는 복숭아나무도 많을 뿐 아니라 맛이 유명하여 '(복숭아곳(꽃))'이라 하여 '桃林'으로 불리워(어) 옴. (302)	40	
		신촌 新村	새말◑		부락			989 433	이곳은 약 40년 전까지는 임야였든(던) 것이 지금에 와서는 큰 부락을 형성하였음에 (B)'새말'이라 불리워(어) 왔으며 (A)'신촌'이라고도 불리움(한자 표기). (428)	71	
		수곡 水谷	숫골◑		부락			984 425	물이 많이 난다 하여 (B)'숫골'이라 불리워(어) 왔으며 (A)'水谷'은 '숫골'의 한자 표기이다. (156)	26	
		장재동 長在洞	장작골		부락			987 434	예전에 부자 장자가 많이 살었(았)다 하여 (A)'장재동'이라 하였으며 근래에 와서는 '장재동'의 속칭으로 (B)'장작골'이라고도 함. (63)	10	
		덕곡 德谷	덕골◑		부락			986 439	예전에 덕 있는 사람이 많이 사는 부락이라 하여 (B)'덕골'이라 불리웠(었)으며 (A)'德谷'은 '덕골'의 한자 표기이다. (81)	14	
		오봉산 五峯山	태봉산 胎封山		산	오봉산 五峯山		988 419	산 봉우리가 다섯 개라 하여 (A)'오봉산'이라 하였으며 구 한국 시대의 어느 왕자 태를 묻었다 하여 (B)'태봉산'이라고도 불리움(불림).		
		남촌수산도림동 사무소 南村壽山桃林洞 事務所			주요 시설			994 434	(단기) 4288년 10월부터 '남촌', '수산', '도림' 3개 동의 행정사무를 담당함. (3)		
	만수동 萬壽洞				동	만수 萬壽		003 476	'조곡', '담방', '성현리' 3개 리로 분류하여 있든(던) 것을 행정구역 변경에 따라 (단기) 4246년에 통합하였으며 (장수한 분이 많이 사는 '장수동'의 이름을 따서) '만수동'이라 개칭하였음. (1,759)	(277)	
		만수국민학교 萬壽國民學校			중요 시설			998 462	단기 4263년 11월 17일 개교하였으며 '만수동'에 위치하매 '만수국민학교'라 칭함. (졸업 회수 26회, 학생 수 743, 교원 수 12)		
		대한감리회인천시 만수교회 大韓監理會仁川市萬 壽教會			중요 시설			004 462	(단기) 4239년에 설입(립)하였으며 '만수동'에 위치하여 '만수교회'라 하였음. 신도 602.		
		동인천경찰서남동 지서 東仁川警察署南洞 支署			중요 시설			003 461	(단기) 4282년 9월 19일 설치 이후 '만수', '장수', '서창', '운연', '수산동'에 대한 치안을 담당함. (5)		
		만수교 萬壽橋			다리			994 464	인천에서 수원에 통하는 도로상(만수천)에 있으며 '만수동'에(의) '만수'를 따서 '만수교'라 칭하였음. (준공 (단기) 4263년 3월 1일), 기리(길이) 17m.		
		구룡동◑구릉골 九龍洞	구능골		부락	구산동 九山洞		017 481	전설에 이 부락 근방에 능이 9개 잇(있)다 하여 (B)'구능골'이라 부르든(던) 것이 지금에 와서는 (A)'구룡동'이라고 개칭하여 부르고 있음. (109)	요정정 20	
		산저동 山底洞	산밑부락 ◑		부락			015 478	산 밑에 위치하고 있어 (B)'산밑부락'이라 불리워(어) 왔으며 (A)'山底洞'은 '산밑부락'에(의) 한자 표기임. (97)	17	
		담방 談芳	담뱅이◑		부락	담방리		012 478	옛날 이곳에 못이 있었다 하여 (A)'담방'이라 불리워(어) 왔으며 (B)지금은 속칭 '담뱅이'로 부르고 있음. (234)	40	
		장승점 長僧店	장승백이 ◑		부락	장숭점 長僧店		003 461	부락 모퉁이에 장승이 있엇(었)다 하여 속칭 (B)'장승배기'로 부르고 (A)'장승점'은 '장승백이'에(의) 한자 표기임. (223)	38	

(1) 정리 번호	(2) 행정 구역명	(3) 지명			(4) 지명의 종류	(5) 지도상 기재	(6) 경위도	(7) BS 좌표	(8) 유래	(9) 비고	(10) 당해 위원회 제정
		A	B	C							
		신촌 新村			부락			993 461	지금으로부터 약 40년 전까지는 인가가 없었으나 신모 씨가 이곳에 정미소를 설립한 후부터 부락이 이루워지매(이루어짐에) '신촌'이라 불리워(어) 왔음. (101)	12	
		조곡 鳥谷	새골◑		부락	새골 鳥谷		006 468	우거진 골작구니(골짜구니)에 새가 많았다 하여 속칭 (B)'새골'이라 불리워(어) 왔고 (A)'새곡'은 '새골'에(의) 한자 표기이다. (259)	요정정 39	
		하촌◑ 河村			부락	하촌 河村		996 470	하씨 문중이 많이 거주함에 '하촌말'이라 하였음. (180)	27	
		성현 星峴	박촌말	비루고개◑	부락	성현 星峴		996 470	(A)'星峴'은 (C)'비루고개'의 한자 표기이며 부락 뒤(뒷)산에 오르면 별이 많이 보인다고 하매(여) '비루고개'라 불리웠(었)으며 (B)'박촌말'은 현재 박씨가 많이 살고 있어 '박촌말'이라고도 불리운다. (306)	52	
		서판 西判	쇄판◑		부락			998 475	부락에(의) 전답이 비옥치 못하여 곡물이 잘되지 않는데서(않는대서) '쇄판'이라는 속칭이 불리워(어)졌으며 (A)'서판(西判)'은 (B)'쇄판'의 한자 표기이다. (254)	32	
		만수동사무소 萬壽洞事務所			중요 시설			003 461	(단기) 4290년 1월 '만수', '장수동'에서 분리하여 '만수동' 행정사무를 담당함. (3)		
		만수천 萬壽川			하천			994 464	'만수동' 동쪽에서 남쪽으로 흐르는 하촌(천)으로 '장수동'에 있어 동명을 따서 '장수천'이라 칭함. 3,500m.		
		남동출장소 南洞出張所			주요 시설			002 460	(단기) 4273년 4월 1일 부천군 '남동면'이 행정구역 변경으로 인천부에 편입하엿(였)으며 남동면에(의) '남동'을 (남쪽에 위치하여) 따서 '남동'이라 칭하고 관내의 행정사무를 담당함. (13)		
	수산동 壽山洞				동			988 454	(단기) 4273년 7월 1일 부천군 '발산리'를 행정구역 변경으로 인천부에 편입 후 '수정(壽町)'이라 하였고 해방 후 '발산리'의 '산' 자와 '수정리'의 '수' 자를 따서 '수산동'이라 하였음. (892)	154	
		발촌 鉢村	배렷◑		부락	발산 鉢山		991 445	(A)예전에 마을 주위가 사발형으로 되였(었)다 하여 사발 같은 동리라 한 것이 '발촌'으로 현재까지 불리웠(었)으며 (B)예전에 동리 앞에 배가 닫다고(닿는다고) 하여 '배렷'이라고도 한다. (386)	요정정 66	
		능곡 陵谷	능골◑		부락			987 443	언덕 사이에 있는 동리라 하여 (B)'능골'이라 하였으며 (A)'陵谷'은 '능골'에(의) 한자 표기임. (120)	23	
		냉정 冷井	찬우물◑		부락	냉정 冷井		987 449	동리 가운데 우물이 차다 하여 (B)'찬우물'이라 하며 (A)'冷井'은 '찬우물'에(의) 한자 표기임. (177)	30	
		경신◑ (慶信)敬神			부락	경신 慶信 敬神		987 457	이조 말년에 역둔토(驛屯土)로 당시 무당, 광재가 많이 살고 있는 동리여서 '경신'이라 불리웠(었)음. (209)	35	
	서창동 西昌洞				동	서창 西昌		008 447	옛날에 동리 앞까지 바닷물이 들어 왓(왔)으며 동민의(이) 지은 배가 서해(西海) 바다에서 기리기리(길이길이) 창성(昌盛)하라는 뜻에서 '서창호'라 이름짓고 이 배에(의) 이름을 따서 '서창동'이라 하였다 함. (1,068)	158	
		서창 西昌	골말◑	곡촌 谷村	부락			009 451	옛날 '서창호'라는 배 주인이 이곳에 거주하여 동리 이름을 (A)'서창'으로 불리웠(었)으며 동리의 형태가 골이 젓(졌)다 하여 (B)'골말'이라고도 부르며 (C)'谷村'은 '골말'에(의) 한자 표기임. (155)	20	
		독곡◑ 獨谷	독골		부락			006 450	'서창동' 후면에 따로 떠러저(떨어져) 있어 (B)'독골'이라 불리워(어) 왔으며 (A)'獨谷'은 '독골'에(의) 한자 표기임. (294)	40	

(1) 정리 번호	(2) 행정 구역명	(3) 지명 A	B	C	(4) 지명의 종류	(5) 지도상 기재	(6) 경위도	(7) BS 좌표	(8) 유래	(9) 비고	(10) 당해 위원회 제정
		설내◑ 雪內	아랫말		부락	설내 雪內		007 443	옛날 이곳에 바다(닷)물이 드나들 적에 설창이 밀여(려) 들어와 오래도록 녹지 않았음으로(으므로) (A)'설내'라고 불어(불려) 왔으며 아랫 쪽에 속한 부락임에 (B)'아랫말'이라고 부른다. (301)	50	
		장아동 藏我洞	장굴◑		부락	장아동 藏我洞		012 442	옛날에 엇떤(어떤) 신하가 피신 생활을 하여 그를 감추어 주었다 하여 (A)'장아동'이라고 불리워(어) 왔으며 (B)'장굴'은 '장아동'에(의) 속칭임. (151)	26	
		걸재(제)◑ 傑齊			부락	걸재(제) 傑齊		011 448	옛날에 '걸재(제)'라는 사람이 은신하였다 하여 그 사람에(의) 이름을 따서 '걸재(제)'라고 불렀다 함. (167)	23	
		소래일구염전 蘇萊一區塩田			염전			007 433	약 20년 전에 생긴 것으로 염전 일부가 소래면에 속한 고로 '소래염전'이라 부른다. (140)		
		서창운연동사무소 西昌雲宴洞事務所			주요 시설			009 446	'운연동'에 소재하였든(던) 동사무소인 바 (단기) 4292년 2월 5일에 이곳으로 이전하고 '서창', '운연동'의 행정사무를 담당한다. (3)		
		새방죽뚝◑			제방			002 442	40여 년 전 '만수동' 경계로부터 소래 염전 앞까지(약 400m)의 방죽으로 새로 생김에 명칭이 없음. 기리(길이) 400m.		
		소래일구염전저수지◑ 蘇萊一區塩田貯水池			저수지			010 429	약 20년 전 염전이(소래염전) 생김과 동시 만들어젓(졌)으며 염전 안에 위치하고 있으며 '염전저수지'라 불리우고 있음.		
	운연동 雲宴洞				동	운연동 雲宴洞		025 450	이조 때 나라 정승들이 모여 연락(잔치를 베품(풂))을 하였든(던) 곳이라 하여 '운연(雲宴)'이라 불리워(어) 왔음. (883)	(151)	
		연락 宴樂	연락골◑		부락			025 457	이조 때 나라 정승들이 모여 연락(잔치를 베품(풂))을 하였든(던) 곳이라 '연락'이라 불리워(어) 왔음. (262)	(45)	
		음실◑ 陰室			부락	운실동 雲室洞		025 449	사면이 산으로 가려 비교적 다른 부락보다 따뜻하여 방에서 '음실'이라 불리워(어) 옴. (323)	요정정 (53)	
		하촌 下村	아랫말		부락			028 409	동리 끝에 속한 부락으로 (B)'아랫말'이라 하였으며 (A)'한(하)촌'은 '아랫말'의 한자 표기다(표기이다). (197)	(38)	
		제척 祭尺	제척말◑		부락				옛날 이조 때 이대장(李大將)의 묘 아래 제사를 올리는 제청이 있음에 (B)'제척'이라 불리우고 (A)'祭尺'은 '제청'의 한자 표기임.		
	장수동 長壽洞				동	장수동 長壽洞		021 475	옛날에 수명 장수한 분이 많이 살었(았)다 하여 '장수동'이라 불리워(어) 왔음. (1,376)	(164)	
		장자 壯者	장자골◑		부락	장수동 長壽洞		013 466	옛날에 부자가 많이 살었(았)다 하여 (B)'장자골'이라 불리워(어) 왔으며 (A)'壯者'는 '장자골'의 한자 표기이다. (794)	(85)	
		수현 水峴	물네미◑		부락	수현리		011 480	A (水峴은) '물네미'의 한자 표기이다. B 옛 유명한 노인이 말하기를 장차 한강 물이 넘어 올이라(오리라)는 것을 예언함에 '수현(물네미)'이라 불이워(불리어) 왔음. (272)	(35)	
		만의 晩宜	만의골◑		부락	만의동 晩宜洞		029 476	신라 시대 만인(많은) 인구가 살어(아) 왔으매(왔음에) '만의골'이라 불리워(어) 왔으며 '晩宜'는 한자 표기이다. (259)	(37)	
		장수동사무소 長壽洞事務所			주요 시설			013 467	(단기) 4290년 1월 동분(洞分), 이에 따라 '장수동'의 행정 사무를 담당함. (3)		
		관모산◑ 冠帽山			산			022 471	산 모형이 관모 같이 생기매(생김에) '관모산'이라 불리워(어) 왔음.		
		거마산◑ 距馬山			산			017 478	이조 때 서울로 왕래하는 과객이 이곳 장자골 뒤로 말[7].		

7 이하는 결락(缺落)되어 있음. 이 부분은 국가기록원 자연지명 DB 인천광역시편 '거마산' 조에 '을 타고 다니는 산이라 하여 거마산이라 함'이라 되어 있음.

(1) 정리 번호	(2) 행정 구역명	(3) 지명			(4) 지명의 종류	(5) 지도상 기재	(6) 경위도	(7) BS 좌표	(8) 유래	(9) 비고	(10) 당해 위원회 제정
		A	B	C							
		상아산◑ 象牙山			산	상아산 象牙山		026 474	옛 노인이 말하기를 코끼리가 이빨로 바위(윗)돌을 밀다 이빨이 불어(부러)졌다 하여 '상아산'이라 불리워(어) 왔음.		
		장수교 長壽橋			다리			008 462	'장수천'에 있는 교량임에 '장수교'라 불리워(어) 왔음. (32尺)		
		장수천◑ 長壽川			하천			008 462	'장수동' 구역 내에 있는 하천임으로(이므로) '장수동'의 이름을 따서 '장수천'이라 하였다. (1,200m)		

決 定 通 過
4292. 4. 2
完

지명조사표

서 곶 출 장 소

지 명 조 사 표

원통고개는 富平[8]으로 編入
비루고개는 南洞[9]으로

(1) 정리 번호	(2) 행정 구역명	(3) 지명			(4) 지명의 종류	(5) 지도 상 기재	(7) BS 좌표	(8) 유래	(9) 비고	(10) 당해 위원회 제정
		A	B	C						
	가정동 佳亭洞				동	가정니 (리) 佳亭里	945 552	동내(네) 자연 부락을 대표하는 '가정 부락'의 명칭을 따서 행정구역 명칭을 '가정동'이라 하였고 '가정 부락'의 유래, 하기(下記)와 같음. (862명)	지도 상 요정정 (168호)	
		가정◑ 佳亭			부락	가정니 (리) 佳亭里	946 550	이조 초엽에 정성(승) '조반(趙胖:1341-1401)'이란 사람이 이 부락에 '가정'이라 하는 정자를 지어 이로부터 부락 명칭이 '가정 부락'이라고 되였(었)다. (640명)	지도 상 요정정 (126호)	
		봉화촌 烽火村	봉오재◑		부락	봉현니 (리) 烽峴里	938 559	이조 시대 북방(만주방면)으로부터 친(침)입하는 적을 방어하기 위하여 부락 후면 산상에 봉화대를 설치하고 적침 신호를 하든(던) 곳이어서 '봉화촌'이라 하고 '봉오재'는 '봉화재'의 발음 변화인 듯하다. (102명)	지도 상 요정정 (20호)	
		산저동 山底洞	산밑말·주막 ◑		부락	무	949 549	이 부락은 산 밑에 부락이 소재하고 있다 하여 '산저동' 또는 '산및(밑)말'이라고 불은다(부른다). (120명)	(22호)	
		철마산◑ 鐵馬山			산	철마산 鐵馬山	954 558	옛날에 이 산에서 용마(철과 같이 굳센 말)가 낫(났)다 하여 '철마산'이라고 부른다.		
		승학현 昇鶴峴	싱아고개◑		영	무	948 559	이 고개는 '철마산' 산복(山腹)을 통하는 고개로서(써) 그 고개의 형태개(가) 학이 올(오)르는 형태와 같아서 '승학현'이라 불으고(부르고) 일설 싱아가 많다 하여 '싱아고개'라고도 한다.		
		~~가정자~~ ~~佳亭址~~	~~가정왈산~~		~~산~~	무	~~947~~ 549	~~이조 초에 '조반'이라는 령(영)의정이 이곳에 정자를 짓고 시와 그림을 그리며 일생을 질기였으며(즐기었으며) 안평대군 정인지 신숙주 요인들과 함께 '석호 가정별업토'라는 도표를 태종대왕께 올인(린) 곳이라 하여 '가정지'다~~	(削)	
		佳亭塩田						**20町步**		
	가좌동 佳佐洞				동	무	956 514	옛날에 동리 내 '건지골'이라는 곳에 큰 가제(재)가 있다 하여 '가재울'이라 칭하든(던) 것이 한자 '가좌동(佳佐洞)'이라고 함은 그저 발음의 류(유)사에 따라 한자로 표기한 것 같음. (1,473명)	(267호)	
		건지 乾池	건지골◑		부락	무	954 519	이 부락에 옛날 큰 연못이 있엇든(있었던) 것이 우연히 물이 말으게(마르게) 되어 이로부터 '건지골, 건지동'이라 하여 왔다.		
		상촌 上村	웃말◑	박촌말	부락	무	954 514	이 부락은 동리 내 다른 부락보다 상부에 위치하여 있음으로(있으므로) '상촌 웃말'이라 하였고 박씨가 대대로 거주하는 곳이라 하야(여) '박촌말'이라고도 함.		
		감중절리◑ 甘中節里	감중절		부락	무	948 511	이 부락은 옛날 '감동사(甘東寺)'라는 절이 있어 '감동절'(이라) 하던 것이 발음 변화로 '감중절'로 변하였고 A는 그의(그것의) 한자 표기임.		
		~~○○○○~~(번지기 나루)◑ ~~步道津~~	보도지(진) **步道津**	**보도진 나루**	~~부락~~ **나루터**	무	944 516	서곳(곶)서 인천으로 오는 통로에 보도로 통행하는 나루가 있음으로(있으므로) '보도진'이라 함.		
		가좌동사무소 佳佐洞事務所			주요 시설	무	955 512	(단기) 4273년 4월 1일, 시 조례 공포에 따라 설치되였(었)음. (4명)		
		개와리				개와리		실존하는 지명이 않임(아님).	지도 상 요삭제	
	석남동 石南洞				동	무	947 531	이 동은 과거 석곳(곶)면 남쪽에 있다 하여 '석남동'이라 칭호되였(었)다. (798명)	(138호)	

8 부평출장소를 말함.

9 남동출장소를 말함.

(1) 정리 번호	(2) 행정 구역명	(3) 지명 A	B	C	(4) 지명의 종류	(5) 지도 상 기재	(7) BS 좌표	(8) 유래	(9) 비고	(10) 당해 위원회 제정
		번작리 番作里	번지기◑		부락	무	947 521	이 곳에는 '번지기'가 (반작里)가 있었음.		
		고잔◑ 高棧			부락	무	933 530	해면에 삐중다리와 같이 돌출하여 멀리서 보면 부락이 물 우(위)에 떠 있는 다리와 같다 하여 '高棧'이라 하는 것임.		
		~~고작리(高作里)~~ 웃(윗)우물◑	고장니(리)		부락	고장니(리) 高作里	947 532	이 바닥에 우물이 있었는데 웃(윗)에 올린 사람이 이 물을 마시면 난(낫)는다는 傳說에서.		웃우물 (윗우물)
		석남학교 石南學校			주요 시설	무	950 533	(단기) 4279년 9월 1일에 설립하였음. (460명)		
	검암동 黔岩洞				동	검암리 黔岩里	953 593	부천군 서곶(곶)면 '검암리'였다가 (단기) 4273년 4월 인천시에 편입되여(어) '과생정(瓜生町)'으로 불리우다가 (단기) 4279년 다시 '검암동'으로 개칭되여(어) 현재에 이르렀음. (인구 900명)	요 지도 상 정정 (150호)	
		검암 黔岩	검바위◑		부락	검바우	953 593	동리 한편에 큰 검은 바위가 있어 옛적부터 B로 통용되고 A는 한자 표기임. (인구 595명)	요 지도 상 정정 (95호)	
		간재 艮才	간재울◑		부락	간재리 艮才里	944 592	부락 좌체(座體)가 간좌(艮座) 형에 있다고 해서 옛적부터 B로 통용되고 A는 한자 표기임. (인구 305명)	지도 상 요정정 (55호)	
		검암교 黔岩橋	시시내다리		교량	무	963 594	'시천동' 산록에서 서해로 빠지는 작은 하천에 교량이 가설되고 '검암동'과 '시천동'의 경계를 이루고 있음으로(있으므로) 부락 명을 따서 '검암교'라 호칭함.	시 천 동 과 경계를 이루고 있음	
		고려중학교 高麗中學校			주요 시설	무	953 591	(단기) 4287년 미군의 원조로 설치된 석조 건물로서(써) 250명을 수용하고 있음.		
		백석시천검암동 사무소 白石始川黔岩洞 事務所			주요 시설	무	952 592	(단기) 4288년 10월 1일 '백석동', '시천동', '검암동'의 3개 소를 통합하여 '백석시천검암동사무소'를 설치하여 금일에 이르렀음. (4명)		
		검암천주교회 黔岩天主敎會			주요 시설	무	952 593	(단기) 4292년 콩크리-트 건물로 건립되었음. (수용 인원 200명)		
		서곶(곶)염전 西串塩田			염전	무	938 597	(단기) 4283년 6.25 사변 직전에 농경지를 전환 시공하였음. 면적 13정보, 종업원 15명.		
		인천제염공사 仁川製塩公社			염전	무	941 591	(단기) 4287년 인천시 '검암동' 앞 해면을 매립하여 축조하였음. 면적 50정보, 종업원 50명		
	경서동 景西洞				동	무	933 584	행정구역명 '경서동'은 이 동의 위치가 '경명현'의 서쪽에 있음으로(있으므로) 해서 '경서동'이라 하였음. (인구 1,250명)	218호	
		고잔◑ 高棧	쑥땡이		부락	고잔니(리) 高棧里	933 584	이 부락은 마치 동리가 물 우(위)에 넓이(높이) 떠 있는 다리와 같이 보이므로써(보임으로써) '고잔'이라 하였으며 쑥이 많이 난다 하여 일명 '쑥땡이'라고도 한다. (인구 790명)	지도 상 요정정 (148호)	
		난지도◑ 蘭芝島	난점		섬	난지도 蘭芝島	921 593	이 섬은 멀리 보면 섬이았(었)고 그 빛이 난초와 같다고 해서 '난지도'라 칭하였으며 현재는 해면 매립으로 육지화되였(었)음. (185명)		
		청나(라)도◑ 菁蘿島	팔염		섬	파렴 菁蘿島	893 562	섬의 형태가 '청나하다(청라하다)' 하여 '청나(라)도'라 하며 주민 245명이 거주함.		
		금산◑ 金山			산	금산 金山	919 589	이 산은 이조 초엽 김해 김씨의 선산으로 되어 있어 '금산'이라 칭하게 되였(었)으며 이 산 상봉에 보화태(?봉화터)가 있음.		
		사도◑ 蛇島	사염		섬	사섬 蛇島	918 576	섬의 형태가 뱀과 같다 하여 '사도'라고 호칭함.		
		일도◑ 一島	일섬		섬	일도 一島	885 564	이 섬은 청나(라)도 적(척)근에 한아(하나) 있는 섬이라 하여 '일도'라고 불니(리)우며 '일섬' 역(亦) 동일한 의미인 것이다.		
		장도 獐島	놀염		섬	놀염 獐島	888 581	섬의 형태가 노루(獐)에 근사하다 하여 '장도'라 통칭되고 있음.		
		문점도◑ 文沾島	문점		섬	문점도 文沾島	898 554	이 섬 역시 형체가 문어와 점북(전복)과 같다 하여 '문점'이라 하며 A는 한자 표기임.		

(1) 정리 번호	(2) 행정 구역명	(3) 지명			(4) 지명의 종류	(5) 지도 상 기재	(7) BS 좌표	(8) 유래	(9) 비고	(10) 당해 위원회 제정
		A	B	C						
		소문점도◑ 小文沾島	소문점		섬	소문점도 小文沾島	903 554	상기(上記) 유래와 동일함.		
		기도◑ 箕島	키섬		섬	무	908 559	키와 같은 형체를 갖우고(갖추고) 있어 '키섬' 또는 한자 '기도(箕島)'라 불으고(부르고) 있음.		
		부도◑ 缸島	장구염		섬	무	883 558	이 섬도 장구와(장군과) 같은 형태를 이루고 있어 '장구염' 또는 한자 표기 '부도(缶島)'라 함.		
		이도 耳島	곰에바위◑	굼에바위	섬	무	885 557	섬의 형태가 곰과 같다고 하여 '곰에바위' 또는 '굼에바위'라 발음 변화를 이르켜(일으켜) 불리고 있으며 섬 전체가 바위로 되였(었)음.		
		잰겸도◑			섬	무	912 567	이 섬 역시 형체가 쟁끼(숫꿩) 갈다 하여 '잰겸도'라 하였다 하는 유래가 있으나 발음 변화의 현상이라고 본다.		
		까투렴			섬	무	907 582	이 역시 까투리와 같은 형체의 섬이라 하여 '까투렴'으로 통칭되고 있다.		
		경서동사무소 景西洞事務所			주요 시설	무	934 587	(단기) 4273년 4월 1일 행정구역 변경으로 인천시 조례에 의거 설치되였(었)음. (4명)		
		청나(라)분교 菁蘿分校			주요 시설	무	896 563	(단기) 4280년 '서곶(곶)국민학교' 분교로서(써) 개교되였(었)음. (28명)		
		서주염전 西州塩田			염전	무	925 591	(단기) 4288년 '경성도' '나지도' 사이를 매립한 염전임. (종업원 30명)		
	심곡동 深谷洞				동	심곡니(리) 深谷里	952 569	산록 깊은 골작이(골짜기)를 따라 부락이 위치하고 있으므로 '심곡동'이라 한 것임. (398명)	지도 상 요정정 (73호)	
		사동◑ 寺洞	절골		부락	무	954 573	옛날에 이 부락에 절이 있어 '절골' 또는 '사동'(寺洞)이라 불어(러) 왔으나 당시의 절의 명칭은 전해지지 않고 있다.		
		양가촌 梁家村	양가말◑		부락	무	946 568	옛날에 양(梁)씨가 많이 살었(았)다 하여 '양가촌' 또는 '양가말'이라 불니(리)우고 있다.		
		심곡천◑ 深谷川	샘내		하천	무	947 568	천마산에서 서해안으로 흐르고 있으며 깊은 골작(짝)을 따라 흐르고 있다 하여 '심곡천'이라 함.		
		뒤골말◑						뒤에 말(마을)이 있었어.		
	공촌동 公村洞				동	공촌니(리) 公村里	956 578	이 동에 속하는 자연부락 '공촌 부락'의 형태가 귀공자 형으로 되여(어) 있어 이 동을 행정구역명 '공촌동'이라 칭하였음. (603명)	지도 상 요정정 (105호)	
		공촌◑ 公村	골연이		부락	공촌니(리) 公村里	956 578	행정구역명 '공촌동'을 형성하는 주요 부락으로써 부락 좌형이 귀공자로 되여(어) 있어 '공촌 부락'이라 칭함.	지도 상 요정정	
		괴기벌◑			부락	무	959 584	부락 전체가 넓은 들로 되여(어) 있어 '광이벌'이라 하든(던) 것이 발음 변화로 인하여 '괴기벌'이라고 불이(리)우는 것 같다.		
		계양산◑ 桂陽山	안남산 安南山		산	계양산 桂陽山	983 580	이 산은 부평의 중심지에 서 있어 부평의 구(舊) 지명인 계양을 따서 '계양산'이라 하고 또는 '안남산'이라 함은 신라 시대 부평을 안남이라 하였기 이 산을(이) '안남산'이라고도 불니(리)우고 있다.	부평과의 경계를 이루고 있음	西串으로 編入
		경명현 景明峴	징맹이고개◑		영	경명 고개 景明峴	984 573	고려조(조선조) 시대에 부평부사 박히(희)방(朴熙房)이가 '부평 八경'을 인위 조작할 시에 이곳에 문루를 성축하고 '경명현'이라 명명한 것이 보통 '징맹이고개'라고도 병칭되고 있다.		
		빈정천◑ 濱汀川			하천	무	951 588	이 내는 '계양산'에서 서해안으로 흐르는 하천이며 그 하천 부근에 '빈정'이라 하는 선비가 살고 있었다 하여 '빈정천'이라고 불니어젓다(불리어졌다).		
		빈정교 濱汀橋			교량	무	947 583	'빈정천'에 가설한 교량이라 '빈정교'라고 함.		
	신현동 新峴洞				동	신현니(리) 新峴里	940 542	자연 부락 '신현동'이(을) 형성하는 행정구역명으로써 그 유래 하기(下記)와 같음. (780명)	지도 상 요정정 (135호)	

(1) 정리 번호	(2) 행정 구역명	(3) 지명			(4) 지명의 종류	(5) 지도 상 기재	(7) BS 좌표	(8) 유래	(9) 비고	(10) 당해 위원회 제정
		A	B	C						
		신현 新峴	새고개◑		부락	신현니 (리) 新峴里	940 542	이조 초 '원창동' 포구를 통하여 서울로 운송하는 정부 양곡이 이 부락을 통과하는 로(노)정이 되여(어)서 새로 도로를 만들어 '새고개'라 하였다. 이로부터 이 부락이 한자 표기로 되여(어) '신현동 새고개'로 병칭하는 것임. (755)	지도 상 요정정 (133호)	
		가정신현석남동 사무소 佳,新,石南洞 事務所			주요 시설	무	940 542	(단기) 4288년 10월 1일 동사무소 폐합으로 인하여 '가정 · 신현 · 석남 동사무소'로 되였(었)음. (4명)		
		신현교회 新峴敎會			주요 시설	무	942 543	(단기) 4290년 12월 20일에 건립. (신자 수 60여 명)		
	백석동 白石洞				동	백석리 白石里	945 606	부천군 서곶(곶)면 '백석리'였다가 (단기) 4273년 4월 인천시에 편입되여(어) '운양정(雲揚町)'으로 불니(리)우다가 (단기) 4279년 다시 '백석동'으로 개칭되였(었)음. (인구 721명)	지도 상 요정정 (105호)	
		독정 篤亭	독젱이◑		부락	독정리 篤亭里	957 618	옛날에 '독정'이라 하는 정자가 이 부락에 있어서 '독정 부락'이라 하든(던) 것이 발음 변화로 일명 '독젱이'라고도 불니(리)우고 있음. (인구 118)	지도 상 요정정 (16호)	
		백석 白石	한들◑		부락	백석리 白石里	945 605	동구에 큰 힌(흰) 돌 하나가 있으므로 '힌(흰)돌부락'이라 불니(리)우고 있든(던) 것이 시일이 경과함에 '한들'이라 발음이 변화햇(했)고 '백석(白石)'은 '힌(흰)돌'에(의) 한자 표기임. (496명)	지도 상 요정정 (76개호)	
		거월◑ 巨月	걸월이		부락	구-리 巨於里	938 613	마을 앞에 높은 산이 있어 그 산에서 큰 달이 떠오른다고 해서 옛부터 '거월리'라고 하였고 '걸월이'는 발음 변화임. (109명)	지도 상 요정정 (13개호)	
		백석성결교회 白石聖潔敎會			주요 시설	무	945 606	(단기) 4287년 미군의 원조로 축조된 석조 건물로서(써) 현재 60여 명의 신자가 출입하고 있음.		
		백석염전 白石塩田			염전	무	942 605	(단기) 4286년 농경지를 염전으로 전환 시키였(었)고 면적이 20정보, 종업원 25명이 있음.		
		인포염전 仁浦塩田			염전	무	937 671	(단기) 4287년 인천시 '백석동'과 김포군 검단면 '왕길리' 앞 해면을 매립 시공한 곳임. 면적 50정보, 종업원 50명.		
	시천동 始川洞				동	시천리 始川里	956 601	이 동리 소재 산록에서 원천이 되여(어) 서해로 통하는 작은 내가 있어 '시천동'이라 하였고 주민 319명의 행정구역이다.	지도 상 요정정 (62호)	
		시천 始川	시시내◑		부락	시천니 (리) 始川里	962 598	행정구역명 '시천동'을 형성하는 자연 부락으로서(써) 그 유래 상기(上記)한 바와 같음. (인구 279명)	지도 상 요정정 (52호)	
		시천천◑ 始川川	시시내개울		하천	무	953 599	부락 산록에서 발원이 되여(어) 서해로 통하는 개울의 본류이며 '시천동'과 '검암동'의 경계를 이루고 있음. 시내 개울의 시초를 이룬다 하여 '시시내개울' 혹은 한자의 始川川이다.		
		점촌 店村	점말◑		부락	점말 店村	954 604	(단기) 4278년 이래 도기공장이 생기고 이로 인하여 부락이 생기게 됨에 이 부락을 '점말'이라 불니(리)우게 되였(었)다. (인구 40명)	(10호)	
	서곶(곶)출장소 西串出張所				출장소	무		행정구역 페(폐)합으로 부평군 모월곶(곶)면과 석곶(곶)면을 합하고 그 명칭을 서해에 임접했다(인접했다) 해서 '서곶(곶)'이라 하여 부천군 서곶(곶)면으로 있다가 (단기) 4273년 4월 1일 인천시로 편입되여(어) '서곶(곶)출장소'라 하였음.		
	연희동 連喜洞	연일 連日			동	연희리 連喜里	946 576		지도 상 요정정 (161호)	
		샛말◑ 間村			부락	무	952 577	'연희동'과 '공촌동' 사이에 있다 하여 '샛말'이라 칭하게 되였(었)음. '간촌(間村)'은 그의(그것의) 한자 표기임.		
		서곶(곶)출장소 西串出張所			주요 시설	무	947 577	부천군 서곶(곶)면사무소로 있다가 (단기) 4273년 4월 1일 인천시에 편입되여(어) '서곶(곶)출장소'로 되였(었)다. (15명)		

(1) 정리 번호	(2) 행정 구역명	(3) 지명			(4) 지명의 종류	(5) 지도 상 기재	(7) BS 좌표	(8) 유래	(9) 비고	(10) 당해 위원회 제정
		A	B	C						
		공촌연희심곡동사무소 公村連喜深谷洞事務所			주요 시설	무	948 576	동사무소 페(폐)합으로 (단기) 4288년 10월 1일자 '공촌연희심곡동사무소'를 페(폐)합한 것임. (4명)		
		부평경찰서서곶(곶)지서 富平警察署西串支署			주요 시설	무	947 577	(단기) 4255년 '인천경찰서 서곶(곶)지서'로 되여(어) 있든(던) 것이 (단기) 4272년 '부평경찰서' 신설로 '부평경찰서 서곶(곶)지서'로 개칭되였(었)다.		
		연희동교회 連喜洞教會			주요 시설	무	949 576	약 60여년 전 감리교인 김윤화가 설입(립)하고 예수교를 포교하고 있음. (신자 150명)		
		상애염전 相愛塩田			염전	무	943 573	(단기) 4285년 '연희동' 서쪽 해면을 매립하여 시공된 것임. 종업원 28명.		
		용두산◑ 龍頭山			산	무	933 569	이 산에 약 70녀(여) 년 전 병인양요 시, 포대를 설치하고 외국 함대를 방비하였든(던) 곳으로 현재도 그 흔적이 남어(아) 있고 산에(의) 형태가 용의 머리와 같고, 그 완고성을 과시, 상징 시키기 위하여 '용두산'이라 한 것임.		
		서곶(곶)국민학교 西串國民學校			주요 시설	무	946 576	(단기) 4262년 설립되고 아동 수 549명, 직원 수 9명.		
	원창동 元倉洞				동	무	932 543	포리로 있든(던) 것을 (단기) 4280년 '원창동'이라 개칭하고 유래는 각처에서 수집되는 정부 양곡 등을 적치하여 두는 큰 창고가 있는 곳이라 하여 '원창동'이라 호칭하게 되였(었)다. (689명)	(117호)	
		포촌 浦村	개말◑		부락	포리 浦里	928 542	포구가 있는 부락이라 '개말' 또는 '포구'라고 불니(리)우고 있다.	지도 상 요정정	
		환자곶(곶)◑환자곶 還子串			부락	무	935 545	이조 시대 빈민을 구제하기 위하여 환자(현금 대여양곡)를 보관하고 있든(던) 곳으로써 '환자곶(곶)'이라 하든(던) 것을 지금의 '환자곶(곶)'의 한자는 발음에 마추어(맞추어) 씨(쓰)인 것 같음.		
		율도 栗島	밤염◑		섬	율도 栗島	898 533	섬의 형태가 밤 알과 같이 되여(어) 있다고 해서 '밤염' 또는 '율도'라고 불니(리)우고 있음.		
		세어도◑ 細於島	세루		섬	세어도 細於島	850 606	俗傳에 새우 같다고 해서 이것이 '세어도'로 되었다고		
		자치도◑ 雌雉島			군도	자치도 雌雉島	921 543	섬의 형태가 까투리 같음으로(같으므로) '자치도'라 함.		
		소도 小島	소염◑		섬	소염 小島	912 544	이 섬은 '율도' 앞에 있는 작은 섬이라고 하여 '소도'라고 함.		
		장금도◑ 長金島			군도	장금도 長金島	901 548	無人島로 由來 未詳		
		목도 木島	목섬◑		군도	무	888 537	이 섬은 섬과 섬 사이가 사람의 목과 같다 하여 '목섬'이라고 하나 한자 '목섬[木島]'은 발음에 따르는 한자 표기인 듯 함.		
		호도 虎島	범섬◑		군도	무	871 577	섬의 형체가 범의 모양과 같다 하여 '범섬' 또는 '호도'라 함.		
		지내(네)섬◑			군도	무	842 610	지네와 같은 형태를 이루고 있어 '지내(네)섬'이라 호칭함.		
		율도분교 栗島分校			주요 시설	무	879 533	(단기) 4286년 9월 '석남국민학교 분실'로 설치되였든(었던) 것이 (단기) 4291년 3월 교통 관계상 '송현국민학교 분실'로 개편하였다. (아동 수 42명)		
		세어도분교 細於島分校			주요 시설	무	856 604	(단기) 4286년 9월 '석남국민학교 분실'로 설립하였다가 (단기) 4291년 3월 '송현국민학교 세어도분교'로 개편되였(었)음.		
		원창동사무소 元倉洞事務所			주요 시설	무	935 544	'가정', '신현', '석남동'에 통합되여(어) 있다가 (단기) 4290년 10월 1일에 독립하여 불(분)리되였(었)음. (4명)		

決 定 通 過 完
4292. 4. 2

지명조사표

주 안 출 장 소 관 내

지 명 조 사 표

(1) 정리 번호	(2) 행정 구역명	(3) 지명			(4) 지명의 종류	(5) 지도 상 기재	(7) BS 좌표	(8) 유래	(9) 비고	(10) 당해 위원회 제정
		A	B	C						
	주안출장소 朱安出張所				출장소			(단기) 4268년 10월 10일 富川郡에서 仁川府로 編入		
	간석동 間石洞				동	간석 間石	976 478	단기 4251년에 주안면에(의) '간촌리'와 '석촌리', '석암리' 이 삼개 리의 행정구역 폐합으로 '간촌리'에서 '간' 자를 따고 '석촌'과 '석암리'의 '석' 자를 따서 '간석리'로 되였든(었던) 것이 해방 후 '간석동'으로 되였(었)음. (2,628명)	(390호)	
		주안 朱岸	큰말	주원◑ 朱元	부락	무	971 481	부락별로 보아서 마을이 큰 고로 '큰말'이라고 하나 '주원'으로 넓(널)리 불리우고 있음. (485명)	(86호)	
		양촌 陽村	양짓말◑		부락	무	972 482	부락에(의) 위치로 보아 양지 바른 곳이라 하여 '양촌'이라고 하고 또 '양짓말'이라고도 함. (347명)	(55호)	
		석촌 石村	돌말◑		부락	석촌 石村	977 486	부락 후면에 석산이 있어서 '석촌'이라고 하고 '돌말'이라고도 함. (363명)	(57호)	
		원통고개 圓通고개			고개	무	976 493	옛날에 큰 산맥이 빵빵돌아 둥글게 생기였든(었던) 것을 40년 전에 경인 간 국도로 그 산맥을 뚜러서(뚫어서) 통행하게 되였(었)다고 하여 '원통고개'라고 함.	富平으로 編入記	
		국립성계원 國立成蹊園			주요 시설	무	976 495	단기 四二八一년에 임시로 나병환자를 수용키(하기) 위하여 제일 곡산[10]인 곳에 임시로 정하였든(던) 것이 점차 확장되여(어) 현재 보건사회부 직속으로 관리하고 있음. (603명)	(110호)	
		약사암 藥師庵			주요 시설	무	978 490	옛날에는 '주안산 주안사'였든(던) 것이 二七년 전에 다시 창건하여 만월산으로 개명하여 암좌이신 부처님에(의) 명이 약사이시기에 '약사암'이라고 하였음. (5명)		
		조선요업주식회사 朝鮮窯業株式會社			주요 시설	무	964 480	단기 4273년에 '조선요업주식회사'로 신설하여 현재까지 벽돌을 제조하고 있고 년(연) 생산량은 350만 장에 달하고 있음. (70명)		
	주안출장소 朱安出張所				출장소					
	구월동 九月洞				동	구월 九月	983 467	이조 시대에 동리 지형이 거북형이라 하여 '거북' '구' 자의 '구' 자와 '월나라' '월' 자를 사용하여 '구월리'라 칭하였으나 원래 동리가 빈곤한 동리여서 '홍판서'라는 노인이 구월에 추수나 많이 나라는 의미에서 현 '구월동'으로 개칭함. (2,050명)	(322호)	
		성동 城洞	성말		부락	무	982 464	지금은 그 흔적이 없으나 약 600년 전에 '원전(정)승'이라는 분이 그 마을 어구(귀)에다 성을 쌓(아)서 '성말'이라고 부르게 되였(었)음. (541명)	(81호)	
		전재동 田~~全~~在洞	전재울◑		부락	전재동 全在洞	983 463	이조 시대에 구슬(구실, 세금)을 부과 시에 지형조사에 '밭' '전(田)' 자에 해당하는 구역이므로 '전재동'으로 불렸다 함. (174명)	(29호)	
		대구월동 大九月洞	큰 구월리◑		부락	무	983 466	'구월동' 중에 집단 부락으로서(써) 세대수가 많다 하여 '대구월동'이라고 불이(리)고 있음. 또는 속칭으로 '큰 구월리'라고도 함. (370명)	(59호)	
		소구월동 小九月洞	자근(작은) 구월리◑		부락	무	986 465	'구월동' 중에 집단 부락으로서(써) 세대가 적다 하여 '소구월동'으로 불리우고 있음. 또는 속칭 '자근(작은) 구월리'라고도 함. (303명)	(38호)	
		구월동사무소 九月洞事務所			주요 시설	무	983 466	현 동사무소로서(써) '수인(水仁)도로' 부근 학교 앞에 위치하고 약 6년 전에 신축하였음.		
		구월국민학교 九月國民學校			주요 시설	무	984 467	단기 四二八五년 五월 二十四일자로 신축하였음. (470명)		
		수인도로 水仁道路			도로	무	977 466	인천과 수원을 연결하는 도로로서(써) '구월동' 중앙부를 통과하고 있음.		
	주안출장소 朱安出張所				출장소		955 480			

(1) 정리 번호	(2) 행정 구역명	(3) 지명			(4) 지명의 종류	(5) 지도 상 기재	(7) BS 좌표	(8) 유래	(9) 비고	(10) 당해 위원회 제정
		A	B	C						
	도화동一동 道禾洞一洞				동	도화동 道禾洞	935 482	**(단기) 4246年 富川郡 多朱面 '도마리(道馬里)'와 '화동리(禾洞里, 도마다리, 숫골)'의 合併으로 '道禾里'가 됨. (단기) 4268.10.10. '富川郡'서 '仁川府'로 編入. (단기) 4268년 10월 10일 경기도 부천군 다주면 '도화리'를 인천부 편입.** '앵정(櫻町)'으로 변경해 해방 후 '도화리'를 '도화一동'으로 정하였음. (3,082명)	(507호)	
		주안출장소 朱安出張所			주요 시설	무	945 481	옛날 인천부 인천군 부천군 '다주면'. (단기) 4246년 행정구역 변경으로 인천시에 편입. 해방 후 '주안지청'으로 변경. 현재 '주안출장소'로 관활(할) 구역은 '주안一二', '도화一二', '간석동', '십정동', '구월동'을 관활(할)하고 있음. (22,381명)[11]	(4,173호)[12]	
		도화一동사무소 道禾一洞事務所			주요 시설	무	932 482	단기 4272년 9월 동민들 협조에 의하여 정화(정회, 町會)사무소로 지였(었)으며 현재까지 '도화一동사무소'로 사용하고 있음. (3,082명)[13]	(507호)[14]	
		도마다리◑			부락		938 483	지금으로부터 ~~○○○○~~**李朝 中葉**에는 이곳에 큰 다리가 있었다는 바 새(세)월이 흐름에 따라 현재는 다리는 없서졌고(없어졌고) 그 시절부터 '도마다리'라고 불리워(어)지고 있음. (2,574명)	(373호)	
		봉동◑ 鳳洞			부락	무	936 483	~~단기 ○○○○년 李朝末葉에 권씨네 노인이 자리를 자꾸(잡고) 사는 도중 동내(네)가 커짐에 따라 그 노인이 부락 명을 '봉흥동'으로 ○○~~**]傳했음.** (508명) **約 50年 前에 새로 생긴 部落으로 部落名을 '鳳洞'이라 했음(日人 岩本牧場 經營者가 別庄을 짓(짓)다.)**	(134호)	
		도화국민학교 道禾國民學校			주요 시설	무	936 484	단기 4287년 10월 미국에(의) 원조로 건축도였(되었)음. (586명)		
		수봉사 ~~ө~~水峯寺			주요 시설	무	933 482	단기 4278년 10월에 건립되였(었)음. **(水는 壽의 訛傳이 된 듯),** (124명)		
		성광육아원 聖光育兒院			주요 시설	무	942 478	단기 4288년 6월에 건립되였(었)음. (128명)		
		수봉산◑ ~~ө~~壽鳳山			산	수봉산 壽鳳山	937 479	지금으로부터 500년 전에 바다(닷)물에 떠밀려와서 산이 되였(었)다는 전설이 있음.		
	주안출장소 朱安出張所				출장소		935 490			
	도화동二동 道禾洞二洞				동	화동 禾洞	935 490	~~단기 4268년 10월 1일 경기도 부천군 다주면 '도화리'를 인천에 편입. '앵정(櫻町)'으로 변경. 해방 후 '도화리'를 '도화동二동'으로 조례로서(써) 정하였음.~~ (6,128명)	(1,245호)	
		도화동二동사무소 道禾洞二洞事務所					935 493	**(단기) 4290年 1月 洞分離時에 現 位置로 移轉하고 '道禾二洞' 行政業務를 담당함.**		
		대지기◑			부락	태직 抬直	927 488	'경인선' 부설 당시 전주를 많이 실어다가 쌓아놓고 햇(횃)불대를 가지고 지켰든(던) 관계로 '대지기'라고 불리게 되였(었)음. (2,264명)	(357호)	
		등대숙골 水谷洞	숙골◑	마장 馬場	부락	무	943 492	옛날 당시의 이 부락에 큰 못이 있었는데 말이 물을 먹고 놀던 장소라 '마장'이라고 하며 등대삼이 많이 났기 때문에 '등대숙골'이라고 불리우나 흔히 '숙골'이라고 부르고 있음. (1,859명)	(130호)	
		안곡동 雁谷洞	매골◑		부락	무	932 493	옛날 부락이 생기기 전에는 바다(닷)물이 드려(들어)와 기러기가 이 골작이(골짜기)에 많이 앉어(아) 놀던 장소라 하여 '안곡동'이라고 부르고 그 후 부락이 생긴 후 '매골'이라고 속칭하고 있음. (1,101명)	(50호)	
		신계동◑ 新溪洞	신족골		부락	무	931 496	옛날 이 부락에 황해도 '신계'에서 살다온 사람이 사랐다(살았다) 하여 '신계동'이라고 하며, 그 후 속칭 '신족골'로 불리우고 있음. (957명)	(163호)	

10 뜻 미상.

(1) 정리 번호	(2) 행정 구역명	(3) 지명			(4) 지명의 종류	(5) 지도 상 기재	(7) BS 좌표	(8) 유래	(9) 비고	(10) 당해 위원회 제정
		A	B	C						
		~~불산(佛山)~~ **東山公園**	~~팔십팔개소 (八十 八個所)~~	~~부처산~~	산	무	927 491	일인(日人)이 부처를 八十八개를 만드러(들어) 노(놓)았기 때문에 '부처산'이라고 불리웠졌(어졌)다 하며 지방 주민들은 속칭 '팔십팔개소'라고 부르고 있음. **((단기) 4290年 10月 '東山公園'으로 制定)**		
		경기수산고등학교 京畿水産高等學校			중요 시설		937 487	단기 4259년 4월 16일 '용호도 수산학교'로 인가. 단기 4287년 10월 11일에 신축, '경기수산고등학교'로 교명이 개칭되였(었)으며 단기 4287년 '기서중학교'를 병설 병합 운영하고 있음. (630명)		
		동인천중학교 東仁川中學校			중요 시설		927 487	단기 4273년 5월 20일 '인천공입(업)직업학교' 인가. (단기) 4284년 8월 13일 교육법 개정으로 구제 六학년을 신제 고등학교 개편. '동인천중학교'로 교명을 개칭하여 단기 4288년 6월 29일 신축 운영하고 있음.		
		성광중상업고등학교 聖光中商業高等學校			중요 시설		928 490	단기 4280년 10월 20일 '성광중학교' 설입(립)개교, 단기 4286년 2월 4일 '성광기술학교' 인가. 단기 4287년 7월 5일 '성광상업고등학교' 인가. 단기 4287년 8월 11일 '성광중학교'를 병설하여 단기 4291년 8월 28일 신축 이전하였음.		
		박문여자중고등학교 博文女子中高等學校			중요 시설	무	924 489	단기 4273년 4월 17일 '소화고등학교' 설입(립) 인가. 단기 4278년 9월 30일 재단법인 '인천방(박)문여자중학교' 인가. 단기 4284년 8월 31일 '인천방(박)문중고등학교' 병설 인가. 단기 4289년 8월 30일 신축 이전 되였(었)음. (965명)		
		동양고무공업주식회사 東洋고무工業株式會社			중요 시설		938 487	왜정 말기에 염색공장으로 있던 것을 해방 후 '동양고무공업주식회사'로 개칭되여(어) 군화를 제작하고 있음. (120명)		
		~~동아탄소주식회사 東亞炭素株式會社~~			~~중요 시설~~	무		~~왜정 시대 '조선섬유공업주식회사'로 설입(립)하여 단기 4287년 '남방섬유공업주식회사' 변경. 단기 4291년 '동아탄소주식회사'로 병(변)경 운영하고 있으나 현재는 작업을 중단하고 있음.~~	(削)	
		도화교회 道禾敎會			중요 시설	무	934 493	단기 4288년 9월 미군 원조로 '숙골 부락'에 신축하였음. (150명)		
	주안출장소 朱安出張所				출장소					
	십정동一동 十井洞一洞				동	십정 十井	964 499	(단기) **4291年 10月에 新築하여 '十井一洞'을 擔當함.**		
		십정一동사무소 十井一洞事務所					961 497	십정一동사무소는 '하동'에 있으며 약 540년 전에 마을이 생기여(어) 당초는 동명을 무어라 불리였(었)는지 모르나 약 90년 전에도 인천군 주안면 '상십정', '하십정[15]'이라 불리었다고 함. 샘이 많아서 '십정'이라 알려지고 있음. 그 후 부천군 다주면 '십정리', 문학면 '십정리', 인천부 '대도정(大島町)' 등으로 개칭하여 불리었으나 단기 4284년 2월 1일 토지 명칭 변경에 의하여 '대도정'을 '십정1동'으로 불리운 것이 현재에 이름. (1,703명)[16]	(302호)[17]	
		상십정동◑ 上十井洞	웃말		부락	무	963 503	동리 위치로 보아 '웃(윗)부락'이라 하여 '상십정'이라 불리우나 흔히 '웃말'로 통하고 있음. (618명)	(76호)	
		하십정동◑ 下十井洞	아랫말		부락	무	962 492	동리 위치로 보아 '아랫부락'이라 하여 '하십정'이라 불리우나 흔히 '아래(랫)말'로 통하고 있음. (735명)	(68호)	

11 '주안출장소'에 관련된 사항임.
12 '주안출장소'에 관련된 사항임.
13 '도화동一동'에 관련된 정보임.
14 '도화동一동'에 관련된 정보임.
15 '정'자가 보충되어야 함.

(1) 정리 번호	(2) 행정 구역명	(3) 지명			(4) 지명의 종류	(5) 지도 상 기재	(7) BS 좌표	(8) 유래	(9) 비고	(10) 당해 위원회 제정
		A	B	C						
		꽃밭골◑			부락	무	967 495	예전에 화초를 재배하여 왔던 곳이라 하여 '꽃밭골'이라 불리웠(었)다 하며 지금은 새 부락이 생기어 흔히 '해방촌'이라고도 함. (350명)	(66호)	
		함봉산◑ 虓峰山			산		958 503	예전에 수목이 무성하여 범 소리가 많이 난다 하여 '함봉산'이라 불리운다 함.		
		주안염전 朱安塩田			염전	주안염전 朱安塩田	957 493	현 '주안염전'의 일부분이나 약 62년 전에 동리 사람들이 염벗(소금 생산 창고)을 만들어 소곰(금)을 만들었다 하는 것이 '주안염전'에(의) 시초이며 그 후 광염으로 되여(어) 현재와 같은 광범위한 염전이 되였(었)다 함.		
	주안출장소 朱安出張所				출장소					
	주안동一동 朱安洞一洞				동			행정구역 상으로는 '주안一동'과 '주안二동'으로 되여(어) 있으나 (단기) 4288년 동 통합으로 인하야(여) '주안1,2동사무소'가 되였(었)음. (3,724)	(786)	
		주안一,二동사무소 朱安一,二洞事務所			동			왜정 당시 '경방단'으로 사용코(하고) 있든(던) 건물를(을) 8.15 해방 후 동민이 '주안一동회'로 사용타가(하다가) (단기) 4286년 동으로 명칭을 변경하고 (단기) 4288년 10월 1일 동 통합으로 인하야(여) '주안一, 二동사무소'로 사용 중임. **((단기) 4268年 10月 1日 富川郡 多朱面 '士忠里'에서 仁川府로 編入),** (5)		
		충훈동 忠勳洞	충훈부◑ 忠勳府		부락			예전에 행정구역명 다주면 '사충리'라 되여(어)서 부락민들이 흔이(히) '충부'라고 불리(러) 오든(던) 부락이며 '충훈부'라고도 부른다. (1,920)		
		석암동 石岩洞	석바위◑	석암	부락			부락 앞의 야산 등마루에 큰 바위가 만(많)이 있어 '석바위'라 부르며 (B)'석바위 장터'라고 부르며 예전에 장이 설치되여(어)서 부르고 있으나 현재는 장이 철폐되고 있다. (1,784)		
		주안역 朱安驛			역			'경인선' 개통과 동시에 '주안역'이 개설되였(었)음. (10)		
		주안고령토광산 朱安高嶺土鑛山			광산			단기 4280년에 개광된 광산이며 도자기 월(원)료인 고령토를 채취하고 있음. (25)		
		주안우체국 朱安郵遞局			주요 시설			인천 음(읍)내(현 문학)에 설치되였(었)던 우체국을 약 25년 전에 주안으로 이전 설치하고 있음. (6)		
		주안감리교회 朱安監理敎會			주요 시설			단기 4288년 감리교회가 신축하였음. (175)		
		주안장노(로)교회 朱安長老敎會			주요 시설			왜정 당시는 '서울방송국 중계소'이였(었)으나 8.15 해방 이후 (단기) 4283년부터 '장노(로)교회'가 사용하고 있음. (145)		
		주안정미소 朱安精米所			주요 시설			약 40년 전에 (日本人)이 설치하야(여) 8.15 해방 후에는 '금련연합회 경기도지부'가 운영타가(하다가) 현재는 개인기업으로. (35)		
		주안지서 朱安支署			주요 시설			'인천경찰서 주안파출소'로 발족하여 현재는 '동인천경찰서 주안지서'로 되였(었)음. (11)		
		주안섬유공장 朱安纖維工場			주요 시설			왜정 당시는 양조장으로 설치되였(었)다가 현재는 (스핀들반도)를 제조하고 있음. (35)		
		주안염전 朱安塩田			주요 시설			단기 4241년에 설치한 역사 깊은 염전이며 현재 국영으로 '주안전매지청'에서 운영하고 있음. (183)		
		대양도자기회사 大洋陶瓷器會社			주요 시설			단기 4283년에 설치되여(어) 식기 및 다이루(타일)를 생산하고 있음. (65)		
		주안양조장 朱安釀造場			주요 시설			단기 4285년에 설치하여 '약주, 탁주' 등를(을) 제조하고 있음. (10)		

16 '십정동一동'에 관련된 사항임.

17 '십정동一동'에 관련된 사항임.

(1) 정리 번호	(2) 행정 구역명	(3) 지명			(4) 지명의 종류	(5) 지도 상 기재	(7) BS 좌표	(8) 유래	(9) 비고	(10) 당해 위원회 제정
		A	B	C						
		농은주안출장소 農銀朱安出張所			주요 시설			단기 4261년에 '주안금융조합'으로 발족 운영 중, (단기) 4291년 4월 1일 '농업은행 주안출장소'로 변경 운영 중임. (8)		
	주안출장소 朱安出張所				출장소					
	주안동二동 朱安洞二洞				동			단기 4277년 '주안二동회'로 창설 운영 중, (단기) 4286년 동회를 동으로 명층(칭)을 변경하고 (단기) 4288년 10월 1일 통합으로 '주안二동'은 페(폐)소되었음.		
		주안사거리◑ 朱安四巨里			부락			단기 4273년 경인 구(舊) 도로를 페(폐)도하고 신도로 개축, 개통 이후 동 지점에 부락이 생긴 후 '서울, 인천, 문학, 주안역' 녜(네) 갈래로 길리(이) 나서 '주안사거리'라 한다.		
		지두동 池頭洞	못머리		부락			부락 모퉁이에 용의 형체의 못이 있고 방죽이 있으며 현 부락이 용의 머리형이라 하여 '못머리'라 부르고 있다. (822)		
		사미◑ 士美	새미		부락			예전 행정구역으로는 '사충리'라 하여 부르든(던) '선비' '사' 자를 너서(넣어서) '사미'라 부르며 '새미'라고도 부르고 있다. (554)		
		재동 財梓洞	잿말◑		부락			부락 압(앞)산에 예전부터 부르고 있는 '잿산고개'라 하야(여) 부르며 '잿말리'라고도 부르고 있다(나무는 現在 無). (488)		
		인천공업고등학교 仁川工業高等學校			주요 시설			단기 4270년에 신축하여 '인천직업학교'로 운영 중, (단기) 4277년에 '인천공업고등학교'로 명칭를(을) 변경하여 현재에 운영하고 있음. (1,390)		
		인천주안국민학교 仁川朱安國民學校			주요 시설			단기 4266년 2월 설립 인가 되여(어) 현재에 운영하고 있음. (1,035)		
		사미감리교회 士美監理敎會			주요 시설			단기 4286년에 신축 건립되였(었)다. (110)		
		중앙도자기회사 中央陶瓷器會社			주요 시설			단기 4262년에 신축되여(어) 민수품 식기 및 전자기를 생산하고 있음. (116)		
		인천화장장 仁川火葬場			주요 시설			단기 4261년에 신축되여(어) 시영으로 운영하고 있음. (3)		
		제인원 濟仁院			주요 시설			(단기) 4290年 9月 傳染病患者 治療院 現在 仁川市營.		

決 定 通 過 完
4292. 4. 2

인천시

지명조사표

문 학 출 장 소

지 명 조 사 표

(1) 정리 번호	(2) 행정 구역명	(3) 지명			(4) 지명의 종류	(5) 지도 상 기재	(7) BS 좌표	(8) 유래	(9) 비고	(10) 당해 위원회 제정
		A	B	C						
	문학출장소 文鶴出張所				출장소	무	952 456	옛날 인천부 부천군 소재지로 그 후 '부내면', 단기 4246년 부천군 '문학면'으로 개칭되였(었)다가 행정구역 페(폐)합으로 인천시에 편입 '문학출장소'로 명칭이 변경되여(어) 현재에 지(至)함. (7,853)	(1,283)	
	관교동 官校洞				동	관교 官校	952 456	단기 4246년 행정구역 페(폐)합으로 '관청리'의 '관'과 '향교리'의 '교' 자를 따서 '관교리'로 변경하였다가 (단기) 4284년에 '관교동'으로 되여(어) 현재에 지(至)함. (1,273)	(196)	
		관교문학선학동 官校文鶴仙鶴洞			주요 시설	무	952 456	해방 후 '관교동사무소'로 사용하여 왔으나 단기 4288년 동 페(폐)합에 의하여 '관교, 문학, 선학동 사무소'로 사용 현재에 이름.		
		문학출장소 文鶴出張所			주요 시설	무	952 456	단기 4288년 신축하여 현재 '문학출장소'로 사용하고 있음. (15)		
		문학국민학교 文鶴國民學校			주요 시설	무	952 457	단기 4243년 ~~○○○○~~明倫學校 ~~'인천공립소학교'가 '측량학교 인흥학교'로 변하여~~ '명륜학교'로 불리우다가 그 후 '문학국민학교'로 됨. (540)		
		문학문묘 文鶴文廟	인천문묘 仁川文廟		고적	무	956 457	이조 태종왕 때에 안유(安裕:1243-1306) 선생이 유도(儒道)를 보급 시키기 위하여 건립하여 단기 4270년 경, '부평문묘'와 병합하여 '인천문묘'로 됨(B). 단기 4278년 이후에 다시 '문학문묘'로 개칭함(A).		
		문학약수◑ 文鶴藥水			약수	무	952 458	단기 4240년경 우연히 이 약수로 인하여 '안질, 피부병' 등에 특효를 본 사람이 있어 그 후 계속 넓이(널리) 알려져 최근에는 경향 각지에서 많은 외래객이 쇄도하고 있음.		
		승기리◑ 承基里	신비 神秘		부락	무	957 459	행정구역 '관교동'의(에) 속한 일 부락으로서(써) '승기리'(A) 또는 '신비'(B)로도 불리우고 있음.	(70)	
		관청리◑ 官廳里			부락	관청 官廳	955 456	이조 시대 읍 소재지임으로(이므로) 그 리(이)명을 '관청리'로 불렀으며 일한합방 후 행정구역이 변경되여(어) '관교리'로 되였(었)었으며 해방 후에는 '승기리'와 병합한 '관교동'의 일 부락으로 되여(어) 있음. (480)	지도 상 요삭제 (80)	
		승기천◑ 承基川			하천	무	968 459	한일합병 후에 '남동염전' 설치 당시 제방을 축조함으로서(써) 생긴 하천인 바 주로 '승기 부락'을 중심하여 흐름으로(흐르므로) '승기천'이라 불리우고 있음.		
	동춘동 東春洞				동	동춘 東春	933 425	옛날 ~~'삼리'~~사리(西面 一里 延壽, 二里 青鶴 三四里 東春, 五里 玉蓮洞)가 (단기) 4246년에 '동춘~~○○~~정동'으로 되였(었)다가 (단기) 4284년 병합하여 '동춘동'으로 됨. (2,125)	(333)	
		남동염전一구 南洞塩田一區			염전	남동염전 南洞塩田	948 406	단기 4253년에 '남동제방'을 구축하고 염전을 만드렀(들었)음. 그 면적이 100여 정보임. (120)		
		인명사 仁明寺			주요 시설	무	935 432	(단기) 4274년 '청양(량)산' 남쪽에 건립하여 '본원사'로 불리우다가 (단기) 4278년 후에 '인명사'로 개칭함. 현재 유원지로서(써) 외래객이 쇄도함. (15)		
		동춘동사무소 東春洞事務所			주요 시설	무	937 426	단기 4290년도에 신축하여 동사무소로 사용 현재에 지(至)함.		
		동촌동◑ 東村洞			부락	동촌 東村	937 407	과거 읍 소재의 동쪽 방향에 위치하였기 때문에 '동촌'이라고 칭해 내려 오고 있음. (870)	(120)	
		가곡◑ 稼谷	각골 角谷		부락	가곡 稼谷	942 432	이 부락은 형체가 네모형으로 생겼다 하여 '각골'이라 칭하고 있음(B). '동춘동' 정씨 외에 '가곡'이란 사람이 애당초 이 동리에 거주하였다 하여 '가곡'이라고 부르게 된 것임(A). (120)	(20)	
		동막판매소 東幕販賣所			주요 시설	무	936 409	'송도어업조합'이 설립된 후 '동촌' 구역에서 채집된 어물을 위탁판매키(하기) 위하여 판매소를 둔 것임.		

(1) 정리 번호	(2) 행정 구역명	(3) 지명			(4) 지명의 종류	(5) 지도 상 기재	(7) BS 좌표	(8) 유래	(9) 비고	(10) 당해 위원회 제정
		A	B	C						
		자압척전 尺前	자압◑		부락	무	937 426	그 유래는 확실치 않으나 '청량산' 앞에 있으며 '자압부락'으로 칭하고 있음. (140)	(30)	
	문학동 文鶴洞				동	문학 文鶴	959 449	단기 4246년 행정구역 폐합으로 '학산리'와 '산성리'가 병합되여(어) '문학리'로 되였(었)다가 (단기) 4278년에 '문학동'으로 됨. (725)	(130)	
		문학지서 文鶴支署			주요 시설	무	959 447	종내(래) '관교동' 구역에 지서가 있었던 바, (단기) 4280년 화재로 소실되여(어) '문학동'에 소재한 귀속 가옥을 임대하여 사용하고 있음. (6)		
		문학산◑ 文鶴山	배꼽산	봉화산 烽火山	산	문학산 文鶴山	947 446	백제 시대부터 '문학산'이라 불리여(어)졌으며(A) 산정이 배꼽과 같다 하여 '배꼽산'으로도 부르고(B) 이조 시대에는 이 산에서 봉화를 올렸기 때문에 '봉화산'이라고 부름(C).	문학동, 청학동, 연수동	
		문학산성 文鶴山城			고적	무	947 446	백제 온조왕 때 비루 미추홀이(을) 도읍지로 정하기 위하여 축성하였다 함.		
		학산서원 鶴山書院			고적	무	942 447	이조 숙종대왕 때에 당시 인천 현감 이희조(李喜朝:1655-1724)의 아버지 이단상(李端相:1628-1669)의 도학을 추모하기 위하여 유지들이 건설하였다 함. 현재는 빈 터로 되였(었)으나 '학산서원 터'라고 알려저(져) 있음.	鶴翼洞으로編記南部出張所管內	
		부천양조장 富川釀造場	문학양조장 文鶴釀造場		주요 시설	무	948 449	단기 4270년에 건립하였으며 5개 양조장이 통합하여 '부천양조장'으로 부르고 있음(A). 속칭 '문학양조장'이라고도 함(B).		
		산성리◑산정리 山城里			부락	산성 山城	949 447	백제 온조왕 때 미추홀이 문학산정에 도성을 쌓았는 바, 그 산 하부에 위치하고 있어 '산성리'로 불리웠(었)으며 일한합병 이후 행정구역 변경으로 '문학동'의 1(일)부로 되였(었)음. (360)	(60)	
	선학동 仙鶴洞				동	무	965 447	자세치는(하지는) 못하나 예(옛)날 '도장리'가 (단기) 4246년 '문학정(文鶴町)'으로 되였(었)다가 (단기) 4279년 '선학동'으로 개칭하게 되였(었)음. (1,066)	(179)	
		남동염전2구 南洞塩田二區			염전		969 428	단기 4253년에 '남동제방'을 구축하고 염전을 만드렀(들었)음. 면적은 105 정보임. (100)		
		도장◑ 道章			부락	도장 道章	964 447	옛날부터 '도장'으로 불리웠(었)으며 (단기) 4246년 '문학정(文鶴町)'으로 편입되였(었)다가 (단기) 4279년에 '선학동'으로 편입된 부락임. (540)	(90)	
		소도장◑ 小道章			부락	소도장 小道章	964 448	'도장리'의(에) 속한 자근(작은) 부락으로서(써) 현재 '선학동'으로 편입된 부락임. (526)	(89)	
	연수동 延壽洞				동	연수 延壽	949 436	옛날 '一리'가 (단기) 4246년 '연수정(延壽町)'으로 되였(었)다가 해방 이후 '연수동'으로 개칭되였(었)음. (1,749)	(290)	
		남동역 南洞驛			역	무	965 417	인천 수원 간을 왕래하는 열차인 '수인선'의 1(한) 역사임. 인천을 시발하여 약 9키로 지점에 위치함. (5)		
		연수교회 延壽敎會			주요 시설	무	945 435	단기 4281년에 창설된 천주교회당임. (120)		
		부수지◑ 浮水地			부락	부수지 浮水芝(地)	952 422	부락 지형이 해안으로 나가 있음으로(있으므로) 옛날에는 좌우로 해수가 범람하였음으로(으므로) 이를 풍자하여 '부수지'로 불러 왔음. (300)	(60)	
		적십자결핵요양원 赤十字結核療養院			주요 시설	무	943 437	(단기) 4246년에 창설되여(어) 주로 결핵 환자를 취급하여 왔으며 (단기) 4298년 후에는 공공시설에 수용된 16세 미만의 결핵 환자를 수용, 치료함. (120)		
		신기◑ 新基			부락	신기 新基	958 437	소성이씨 즉 인천이씨가 시초로 이곳에 거주하기 시작하여 '신기'로 불렀(렀)다 함. (480)	(80)	
		묵동◑ 墨洞	먹으미		부락			옛날 계양이씨 중에 '묵암'이라는 별호를 가진 사람이 이 부락에 거주하였음으로(으므로) '묵동'이라 칭하였으며(A) 혹자는 '먹으미'라고도 부르고 있음(B). (300)	(50)	

(1) 정리 번호	(2) 행정 구역명	(3) 지명			(4) 지명의 종류	(5) 지도 상 기재	(7) BS 좌표	(8) 유래	(9) 비고	(10) 당해 위원회 제정
		A	B	C						
	청학동 青鶴洞				동	청학 青鶴	938 443	옛날 '2리'가 (단기) 4246년에 '청학정(青鶴町)'으로 되였(었)다가 (단기) 4278년 이후 '청학동'으로 개칭되였(었)음. (915)	(155)	
		연수청학동 延壽青鶴洞			주요 시설	무	938 443	해방 후 '청학동사무소'로 신축 사용하고 있었으나 단기 4288년 동 폐합으로 '연수청학동'으로 병합되여(어) 그 사무실로 현재까지 사용하고 있음.		
		사모제고개◑ 思慕主峴	삼호주고개 **삼호재** 三呼酒峴		고개	무	942 446	옛날 외국으로 가는 사신이 이 고개에 와서 상감님을 사모하고 전송나온 귀빈과 작별 인사를 하였다는 '고개(A)'. 옛날 이 고개 바위에서 술이 나와 석 잔식(씩) 먹었다는 설도 있음(B). **배 탄 사람에게 잘 가라고 세 번 불렀다는 傳說로**		
		청량산◑ 清涼山	척량산 尺量山		산	무	935 436	옛날 명나라의 유명한 산 이름을 따서 지였(었)다는 설이 있으며(A) 산 형태가 자 모양으로 생겼다 하여 1(일)명 '척량산'으로도 부르고 있음(B).		
		청능(릉)◑ 青陵			부락	청릉 青陵	936 437	옛날 '청량산' 산하에 부락을 형성하여 집단 거주하였기 때문에 그 산 명칭을 따서 '청능(릉)'이라고 칭하였다 함. (200)	(30)	

2.
「전국 지명조사철 인천시 편 동부출장소」 - 보유편

지 명 조 사 표

(1) 정리 번호	(2) 행정 구역명	(3) 지명 A	B	C	(4) 지명의 종류	(5) 지도상 기재	(6) 경위도	(7) BS 좌표	(8) 유래	(9) 비고	(10) 당해 위원회 제정	(11) 상급위원회 승인	(12)중앙위원회 한글 표기	로-마자표기
251		동부 출장소 東部 出張所			출장소 행정 기관	무	126-38-40 37-28-30	916 496	(단기) 4290년 2월 1일 인천시 출장소 설치에 따라 설치하고 6개 동사무소와 8개 동을 관활(할)하고 있으며 시청을 중심하여 동쪽에 위치한 관계로 '동부출장소'라 칭함. (10,147)	(2,591)	동부 출장소		인천시 동부 출장소	INCHEON SI DONGBU SUB-Branch
252	금곡동 一동 金谷洞 一洞				동	무	126-38-20 37-28-20	913 493	왜정 당시는 '금곡정(金谷町)'이라 하였으나 해방 후 (단기) 4280년 2월 1일 지명 변경으로 '금곡동'이라 칭하였으며 (단기) 4283년 1월 9일 인천시 조례로 '금곡동一동'이라 칭하게 되었음. (2,816)	(419)	금곡동 一동		금곡동 일동	GEUMGOGDONG ILDONG
253		배다리			다리	무	126-38-20 37-28-20	910 492	지금으로부터 약 50년 전에 부서진 배로 다리를 설치하였다 하여 '배다리'라고 불이우고(불리우고) 있음. (현재는 철교로 확장됨)		배다리	좌동	배다리	BAEDARI
254		상인천 우체국 上仁川 郵遞局			우체국	무	126-38-20 37-28-20	912 493	전에는 동인천역전에 이 우체국이 있었으나 (단기) 4290년 도시계획 지구에 해당됨으로(되므로) (단기) 4291년 8월 10일 '금곡동一동'으로 이전 설치한 것임. (5)		상인천 우체국		상인천우 체국	SANG-INCHEON PostOffice
255		문화극장 文化劇場			극장	무	126-38-20 37-28-20	913 493	(단기) 4288년 5월 10일 건립 개관하였음. (800)	254와 동일	문화 극장		문화극장	MUNHWA Theater
256		한국중앙 무진회사 인천지점 韓國中央 無盡會社 仁川支店			금융 기관	무	126-38-20 37-28-20	913 493	'중앙무진회사' 본사는 서울특별시 중구 '남대문로' 1가 9번지에 소재하고 있으며 '인천지점' 창설은 (단기) 4289년 3월 19일 설치함. (20)		한국 중앙 무진 회사 인천 지점		한국중앙 무진회사 인천지점	HANGUG JUNGANG Mutual Loan Co. INCHEON Branch
257		한국 무진회사 인천지점 韓國 無盡會社 仁川支店			금융 기관	무	126-38-20 37-28-20	911 493	'한국무진' 본사는 서울특별시 중구 '저동(苧洞)' 2가 25번지에 있고 '인천지점'은 (단기) 4290년 8월 15일 설치되였(었)음. (28)		한국 무진 회사 인천 지점		한국무진 회사 인천지점	HANGUG Mutual Loan Co. INCHEON Branch
258	금곡동 二동 金谷洞 二洞				동	무	126-38-40 37-28-20	916 491	'금곡동一동'과 동일한 사유로서(써) '금곡동二동'이라 칭하고 있음. (3,639)	(459)	금곡동 二동		금곡동 이동	GEUMGOG DONG IDONG
259		~~금곡교회~~ ~~金谷敎會~~			~~주요 시설~~	무	~~126-38-40 37-28-20~~	~~917 492~~	~~단기 4286년 10월 1일 설립하였음. (140)~~		~~금곡 교회~~		~~금곡교회~~	
260		~~안식교회~~ ~~安息敎會~~			~~주요 시설~~	무	~~126-38-40 37-28-20~~	~~917 493~~	~~단기 4285년 5월 1일 설립하였음. (180)~~		~~안식 교회~~		~~안식교회~~	
261		~~금곡一,二 동사무소 金谷一,二 洞事務所~~			~~주요 시설~~	무	~~126-38-30 37-28-20~~	~~915 493~~	~~'금곡동' 40번지에 소재하며 (단기) 4286년 7월 25일부터 이곳에서 동행정 사무를 처리하고 있음. (4)~~		~~금곡 一,二 동사 무소~~		~~금곡 일,이 동사무소~~	~~GEUMGOG-IL·I DONG Office~~
262		인천시 동부 출장소 仁川市東 部出張所			행정 기관	무	126-38-30 37-28-20	916 493	(단기) 4290년 2월 1일 인천시 출장소 설치에 따라 설치되였(었)으며 6개 동사무소와 8개 동을 관활(할)하고 있음. (25)		인천시 동부 출장소		인천시 동부 출장소	INCHEON SI DONGBU SUB-Branch
263	송림동 一동 松林洞 一洞				동	무	126-38-30 37-28-20	913 493	개항 전 이조 중엽 이곳을 매하지(梅夏地) 피서지(避暑地)로 불리우다가 왜정 당시는 '송림정(松林町)'이라 불렀(렀)으며 해방 후 (단기) 4280년 2월 1일 지명 변경으로 '송림동'이라 칭하였으며 (단기) 4283년 1월 9일 조례 설치로 '송림동一동'이라 칭하게 되였(었)음. (3,427)	(549)	송림동 一동		송림동 일동	SONGRIMDONG IL DONG

(1) 정리 번호	(2) 행정 구역명	(3) 지명			(4) 지명의 종류	(5) 지도상 기재	(6) 경위도	(7) BS 좌표	(8) 유래	(9) 비고	(10) 당해 위원회 제정	(11) 상급위원회 승인	(12)중앙위원회	
		A	B	C									한글 표기	로-마자표기
264		송림 국민학교 松林 國民學校			학교	무	126-38-20 37-28-20	912 494	(단기) 4224년 3월 30일 인천시 '송림동' 235번지에 '인천공립상업학교' 건립. (단기) 4266년 4월 5일 '인천공립제二보통학교'로 개칭. (단기) 4269년 10월 1일 '인천송림보통학교'로 개칭. 해방 후 '송림국민학교'로 불으고(부르고) 있음. (4,300)		송림 국민 학교		송림 국민 학교	SONGRIM Primary School
265		송림천주 교회당 松林天主 教會堂			교회	무	126-38-20 37-28-20	912 495	단기 4288년 9월 10일 천주교회 자력으로 245번지에 건립하였음. (4,200)		송림 천주 교회		송림 천주 교회	SONGRIM Church
266	송림동 二동 松林洞 二洞				동	무	126-38-30 37-28-50	915 497	'송림동一동'과 동일한 사유로 '송림동二동'이라 칭하게 되였(었)으며 '안송림', '바갓(깟)송림'이라고도 불이(리)우고 있음. (8,799)	(1,114)	송림동 二동		송림동 이동	SONGRIMDONG I ONG
267		동인천 경찰서 東仁川 警察署			행정 기관	무	126-38-30 37-28-20	915 493	8.15 해방과 동시 국립경찰이 창설되여(어) '인천경찰서' 관활(할) 구역을 분활(할) 관활(할)하게 되였(었)으며 철도를 중심으로 동쪽 인천을 관활(할)하고 있음으로(있으므로) '동인천경찰서'라 칭하며 왜정 시는 '일본장유회사(日本醬油會社)' 또는 '야전장유회사(野田醬油會社)'로 칭하였음. (120)		동인천 경찰서		동인천 경찰서	DONG-INCHEON Police Station
268		~~제一도장 第一屠場~~			~~주요 시설~~	무	~~126-38-40 37-28-20~~	~~918 494~~	~~시영 도장으로 약 60년 전에 '금곡동' 부근에 있든(던) 것을 현 위치로 이전 설치하여 가축 도살을 하고 있으며 먼저 설치되였음으로(었으므로) '제一도장'이라 칭함. (7)~~		~~제一 도장~~		~~제일 도장~~	
269		동명 국민학교 東明國民 學校	동명 학원 東明 學院		학교	무	126-38-30 37-28-20	915 494	(단기) 4263년 4월 2일 박女史(朴昌禮)가 '동명학원'을 건립. (단기) 4279년 3월 1일 '동명국민학교'로 승격되였(었)음. (930)		동명 국민 학교		동명 국민 학교	DONGMYEONG Primary School
270		제三교회 第三教會			교회	무	126-38-40 37-28-20	918 496	(단기) 4282년 5월 21일 인천시 '송림동' 118번지에 미군 원조로 건립되였(었)음. (300)		제三 교회		제삼교회	JESAM Church
~~271~~		~~침예(례) 교회 浸禮教會~~			~~주요 시설~~	무	~~126-38-30 37-28-20~~	~~915 492~~	~~(단기) 4289년 11월 25일 인천시 '송림동' 172번지에 미군 원조로 건립되였(었)음. (250)~~		~~침예 (례) 교회~~		~~침례교회~~	
~~272~~		~~인천강업 주식회사 仁川鋼業 株式會社~~	~~인천 고무 공장 仁川 고무 工場~~		~~주요 시설~~	무	~~126-38-30 37-28-20~~	~~913 494~~	~~(B)(단기) 4263년 1월 5일 '인천고무공장'으로 건립하여 운영하다가 (A)(단기) 4291년 3월 6일 '인천강업'으로 운영체계를 변경하였음. (52)~~		~~인천 강업~~		~~인천 강업~~	
~~273~~		~~송림一,三 동사무소 松林一三 洞事務所~~			~~주요 시설~~	무	~~126-38-30 37-28-30~~	~~915 497~~	~~단기 4283년 1월 9일 조례 설치로 '송림동三동'으로 설치되였(었)다 (단기) 4290년 8월 4일 '송림동一동'을 통합하여 동 행정사무를 처리하고 있음. (50)~~		~~송림 一,三 동사 무소~~		~~송림 일,이 동사무소~~	
~~274~~		~~송림로 松林路~~			~~도로~~	무	~~126-38 -ㅇㅇ 37-28-20~~	~~919 496~~	~~(단기) 4290년 10월 3일 도로 명칭 제정에 따라 설치되였(었)으며 '송림동' 중심부를 통하고 있음으로(있으므로) '송림로'라 칭함. 배다리부터 송림 노-타리(로타리) 경유 송림四동사무소까지.~~		~~송림로~~		~~송림로~~	
275	송림동 三동 松林洞 三洞				동	무	126-39-00 37-28-20	922 495	'송림동一동'과 동일한 사유로 '송림동三동'이라 칭하고 있음. (12,741)	(2,429)	송림동 三동		송림동 삼동	SONGRIMDONG SAM DONG

(1) 정리 번호	(2) 행정 구역명	(3) 지명			(4) 지명의 종류	(5) 지도상 기재	(6) 경위도	(7) BS 좌표	(8) 유래	(9) 비고	(10) 당해 위원회 제정	(11) 상급위원회 승인	(12)중앙위원회	
		A	B	C									한글 표기	로-마자표기
276		서림 국민학교 瑞林 國民學校			학교	무	126-39-00 37-28-20	922 492	(단기) 4272년 4월 5일 '인천제二송림심상소학교'로 설립. (단기) 4279년 3월 31일부터 '인천서림국민학교'로 개칭. (3,199)		서림 국민 학교		서림 국민 학교	SEORIM Primary School
~~277~~		~~도림로 桃林路~~			~~도로~~	~~무~~	~~126-38-50 37-28-20~~	~~919 495~~	~~(단기) 4290년 10월 3일 명명함. 起點 崇義 로-타리 → 桃源橋 → 松林洞 → 研磨工場까지.~~				~~도림로~~	
278		동산중 고등학교 東山中 高等學校			학교	무	126-39-00 37-28-20	923 495	(단기) 4272년 7월 14일 '인천상업전수학교'로 설립. (단기) 4285년 8월 31일 '동산중고등학교'로 개칭하였음. (1,920)		동산 중고등 학교		동산 중고등 학교	DONGSAN Middle & High School
279		조곡 鳥谷	새꼴◑		부락	무	126-38-40 37-28-20	918 492	이조 말엽 이전부터 근처 전답에 참새가 많이 모여 드렀다(들었다)하여 현재까지도 '새골'이라 불이(리)우고 있음. (11,501)	(1,850)	새꼴	좌동	새골	SAEGOL
~~280~~		~~송림三 동사무소 松林三 洞事務所~~			~~주요 시설~~	~~무~~	~~126-39 ⊖⊖ 38-28-10~~	~~921 491~~	~~'송림동' 88번지에 소재하며 (단기) 4281년 10월 20일 건립하여 동 행정 사무를 처리하고 있음. (4)~~		~~송림 三동 사무소~~		~~송림 삼동 사무소~~	
281	송림동 四동 松林洞 四洞				동	무	126-39-10 37-28-30	924 498	'송림동一동'과 동일한 사유로 '송림동四동'이라 칭함. (8,161)	(1,285)	송림동 四동		송림동 사동	SONGRIMDONG SADONG
282		활터고개 ◑ 弓峴	헐덕 고개		부락	무	126-39-10 37-28-30	924 499	지금은 그 흔적이 없으나 약 70년 전에 이곳에 활쏘는 사정(射亭)이 있었든(던) 고로 '활터고개'라 칭하였고 (B)'헐덕고개'라고도 하는데 이것은 높은 고개가 있어 누구든지 이 고개를 넘으면 헐덕(떡)이는 관계로 '헐덕고개'라 칭함. (1,203)	(170)	활터 고개	헐덕 고개	활터 고개	HOALTEO GOGAE
283		동양금속 주식회사 東洋金屬 株式會社			회사	무	126-39-00 37-28-30	921 496	(단기) 4281년 1월 알미늄 공장으로 창설하고 (단기) 4288년 2월 22일에 '동양금속'으로 개칭하여 운영 중임. (40)		동양 금속		동양금속 주식회사	DONG-YANG Metal Co.
~~284~~		~~구세군 송림영문 救世軍 松林營門~~			~~주요 시설~~	~~무~~	~~126-39-⊖⊖ 37-28-30~~	~~923 497~~	~~(단기) 4288년 11월에 설립하여 현재에 이르고 있음. (130)~~		~~구세군 송림 영문~~		~~구세군 송림 영문~~	
~~285~~		~~송림四동 사무소 松林四洞 事務所~~			~~주요 시설~~	~~무~~	~~126-39-10 37-28-30~~	~~924 498~~	~~(단기) 4283년 1월 9일 '송림四동' 설치에 따라 설치되였(었)으며 동 행정사무를 처리하고 있음. (4)~~		~~송림 四동 사무소~~		~~송림 사동 사무소~~	~~SONGRIM SA DONG Office~~
		~~송림노 (로)-타라 松林노 (로)-타리~~			~~도로~~	~~무~~	~~128-⊖⊖-⊖⊖ 37-⊖⊖-⊖⊖~~	~~⊖⊖ ⊖ ⊖⊖ ⊖~~	~~외(왜)정 시대에 시설 중이든(던) 국방도로와 북부 공업지대와 연결하⊖ 도시계획사업을 추진키(하기) 위하여 ⊖⊖된 것임.~~		~~송림노 (로)- 타라~~		~~송림노 (로)-타라~~	
286	송현동 三동 松峴洞 三洞				동	무	126-38-40 37-28-40	918 499	왜정 시는 '송현정(松峴町)'이라 칭하였으나 해방 後 (단기) 4280년 2월 1일 '송현동'이라 칭하였으며 (단기) 4283년 1월 9일 인천시 조례 설치로 '송현동三동'이라 칭함. (8,668)	(1,793)	송현동 三동		송현동 삼동	SONGHYEON DONG SAM DONG
287		인천시 배수지 仁川市 配水池	수도 국산 水道 局山	만수 산 滿水 山	저수지	무	126-38-30 37-28-40	916 500	단기 4243년 9월 노량진 수원지 준공에 따라 500미리 주철관으로 송수하여 '인천배수지'에서 시민에게 배수하는 관계로 '인천배수지'라 칭하였으며 (B)그 당시 수도국에서 관리한 관계로 '수도국산'이라 칭하게 되였(었)으며 (C)일명 '萬壽山'이라 칭하며 현재는 '滿水山'이라 칭하고 있음.		인천시 배수지		인천시 배수지	INCHEON BAESUJI

(1) 정리 번호	(2) 행정 구역명	(3) 지명			(4) 지명의 종류	(5) 지도 상 기재	(6) 경위도	(7) BS 좌표	(8) 유래	(9) 비고	(10) 당해 위원회 제정	(11) 상급위 원회 승인	(12)중앙위원회	
		A	B	C									한글 표기	로-마자표기
288		대한 중공업 공사 大韓 重工業 公社			회사	무	126-38-30 37-28-50	916 503	(단기) 4272년 3월 8일 '이연금속회사'로 발족. (단기) 4281년 6월 1일 '대한중공업공사'로 사명을 개칭. (단기) 4286년 4월 4일 제강 압변시설 기획 착수. (단기) 4289년 11월 15일 평노(로)를 설치하여 조업을 개시하였으며 현재 분괴, 중형 압변 공장을 건설 중에 있음. (578)		대한 중공업 공사		대한 중공업 공사	DAEHAN Heavy Industrial inc.
289		한국강업 주식회사 韓國鋼業 株式會社			회사	무	126-38-30 38-28-40	916 503	(단기) 4272년 9월 10일 '조선강업주식회사'로 설립. (200)		한국 강업 주식 회사		한국 강업 ~~주식~~ 회사	HAN-GUG Steel Manufacturing Co.
~~290~~		~~대한 연공업 주식회사 大韓 鉛工業 株式會社~~			~~주요 시설~~	~~무~~	~~126-38-50 37-28-50~~	~~919 506~~	~~(단기) 4275년 2월 10일 '조선연공업주식회사'로 설립. '연판, 연관 알미늄' 등을 생산. 해방과 동시 현 명칭으로 변경 운영 중임. (31)~~		~~대한 연공업 주식 회사~~		~~대한 연공업 주식 회사~~	
291		장노(로) 교 제6교회 長老敎第 六敎會			교회	무	126-38-40 37-28-40	917 501	(단기) 4285년 11월에 '장노(로)교 제6교회'로 설립하였음. (400)		장노 (로)교 제6 교회		~~장로교~~ 제륙교회	JERYUG Church
~~292~~		~~송현三동 사무소 松峴三洞 事務所~~			~~주요 시설~~	~~무~~	~~126-38-40 37-28-40~~	~~918 502~~	~~(단기) 4283년 1월 9일 조례 설치에 따라 '송현동三동'이라 칭하며 동 관내 행정 사무를 처리하고 있음. (4)~~		~~송현 三동 사무소~~		~~송현 삼동 사무소~~	
293	창영동 昌榮洞				동	무	126-38-30 37-28-10	916 490	외(왜)정 당시는 '창영정(昌營町)'이라 칭하였으나 (단기) 4280년 2월 1일 지명 변경에 따라 '창영동'이라 칭함. (4,250)	(602)	창영동		창영동	CHANG-YEONG DONG
294		쇠뿔고개 ◑ 牛角峴	솔뿔이 고개 松根峴		고개	무	126-38-40 37-28-10	918 493	(A)이조 중엽부터 고개의 형체가 소뿔과 같다고 하여 '쇠뿔고개'라 칭한다는 설도 있고 (B)이 고개에 솔뿔이(솔뿌리)가 느러저(늘어져) 있다 하여 '솔뿔이고개'라고도 불이(리)우고 있음.		쇠뿔 고개	소뿔 고개	소뿔고개	SOBBULGOGAE
295		창영 국민학교 昌榮 國民學校			학교	무	126-38-40 37-28-10	916 491	(단기) 4240년 5월 6일 개교. 한국인 학교로 문교부 연구학교로 지정되여(어) 있음. (3,958)		창영 국민 학교		창영 국민 학교	CHANG-YEONG Primary School
296		영화여자 중학교 永化女子 中學校			학교	무	126-38-10 37-28-10	917 491	(단기) 4286년 5월 5일 개교하였음. (219)		영화 여자 중학교		영화 여자 중학교	YEONGHWA Girls Middle School
297		영화여자 국민학교 永化女子 國民學校			학교	무	126-38-50 37-28-10	917 491	(단기) 4226년 4월 30일 외국인 선교사 "쪼즈" 부인이 설립하였고 한국 소년 교육에 이바지하고 있음. (477)	296과 동일함	영화 여자 국민 학교		영화 여자 국민 학교	YEONGHWA Primary School
		~~영화 유치원 永化 幼稚園~~			~~주요 시설~~	~~무~~	~~126-○○ -○○ 37-○○ -○○~~	~~917 491~~	~~(단기) 4250년 12월 28일 미, 감리교 유지 재산으로 설립하여 한국 어린이 ○○○○ 교육 사업에 이바지하고 있음. (41)~~		~~영화 유치원~~			
298		동인천 세무서 東仁川 稅務署			행정 기관	무	126-38-40 37-28-10	918 492	(단기) 4287년 7월 1일 사세청 기구 개편에 따라 설치되였(었)음. (102)		동인천 세무서		동인천 세무서	DONG-INCHEON Taxation Office
~~299~~		~~창영교회 昌榮敎會~~			~~주요 시설~~	~~무~~	~~126-38-40 37-28-10~~	~~917 492~~	~~지금으로부터 약 40여 년 전에 독일인에 의하여 '기독교 감리교회'로 설립되였(었)음. (270)~~	~~298과 동일함~~	~~창영 교회~~		~~창영 교회~~	
~~300~~		~~창영동 사무소 昌榮洞 事務所~~			~~주요 시설~~	~~무~~	~~126-38-40 37-28-10~~	~~916 491~~	~~'창영동' 83번지의 1에 소재하며 (단기) 4275년 6월 15일 동사무소를 건립 동 관내 동 행정사무를 처리하고 있음. (70)~~	~~293과 동일함~~	~~창영동 사무소~~		~~창영동 사무소~~	

제2부

비 교 편

1. 「1959년 인천시 지명조사표」와 「지방별 지명조사철 인천시 편」 수록 지명 비교
2. 「1959년 인천시 지명조사표」와 「한국지명총람 인천시 편」의 수록 지명 비교
3. 「국무원고시 표준지명(인천시 편)」
   [국무원고시 제16호 관보, 제2837호] 자료 제시
4. 「1916년 地誌調書 仁川府 편」 자료 정서 제시

1.
「1959년 인천시 지명조사표」와 「지방별 지명조사철 인천시 편」 수록 지명 비교

1) 중부출장소
2) 북부출장소관내
3) 남부출장소관내
4) (인천시) 부평출장소
5) 남동출장소관내
6) 서곶출장소
7) 주안출장소관내
8) (인천시) 문학출장소
9) 동부출장소-보유편

1) 중부출장소

1959년 인천시 지명조사표									지방별 지명조사철 인천시 편			
(2) 행정 구역명	(3) 지명 A	B	C	(4) 지명의 종류	(5) 지도상 기재	(7) BS 좌표	(8) 유래	(9) 비고	(C) 지방호칭의 한글 한자	(E) 지명의 종별	(G) 인구	(H) BS 좌표
중부출장소 中部出張所										출장소	13,379 69, 744	899 493
관동一가동 官洞一街洞				동	무	899 493	790	(168)		동	168 790	899 493
	중앙교회 中央敎會			주요 시설	무	898 494	170		중앙교회 中央敎會	교회	170	898 494
	인천시청 仁川市廳			주요 시설	무	899 493	300		인천시청 仁川市廳	시청	300	899 493
	옹진군청 甕津郡廳			주요 시설	무	899 493	20		옹진군청 甕津郡廳	군청	20	899 493
	인천시중부출장소 仁川市中部出張所			주요 시설	무	899 493	52		인천시중부출장소 仁川市中部出張所	출장소	52	899 493
관동二가동 官洞二街洞				동		899 493	475	(105호)		동	105 475	899 493
	경인일보사 京仁日報社			주요 시설		899 493	60		경인일보사 京仁日報社	신보사	60	899 493
	중앙해안항관송학 선린동사무소 中央海岸港官松鶴 善隣洞事務所			주요 시설		899 493	5		중앙해안항관송학 선린동사무소 中央海岸港官松鶴 善隣洞事務所	사무소	5	899 493
관동三가동 官洞三街洞				동	무	901 493	392			동	89 392	901 493
경동 京洞				동		907 494	3,254			동	295 3,254	907 494
	싸리재			고개	무	907 494			싸리재	고개		907 492
	애관 愛館			주요 시설	무	906 492	18		애관 愛館	극장	900	906 491
	상업은행인천지점 商業銀行仁川支店			주요 시설	무	905 493	38		상업은행인천지점 商業銀行仁川支店	은행	36	908 649
	조흥은행인천지점 朝興銀行仁川支店			주요 시설	무	906 493	36		조흥은행인천지점 朝興銀行仁川支店	은행	38	906 491
									내경용동사무소 內京龍洞事務所	사무소	6	906 492
									개항로 開港路	도로		905 492
내동 內洞				동	무	904 492	3,489	호수 304 세대수 636		동	304 3,489	904 492
	서울지방법원인천지원 서울地方法院仁川支院			주요 시설	무	903 493			서울지방법원인천지원 서울地方法院仁川支院	재판소	27	903 493
	서울地方檢察廳 仁川支廳								서울지방검찰청인천지청 서울地方檢察廳仁川支廳	검찰청	11	903 493
	영화국민학교 永化國民學校			주요 시설	무	905 494	480		영화국민학교 永化國民學校	학교	480	905 494
	농업은행인천지점 農業銀行仁川支店			주요 시설	무	904 493	28		농업은행인천지점 農業銀行仁川支店	은행	28	904 493
답동 畓洞				동	무	907 489	3,143	337호		동	337 3,143	906 489
	부천군청 富川郡廳			주요 시설	무	906 492	48		부천군청 富川郡廳	군청	40	906 496
	송도중고등학교 松都中高等學校			주요 시설	무	909 489			송도중고등학교 松都中高等學校	학교	1,701	905 488
	신흥국민학교 新興國民學校			주요 시설	무	905 490	5,018		신흥국민학교 新興國民學校	학교	5,018	905 490

1959년 인천시 지명조사표									지방별 지명조사철 인천시 편			
(2) 행정 구역명	(3) 지명			(4) 지명의 종류	(5) 지도상 기재	(7) BS 좌표	(8) 유래	(9) 비고	(C) 지방호칭의 한글 한자	(E) 지명의 종별	(G) 인구	(H) BS 좌표
	A	B	C									
	박문국민학교 博文國民學校			주요 시설	무	905 491	443		박문국민학교 博文國民學校	학교	443	905 491
	시은고등공민학교 施恩高等公民學校	東本願寺		주요 시설	무	908 489	460	前 東本 願寺 자리	시은고등공민학교 施恩高等公民學校	학교	460	908 489
	천주교인천답동성당 天主敎仁川畓洞聖堂			주요 시설	무	905 491			천주교인천답동성당 天主敎仁川畓洞聖堂	교회	600	905 491
	해성보육원 海星保育院			주요 시설	무	905 491	410		해성보육원 海星保育院	고아원	410	905 491
도원동 桃源洞				동	무	915 486	8,121	1,552		동	1,552 8,121	915 486
	황골고개			고개					황골고개	고개		917 488
	도원교 桃源橋			다리		917 489			도원교 桃源橋	다리		917 488
	인천시도원공설운동장 仁川市桃源公設運動場			주요 시설		919 487			인천시공설운동장 仁川市公設運動場	운동장		919 485
	인천경찰서도원동 경찰관파출소 仁川警察署桃源洞 警察官派出所			주요 시설		919 488			인천경찰서도원동 경찰관파출소 仁川警察署桃源洞 警察官派出所	파출소	11	915 489
	인천소방서 仁川消防署			주요 시설		917 486	34		인천소방서 仁川消防署	소방서	34	917 486
	보합공민학교 宝盒公民學校			주요 시설		917 485	722		보합공민학교 宝盒公民學校	학교	722	917 484
	도원국민학교 桃源國民學校			주요 시설		918 488	406	三學級 合學	도원국민학교 桃源國民學校	학교	406	915 485
	도원교회 桃源敎會			주요 시설		919 489	100		도원교회 桃源敎會	교회	100	916 487
	제二교회 第二敎會			주요 시설		917 485	200		제이교회 第二敎會	교회	200	917 484
	보각사 普覺寺			주요 시설		919 489	100		보각사 普覺寺	절	100	915 487
	대륙산업주식회사 大陸産業株式會社			주요 시설		914 484			대륙산업주식회사 大陸産業株式會社	주식 회사		914 484
	도원공원 桃源公園			주요 시설		915 487			도원공원 桃源公園	공원		915 487
용동 龍洞				동		905 494	1,519			동	297 1,519	908 494
	용동절			주요 시설		905 494	200		건봉사 乾鳳寺	절	200	905 494
북성동一가동 北城洞一街洞				동	무	893 497	1,300	145		동	1,300 145	893 497
	인천역 仁川驛	하인천역 下仁川驛		역	무	894 496			인천역 仁川驛	역	30	894 496
	대한제분인천공장 大韓製粉仁川工場			주요 시설	무	892 499			대한제분인천공장 大韓製粉仁川工場	제분 공장	180	892 499
	외국인공동묘지 外國人共同墓地			산	무	895 500			외국인공동묘지 外國人共同墓地	묘지		897 503
	경기도어업조합연합회 京畿道漁業組合聯合會			주요 시설	무	893 498			경기도어업조합연합회 京畿道漁業組合聯合會	어업 조합	15	893 496
									월미로(月尾路), 월미로입구선			894 499
북성동二가동 北城洞二街洞				동	무	895 496	2,310	(215호)		동	215 2,310	895 496
	하인천파출소 下仁川派出所			주요 시설	무	894 496	15		인천경찰서하인천파출소 仁川警察署下仁川派出所	파출소	15	895 496

1959년 인천시 지명조사표									지방별 지명조사철 인천시 편			
(2) 행정 구역명	(3) 지명			(4) 지명의 종류	(5) 지도상 기재	(7) BS 좌표	(8) 유래	(9) 비고	(C) 지방호칭의 한글 한자	(E) 지명의 종별	(G) 인구	(H) BS 좌표
	A	B	C									
	북성교회 北城敎會			주요 시설	무	897 498	100		북성교회 北城敎會	교회	100	897 498
북성동三가동 北城洞三街洞				동	무	896 498	1,898	(192호)		동	192 1,898	896 498
사동 沙洞						904 486	2,041	256		동	256 2,041	904 486
	인천세관 仁川稅關					904 486	137		인천세관 仁川稅關	세관	137	904 486
선린동 善隣洞			청관 淸館	동		897 495	780	163		동	163 780	897 495
	인천화교자치구 仁川華僑自治區			주요 시설		897 495	10		인천화교자치구 仁川華僑自治區		10	897 495
	인천화교소학교 仁川華僑小學校					897 495	584		인천화교소학교 仁川華僑小學校	학교	584	897 495
	~~공화춘~~ ~~共和春~~					~~896~~ ~~495~~		削				
선화동 仙花洞	화가동			동		913 484	2,900			동	621 2,900	912 485
	보건소 保健所			주요 시설		913 484	50		인천시립보건소 仁川市立保健所	보건소	50	913 484
	동진보육원 同進保育院			주요 시설		912 483	80		동진보육원 同進保育院	고아원	80	912 485
	~~유풍장유식품주식회사~~ ~~裕豊醬油食品株式會社~~			~~〃~~		~~912~~ ~~485~~		削				
	~~조흥양조장~~ ~~朝興釀造場~~			~~〃~~		~~912~~ ~~485~~		削				
송학동一가동 松鶴洞一街洞				동		898 494	130	24		동	24 130	898 494
	인천시교육청 仁川市敎育廳			주요 시설		898 494			인천시교육청 仁川市敎育廳	교육청	31	898 494
	인천시립박물관 仁川市立博物館			주요 시설		898 494	5		인천시립박물관 仁川市立博物館	박물관	5	899 494
	인천시자유공원 仁川市自由公園			주요 시설		898 494			인천시자유공원 仁川市自由公園	공원		898 496
송학동二가동 松鶴洞二街洞				동		901 492	699	146		동	146 699	901 493
	인승(성)여자중학교 仁聖女子中學校			주요 시설		901 492	230		인성여자중학교 仁聖女子中學校	학교	230	901 493
	무궁화공민학교 無窮花公民學校			주요 시설		901 492	800		무궁화공민학교 無窮花公民學校	학교	800	901 493
	제일교회 第1敎會			주요 시설		901 492	800		제일교회 第一敎會	교회	800	910 492
송학동3가동 松鶴洞三街洞				동		901 493	920	192		동	192 920	902 493
	시민관 市民舘			주요 시설		901 493	1,200		인천시립시민관 仁川市立市民舘	극장	1,200	902 493
	제二시민관 第二市民舘			주요 시설		902 492	500		제二시민관 第二市民舘	극장	500	903 493
	인천세무서 仁川稅務署			주요 시설		901 493			인천세무서 仁川稅務署	세무서	106	902 493
	인천상공회의소 仁川商工會議所			주요 시설		901 493	6		인천상공회의소 仁川商工會議所	회의소	6	902 493
	인천경찰서 仁川警察署			주요 시설		901 492	311		인천경찰서 仁川警察署	경찰서	311	902 493
	시은교회 施恩敎會			주요 시설		901 492	100		시은교회 施恩敎會	교회	100	902 493

1959년 인천시 지명조사표									지방별 지명조사철 인천시 편			
(2) 행정 구역명	(3) 지명			(4) 지명의 종류	(5) 지도상 기재	(7) BS 좌표	(8) 유래	(9) 비고	(C) 지방호칭의 한글 한자	(E) 지명의 종별	(G) 인구	(H) BS 좌표
	A	B	C									
	홍예문 虹霓門	홍여문		주요 시설		902 494			홍예문 虹霓門			903 494
송월동1가동 松月洞一街洞				동		899 501	3,979	372		동	372 3,979	899 501
	송월시장 松月市場			주요 시설		899 501			송월시장 松月市場	시장		899 501
	송월교회 松月敎會			주요 시설		901 501	30		송월교회 松月敎會	교회	30	901 501
	북성송월동사무소 北城松月洞事務所			주요 시설		899 499			북성송월동사무소 北城松月洞事務所	사무소	5	901 501
송월동二가동 松月洞二街洞				동		898 499	5,230	53		동	531 5,230	898 499
	애경유지주식회사 愛敬油脂(株式會社)	애경사		주요 시설		898 499	26		애경유지주식회사 愛敬油脂株式會社	회사	26	898 499
송월동三가동 松月洞三街洞				동		900 498	2,323	225		동	225 2,323	900 498
	송월국민학교 松月國民學校			주요 시설		900 498	702		송월국민학교 松月國民學校	학교	702	900 498
	송월교회 松月敎會			주요 시설		900 498	70		송월교회 松月敎會	교회	70	899 498
신생동 新生洞				동		904 487	2,330	267		동	267 2,330	903 489
	남인천여자중고등학교 南仁川女子中高等學校			주요 시설		906 488	1,119					
									남인천여자중학교 南仁川女子中學校	학교	1,119	904 488
									인천여자상업고등학교 仁川女子商業高等學校	학교	1,710	904 488
	경전인천지점 京電仁川支店			주요 시설		902 489	210		경전인천지점 京電仁川支店	발전소	210	904 489
	환일정미소 丸一精米所			주요 시설		906 485	70		환일정미소 丸一精米所	정미소	70	904 485
	시(신)생애육원 新生愛育院			주요 시설		903 488	71		신생애육원 新生愛育院	고아원	71	905 486
신포동 新浦洞				동		903 490	1,929			동	231 1,929	903 490
	경기도관재국 京畿道管財局			주요 시설		901 491	74		경기도관재국 京畿道管財局	관재국	74	902 491
	동방극장 東邦劇場			주요 시설		904 487	13		동방극장 東邦劇場	극장	400	904 491
	어시장 魚市場			주요 시설		902 489			어시장 魚市場	어시장		902 491
									사신생신포답동사무소 沙新生新浦畓洞事務所	사무소	41	904 491
신흥동一가동 新興洞一街洞				동		908 486	4,384	588		동	588 4,384	908 487
	해광여자기술학교 海光女子技術學校			주요 시설		908 486	41		해광여자기술학교 海光女子技術學校	학교	41	908 487
	신흥一二동사무소 新興一二洞事務所			주요 시설		908 486	4		신흥일이동사무소 新興一二洞事務所	사무소	4	908 487
	곡물검사소 穀物檢査所			주요 시설		908 486	11		곡물검사소 穀物檢査所	검사소	11	908 486
	해광사 海光寺			주요 시설		908 486	1,000		해광사 海光寺	절	1,000	908 487
	~~경인음료회사~~ ~~京仁飮料會社~~			주요 시설		~~908~~ ~~486~~	6					

1959년 인천시 지명조사표									지방별 지명조사철 인천시 편			
(2) 행정 구역명	(3) 지명			(4) 지명의 종류	(5) 지도상 기재	(7) BS 좌표	(8) 유래	(9) 비고	(C) 지방호칭의 한글 한자	(E) 지명의 종별	(G) 인구	(H) BS 좌표
	A	B	C									
	삼화정미소 三和精米所			주요 시설		908 486	57		삼화정미소 三和精米所	정미소	57	906 486
	협신정미소 協信精米所			주요 시설		908 486	52		협신정미소 協信精米所	정미소	52	908 485
	대륙정미소 大陸精米所			주요 시설		908 486	28		대륙정미소 大陸精米所	정미소	28	909 485
	협신화학공장 協信化學工場			주요 시설		908 486	7		협신화학공장 協信化學工場	화학공장	7	908 486
신흥동二가동 新興洞二街洞				동		909 486	2,417	277		동	277 2,417	909 486
	항도상업기술학교 港都商業技術學校			주요 시설		909 487	356		항도상업기술학교 港都商業技術學校	학교	356	909 487
	경기도립인천병원 京畿道立仁川病院			주요 시설		911 485	34		경기도립인천병원 京畿道立仁川病院	병원	34	911 485
	인천경찰서신흥동파출소 仁川警察署新興洞派出所			주요 시설		911 485	10		인천경찰서신흥동파출소 仁川警察署新興洞派出所	파출소	10	911 485
	고려정미소 高麗精米所			주요 시설		909 485	45		고려정미소 高麗精米所	정미소	45	909 485
	~~신영기업사~~ ~~新永企業社~~			주요 시설		~~911 487~~	16	削				
	이화철공소 二和鐵工所					909 485	10		이화철공소 二和鐵工所	철공소		909 485
	~~이구직물공장~~ ~~李九織物工場~~					~~909 485~~	50	削				
	~~송도직물공장~~ ~~松都織物工場~~					~~909 485~~	65	削				
신흥동三동 新興洞三洞							3,426			동	242 3,426	911 482
	남인천역 南仁川驛					909 482	16		남인천역 南仁川驛	역	16	909 482
	기마경찰대 騎馬警察隊					911 481	4					
	신흥삼선화동사무소 新興三仙花洞事務所					911 483			신흥삼선화동사무소 新興三仙花洞事務所	사무소	4	911 483
	경기도자동차기술학교 京畿道自動車技術學校					911 481	10		경기도자동차기술학교 京畿道自動車技術學校	학교	10	911 481
	동방산업사 東邦産業社					911 482	20		동방산업사 東邦産業社	산업사	20	911 481
	~~동화화학공업소~~ ~~東和化學工業所~~					~~911 482~~		削				
	~~대림창고~~ ~~大林倉庫~~					~~911 481~~		削				
유동 柳洞				동		913 489	2,275	(285호)		동	285 2,275	913 489
율목동 栗木洞	밤나무골			동	무	911 489	3,517	(472호)	율목동 栗木洞	동	472 3,517	911 489
	인천고등학교 仁川高等學校			주요 시설	무	911 491	1,224		인천고등학교 仁川高等學校	학교	1,224	911 491
	부천교육청 富川教育廳			주요 시설	무	909 489	21		부천군교육청 富川郡教育廳	교육청	21	909 489
	유율목동사무소 柳栗木洞事務所			주요 시설	무	911 489	5		유율목동사무소 柳栗木洞事務所	사무소	5	911 489
	인천시립도서관 仁川市立圖書館			주요 시설	무	909 489			인천시립도서관 仁川市立圖書館	도서관	100	909 489

1959년 인천시 지명조사표									지방별 지명조사철 인천시 편			
(2) 행정 구역명	(3) 지명 A	B	C	(4) 지명의 종류	(5) 지도상 기재	(7) BS 좌표	(8) 유래	(9) 비고	(C) 지방호칭의 한글 한자	(E) 지명의 종별	(G) 인구	(H) BS 좌표
	기독병원 基督病院			주요 시설	무	909 491	42		기독병원 基督病院	병원	42	909 491
인현동 仁峴洞				동	무	906 496		(355호)		동	355 2,316	906 496
	중앙로 中央路	杻峴 沓洞線		도로		~~906~~ ~~496~~			중앙로 中央路	도로		905 493
	숭인로 崇仁路	도원동선 桃源洞線	채미 전거리	도로		913 490			숭인로 崇仁路	도로		913 490
	화평철로교 花平鐵路橋	화평 철로문다리		다리		907 497			화평동철로문 花平洞鐵路門	다리		907 497
	동인천역 東仁川驛	축현역 杻峴驛	상인천역 上仁川驛	역	없음	908 496			동인천역 東仁川驛	역	27	908 496
	축현국민학교 杻峴國民學校			주요 시설		906 496	3262		축현국민학교 杻峴國民學校	학교	3,262	906 496
	인천여자고등학교 仁川女子高等學校			주요 시설		906 498	962		인천여자고등학교 仁川女子高等學校	학교	962	906 498
	축현파출소 杻峴派出所			주요 시설	없음	908 497			인천경찰서축현파출소 仁川警察署杻峴派出所	파출소	11	908 497
	인천구세군 仁川救世軍			주요 시설	없음	908 495			인천구세군 仁川救世軍		5	908 495
	동일산업주식회사 東一産業株式會社			주요 시설	없음	907 497			동일산업주식회사 東一産業株式會社	주식 회사	7	907 497
	동방동인천분공장 東紡東仁川分工場			주요 시설	없음	905 497			동방동인천분공장 東紡東仁川分工場	공장	112	905 497
	인천청과시장주식회사 仁川青果市場			주요 시설			24		인천청과시장주식회사 仁川青果市場株式會社	주식 회사	24	908 494
전동 錢洞				동		903 496	3,351	(436호)		동	436 3,351	903 496
	오정포산 午正砲山	기상 대산		산		902 493			오정포산 午正砲山	산		902 498
	운교 雲橋	구름 다리		다리	없음	905 499			운교 雲橋	다리		905 499
	인천중학교 仁川中學校			주요 시설		902 494	1,418		인천중학교 仁川中學校	학교	1,418	902 497
	제물포고등학교 濟物浦高等學校			주요 시설	없음	902 494	698		제물포고등학교 濟物浦高等學校	학교	698	902 497
	인천여자중학교 仁川女子中學校			주요 시설	없음	903 498	1,418		인천여자중학교 仁川女子中學校	학교	1,418	903 498
	인천측후소 仁川測候所			주요 시설		902 493			인천측후소 仁川測候所	측후소		902 498
	전동교회 錢洞教會			주요 시설		903 498	180		전동교회 錢洞教會	교회	180	903 499
	전동변전소 錢洞變電所			주요 시설		904 497			전동변전소 錢洞變電所	변전소	8	904 498
	인천해군병원 仁川海軍病院			주요 시설		905 498			인천해군병원 仁川海軍病院	병원	22	905 498
	~~대화주조장~~ ~~大華酒造場~~			~~주요~~ ~~시설~~		~~904~~ ~~496~~		(削)				
중앙동일가동 中央洞一街洞				동		897 494	385	(69호)		동	69 385	897 494
	외자청인천사무소 外資廳仁川事務所			주요 시설	무	897 494			외자청인천사무소 外資廳仁川事務所	사무소	47	897 493
	~~한염해운주식회사~~ ~~韓塩海運株式會社~~			~~주요~~ ~~시설~~	무	~~897~~ ~~494~~		(削)				
	중화루 中華樓			주요 시설	무				중화루 中華樓		300	897 493

1959년 인천시 지명조사표									지방별 지명조사철 인천시 편			
(2) 행정 구역명	(3) 지명			(4) 지명의 종류	(5) 지도상 기재	(7) BS 좌표	(8) 유래	(9) 비고	(C) 지방호칭의 한글 한자	(E) 지명의 종별	(G) 인구	(H) BS 좌표
	A	B	C									
중앙동二가동 中央洞二街洞				동	무	898 493	345	(59)		동	59 345	898 493
	인천전매서 仁川專賣署			주요 시설	무	898 493			인천전매서 仁川專賣署	전매서	21	899 493
	한국흥업은행인천지점 韓國興業銀行仁川支店			주요 시설	무	898 493	29		한국흥업은행인천지점 韓國興業銀行仁川支店	은행	29	899 493
	대한적십자사경기도 인천지부 大韓赤十字社京畿道 仁川支部			주요 시설	무	899 493			대한적십자사경기도 인천지부 大韓赤十字社京畿道 仁川支部		30	899 493
	경기도관재국인천출장소 京畿道管財局仁川出張所			주요 시설	무	899 492	10		경기도관재국인천출장소 京畿道管財局仁川出張所	출장소	10	899 492
중앙동三가동 中央洞三街洞				동	무	899 493	435	(99호)		동	99 435	899 493
	외무부인천출장소 外務部仁川出張所			주요 시설	무	899 493	11		외무부인천출장소 外務部仁川出張所	출장소	11	901 493
	인천여자고등기술학교 仁川女子高等技術學校			주요 시설	무	899 493	98		인천여자고등기술학교 仁川女子高等技術學校	학교	98	900 493
	인천지방해무청축항 사무소 仁川地方海務廳築港 事務所			주요 시설	무	899 493	200		인천지방해무청축항 사무소 仁川地方海務廳築港 事務所	사무소	200	899 493
중앙동四가동 中央洞四街洞				동	무		338	(66호)		동	66 338	899 492
	한국은행(제일)인천지점 韓國第一銀行仁川支店			주요 시설	무	899 491			한국제일은행인천지점 韓國第一銀行仁川支店	은행	38	899 491
	인천신보사 仁川新報社			주요 시설	무	899 491	60		인천신보사 仁川新報社	신보사	60	899 491
	주간인천사 週刊仁川社			주요 시설	무	899 491	20		주간인천사 週刊仁川社	신문사	20	899 491
	인천수상경찰서 仁川水上警察署			주요 시설	무	899 491			인천수상경찰서 仁川水上警察署	경찰서	180	904 491
항동一가동 港洞一街洞										동	87 473	894 494
									동양기선주식회사 東洋汽船株式會社	주식 회사	38	894 494
항동二가동 港洞二街洞										동		895 483
									인천항 仁川港	항구		895 483
항동三가동 港洞一街洞										동		898 492
									한국운수주식회사인천지점 韓國運輸株式會社仁川支店	주식 회사	230	898 492
									경기도경찰국 京畿道警察局	경찰국	300	898 492
항동四가동 港洞四街洞				동	무	898 492				동		898 492
	인천지방전매청 仁川地方專賣廳			주요 시설	무	898 491			인천지방전매청 仁川地方專賣廳	전매청	142	898 491
항동五가동 港洞五街洞				동	무	899 491	61	(13)		동	13 61	899 491
	한국미곡창고주식회사 인천지점 韓國米穀倉庫株式會社 仁川支店			주요 시설	무	899 491	70		한국미곡창고주식회사 인천지점 韓國米穀倉庫株式會社 仁川支店	주식 회사	70	899 491
	대한해운공사인천지점 大韓海運公社仁川支店			주요 시설	무	899 491	10		대한해운공사인천지점 大韓海運公社仁川支店	지점	10	899 491

1959년 인천시 지명조사표									지방별 지명조사철 인천시 편			
(2) 행정 구역명	(3) 지명			(4) 지명의 종류	(5) 지도상 기재	(7) BS 좌표	(8) 유래	(9) 비고	(C) 지방호칭의 한글 한자	(E) 지명의 종별	(G) 인구	(H) BS 좌표
	A	B	C									
항동六가동 港洞六街洞				동	무	901 489				동		901 489
	인천우체국 仁川郵遞局			주요 시설	무	901 489	60		인천우체국 仁川郵遞局	우체국	60	901 489
	인천전신전화국 仁川電信電話局			주요 시설	무	901 489	94		인천전신전화국 仁川電信電話局	전신국	94	901 489
항동七가동 港洞七街洞				동	무	901 488	18	(4)		동	4 18	901 488
	국립인천해항검역소 國立仁川海港檢疫所			주요 시설	무	901 488	8		국립인천해항검역소 國立仁川海港檢疫所	검역소	8	901 488
해안동一가동 海岸洞一街洞				동	무	895 493	335	(60)		동	60 335	897 493
해안동二가동 海岸洞二街洞				동	무	896 493	240	(42)		동	42 240	899 492
해안동三가동 海岸洞三街洞				동	무	897 492	90	(18)		동	18 90	899 491
	한국은행인천지점 韓國銀行仁川支店			주요 시설	무	899 492	54		한국은행인천지점 韓國銀行仁川支店	은행	54	899 491
해안동四가동 海岸洞四街洞				동	무	899 491	50	(10)		동	10 50	901 491
	한국산업은행인천지점 韓國産業銀行仁川支店			주요 시설	무	899 491	25		한국산업은행인천지점 韓國産業銀行仁川支店	산업 은행	25	901 491

2) 북부출장소관내

1959년 인천시 지명조사표									지방별 지명조사철 인천시 편			
(2) 행정 구역명	(3) 지명			(4) 지명의 종류	(5) 지도상 기재	(7) BS 좌표	(8) 유래	(9) 비고	(C) 지방호칭의 한글 한자	(E) 지명의 종별	(G) 인구	(H) BS 좌표
	A	B	C									
북부출장소 北部出張所				출장소	무	900 507	54,679	(6,906호)		출장소	6,906 54,679	900 507
만석동 万石洞				동	무	898 510	11,588	(1,802호)		동	1,802 11,588	898 510
	만석동파출소 万石洞派出所			중요 시설	무	901 505	9		인천경찰서만석동파출소 仁川警察署萬石洞派出所	파출소	9	901 505
	대한예수교장로회인천제4교회 大韓예수教長老會仁川第四教會			중요 시설	무	902 503	100		대한예수교장로회인천제4교회 大韓예수教長老會仁川第四教會	교회	100	902 503
	기독교감리회만석교회 基督教監理會万石教會			중요 시설	무	901 505	50		기독교감리회만석교회 基督教監理會万石教會	교회	50	901 505
	조일장유주식회사 朝日醬油株式會社			중요 시설	무	901 522	50		조일장유주식회사 朝日醬油株式會社	주식 회사	50	901 502
	삼화제분주식회사 三和製粉株式會社			중요 시설	무	902 503	52		삼화제분주식회사 三和製粉株式會社	주식 회사	52	902 503
	대동제강주식회사 大同製鋼株式會社			중요 시설	무	901 507	70		대동제강주식회사 大同製鋼株式會社	주식 회사	70	901 507
	한국유리공업주식회사 韓國유리工業株式會社			중요 시설	무	897 512	320		한국유리공업주식회사 韓國유리工業株式會社	주식 회사	320	897 512
	동양방직주식회사 東洋紡織株式會社			중요 시설	무	900 504	2,200		동양방직주식회사 東洋紡織株式會社	주식 회사	2,200	900 504
	조선기계제작소 朝鮮機械製作所			중요 시설	무	904 507	408		조선기계제작소 朝鮮機械製作所	제작소	408	905 506
	만석동사무소 万石洞事務所			중요 시설	무	898 504	6		만석동사무소 万石洞事務所	사무소	6	898 502
	주식회사조선제강소 株式會社朝鮮製鋼所			중요 시설	무	899 504			주식회사조선제강소 株式會社朝鮮製鋼所	주식 회사	113	899 504
	인천조선공업주식회사 仁川造船工業株式會社			중요 시설	무	895 508			인천조선공업주식회사 仁川造船工業株式會社	주식 회사	50	895 504
	대성목재공업주식회사 大成木材工業株式會社			중요 시설		897 505			대성목재공업주식회사 大成木材工業株式會社	주식 회사	470	897 505
	묘도 猫島	괭이부리		삐중 다리	묘도 猫島	897 513			묘도 猫島	삐중 다리		897 512
	월미도 月尾島			섬	월미도 月尾島	881 492			월미도 月尾島	섬		881 492
	소월미도 小月尾島			섬	소 월미도 小 月尾島	880 489			소월미도 小月尾島	섬		880 481
송현一동 松峴一洞				동	무	912 492	8,965	(1,800호)	송현동일동 松峴洞一洞	동	1,800 8,965	912 496
	송현성결교회 松峴聖潔教會			중요 시설	무	912 496	500		송현성결교회 松峴聖潔教會	교회	500	912 496
	미림극장 美林劇場			중요 시설	무	910 496	450		미림극장 美林劇場	극장	450	910 496
	중앙시장 中央市場			중요 시설	무	909 496		(500점포)	중앙시장 中央市場	시장	500	909 496
	송현一동사무소 松峴一洞事務所			중요 시설		910 497	5		송현일동사무소 松峴一洞事務所	사무소	5	910 497
	북부간선**만화로** 北部幹線**萬花路**			도로		910 495			만화로 万花路	다리 (도로)		910 497
송현二동 松峴二洞				동		917 497	11,731	(1,168호)	송현동이동 松峴洞二洞	동	1,168 11,731	917 499

1959년 인천시 지명조사표									지방별 지명조사철 인천시 편			
(2) 행정 구역명	(3) 지명 A	B	C	(4) 지명의 종류	(5) 지도상 기재	(7) BS 좌표	(8) 유래	(9) 비고	(C) 지방호칭의 한글 한자	(E) 지명의 종별	(G) 인구	(H) BS 좌표
	북부출장소사무소 北部出張所事務所			중요 시설	무	912 499	40		인천시북부출장소사무소 仁川市北部出張所事務所	출장소	40	912 499
	송현二동사무소 松峴二洞事務所			중요 시설	무	912 499	5		송현이동사무소 松峴二洞事務所	사무소	5	912 499
	송현변전소 松峴變電所			중요 시설	무	914 502	6		송현변전소 松峴變電所	변전소	6	914 502
	경기도적십자병원 京畿道赤十字病院			중요 시설	무	911 501	29		경기도적십자병원 京畿道赤十字病院	병원	29	911 501
	장노(로)교제五교회 長老敎第五敎會			중요 시설	무	911 499	270		장노(로)교제五교회 長老敎第五敎會	교회	270	911 499
	송현전선도로 松峴前線道路			도로	무	914 500						
	송현수로 松峴水路	수문통		수로	무	91 503			송현배수로 松峴排水路	수로		911 501
	송현제一교 松峴第一橋			다리	무	909 498			송현제일교 松峴第一橋	다리		909 498
	송현제二교 松峴第二橋			다리	무	910 500			송현제이교 松峴第二橋	다리		910 500
	송현제三교 松峴第三橋			다리	무	913 503			송현제삼교 松峴第三橋	다리		913 503
송현四동 松峴四洞				동	무	910 503	847	(101호)	송현동사동 松峴洞四洞	동	101 847	910 501
	교통부인천공작창 交通部仁川工作廠			중요 시절	무	911 504	517		교통부인천공작창 交通部仁川工作廠		517	911 502
	한국화공주식회사 韓國化工株式會社			중요 시절	무	911 501	38		한국화공주식회사 韓國化工株式會社	회사	38	911 501
	~~광인제재소~~ ~~廣仁製材所~~			~~중요~~ ~~시절~~	~~무~~	~~911~~ ~~500~~	34	(削)				
	송현국민학교 松峴國民學校			중요 시절	무	909 504	3,654		송현국민학교 松峴國民學校	학교	3,654	909 501
	반월로 半月路			도로	무	912 504			반월로 半月路	도로		912 504
	송현시장 松峴市場			주요 시설	무	910 502	250		송현시장 松峴市場	시장	250	910 500
화평동 花平洞				동	무	907 501	6,359	(818호)		동	868 6,359	907 501
	화평동사무소 花平洞事務所			중요 시설	무	908 498	4		화평동사무소 花平洞事務所	사무소	4	908 498
	화평동파출소 花平洞派出所			중요 시설	무	908 498			인천서화평동파출소 仁川署花平洞派出所	파출소	8	909 498
	화평성결교회 花平聖潔敎會			중요 시설	무	907 499	200		화평성결교회 花平聖潔敎會	교회	200	907 499
	만화로 万花路			도로	무	908 498			만화로 万花路	다리		908 498
화수동一동 花水洞一洞				동	무	906 504	5,706	(533)		동	533 5,706	906 504
	대한성양(냥)공업주식회사 大韓성양(냥)工業株式會社			주요 시설	무	904 501	150		대한성양(냥)공업주식회사 大韓성양(냥)工業株式會社	회사	150	904 501
	인천극장 仁川劇場			중요 시설	무	905 501	1,000		인천극장 仁川劇場	극장	1,000	905 501
	만화로 万花路			도로	무	904 500						
화수동二동 花水洞二洞				동	무	907 505	6,313	(250)		동	250 6,313	907 505

1959년 인천시 지명조사표									지방별 지명조사철 인천시 편			
(2) 행정 구역명	(3) 지명 A	B	C	(4) 지명의 종류	(5) 지도상 기재	(7) BS 좌표	(8) 유래	(9) 비고	(C) 지방호칭의 한글 한자	(E) 지명의 종별	(G) 인구	(H) BS 좌표
	이천전기공업주식회사 利川電氣工業株式會社			중요 시설	무	908 507	102		이천전기공업주식회사 利川電氣工業株式會社	회사	102	908 507
	한국화학비료주식회사 韓國化學肥料株式會社			중요 시설	무	906 507	57		한국화학비료주식회사 韓國化學肥料株式會社	회사	57	906 507
	대림조선소 大林造船所			중요 시설	무	905 509	30		대림조선소 大林造船所	조선소	30	905 509
	영화중고등학교 永化中高等學校			중요 시설	무	907 506	1,030		영화중고등학교 永化中高等學校	학교	1,030	907 506
	화수부두 花水埠頭	나무선창		항구	무	907 509			화수부두 花水埠頭	항구		907 509
	반월로 半月路			도로	무	906 506						
	선거 船渠			제방	선거 船渠	904 512			조기부두 朝機埠頭	항구		902 512
	화수1,2,3송현4동 사무소 花水一,二,三松峴四 洞事務所			중요 시설	무	906 504	5		화수1,2,3송현4동사무소 花水一,二,三松峴四洞事務所	사무소	5	906 506
	수상경찰서만석동파출소 水上警察署万石洞派出所			중요 시설	무	907 509	10		수상경찰서만석동파출소 水上警察署万石洞派出所	파출소	10	907 509
화수동三동 花水洞三洞				동	무	906 503	3,170	(384)		동	384 3,170	906 503
	화도교회 花島敎會			중요 시설	무	907 502	130		화도교회 花島敎會	교회	130	909 502
	화도유치원 花島幼稚園			주요 시설	무	907 502	30					

3) 남부출장소관내

1959년 인천시 지명조사표									지방별 지명조사철 인천시 편			
(2) 행정 구역명	(3) 지명			(4) 지명의 종류	(5) 지도상 기재	(7) BS 좌표	(8) 유래	(9) 비고	(C) 지방호칭의 한글 한자	(E) 지명의 종별	(G) 인구	(H) BS 좌표
	A	B	C									
남부출장소 南部出張所				출장소	무	922 479				동	44,830 7,499	922 479
숭의동1동 崇義洞一洞				리	무	914 481	3,813	467		리	467 3,813	914 481
	장의리 長意里	장사래	독갑다리	부락	장의 長意	926 477			장의리 長意里	부락		926 477
	경인도로(중복항목) 京仁道路			도로	무	916 482			경인도로 京仁道路	도로		916 482
	다복면업인천공장 多福綿業仁川工場			주요 시설	무	923 484	20		다복면업인천공장 多福綿業仁川工場	공장	20	923 484
	인천공설운동장 仁川公設運動場			주요 시설	무	~~918~~ ~~484~~		別部에 記入				
숭의동3동 崇義洞三洞				리	무	920 489	5,292	(호수 954호)		동	954 5,292	920 489
	숭의1,3동사무소 崇義一,三洞事務所			주요 시설	무	920 489			숭의1,3동사무소 崇義一,三洞事務所	사무소	5	920 489
	경인도로 京仁道路			도로	무	929 485						
	한국예수교인천전도관 韓國예수敎仁川傳道館			주요 시설	무	922 489	8,500		인천전도관 仁川傳道館	전도관	1,000	922 489
	삼성주물공장 三星鑄物工場			주요 시설	무	924 486	104		삼성주물공장 三星鑄物工場	공장	104	924 486
숭의동二동 崇義洞二洞				동	무	923 479	8,590	1,247호		동	1,247 8,590	923 479
	남부출장소사무소 南部出張所事務所			주요 시설	무	922 479	35		인천시남부출장소 仁川市南部出張所	출장소 (사무소)	35	922 481
	숭의二,四동사무소 崇義二,四洞事務所			주요 시설	무	923 479			숭의동二,四동사무소 崇義洞二,四洞事務所	사무소	5	922 481
	숭의동파출소 崇義洞派出所			주요 시설	무	916 481			인천경찰서숭의동파출소 仁川警察署崇義洞派出所	파출소	6	916 481
	인천사범학교 仁川師範學校			주요 시설	무	924 479	2,200		인천사범학교 仁川師範學校	학교	2,200	924 479
	전매청염시험장 專賣廳塩試驗場			염전	염전	915 475	40		전매청염시험장 專賣廳塩試驗場	시험장	40	915 475
	장사리 長沙里	장사래		부락	장의리 長意	926 477						
	만화주물공장 萬和鑄物工場			주요 시설	무	918 479	40		만화주물공장 萬和鑄物工場	공장	40	918 479
	장안극장 長安劇場			주요 시설	무	914 482	740		장안극장 長安劇場	극장	500	914 482
	경인국도(경인도로) 京仁國道**路**			도로		917 481						
	숭의교회 崇義敎會			주요 시설	무	913 482	90		숭의교회 崇義敎會	교회	90	913 482
	보합교회 寶合敎회			주요 시설	무	923 477	100		보합교회 寶合敎會	교회	100	923 477
남부출장소 南部出張所				출장소	무	922 479						922 479
숭의동四동 崇義洞四洞				동	무	928 482	3,785	(一洞과 같이) 612호		동	612 3,785	928 482
									주인선 朱仁線	철도		930 484
	수봉산 水峰山	수봉산 壽鳳山		산	수봉산 壽鳳山	934 477		朱安으로 編記				

1959년 인천시 지명조사표									지방별 지명조사철 인천시 편			
(2) 행정 구역명	(3) 지명 A	(3) 지명 B	(3) 지명 C	(4) 지명의 종류	(5) 지도상 기재	(7) BS 좌표	(8) 유래	(9) 비고	(C) 지방호칭의 한글 한자	(E) 지명의 종별	(G) 인구	(H) BS 좌표
	동인천교 東仁川橋			다리	무	928 485			동인천교 東仁川橋	다리		928 485
	~~와룡주정공업사~~ ~~臥龍酎精工業社~~			~~주요 시설~~	~~무~~	~~927~~ ~~784~~		削 (효명공장)				
	인천남중고등학교 仁川南中高等學校			주요 시설	무	926 484			인천남중고등학교 仁川南中高等學校	학교	978	926 484
	숭의국민학교 崇義國民學校			주요 시설	무	925 483	2,284		숭의국민학교 崇義國民學校	학교	2,284	925 483
	숭의변전소 崇義變電所			주요 시설	무	925 483			숭의변전소 崇義變電所	변전소	10	925 483
	성애원 聖愛院			주요 시설	무	925 483	75		성애원 聖愛院	고아원	75	925 483
	경인국도(경인도로) 京仁~~國~~道**路**			도로		928 485						
	여의실 如意室	여우실		부락	여의 如意	927 483			여의실 如意室	부락	40 250	927 483
옥련동 玉蓮洞				동	옥련 玉蓮	924 442	2,196	(446)		동	446 2,196	924 442
	대암 大岩	큰암		부락	대암동 大岩洞	928 425			대암 大岩	부락	130 750	928 425
	한진 漢津	한나루		부락	한진 漢津	924 436			한진 漢津	부락	100 550	924 436
	옹암 瓮岩	독바위	독배	부락	무	917 442			옹암 翁岩	부락	50 350	917 442
	옥동 玉洞	옥골		부락	무	926 441			옥동(玉洞), 옥골	부락	70 400	926 441
	청양산 清凉山			산	무	929 434			청양산 清凉山	산		929 434
	문학산맥 文鶴山脈			산맥	무	~~927~~ ~~445~~		削				
	아암도 兒岩島			섬	아암도 兒岩島	914 425			아암도 兒岩島	섬		914 425
	송도 松島			부락	무	916 437			송도 松島	부락		916 437
	송도도로 松島道路			도로	무	~~927~~ ~~442~~		削				
	송도역 松島驛			역	무	929 442			송도역 松島驛	역		929 442
	능허대 凌虛台	**凌壺台**		고적	무	916 437			능허대 凌虛台	고적		916 437
	옥련동사무소 玉蓮洞事務所			주요 시설	무	924 442			옥련동사무소 玉蓮洞事務所	사무소	4	924 442
	송도지서 松島支署			주요 시설	무	922 432			인천경찰서송도지서 仁川警察署松島支署	지서	6	922 432
	송도국민학교 松島國民學校			주요 시설	무	929 441	613		송도국민학교 松島國民學校	학교	613	929 441
	인천무선국송도수신국 仁川無線電信局松島受信局			주요 시설	무	917 434						
	송도어업조합 松島漁業組合			주요 시설	무	917 435			송도어업조합 松島漁業組合	어업 조합	15	917 435
	송도장노(로)교회 松島長老敎會			주요 시설	무	923 432			송도장노(로)교회 松島長老敎會	교회	100	923 432
	송도유원지 松島遊園地			주요 시설	무	921 429			송도유원지 松島遊園地	유원지		921 429

1959년 인천시 지명조사표									지방별 지명조사철 인천시 편			
(2) 행정 구역명	(3) 지명 A	B	C	(4) 지명의 종류	(5) 지도상 기재	(7) BS 좌표	(8) 유래	(9) 비고	(C) 지방호칭의 한글 한자	(E) 지명의 종별	(G) 인구	(H) BS 좌표
	성광보육원 聖光保育院			주요 시설	무	926 432	60		성광보육원 聖光保育院	고아원	100	926 432
용현동一동 龍現洞一洞				동	무	929 474	10,783	(호수 2,283)		동	819 5,622	929 474
	비룡 飛龍			부락	비룡 飛龍	924 467			비룡	부락	80 400	924 467
	독정 讀亭			부락	독정 讀亭	929 473			독정	부락	100 500	929 473
	용현지서 龍現支署			주요 시설	무	923 466			인천경찰서용현지서 仁川警察署龍現支署	지서	6	923 466
	감리교회 監理敎會			주요 시설	무	927 471	106		감리교회 監理敎會	교회	176	927 471
	팔복교회 八福敎會			주요 시설	무	935 472	120		팔복교회 八福敎會	교회	120	935 472
	인천공민학교 仁川公民學校			주요 시설	무	926 472	324		인천공민학교 仁川公民學校	학교	324	926 472
	용현一동사무소 龍現一洞事務所			주요 시설	무	929 474			용현一동사무소 龍現一洞事務所	사무소	4	929 474
용현동이동 龍現洞二洞				동	무	921 468	5,622	(819호)		동	819 5,622	921 468
	비룡리 飛龍里	비랭이		부락	비룡 飛龍	922 467						
	약물터			부락	무	914 469			약물터	부락	30 150	914 469
	원도 猿島	낙도 落島	낙섬	섬	낭도 浪島	906 469			원도, 낙도, 낙섬	섬		906 469
	염전저수지 塩田貯水池	낙도저수지 落島貯水池		저수지	무	911 469			염전저수지 塩田貯水池	저수지		911 469
	용현二동사무소 龍現二洞事務所			주요 시설	무	921 468			용현二동사무소 龍現二洞事務所	사무소	4	921 468
	용현국민학교 龍現國民學校			주요 시설	무	917 468	1,500		용현국민학교 龍現國民學校	학교	1,500	917 468
	황해중학교 黃海中學校			주요 시설	무	919 468	300		황해중학교 黃海中學校	학교	300	919 468
	무선고등학교 無線高等學校			주요 시설	무	915 470	550		무선고등학교 無線高等學校	학교	550	915 470
	예수교장노(로)회제七교회 예수교長老會第七敎會			주요 시설	무	922 467	200		예수교장노(로)회제7교회 예수교長老會第七敎會	교회	200	922 467
	인천제염시험장 仁川製塩試驗場			염전	염전 塩田	~~912~~ ~~473~~		㉽(削)				
학익동 鶴翼洞				동	학익 鶴翼	935 459	4,820	세대 932		동	932 4,820	935 459
	노적산 露積山			부락	노적산 露積山	925 455	341	세대 67	노적산 露積山	부락	20 100	925 455
	햇골			부락	무	937 457	250	세대 42	햇골	부락	40 200	937 457
	제운이			부락	무	941 454	233	세대 37	제운이	부락	35 200	941 454
	송도선 松島線			도로	무	924 457			송도선 松島線	도로		924 457
	문학선 文鶴線			도로	무	941 458			문학선 文鶴線	도로		941 458
	학익동사무소 鶴翼洞事務所			중요 시설	무	931 463			학익동사무소 鶴翼洞事務所	사무소	4	931 463

1959년 인천시 지명조사표									지방별 지명조사철 인천시 편			
(2) 행정 구역명	(3) 지명			(4) 지명의 종류	(5) 지도상 기재	(7) BS 좌표	(8) 유래	(9) 비고	(C) 지방호칭의 한글 한자	(E) 지명의 종별	(G) 인구	(H) BS 좌표
	A	B	C									
	인천소년형무소 仁川少年刑務所			중요 시설	무	938 459	1,000		인천소년형무소 仁川少年刑務所	형무소	1,000	938 454
	인천무선전신국 仁川無線電信局			중요 시설	무	932 465	20		인천무선전신국 仁川無線電信局	전신국	20	932 465
	기독교방송국 基督教放送局			중요 시설	무	924 456			기독교방송국 基督教放送局	방송국	100	924 456
	인하공과대학 仁荷工科大學			중요 시설	무	928 467	700		인하공과대학 仁荷工科大學	학교	700	928 467
									학익국민학교 鶴翼國民學校	학교	900	932 463
									인천보육원 仁川保育院	고아원	120	930 462
									학익교회 鶴翼教會	교회	180	937 459
									서광사 瑞光寺	절	80	941 452
									흥한방적주식회사 興韓紡績株式會社	회사	400	932 459
									한국공업주식회사 韓國工業株式會社	회사	80	930 460
									한국농약주식회사 韓國農藥株式會社	회사	70	931 457

4) (인천시) 부평출장소

1959년 인천시 지명조사표									지방별 지명조사철 인천시 편			
(2) 행정 구역명	(3) 지명			(4) 지명의 종류	(5) 지도상 기재	(7) BS 좌표	(8) 유래	(9) 비고	(C) 지방호칭의 한글 한자	(E) 지명의 종류	(G) 인구	(H) BS 좌표
	A	B	C									
인천시부평 출장소 仁川市富平 出張所				출장소	무	990 516	47,536	8,880		출장소	8,880 47,536	990 516
계산一동 桂山一洞				동	부평 富平	992 564	1,873	지도상 요정정 320		동	320 1,873	992 564
	~~부평읍~~ ~~富平邑~~ **부평구읍** **富平舊邑**			부락	부평 富平	992 564	1,873	지도상 요삭제 320	부평구읍 富平舊邑	부락	320 1,873	992 564
	계산一동사무소 桂山一洞事務所			주요 시설	무	993 564	3		계산一동사무소 桂山一洞事務所	사무소		993 564
	계산우체국 桂山郵遞局			주요 시설	무	992 565	5		계산우체국 桂山郵遞局	우체국	5	992 565
	~~부내지서~~ **富平警察署**~~富內支署~~			주요 시설	무	992 565	5		부평경찰서부내지서 富平警察署富內支署	지서	5	992 565
	계동국민학교 桂洞國民學校	부평공립 보통학교 富平公立 普通學校		주요 시설	무	991 565			계동국민학교 桂洞國民學校	학교	900	991 565
	계산감리교회 桂山監理敎會			주요 시설	무	992 564	150		계산감리교회 桂山監理敎會	교회	150	992 564
	부평문묘 富平文廟	향교 鄕校		주요 시설	무	991 564	200		향교(鄕校), 부평문묘(富平文廟)	고적	3	991 564
	계양산 桂陽山	안남산 安南山	아남산	산	계양산 桂陽山	985 579		서곶 출장소 계양면 (계양산)	계양산 桂陽山	산		985 579
	~~고성산성~~ ~~古城山城~~ **계양산성** **桂陽山城**	~~계양산성~~ ~~桂陽山城~~ **고성산성** **古城山城**	**고적**	성	고성산 古城山	993 577		지도상 요정정 계양면 (계양산)	계양산성 桂陽山城	고적		993 577
	경명현 景明峴	징명고개		고개	경명현 景明峴	981 571		서곶(곶) 출장소				
	衆心城			**고적**					중심성 衆心城	고적		981 571
	下里橋								하리교 下里橋	교량		992 563
계산二동 桂山二洞				동	무	001 551	399	58		동	58 399	001 551
	신생리 新生里	살나리	살나리 부락	부락	무	009 563	399	58	신생리(新生里), 살나리	부락	58 399	009 563
	한다리	**大橋**							한다리, 대교(大橋)	교량		024 559
갈산동 葛山洞				동	무	996 542	1,644	267		동	267 1,644	996 542
	갈월리 葛月里	갈월 葛月		부락	갈월 葛月	998 542	1,596	257	갈월리 葛月里	부락	257 1,596	995 542
	사근다리			부락	무	990 535	50	10	사근다리	부락	10 50	990 535
	조선전업부평변전소 朝鮮電業富平變電所			주요 시설	무	995 540			조선전업부평변전소 朝鮮電業富平變電所	변전소	48	995 540
	농업창고 農業倉庫			주요 시설	무	993 539	15		농업창고 農業倉庫	창고	15	993 539

1959년 인천시 지명조사표									지방별 지명조사철 인천시 편			
(2) 행정 구역명	(3) 지명			(4) 지명의 종류	(5) 지도상 기재	(7) BS 좌표	(8) 유래	(9) 비고	(C) 지방호칭의 한글 한자	(E) 지명의 종류	(G) 인구	(H) BS 좌표
	A	B	C									
	새별공민학교 새별公民學校	새별학교		주요 시설	무	993 540	46		새별공민학교 새별公民學校	학교	180	993 540
	한강수리조합간선 漢江水利組合幹線			수로	무	993 537		계양면 고천(촌)면	한강수리조합간선 漢江水利組合幹線	간선		993 537
	한강수리조합관개지 漢江水利組合灌漑地	부평수리 조합관개지 富平水利 組合灌漑地		주요 시설	부평수 리조합 관개지 富平水 利組合 灌漑地	002 531			한강수리조합관개지 漢江水利組合灌漑地	관개지		002 531
	청천교 淸川橋			다리	무	993 537			청천교 淸川橋	교량		993 537
	삼산갈산동사무소 三山葛山洞事務所			주요 시설	무	995 541	4		삼산갈산동사무소 三山葛山洞事務所	사무소	4	995 541
구산동 九山洞				동	무	014 492	145	28		동	28 145	017 492
	비루고개	별유고개	이별고개	고개	무	013 482						
	중앙소년직업훈련소 中央少年職業訓練所			주요 시설	무	014 ○○○			중앙소년직업훈련소 中央少年職業訓練所	훈련소	168	014 492
부평一동 富平一洞				동	부평 富平	990 513	13,356	2,697		동	2,697 13,356	990 513
	부평一동사무소 富平一洞事務所			주요 시설	무	989 515	5		부평一동사무소 富平一洞事務所	사무소	5	989 515
	인천시부평출장소 仁川市富平出張所			주요 시설	무	990 516	37		인천시부평출장소 仁川市富平出張所	출장소	37	990 516
	하촌 下村			부락	대정리 大井里	992 513	938	123	하촌 下村	부락	123 938	992 513
	신용동 新龍洞	신용 新龍		부락	무	990 511	1,500	189	신용동(新龍洞), 신용(新龍)	부락	189 1,500	990 512
	~~다다구미~~ ~~多田組~~ **同所坊**			부락	무	988 514	1,350	225	다다구미	부락	225 1,350	988 514
	자유시장 自由市場			부락	무	990 514	2,177	381	부평자유시장 富平自由市場	부락	381 2,177	990 514
	공설시장 公設市場			부락	무	988 515	1,643	171	부평공설시장 富平公設市場	부락	171 1,643	988 515
	수도사거리 水道四街里			부락	무	989 522	1,770	198	수도사거리 水道四街里	부락	198 1,770	989 522
	신트리	신대리 新垈里		부락	새터말 新基村	994 525	1,420	지도상 요정정 187	신트리, 신대리(新垈里)	부락	187 1,420	994 525
	신부동 新富洞	예배당말		부락	무	992 515	823	133	신부동 新富洞	부락	133 823	992 515
	~~지제루사택~~ ~~지젤舍宅~~ **志節坊**	티-젤		부락	무	994 522	457	74	지절방 志節坊	부락	74 457	994 522
	~~노타라~~	~~ㅡ큰다라~~		도로	~~#~~	~~989~~ ~~512~~		(削)				
	부평역 富平驛			주요 시설	무	990 510	32		부평역 富平驛	역	32	990 510
	경인의원 京仁醫院			주요 시설	무	990 513	5		경인의원 京仁醫院	병원	5	990 513
	부평병원 富平病院			주요 시설	무	990 513	5		부평병원 富平病院	병원	25	990 513
	부평경찰서 富平警察署			주요 시설	무	990 513	220		부평경찰서 富平警察署	경찰서		990 513

1959년 인천시 지명조사표									지방별 지명조사철 인천시 편			
(2) 행정 구역명	(3) 지명			(4) 지명의 종류	(5) 지도상 기재	(7) BS 좌표	(8) 유래	(9) 비고	(C) 지방호칭의 한글 한자	(E) 지명의 종류	(G) 인구	(H) BS 좌표
	A	B	C									
	부평소방서 富平消防署			주요 시설	무	990 513	15		부평소방서 富平消防署	소방서	15	990 514
	부평극장 富平劇場			주요 시설	무	991 514	12		부평극장 富平劇場	극장	512	991 514
	부평동국민학교 富平東國民學校			주요 시설	무	990 516	1,900		부평동국민학교 富平東國民學校	학교	1,679	990 516
	부평서국민학교 富平西國民學校			주요 시설	무	989 514	1,650		부평서국민학교 富平西國民學校	학교	1,679	989 514
	대림산업 大林產業			주요 시설	무	988 512	93		대림산업 大林產業	제재소	93	988 512
	부평성심동원 富平聖心童園			주요 시설	무	995 512	125		부평성심동원 富平聖心童園	고아원	125	995 512
	구세군영 救世軍營			주요 시설	무	993 513	50		구세군영 救世軍營	교회	50	993 513
	조운부평지점 朝運富平支店			주요 시설	무	990 510	4		조운부평지점 朝運富平支店		4	990 510
	중앙교회 中央教會			주요 시설	무	989 513	217		중앙교회 中央教會	교회	217	989 513
	성결교회 聖潔教會			주요 시설	무	989 515	200		성결교회 聖潔教會	교회	200	989 515
	부광교회 富光教會			주요 시설	무	989 515	180		부광교회 富光教會	교회	180	989 515
	부평우체국 富平郵遞局			주요 시설	무	989 516	17		부평우체국 富平郵遞局	우체국		989 516
	부평뽐부장 富平뽐부장			주요 시설	무	995 522			부평뽐뿌장 富平뽐뿌장	뽐부장		995 522
부평二동 富平二洞				동	무	984 507				동		984 507
	소반재말	삼능사택 三菱舍宅	홍중사택 弘中舍宅	부락	무	984 508			삼능사택(三菱舍宅), 소반재말	부락	1,173 6,987	984 508
	부평二동사무소 富平二洞事務所			주요 시설	무	984 508	3		부평二동사무소 富平二洞事務所	사무소	3	984 508
	부평중학교 富平中學校			주요 시설	무	984 508	230		부평중학교 富平中學校	학교	230	984 508
	부평감리교회 富平監理教會			주요 시설	무	984 508	150		부평감리교회 富平監理教會	교회	150	984 508
	동광애육원 東光愛育院			주요 시설	무	984 504	40		동광애육원 東光愛育院	고아원	40	984 504
	부평천주교회 富平天主教會			주요 시설	무	990 505	150		부평천주교회 富平天主教會	교회	150	990 505
	연백성모원 延白聖母院			주요 시설	무	990 505	30		연백성모원 延白聖母院	교회	30	990 505
	경찰전문학교 警察專門學校			주요 시설	무	990 504	50		경찰전문학교 警察專門學校	학교		990 504
	성모자애병원 聖母慈愛病院			주요 시설	무	990 505			성모자애병원 聖母慈愛病院	병원	50	990 505
	부평변전소 富平變電所			주요 시설	무	998 505	30		부평변전소 富平變電所	변전소	30	998 505
부평三동 富平三洞				동	무	975 510	3,343	795		동	795 3,343	975 510
	신촌 新村			부락	무	975 510	3,343	795	신촌 新村	부락	795 3,343	975 510
	부평三십정二동사무소 富平三十井二洞事務所			주요 시설	무	975 511	4		부평三십정二동사무소 富平三十井二洞事務所	사무소	4	975 511
부개동 富開洞				동	무	004 505	4,638	809		동	809 4,638	004 505

1959년 인천시 지명조사표									지방별 지명조사철 인천시 편			
(2) 행정 구역명	(3) 지명			(4) 지명의 종류	(5) 지도상 기재	(7) BS 좌표	(8) 유래	(9) 비고	(C) 지방호칭의 한글 한자	(E) 지명의 종류	(G) 인구	(H) BS 좌표
	A	B	C									
	부개동사무소 富開洞事務所			주요 시설	무	004 506	4		부개동사무소 富開洞事務所	사무소	4	004 506
	마분리 馬墳里	마분 馬墳		부락	무	004 505	1,170	지도상 요정정 215	마분리 馬墳里	부락	215 1,170	004 505
	굴재미			부락	불잠 佛岑	002 506	173	지도상 요정정 32	굴째미	부락	32 173	002 506
	부평무선전신전화건설국 富平無線電信電話建設局			주요 시설	무	004 513	9		부평무선전신전화건설국 富平無線電信電話建設局	건설국	9	004 513
	새말 新村	벽돌막	벽돌말	부락	신마 항리 新馬 航里	006 516	433	82	새말(新村), 벽돌말	부락	82 433	006 516
	부평연화(와)공장 富平煉瓦工場			주요 시설	무	006 516	30		부평연화(와)공장 富平煉瓦工場	공장	30	006 516
	신복동 新福洞	고니새말 小西村	신복 新福	부락	무	000 523	623	115	신복동 新福洞	부락	155 623	000 523
십정二동 十井二洞				동	십정 十井	979 503	1,150	지도상 요정정 210		동	210 1,150	979 503
	원퇴이고개 圓通고개			고개	무	977 498			원통이고개 圓通고개	령		977 498
	국립성계원 國立成蹊園			주요 시설	무	978 498			국립성계원 國立成蹊園			978 498
산곡동 山谷洞				동	산곡 山谷	970 527	7,547	지도상 요정정 1,319		동	1,319 7,547	970 527
	산곡청천동사무소 山谷淸川洞事務所			주요 시설	무	970 528	4		산곡청천동사무소 山谷淸川洞事務所	사무소	4	970 528
	~~백마장~~ ~~白馬場~~ **매꽃새말** **山花新村**	~~매꽃말~~ ~~○○○~~ **백마장** **白馬場**	산곡리 山谷里	부락	무	969 534	7,547	1,319	산화촌(山花村), 백마장(白馬場)	부락	1,319 7,547	969 534
	산곡국민학교 山谷國民學校			주요 시설	무	970 528	1,014		산곡국민학교 山谷國民學校	학교	1,014	970 528
	국산자동차공장 國産自動車工場			주요 시설	무	980 525	53		국산자동차공장 國産自動車工場	공장	53	980 525
	신한베아링공장 新韓베아링工場			주요 시설	무	978 525	44		신한베아링공장 新韓베아링工場	공장	44	978 525
	부천형무소작업장 富川刑務所作業場			주요 시설	무	982 525	24		부천형무소작업장 富川刑務所作業場	작업장	24	982 525
	장고개 長峴			고개	무	988 525		서곳(곶) 출장소	장고개 長峴	고개		962 517
삼산동 三山洞				동	무	002 542	728	134		동	134 728	002 542
	후정리 後井里	후정 後井		부락	후정 後井	000 542	388	지도상 요정정 75	후정리 後井里	부락	75 388	000 542
	영성미 靈城里	흙터머지		부락	무	004 542	340	59	영성미	부락	59 340	004 542
	벼락바위			바위	무	000 542			벼락바위	바위		000 542
서운동 瑞雲洞				동	무	010 552	782	202		동	202 782	010 552

1959년 인천시 지명조사표									지방별 지명조사철 인천시 편			
(2) 행정 구역명	(3) 지명 A	B	C	(4) 지명의 종류	(5) 지도상 기재	(7) BS 좌표	(8) 유래	(9) 비고	(C) 지방호칭의 한글 한자	(E) 지명의 종류	(G) 인구	(H) BS 좌표
	도두머리 道頭里	동운정 東雲町		부락	무	010 552	782	202	도두머리, 동운정(東雲井)	부락	202 782	010 552
	한강수리조합부평출장소 漢江水利組合富平出張所			주요 시설	무	007 554	7		한강수리조합부평출장소 漢江水利組合富平出張所	출장소	7	007 554
	굴포천 掘浦川			하천	무	623 552		계양면 고촌면 오정면	굴포천 掘浦川	하천		023 552
									서운계산동사무소 瑞雲桂山洞事務所	사무소	3	009 053
일신동 日新洞				동	무	009 503	252	47		동	47 252	009 503
	항동라 航洞里 황골	황굴		부락	무	015 498	132	25	항동리(航洞里), 황굴	부락	25 132	017 498
	시온애육원 시온愛育院			주요 시설	무	009 499	30		시은애육원 시은愛育院	고아원	30	019 499
작전동 鵲田洞				동	무	996 554	1,584	223		동	1,584 223	996 554
	작전동사무소 鵲田洞事務所			주요 시설	무	995 554			작전동사무소 鵲田洞事務所	사무소	3	995 554
	가현리 佳峴里	가루개 佳会峴里		부락	가현 佳峴	997 557	273	43	가현리 佳峴里	부락	13 273	997 557
	신대리 新垈里	새대		부락	신대리 新垈里	994 553	281	45	신대리, 새대	부락	45 281	994 553
	화전리 化田里	된밭		부락	화전 化田	996 554	353	61	화전리(化田里), 된밭	부락	61 353	996 554
	작정리 鵲井里	까치말		부락	무	002 550	677	74	작정리, 까치말	부락	74 677	002 550
	~~국방도로~~ ~~國防道路~~ 仁永道路			도로	무	997 547			인영도로 仁永道路	도로		997 547
	하천다리 河川橋	하천교 河川橋		교량	무	997 549			하천교 河川橋	교량		997 549
									김포도로 金浦道路	도로		997 548
청천동 淸川洞				동	청천 淸川	973 537	1,513	지도상 요정정 272		동	272 1,513	973 537
	마장리 馬場里	마재이		부락	무	972 531	1,513	272	마장리(馬場里), 마재이	부락	272 1,513	972 531
효성동 曉星洞				동	효성 曉星	977 556	1,581	165		동	165 1,581	977 556
	새별이			부락	무	977 556	1,581	165	새별이	부락	165 1,581	977 556
	이촌 李村	안말		부락	무	978 558	400	35	이촌(李村), 안말	부락	35 400	978 558
	김촌 金村	아래말		부락	무	980 552	651	75	김촌(金村), 아래말	부락	75 651	980 552
	임촌 任村	넘말		부락	무	974 553	500	45	임촌(任村), 넘말	부락	75 500	974 553
	안화지 安和地	안아지		부락	무	963 548	30	10	안화지(安和地), 안아지	부락	10 30	963 548
	효성동사무소 曉星洞事務所			주요 시설	무	977 556	3		효성동사무소 曉星洞事務所	사무소	3	977 556

5) 남동출장소관내

1959년 인천시 지명조사표										지방별 지명조사철 인천시 편			
(2) 행정 구역명	(3) 지명			(4) 지명의 종류	(5) 지도상 기재	(6) 경위도	(7) BS 좌표	(8) 유래	(9) 비고	(C) 지방호칭의 한글 한자	(E) 지명의 종류	(G) 인구	(H) BS 좌표
	A	B	C										
남동출장소 南洞出張所								12,092	1,825		출장소	1,825 12,092	992 436
고잔동 古棧洞				동			980 403	1,233	185		동	185 1,233	980 423
	괴화 槐花	고양말		부락	괴화동 槐花洞		988 407	150	18	괴화 槐花	부락	18 150	988 407
	갈산 葛山	갈매		부락	갈산동 葛山洞		981 403	282	39	갈산(葛山), 갈매	부락	39 282	981 401
	북촌 北村			부락			979 399	250	42	북촌 北村	부락	42 250	979 399
	남촌 南村			부락	내동 內洞		978 393	213	요정정 34	남촌 南村	부락	34 213	978 393
	서촌 西村			부락			978 398	187	29	서촌 西村	부락	29 187	978 398
	동촌 東村			부락			980 397	151	23	동촌 東村	부락	23 151	980 397
	남동제三구염전 南洞第三區塩田			염전			965 402	27		남동제三구염전 南洞第三區塩田	염전	27	965 402
	한국화약주식회사 인천공장 韓國火藥株式會社 仁川工場			주요 시설			988 403	276		한국화약주식회사 인천공장 韓國火藥株式會社 仁川工場	공장	276	988 401
	남동천주교회 南洞天主敎會			주요 시설			981 403	287		남동천주교회 南洞天主敎會	교회	276	981 403
	남동기독교회 南洞基督敎會			주요 시설			979 395	119		남동기독교회 南洞基督敎會	교회	119	979 395
	고잔동사무소 古棧洞事務所			주요 시설			979 398	3		고잔동사무소 古棧洞事務所	사무소	3	979 398
남촌동 南村洞							981 443	934	152		동	152 934	981 443
	벗말			부락			981 443	934	152	벗말	부락	152 934	981 443
	승기천 承基川			하천			973 447			승기천 承基川	하천		973 447
	승기교 承基橋			다리			973 447			승기교 承基橋	다리		973 447
논현一동 論峴一洞				동	논현리		982 418				동	245 1,716	982 418
	호구포 虎口浦	범아가리		부락			974 414	500	28	호구포 虎口浦	부락	28 500	974 414
	북논현 北論峴	논고개	웃말	부락			987 417	246	30	북논현 北論峴	부락	30 246	987 417
	남논현 南論峴	논고개	아랫말	부락			987 414	258	31	남논현 南論峴	부락	31 258	987 414
	사리울	사리월		부락	사리동		978 422	236	44	사리울	부락	44 236	978 422
	배꼽부리	백호뿌리					971 422			배꼽뿌리	부락	13 42	973 422
	논현사거리 論峴四巨里			도로			988 417			논현사거리 論峴四巨里	도로		988 417
	논현국민학교 論峴國民學校			주요 시설			977 417	1,000		논현국민학교 論峴國民學校	학교	1,000	977 417

1959년 인천시 지명조사표										지방별 지명조사철 인천시 편			
(2) 행정 구역명	(3) 지명			(4) 지명의 종류	(5) 지도상 기재	(6) 경위도	(7) BS 좌표	(8) 유래	(9) 비고	(C) 지방호칭의 한글 한자	(E) 지명의 종류	(G) 인구	(H) BS 좌표
	A	B	C										
	소래전매지청남동분청 蘇萊專賣支廳南洞分廳			주요 시설			972 415	15		소래전매지청남동 분청 蘇萊專轉支廳南洞 分廳	전매청	15	972 415
논현二동 論峴二洞				동	논현리		995 419				동	188 1,249	995 419
	서당골 書堂골	시당골		부락			997 421	31	8	서당골 書堂골	부락	8 31	997 421
	동촌 東村	동역		부락			998 424			동촌 東村	부락	32 206	998 424
	장도 장島	노렴	소래 蘇萊	부락			998 407	516	73	장도 장島	부락	73 516	998 407
	소래역 蘇萊驛			역			998 412	5		소래역 蘇萊驛	역	5	998 412
	소래전매지청 蘇萊專賣支廳			주요 시설			000 414	40		소래전매지청 蘇萊專賣支廳	전매청	40	000 414
	논현지서 論峴支署			주요 시설			999 411	6		인천서논현지서 仁川署論峴支署	지서	6	999 411
	논현一,二동사무소 論峴一,二洞事務所			주요 시설			987 416	4		논현一,二동사무소 論峴一,二洞事務所	사무소	4	987 416
	소래철교 蘇萊鐵橋	소래다리		다리			000 405			소래철교 蘇萊鐵橋	철교		000 405
	논현우체국 論峴郵遞局			주요 시설			998 412			논현우체국 論峴郵遞局	우체국		998 412
	오봉산 五峰山			산	오봉산 五峰山		993 423			오봉산	산		993 423
	산뒤	산후 山後		부락	산후리 山後里		998 420	183	35	산후, 산뒤	부락	25 183	998 420
도림동 桃林洞				동			988 429	1,030	161		동	161 1,030	988 429
	도림리 桃林里			부락	도림 桃林		922 436	302	40	도림 桃林里	부락	40 302	922 436
	신촌 新村	새말		부락			989 433	428	71	신촌(新村), 새말	부락	71 428	989 433
	수곡 水谷	숫골		부락			984 425	156	26	수곡(水谷), 숫골	부락	26 156	984 425
	장재동 長在洞	장작골		부락			987 434	63	10				
	덕곡 德谷	덕골		부락			986 439	81	14	덕곡(德谷), 덕골	부락	1,4 81	986 439
	오봉산 五峯山	태봉산 胎封山		산	오봉산 五峯山		988 419						
	남촌수산도림동사무소 南村壽山桃林洞事務所			주요 시설			994 434	3		남촌수산도림동 사무소 南村壽山桃林洞 事務所	사무소	3	994 434
만수동 萬壽洞				동	만수 萬壽		003 476	1,759	(277)		동	277 1,759	003 476
	만수국민학교 萬壽國民學校			중요 시설			998 462	734		만수국민학교 萬壽國民學校	학교	800	998 462
	대한감리회인천시 만수교회 大韓監理會仁川市 萬壽敎會			중요 시설			004 462	602		대한감리회인천시 만수교회 大韓監理會仁川市 萬壽敎會	교회	602	004 462
	동인천경찰서남동지서 東仁川警察署南洞支署			중요 시설			003 461	5		동인천경찰서남동 지서 東仁川警察署南洞 支署	지서	5	003 461

1959년 인천시 지명조사표										지방별 지명조사철 인천시 편			
(2) 행정 구역명	(3) 지명			(4) 지명의 종류	(5) 지도상 기재	(6) 경위도	(7) BS 좌표	(8) 유래	(9) 비고	(C) 지방호칭의 한글 한자	(E) 지명의 종류	(G) 인구	(H) BS 좌표
	A	B	C										
	만수교 萬壽橋			다리			994 464			만수교 萬壽橋	다리		994 464
	구룡동 九龍洞	구능골		부락	구산동 九山洞		017 481	109	요정정 20	구룡동(九龍洞), 구능골	부락	20 100	005 452
	산저동 山底洞	산밑 부락		부락			015 478	97	17	산저동(山底洞), 산밑말	부락	17 97	015 478
	담방 談芳	담뱅이		부락	담방리		012 478	234	40	담방(談芳), 담뱅이	부락	40 234	012 478
	장승점 長僧店	장승백이		부락	장숭점 長槍店		003 461	223	38	장승점(長僧店), 장승백이	부락	38 223	003 461
	신촌 新村			부락			993 461	101	12				
	조곡 鳥谷	새골		부락	새골 鳥谷		006 468	259	요정정 39	조곡, 새골	부락	39 259	006 468
	하촌 河村			부락	하촌 河村		996 470	180	27	하촌(河村)	부락	27 180	994 470
	성현 星峴	박촌말	비루고개	부락	성현 星峴		996 470	306	52	성현, 비리고개	부락	52 306	996 470
	서판 西判	쇄판		부락			998 475	254	32	서판(西判), 쇄판	부락	32 254	998 477
	만수동사무소 萬壽洞事務所			중요 시설			003 461	3		만수동사무소 萬壽洞事務所	사무소	3	003 461
	만수천 萬壽川			하천			994 464			만수천 萬壽川	하천		994 464
	남동출장소 南洞出張所			주요 시설			002 460	13		인천시남동출장소 仁川市南洞出張所	출장소	13	002 466
수산동 壽山洞				동			988 454	892	154		동	154 892	988 454
	발촌 鉢村	배렷		부락	발산 鉢山		991 445	386	요정정 66	발촌(鉢村), 배렷	부락	66 386	991 445
	능곡 陵谷	능골		부락			987 443	120	23	능곡(陵谷)	부락	23 120	987 443
	냉정 冷井	찬우물		부락	냉정 冷井		987 449	177	30	냉정, 찬우물	부락	30 177	987 449
	경신 慶信 敬神			부락	경신 慶信 敬神		987 457	209	35	경신(敬神)	부락	35 209	987 457
서창동 西昌洞				동	서창 西昌		008 447	1,068	158		동	158 1,068	008 447
	서창 西昌	골말	곡촌 谷村	부락			009 451	155	20	서창(西昌), 골말, 곡촌(谷村)	부락	20 155	009 451
	독곡 獨谷	독골		부락			006 450	294	40	독곡(獨谷), 독골	부락	40 294	009 456
	설내 雪內	아랫말		부락	설내 雪內		007 443	301	50	설내, 아랫말	부락	50 301	007 443
	장아동 藏我洞	장굴		부락	장아동 藏我洞		012 442	151	26	장아동, 장굴	부락	26 151	012 442
	걸재(제) 傑齊			부락	걸재(제) 傑齊		011 448	167	23	걸제(傑齊)	부락	23 167	011 448
	소래일구염전 蘇萊一區塩田			염전			007 433	140		소래재(제)一구염전 蘇萊第一區塩田	염전	140	007 433
	서창운연동사무소 西昌雲宴洞事務所			주요 시설			009 446	3		서창운연동사무소 西昌雲宴洞事務所	사무소	3	009 446
	새방죽뚝			제방			002 442			새방죽	제방		002 442

1959년 인천시 지명조사표										지방별 지명조사철 인천시 편			
(2) 행정 구역명	(3) 지명			(4) 지명의 종류	(5) 지도상 기재	(6) 경위도	(7) BS 좌표	(8) 유래	(9) 비고	(C) 지방호칭의 한글 한자	(E) 지명의 종류	(G) 인구	(H) BS 좌표
	A	B	C										
	소래일구염전저수지 蘇萊一區塩田貯水池			저수지			010 429			소래제일구염전 저수지 蘇萊第一區塩田 貯水池	저수지		010 429
운연동 雲宴洞				동	운연동 雲宴洞		025 450	883	(151)		동	151 883	025 450
	연락 宴樂	연락골		부락			025 457	262	(45)	연락(宴樂), 연락골	부락	45 262	025 457
	음실 陰室			부락	운실동 雲室洞		025 449	323	요정정 (53)	음실 陰室	부락	53 323	025 449
	하촌 下村	아랫말		부락			028 409	197	(38)				
	제척 祭尺	제척말		부락						제청(祭廳), 제청말	부락	15 95	028 449
장수동 長壽洞				동	장수동 長壽洞		021 475	1,376	(164)		동	164 1,376	021 475
	장자 壯者	장자골		부락	장수동 長壽洞		013 466	794	(85)	장자(壯者), 장자골	부락	85 794	013 466
	수현 水峴	물네미		부락	수현리		011 480	272	(35)	수현, 물네미, 무네미	부락	35 272	013 488
	만의 晩宜	만의골		부락	만의동 晩宜洞		029 476	259	(37)	만의, 만의골	부락	37 259	029 476
	장수동사무소 長壽洞事務所			주요 시설			013 467	3		장수동사무소 長壽洞事務所	사무소	3	013 467
	관모산 冠帽山			산			022 471			관모산(冠帽山), 갓모산	산		022 471
	거마산 距馬山			산			017 478			거마산 距馬山	산		017 478
	상아산 象牙山			산	상아산 象牙山		026 474			상아산 象牙山	산		024 474
	장수교 長壽橋			다리			008 462			장수교 長壽橋	다리		008 462
	장수천 長壽川			하천			008 462			장수천 長壽川	하천		008 462
										비루고개	고개		013 482

6) 서곶출장소

1959년 인천시 지명조사표									지방별 지명조사철 인천시 편			
(2) 행정 구역명	(3) 지명			(4) 지명의 종류	(5) 지도상 기재	(7) BS 좌표	(8) 유래	(9) 비고	(C) 지방호칭의 한글 한자	(E) 지명의 종류	(G) 인구	(H) BS 좌표
	A	B	C									
서곳(곶)출장소 西串出張所										출장소	1,564 7,501	945 552
가정동 佳亭洞				동	가정니(리) 佳亭里	945 552	862	지도상 요정정 (168호)		동	168 862	945 552
	가정 佳亭			부락	가정니(리) 佳亭里	946 550	640	지도상 요정정 (126호)	가정 佳亭	부락	126 640	946 550
	봉화촌 烽火村	봉오재		부락	봉현니(리) 烽峴里	938 559	102	지도상 요정정 (20호)	봉화촌(烽火村), 봉오재	부락	20 102	938 559
	산저동 山底洞	산밑말 주막		부락	무	949 549	120	(22호)	산저동(山底洞), 산밑주막	부락	22 120	949 549
	철마산 鐵馬山			산	철마산 鐵馬山	954 558			철마산 鐵馬山	산		954 558
	승학현 昇鶴峴	싱아고개		영	무	948 559			승학현(昇鶴峴), 싱아고개	령		948 559
	~~가정지 佳亭址~~	~~가정앞산~~		산	무	~~947 549~~		(削)				
	佳亭塩田								가정염전	염전	24	939 556
가좌동 佳佐洞				동	무	956 514	1,473	(267호)		동	267 1,473	956 514
	건지 乾池	건지골		부락	무	954 519			건지(乾池), 건지골	부락	113 570	954 519
	상촌 上村	웃말	박촌말	부락	무	954 514			상촌(上村), 윗말	부락	97 410	954 514
	감중절리 甘中節里	감중절		부락	무	948 511			감중절리 甘中節里	부락	54 420	948 511
	~~○○○○~~ 번지기나루 步道津	보도지(진) 步道津	보도진 나루	부락 나루터	무	944 516			보도진, 보도지, 번지기나루	나루터		944 516
	가좌동사무소 佳佐洞事務所			주요 시설	무	955 512	4		가좌동사무소 佳佐洞事務所	사무소	4	955 512
	개와리				개와리			지도상 요삭제	개와리	부락		949 517
석남동 石南洞				동	무	947 531	798	(138호)		동	138 798	947 531
	번작리 番作里	번지기		부락	무	947 521			번작리, 번지기	부락	49 293	947 521
	고잔 高棧			부락	무	933 530			고잔 高棧	부락	41 236	933 530
	고작리 高作里	고장니(리)		부락	고장니(리) 高作里	947 532			고작리	부락		947 532
	옷우물								옷우물	부락	29 237	948 533
	석남학교 石南學校			주요 시설	무	950 533	460		석남국민학교 石南國民學校	학교	460	950 533
검암동 黔岩洞				동	검암리 黔岩里	953 593	900	요지도상 정정 (150호)		동	150 900	953 593
	검암 黔岩	검바위		부락	검바우	953 593	595	요지도상 정정 (95호)	검암(黔岩), 검바위	부락	95 595	953 593

1959년 인천시 지명조사표									지방별 지명조사철 인천시 편			
(2) 행정 구역명	(3) 지명			(4) 지명의 종류	(5) 지도상 기재	(7) BS 좌표	(8) 유래	(9) 비고	(C) 지방호칭의 한글 한자	(E) 지명의 종류	(G) 인구	(H) BS 좌표
	A	B	C									
	간재 艮才	간재울		부락	간재리 艮才里	944 592	305	지도상 요정정 (55호)	간재, 간재울	부락	55 305	944 592
	검암교 黔岩橋	시시내 다리		교량	무	963 594		시천동과 경계를 이 루고 있음	검암교 黔岩橋	다리		963 594
	고려중학교 高麗中學校			주요 시설	무	953 591	300		고려중학교 高麗中學校	학교	300	953 591
	백석시천검암동사무소 白石始川黔岩洞事務所			주요 시설	무	952 592	4		백석시천검암동사무소 白石始川黔岩洞事務所	사무소	4	952 592
	검암천주교회 黔岩天主教會			주요 시설	무	952 593	200		검암천주교회 黔岩天主教會	교회	200	952 593
	서곶(곶)염전 西串塩田			염전	무	938 597	15		서곶(곶)염전 西串塩田	염전	15	938 597
	인천제염공사 仁川製塩公社			염전	무	941 591	50		인천제염공사 仁川製塩公社	염전	50	941 591
경서동 景西洞				동	무	933 584	1,250	218호		동	218 1,250	933 584
	고잔 高棧	쑥땡이		부락	고잔니 (리) 高棧里	933 584	790	지도상 요정정 (148호)	고잔 高棧	부락	148 790	933 584
	난지도 蘭芝島	난점		섬	난지도 蘭芝島	921 593	185		난지도	섬		921 593
	청나(라)도 菁蘿島	팔염		섬	파-렴 菁蘿島	893 562			청나도 菁蘿島	섬		893 562
	금산 金山			산	금산 金山	919 589			금산 金山	산		919 589
	사도 蛇島	사염		섬	사섬 蛇島	918 576			사도	섬		918 576
	일도 一島	일섬		섬	일도 一島	885 564			일도 一島	섬		885 564
	장도 獐島	놀염		섬	놀염 獐島	888 581			장도 獐島	섬		888 581
	문점도 文沾島	문점		섬	문점도 文沾島	898 554			문점도	섬		898 554
	소문점도 小文沾島	소문점		섬	소 문점도 小 文沾島	903 554			소문점도	섬		903 554
	기도 箕島	키섬		섬	무	908 559			기도 箕島	섬		908 559
	부도 缸島	장구염		섬	무	883 558			부도 缸島	섬		883 558
	이도 耳島	곰에바위	굼에바위	섬	무	885 557			이도 耳島	섬		885 557
	잰겸도			섬	무	912 567			잰겸도, 쟁계섬	섬		912 567
	까투렴			섬	무	907 582			까투렴	섬		907 582
	경서동사무소 景西洞事務所			주요 시설	무	934 587	4		경서동사무소 景西洞事務所	사무소	4	934 587
	청나(라)분교 菁蘿分校			주요 시설	무	896 563	28		청나분교 菁蘿分校	학교	28	896 563
	서주염전 西州塩田			염전	무	925 591	30		서주염전 西州塩田	염전	30	925 591
심곡동 深谷洞				동	심곡니 (리) 深谷里	952 569	398	지도상 요정정 (73호)		동	73 398	952 569

1959년 인천시 지명조사표										지방별 지명조사철 인천시 편			
(2) 행정 구역명	(3) 지명 A	B	C	(4) 지명의 종류	(5) 지도상 기재	(7) BS 좌표	(8) 유래	(9) 비고		(C) 지방호칭의 한글 한자	(E) 지명의 종류	(G) 인구	(H) BS 좌표
	사동 寺洞	절골		부락	무	954 573				사동(寺洞), 절골	부락	29 145	954 573
	양가촌 梁家村	양가말		부락	무	946 568				양가촌(梁家村), 양가말	부락	23 115	947 568
	심곡천 深谷川	샘내		하천	무	947 568				심곡천(深谷川), 샘내	하천		947 568
	뒤골말									뒷골	부락	20 107	953 573
공촌동 公村洞				동	공촌니(리) 公村里	956 578	603	지도상 요정정 (105호)			동	105 603	956 578
	공촌 公村	골연이		부락	공촌니(리) 公村里	956 578		지도상 요정정		공촌 公村	부락	67 361	956 578
	괴기벌			부락	무	959 584				괴기벌	부락	31 220	959 584
	계양산 桂陽山	안남산 安南山		산	계양산 桂陽山	983 580		부평과의 경계를 이루고 있음					
	경명현 景明峴	징맹이 고개		영	경명 고개 景明峴	984 573				경명현, 징명이고개	영		984 573
	빈정천 濱汀川			하천	무	951 588				빈정천 濱汀川	하천		951 584
	빈정교 濱汀橋			교량	무	947 583				빈정교 濱汀橋	교량		947 583
신현동 新峴洞				동	신현니(리) 新峴里	940 542	780	지도상 요정정 (135호)			동	135 780	940 542
	신현 新峴	새고개		부락	신현니(리) 新峴里	940 542	755	지도상 요정정 (133호)		신현(新峴), 새오개	부락	133 755	940 542
	가정신현석남동사무소 佳,新,石南洞事務所			주요 시설	무	940 542	4			가정신현석남동사무소 佳,新,石南洞事務所	사무소	4	940 542
	신현교회 新峴教會			주요 시설	무	942 543	60			신현교회 新峴教會	교회	100	942 543
백석동 白石洞				동	백석리 白石里	945 606	721	지도상 요정정 (105호)			동	105 721	945 606
	독정 篤亭	독젱이		부락	독정리 篤亭里	957 618	118	지도상 요정정 (16호)		독정, 독젱이	부락	16 118	957 618
	백석 白石	한들		부락	백석리 白石里	945 605	496	지도상 요정정 (76개호)		백석(白石), 한돌	부락	76 496	945 605
	거월 巨月	걸월이		부락	구-리 巨於里	938 613	109	지도상 요정정 (13개호)		거월(巨月), 걸월이	부락	13 109	938 613
	백석성결교회 白石聖潔敎會			주요 시설	무	945 606	60			백석성결교회 白石聖潔敎會	교회	60	945 606
	백석염전 白石塩田			염전	무	942 605	25			백석염전 白石塩田	염전	25	942 605
	인포염전 仁浦塩田			염전	무	937 671	50			인포염전 仁浦塩田	염전	50	937 671
시천동 始川洞				동	시천리 始川里	956 601	319	지도상 요정정 (62호)			동	62 319	956 601

1959년 인천시 지명조사표									지방별 지명조사철 인천시 편			
(2) 행정 구역명	(3) 지명			(4) 지명의 종류	(5) 지도상 기재	(7) BS 좌표	(8) 유래	(9) 비고	(C) 지방호칭의 한글 한자	(E) 지명의 종류	(G) 인구	(H) BS 좌표
	A	B	C									
	시천 始川	시시내		부락	시천니 (리) 始川里	962 598	279	지도상 요정정 (52호)	시천(始川), 시시내	부락	52 279	962 598
	시천천 始川川	시시내 개울		하천	무	953 599			시천천 始川川	하천		953 599
	점촌 店村	점말		부락	점말 店村	954 604	40	(10호)	점촌 店村	부락	10 40	954 604
서곶(곶)출장소 西串出張所				출장소	무							
연희동 連喜洞	연일 連日			동	연희리 連喜里	946 576		지도상 요정정 (161호)		동	161 886	946 576
	샛말 間村			부락	무	952 577			샛말 間村	부락	153 837	952 577
	서곶(곶)출장소 西串出張所			주요 시설	무	947 577	15		인천시서곶(곶)출장소 仁川市西串出張所	출장소	15	947 577
	공촌연희심곡동사무소 公村連喜深谷洞事務所			주요 시설	무	948 576	4		공촌연희심곡동사무소 公村連喜深谷洞事務所	사무소	4	948 576
	부평경찰서서곶(곶)지서 富平警察署西串支署			주요 시설	무	947 577			부평경찰서서곶(곶)지서 富平警察署西串支署	지서	6	947 577
	연희동교회 連喜洞教會			주요 시설	무	949 576	150		연희동교회 連喜洞教會	교회	150	949 576
	상애염전 相愛塩田			염전	무	934 573	28		상애염전 相愛塩田	염전	28	934 573
	용두산 龍頭山			산	무	933 569			용두산 龍頭山	산		933 569
	서곶(곶)국민학교 西串國民學校			주요 시설	무	946 576	549		서곶(곶)국민학교 西串國民學校	학교	600	946 576
원창동 元倉洞				동	무	932 543	689	(117호)		동	117 689	932 543
	포촌 浦村	개말		부락	포리 浦里	928 542		지도상 요정정	포촌(浦村), 개말	부락	62 257	928 542
	환자곶(곶) 還子串			부락	무	935 535			환자곶(곶) 還子串	부락	53 220	935 535
	율도 栗島	밤염		섬	율도 栗島	898 533			율도(栗島), 밤염	섬		898 533
	세어도 細於島	세루		섬	세어도 細於島	850 606			세어도	섬		850 606
	자치도 雌雉島			군도	자치도 雌雉島	921 543			자치도	군도		921 543
	소도 小島	소염		섬	소염 小島	912 544			소도 小島	섬		912 544
	장금도 長金島			군도	장금도 長金島	901 544			장금도 長金島	군도		901 549
	목도 木島	목섬		군도	무	888 536			목도 木島	섬		888 536
	호도 虎島	범섬		군도	무	871 577			호도, 뱀섬	섬		871 577
	지내섬			군도	무	842 610			지내섬	섬		842 610
	율도분교 栗島分校			주요 시설	무	899 533	42		율도분교 栗島分校	학교	42	899 533
	세어도분교 細於島分校			주요 시설	무	856 604			세어도분교 細於島分校	학교	40	856 604
	원창동사무소 元倉洞事務所			주요 시설	무	935 544	4		원창동사무소 元倉洞事務所	사무소	4	935 544

7) 주안출장소관내

1959년 인천시 지명조사표									지방별 지명조사철 인천시 편			
(2) 행정 구역명	(3) 지명 A	B	C	(4) 지명의 종류	(5) 지도상 기재	(7) BS 좌표	(8) 유래	(9) 비고	(C) 지방호칭의 한글 한자	(E) 지명의 종류	(G) 인구	(H) BS 좌표
주안출장소 朱安出張所				출장소						출장소	3,117 21,966	947 479
간석동 間石洞				동	간석 間石	976 478	2,628	(390호)		동	390 2,628	976 478
	주안 朱岸	큰말	주원 朱元	부락	무	971 481	485	(86호)	주안(朱岸), 주원(朱元)	부락	86 485	971 481
	양촌 陽村	양짓말		부락	무	972 482	347	(55호)	양촌(陽村), 양짓말	부락	55 347	972 482
	석촌 石村	돌말		부락	석촌 石村	977 486	363	(57호)	석촌(石村), 돌말	부락	57 363	977 486
	원통고개 圓通고개			고개	무	976 493		富平으로 編入記				
	국립성계원 國立成蹊園			주요 시설	무	976 495	603	(110호)				
	약사암 藥師庵			주요 시설	무	978 490	5		약사암 藥師庵	고적	5	978 490
	조선요업주식회사 朝鮮窯業株式會社			주요 시설	무	964 480	70		조선요업주식회사 朝鮮窯業株式會社	회사	70	964 480
구월동 九月洞				동	구월 九月	983 467	2,050	(322호)		동	322 2,050	983 467
	성동 城洞	성말		부락	무	982 464	541	(81호)	성동(城洞), 성말	부락	81 541	982 464
	전재동 田全在洞	전재울		부락	전재동 全在洞	983 463	174	(29호)	전재동, 전재울	부락	29 174	983 463
	대구월동 大九月洞	큰 구월리		부락	무	983 466	370	(59호)	대구월동(大九月洞), 큰구월	부락	59 370	983 466
	소구월동 小九月洞	자근(작은) 구월리		부락	무	986 465	303	(38호)	소구월동(小九月洞), 작은구월	부락	38 303	986 465
	구월동사무소 九月洞事務所			주요 시설	무	983 466			구월동사무소 九月洞事務所	사무소	4	983 466
	구월국민학교 九月國民學校			주요 시설	무	984 467	470		구월국민학교 九月國民學校	학교	470	984 467
	수인도로 水仁道路			도로	무	977 466			수인도로 水仁道路	도로		977 466
도화동一동 道禾洞一洞				동	도화동 道禾洞	935 482	3,082	(507호)		동	507 3,082	935 482
	주안출장소 朱安出張所			주요 시설	무	945 481			주안출장소사무소 朱安出張所事務所	사무소	15	947 479
	도화一동사무소 道禾一洞事務所			주요 시설	무	932 482			도화一동사무소 道禾一洞事務所	사무소	4	932 482
	도마다리			부락		938 483	2,574	(373호)	도마다리	부락	373 2,574	938 483
	봉동 鳳洞			부락	무	936 483	508	(134호)	봉동 鳳洞	부락	134 508	936 483
	도화국민학교 道禾國民學校			주요 시설	무	936 484	586		도화국민학교 道禾國民學校	학교	586	936 484
	수봉사 水峯寺			주요 시설	무	933 482	124		수봉사 水峯寺	절	124	933 482
	성광육아원 聖光育兒院			주요 시설	무	942 478	128		성광육아원 聖光育兒院	고아원	128	942 478
	수봉산 壽鳳山			산	수봉산 壽鳳山	937 479			수봉산 壽鳳山	산		937 479

1959년 인천시 지명조사표									지방별 지명조사철 인천시 편			
(2) 행정 구역명	(3) 지명			(4) 지명의 종류	(5) 지도상 기재	(7) BS 좌표	(8) 유래	(9) 비고	(C) 지방호칭의 한글 한자	(E) 지명의 종류	(G) 인구	(H) BS 좌표
	A	B	C									
도화동二동 道禾洞二洞				동	화동 禾洞	935 490	6,128	(1,245호)		동	1,245 6,128	935 493
	도화동二동사무소 道禾洞二洞事務所					935 493			도화동二동사무소 道禾洞二洞事務所	사무소		935 493
	대지기			부락	태직 垈直	927 488	2,264	(357호)	대지기	부락	357 2,264	927 488
	등대숙골 水谷洞	숙골	마장 馬場	부락	무	943 492	1,859	(130호)	수곡동(水谷洞), 숫골	부락	130 1,859	943 492
	안곡동 雁谷洞	매골		부락	무	932 493	1,101	(50호)	안곡동(雁谷洞), 매골	부락	150 1,101	932 493
	신계동 新溪洞	신족골		부락	무	931 496	957	(163호)	신계동(新溪洞), 신족골	부락	163 957	931 496
	~~불산~~ ~~佛山~~ **東山公園**	~~팔십 팔개소~~ ~~八十八個所~~	~~부처산~~	산	무	927 491			동산공원(東山公園)	공원		926 495
	경기수산고등학교 京畿水産高等學校			중요 시설		937 487	630		경기수산고등학교 京畿水産高等學校	학교	630	937 487
	동인천중학교 東仁川中學校			중요 시설		927 487			동인천중학교 東仁川中學校	학교	921	927 487
	성광중상업고등학교 聖光中商業高等學校			중요 시설		928 490			성광중상업고등학교 聖光中商業高等學校	학교	223	928 490
	박문여자중고등학교 博文女子中高等學校			중요 시설	무	924 484	965		박문여자중고등학교 博文女子中高等學校	학교	965	924 489
	동양고무공업주식회사 東洋고무工業株式會社			중요 시설		938 487	120		동양고무공업주식회사 東洋고무工業株式會社	회사	120	938 487
	~~동아탄소주식회사~~ ~~東亞炭素株式會社~~			~~중요~~ ~~시설~~	무			(削)				
	도화교회 道禾敎會			중요 시설	무	934 493	150		도화교회 道禾敎會	교회	150	934 493
십정동一동 十井洞一洞				동	십정 十井	964 499	1,703	(302호)		동	302 1,703	964 499
	십정一동사무소 十井一洞事務所					961 497			십정一동사무소 十井一洞事務所	사무소	4	961 497
	상십정동 上十井洞	웃말		부락	무	963 503	618	(76호)	상십정동 上十井洞	부락	76 618	963 503
	하십정동 下十井洞	아랫말		부락	무	962 492	735	(68호)	하십정동(下十井洞), 아랫열우물	부락	68 735	962 492
	꽃밭골			부락	무	967 495	350	(66호)	꽃밭골	부락	66 350	967 495
	함봉산 虠峰山			산		958 503			함봉산 虠峰山	산		958 503
	주안염전(중복 항목) 朱安塩田			염전	주안 염전 朱安 塩田	957 493			주안염전	염전		957 493
주안동一동 朱安洞一洞				동			3,724	(786)		동	786 3,724	949 481
	주안一,二동사무소 朱安一,二洞事務所			동			5		주안一,二동사무소 朱安一,二洞事務所	사무소	5	949 479
	충훈동 忠勳洞	충훈부 (忠勳府)		부락			1,920		충훈동(忠勳洞), 충훈부(忠勳府)	부락	120 1,920	949 481
	석암동 石岩洞	석바위	석암	부락			1,784		석암동(石岩洞), 석바위	부락	130 1,784	953 475

1959년 인천시 지명조사표									지방별 지명조사철 인천시 편			
(2) 행정 구역명	(3) 지명 A	B	C	(4) 지명의 종류	(5) 지도상 기재	(7) BS 좌표	(8) 유래	(9) 비고	(C) 지방호칭의 한글 한자	(E) 지명의 종류	(G) 인구	(H) BS 좌표
	주안역 朱安驛			역			10		주안역 朱安驛	역	10	950 483
	주안고령토광산 朱安高嶺土鑛山			광산			25		주안고령토광산 朱安高嶺土鑛山	광산	25	963 475
	주안우체국 朱安郵遞局			주요 시설			6		주안우체국 朱安郵遞局	우체국	6	949 481
	주안감리교회 朱安監理敎會			주요 시설			175		주안감리교회 朱安監理敎會	교회	176	951 478
	주안장노(로)교회 朱安長老敎會			주요 시설			145		주안장노(로)교회 朱安長老敎會	교회	145	949 477
	주안정미소 朱安精米所			주요 시설			35		주안정미소 朱安精米所	정미소	35	948 479
	주안지서 朱安支署			주요 시설			11		동인천경찰서주안지서 東仁川警察署朱安支署	지서	11	943 483
	주안섬유공장 朱安纖維工場			주요 시설			35		주안섬유공장 朱安纖維工場	공장	35	943 483
	주안염전 朱安塩田			주요 시설			183					
	대양도자기회사 大洋陶瓷器會社			주요 시설			65		대양도자기회사 大洋陶瓷器會社	회사	65	957 478
	주안양조장 朱安釀造場			주요 시설			10		주안양조장 朱安釀造場	양조장	10	944 480
	농은주안출장소 農銀朱安出張所			주요 시설			8		농업은행주안출장소 農業銀行朱安出張所	출장소	8	943 483
주안동二동 朱安洞二洞				동						동	521 3,347	945 471
	주안사거리 朱安四巨里			부락					주안사거리 朱安四巨里	부락	116 514	946 476
	지두동 池頭洞	못머리		부락			822		지두동(池頭洞), 못머리	부락	92 534	944 474
	사미 士美	새미		부락			554		사미(士美), 새미	부락	93 554	942 470
송내동 松內洞									솔안말	부락	64 504	952 472
	재동 ~~財~~ 梓洞	잿말		부락			488		재동(梓洞), 잿말	부락	124 734	941 474
	인천공업고등학교 仁川工業高等學校			주요 시설			1,390		인천공업고등학교 仁川工業高等學校	학교	1,390	942 475
	인천주안국민학교 仁川朱安國民學校			주요 시설			1,035		주안국민학교 朱安國民學校	학교	1,035	950 471
	사미감리교회 士美監理敎會			주요 시설			110		사미감리교회 士美監理敎會	교회	110	940 472
	중앙도자기회사 中央陶瓷器會社			주요 시설			116		중앙도자기회사 中央陶瓷器會社	회사	116	938 470
	인천화장장 仁川火葬場			주요 시설			3		인천시립화장 仁川市立葬場	화장	3	938 470
	제인원 濟仁院			주요 시설					인천시립제인원 仁川市立濟仁院	중요 시설	30	963 473

8. (인천시) 문학출장소

1959년 인천시 지명조사표									지방별 지명조사철 인천시 편			
(2) 행정 구역명	(3) 지명			(4) 지명의 종류	(5) 지도상 기재	(7) BS 좌표	(8) 유래	(9) 비고	(C) 지방호칭의 한글 한자	(E) 지명의 종류	(G) 인구	(H) BS 좌표
	A	B	C									
문학출장소 文鶴出張所				출장소	무	952 443	7,853	(1,283)		출장소	1,283 7,853	952 443
관교동 官校洞				동	관교 官校	952 456	1,273	(196)		동	196 1,273	952 456
	관교문학선학동 官校文鶴仙鶴洞			주요 시설	무	952 456			관교문학선학동사무소 官校文鶴仙鶴洞事務所	동사 무소	5	952 456
	문학출장소 文鶴出張所			주요 시설	무	952 456	15		인천시문학출장소 仁川市文鶴出張所	출장소	15	952 456
	문학국민학교 文鶴國民學校			주요 시설	무	952 457	540		문학국민학교 文鶴國民學校	학교	540	952 457
	문학문묘 文鶴文廟	인천문묘 仁川文廟		고적	무	956 457			문학문묘 文鶴文廟	중요 시설 문묘	15	956 457
	문학약수 文鶴藥水			약수	무	956 458			문학약수 文鶴藥水	고적 약수		956 458
	승기리 承基里	신비 神秘		부락	무	957 459		(70)	승기리 承基里	부락	70 450	957 459
	관청리 官廳里			부락	관청 官廳	955 456	480	지도상 요삭제 (80)	관청리 官廳里	부락	80 480	955 456
	승기천 承基川			하천	무	968 459			승기천 承基川			968 459
동춘동 東春洞				동	동춘 東春	933 425	2,125	(333)		동	333 2,125	933 425
	남동염전一구 南洞塩田一區			염전	남동 염전 南洞 塩田	948 406	120		남동염전일구 南洞塩田一區	염전	120	948 406
	인명사 仁明寺			주요 시설	무	935 432	15		인명사 仁明寺	절	15	935 432
	동춘동사무소 東春洞事務所			주요 시설	무	937 426			동춘동사무소 東春洞事務所	동사 무소	4	937 426
	동촌동 東村洞			부락	동촌 東村	937 427	870	(120)	동촌 東村	부락	120 870	937 427
	가곡 稼谷	각골 角谷		부락	가곡 稼谷	942 432	120	(20)	가곡 稼谷	부락	20 120	942 432
	동막판매소 東幕販賣所			주요 시설	무	936 409						3
									동막 東幕	부락		938 413
	~~자압~~ **척전** 尺前	**자압**		부락	무	927 426	140	(30)	척전 尺前	부락	30 140	927 426
문학동 文鶴洞				동	문학 文鶴	959 449	725	(130)		동	130 725	959 449
	문학지서 文鶴支署			주요 시설	무	959 447	6		동인천경찰서문학지서 東仁川警察署文鶴支署	지서	6	959 447
	문학산 文鶴山	배꼽산	봉화산 烽火山	산	문학산 文鶴山	947 446		문학동, 청학동, 연수동	문학산 文鶴山	산		947 446
	문학산성 文鶴山城			고적	무	947 446			문학산성 文鶴山城	성		947 446

1959년 인천시 지명조사표									지방별 지명조사철 인천시 편			
(2) 행정 구역명	(3) 지명			(4) 지명의 종류	(5) 지도상 기재	(7) BS 좌표	(8) 유래	(9) 비고	(C) 지방호칭의 한글 한자	(E) 지명의 종류	(G) 인구	(H) BS 좌표
	A	B	C									
	학산서원 鶴山書院			고적	무	942 447		鶴翼洞으로 編記 南部出張所 管內	학산서원 鶴山書院	서원		942 447
	부천양조장 富川釀造場	문학양조장 文鶴釀造場		주요 시설	무	948 449			부천양조장 富川釀造場	양조장	10	948 449
	산성리 山城里			부락	산성 山城	949 447	360	(60)	산성리 山城里	부락	60 360	949 447
선학동 仙鶴洞				동	무	915 447	1,066	(179)		동	179 1,066	915 447
	남동염전2구 南洞塩田二區			염전		969 428	100		남동염전이구 南洞塩田二區	염전	100	969 428
	도장 道章			부락	도장 道章	964 447	540	(90)	도장 道章	부락	90 540	964 447
	소도장 小道章			부락	소도장 小道章	964 448	526	(89)	소도장 小道章	부락	89 526	964 448
연수동 延壽洞				동	연수 延壽	949 426	1,749	(290)		동	290 1,749	949 426
	남동역 南洞驛			역	무	965 417	5		남동역 南洞驛	역	5	965 417
	연수교회 延壽教會			주요 시설	무	945 425	120		연수교회 延壽教會	교회	120	945 425
	부수지 浮水地			부락	부수지 浮水芝 (地)	952 432	300	(60)	부수지 浮水地	부락	60 300	952 432
	적십자결핵요양원 赤十字結核療養院			주요 시설	무	943 437	120		적십자결핵요양원 赤十字結核療養院	병원	120	943 437
	신기 新基			부락	신기 新基	958 437	480	(80)	신기 新基	부락	80 480	958 437
	묵동 墨洞	먹으미		부락			300	(50)	묵동 墨洞	부락	50 300	950 430
청학동 青鶴洞				동	청학 青鶴	938 443	915	(155)		동	155 915	938 443
	연수청학동 延壽青鶴洞			주요 시설	무	938 443			연수청학동사무소 延壽青鶴洞事務所	사무소	4	938 443
	사모제고개 思慕主峴	삼호재 三呼峴		고개	무	942 446			사모주고개(思慕主峴), 삼호고개(三呼峴)	고개		942 446
	청량산 淸凉山	척량산 尺量山		산	무	935 436			청량산(淸凉山), 척량산(尺量山)	산		935 436
	청능(릉) 青陵			부락	청릉 青陵	936 437	200	(30)	청능(릉)	부락	30 200	936 437
									인천시부평남국민학교			987 506
									부평부흥국민학교			996 517
									경기수산고등학교			883 498
									인천서흥국민학교			919 499
									인천신광국민학교			910 483
									인천송월국민학교			899 499
									인천용일국민학교			935 471

9) 동부출장소 – 보유편

전국 지명조사철 인천시 편 지명조사표										지방별 지명조사철 인천시 편			
(2) 행정 구역명	(3) 지명			(4) 지명의 종류	(5) 지도상 기재	(6) 경위도	(7) BS 좌표	(8) 유래	(9) 비고	(C) 지방호칭의 한글 한자	(E) 지명의 종류	(G) 인구	(H) BS 좌표
	A	B	C										
동부출장소 東部出張所				출장소 행정 기구	무	126-38-40 37-28-30	BS 916 496	(10,147)	(2,591)		출장소	2,591 10,147	BS. 916 496
금곡동一동 金谷洞一洞				동	무	126-38-20 37-28-20	913 493	(2,816)	(419)		동	419 2,816	BS. 913 493
	배다리			다리	무	126-38-20 37-28-20	910 492			배다리	다리		BS 910 492
	상인천우체국 上仁川郵遞局			우체국	무	126-38-20 37-28-20	912 493	(5)		상인천우체국 上仁川郵遞局	우체국	5	BS 912 493
	문화극장 文化劇場			극장	무	126-38-20 37-28-20	913 493	(800)	254와 동일	문화극장 文化劇場	극장	800	254와 동일 BS 912 493
	한국중앙무진회사 인천지점 韓國中央無盡會社 仁川支店			금융 기관	무	126-38-20 37-28-20	913 493	(20)		한국중앙무진회사 인천지점 韓國中央無盡會社 仁川支店	회사	20	BS 913 493
	한국무진회사인천지점 韓國無盡會社仁川支店			금융 기관	무	126-38-20 37-28-20	911 493	28		한국무진회사인천 지점 韓國無盡會社仁川 支店	회사	28	BS 911 493
금곡동二동 金谷洞二洞				동	무	126-38-40 37-28-20	916 491	(3,639)	(459)		동	459 3,639	BS 916 491
	금곡교회 金谷教會			주요 시설	무	126-38-40 37-28-20	917 492	(140)		금곡교회 金谷教會	교회	140	BS 917 492
	안식교회 安息教會			주요 시설	무	126-38-40 37-28-20	917 493	(180)		안식교회 安息教會	교회	180	BS 917 493
	금곡一,二동사무소 金谷一,二洞事務所			주요 시설	무	126-38-30 37-28-20	915 493			금곡일,이동사무소 金谷一,二洞事務所	사무소	4	BS 915 493
	인천시동부출장소 仁川市東部出張所			행정 기관	무	126-38-30 37-28-20	916 493	(25)		인천시동부출장소 仁川市東部出張所	출장소	25	BS 916 493
송림동一동 松林洞一洞				동	무	126-38-30 37-28-20	913 493	(3,427)	(549)		동	549 3,427	BS 913 493
	송림국민학교 松林國民學校			학교	무	126-38-20 37-28-20	912 494	(4,300)		송림국민학교 松林國民學校	학교	4,300	BS 912 494
	송림천주교회당 松林天主教會堂			교회	무	126-38-20 37-28-20	912 495	(4,200)		송림천주교회당 松林天主教會堂	교회	4,200	BS 912 495
송림동二동 松林洞二洞				동	무	126-38-30 37-28-50	915 497	(8,799)	(1,114)		동	1,114 8,799	BS 915 497
	동인천경찰서 東仁川警察署			행정 기관	무	126-38-30 37-28-20	915 493	(120)		동인천경찰서 東仁川警察署	경찰서	120	BS 915 493
	제一도장 第一屠場			주요 시설	무	126-38-40 37-28-20	918 494	(7)		제일도장 第一屠場	도장	7	BS 918 494
	동명국민학교 東明國民學校	동명 학원 東明 學院		학교	무	126-38-30 37-28-20	915 494	(930)		동명국민학교 東明國民學校	학교	930	BS 915 494
	제三교회 第三教會			교회	무	126-38-40 37-28-20	918 496	(300)		제삼교회 第三教會	교회	300	BS 918 496
	침예(례)교회 浸禮教會			주요 시설	무	126-38-30 37-28-20	915 492	(250)		침예(례)교회 浸礼教會	교회	250	BS 915 498
	인천강업주식회사 仁川鋼業株式會社	인천고 무공장 仁川고 무工場		주요 시설	무	126-38-30 37-28-20	913 494	(52)		인천강업주식회사 仁川鋼業株式會社	회사	52	BS 913 494

전국 지명조사철 인천시 편 지명조사표										지방별 지명조사철 인천시 편			
(2) 행정 구역명	(3) 지명 A	B	C	(4) 지명의 종류	(5) 지도상 기재	(6) 경위도	(7) BS 좌표	(8) 유래	(9) 비고	(C) 지방호칭의 한글 한자	(E) 지명의 종류	(G) 인구	(H) BS 좌표
	송림一,二동사무소 松林一二洞事務所			주요 시설	무	126-38-30 37-28-30	915 497	(50)		송림一,二동사무소 松林一,二洞事務所	사무소	50	BS 915 497
	송림로 松林路			도로	무	126-38 -○○ 37-28-20	919 496			송림로 松林路	도로		BS 919 496
송림동三동 松林洞三洞				동	무	126-39-00 37-28-20	922 495	(12,741)	(2,429)		동	2,429 12,341	BS 922 495
	서림국민학교 瑞林國民學校			학교	무	126-39-00 37-28-20	922 492	(3,199)		서림국민학교 瑞林國民學校	학교	3,199	BS 922 492
	도림로 桃林路			도로	무	126-38-50 37-28-20	919 495			도림로 桃林路	도로		BS 919 495
	동산중고등학교 東山中高等學校			학교	무	126-39-00 37-28-20	923 495	(1,920)		동산중고등학교 東山中高等學校	학교	1,920	BS 923 495
	조곡 鳥谷	새꼴		부락	무	126-38-40 37-28-20	918 491	(11,501)	(1,850)	조곡(鳥谷), 새꼴	부락	1,850 11,501	BS 918 492
	송림三동사무소 松林三洞事務所			주요 시설	무	126-39 -○○ 38-28-10	921 492	(4)		송림삼동사무소 松林三洞事務所	사무소	4	BS 921 491
송림동四동 松林洞四洞				동	무	126-39-10 37-28-30	924 498	(8,161)	(1,285)		동	1,285 8,161	BS 924 498
	활터고개 弓峴	헐덕 고개		부락	무	126-39-10 37-28-30	924 499	(1,203)	(170)	활터고개 弓峴	부락	170 1,203	BS 924 499
	동양금속주식회사 東洋金屬株式會社			회사	무	126-39-00 37-28-30	921 496	(40)		동양금속주식회사 東洋金屬株式會社	회사	40	BS 921 496
	구세군송림영문 救世軍松林營門			주요 시설	무	126-39 -○○ 37-28-30	923 497	(130)		구세군송림영문 救世軍松林營門	교회	130	BS 923 497
	송림四동사무소 松林四洞事務所			주요 시설	무	126-39-10 37-28-30	924 498	(4)		송림사동사무소 松林四洞事務所	사무소	4	BS 924 498
송현동三동 松峴洞三洞				동	무	126-38-40 37-28-40	918 499	(8,668)	(1,793)		동	1,793 8,668	BS 918 499
	인천시배수지 仁川市配水池	수도 국산 水道 局山	만수산 滿水山	저수지	무	126-38-30 37-28-40	916 500			인천시배수지 仁川市排(配)水池	저수지		BS 916 500
	대한중공업공사 大韓重工業公社			회사	무	126-38-30 37-28-50	916 503	(578)		대한중공업공사 大韓重工業工(公)社	주요 시설	578	BS 916 503
	한국강업주식회사 韓國鋼業株式會社			회사	무	126-38-30 38-28-40	916 503	(200)		한국강업주식회사 韓國鋼業株式會社	회사	200	BS 916 503
	대한연공업주식회사 大韓鉛工業株式會社			주요 시설	무	126-38-50 37-28-50	919 506	(31)		대한연공업주식회사 大韓鉛工業株式會社	회사	31	BS 919 506
	장노(로)교제6교회 長老敎第六敎會			교회	무	126-38-40 37-28-40	917 501	(400)		장노(로)교제6교회 長老敎第六敎會	교회	400	BS 917 501
	송현三동사무소 松峴三洞事務所			주요 시설	무	126-38-40 37-28-40	918 502	(4)		송현삼동사무소 松峴三洞事務所	사무소	4	BS 918 502
창영동 昌榮洞				동	무	126-38-30 37-28-10	916 490	(4,250)	(602)		동	602 4,250	BS 916 490
	쇠뿔고개 牛角峴	솔뿔이 고개 松根峴		고개	무	126-38-40 37-28-10	918 493			쇠뿔고개 牛角峴	고개		BS 918 493
	창영국민학교 昌榮國民學校			학교	무	126-38-40 37-28-10	916 491	(3,958)		창영국민학교 昌榮國民學校	학교	3,958	BS 916 491
	영화여자중학교 永化女子中學校			학교	무	126-38-10 37-28-10	917 491	(219)		영화여자중학교 永化女子中學校	학교	219	BS 917 491

전국 지명조사철 인천시 편 지명조사표										지방별 지명조사철 인천시 편			
(2) 행정 구역명	(3) 지명			(4) 지명의 종류	(5) 지도상 기재	(6) 경위도	(7) BS 좌표	(8) 유래	(9) 비고	(C) 지방호칭의 한글 한자	(E) 지명의 종류	(G) 인구	(H) BS 좌표
	A	B	C										
	영화여자국민학교 永化女子國民學校			학교	무	126-38-50 37-28-10	917 491	(477)	296과 동일함	영화여자국민학교 永化女子國民學校	학교	477	296와 동일함 BS 917 491
	동인천세무서 東仁川稅務署			행정 기관	무	126-38-40 37-28-10	918 492	(102)		동인천세무서 東仁川稅務署	세무서	102	BS 918 492
	창영교회 昌榮敎會			주요 시설	무	126-38-40 37-28-10	917 492	(270)	298과 동일함	창영교회 昌榮敎會	교회	270	298와 동일함 BS 917 492
	창영동사무소 昌榮洞事務所			주요 시설	무	126-38-40 37-28-10	916 491	(70)	293과 동일함	창영동사무소 昌榮洞事務所	사무소	70	295와 동일함 BS 916 491

2.
「1959년 인천시 지명조사표」와 「한국지명총람 인천시 편」의 수록 지명 비교

1) 중부출장소
2) 북부출장소관내
3) 남부출장소관내
4) (인천시) 부평출장소
5) 남동출장소관내
6) 서곶출장소
7) 주안출장소관내
8) (인천시) 문학출장소
9) 동부출장소-보유편

1) 중부출장소

1959년 인천시 지명조사표					한국지명총람 인천시 편			
행정 구역	지명	이칭1	이칭2	지명 유형	행정 구역	지명	이칭	지명 유형
관동一가동 官洞一街洞				동	중구	중구 中區		구
관동二가동 官洞二街洞				동	관-동	관-동 官洞		동
관동三가동 官洞三街洞				동	관동-1가	관동-1가 官洞一街		동
					관동-2가	관동-2가 官洞二街		동
					관동-3가	관동-3가 官洞三街		동
관동一가동 官洞一街洞	중앙교회 中央敎會			주요 시설				
관동一가동 官洞一街洞	인천시청 仁川市廳			주요 시설				
관동一가동 官洞一街洞	옹진군청 甕津郡廳			주요 시설				
관동一가동 官洞一街洞	인천시중부출장소 仁川市中部出張所			주요 시설				
관동二가동 官洞二街洞	경인일보사 京仁日報社			주요 시설				
관동二가동 官洞二街洞	중앙해안항관송학선린동사무소 中央海岸港官松鶴善隣洞事務所			주요 시설				
경동 京洞				동	경-동	경-동 京洞	싸리재, 축현, 바깥말, 외동	동
						경동-사거리 京洞-		길
						바깥-말		마을
경동 京洞	싸리재			고개		싸리-재		마을
						외-동 外洞		마을
						축-현 杻峴		마을
경동 京洞	애관 愛館			주요 시설				
경동 京洞	상업은행인천지점 商業銀行仁川支店			주요 시설				
경동 京洞	조흥은행인천지점 朝興銀行仁川支店			주요 시설				
					내경-동	내경-동 內京洞		동
내동 內洞				동	내-동	내-동 內洞	안굴, 내리	동
						내-리 內里		마을
						안-굴		마을
						의장지-안		마을
						인천감리서-터 仁川監理署-		터
						지계-표석 地界標石		고적
	서울지방법원인천지원 서울地方法院仁川支院			주요 시설				
	서울地方檢察廳仁川支廳			주요 시설				
	영화국민학교 永化國民學校			주요 시설				
	농업은행인천지점 農業銀行仁川支店							

1959년 인천시 지명조사표					한국지명총람 인천시 편			
행정 구역	지명	이칭1	이칭2	지명 유형	행정 구역	지명	이칭	지명 유형
답동 畓洞				동	답-동	답-동 畓洞	논골	동
						논-골		마을
답동 畓洞	부천군청 富川郡廳			주요 시설				
답동 畓洞	송도중고등학교 松都中高等學校			주요 시설				
답동 畓洞	신흥국민학교 新興國民學校			주요 시설				
답동 畓洞	박문국민학교 博文國民學校			주요 시설				
답동 畓洞	시은고등공민학교 施恩高等公民學校	東本願寺		주요 시설				
답동 畓洞	천주교인천답동성당 天主敎仁川畓洞聖堂			주요 시설				
답동 畓洞	해성보육원 海星保育院			주요 시설				
도원동 桃源洞				동	도원-동	도원-동 桃源洞	도산	동
						도-산 桃山		마을
도원동 桃源洞	도원교 桃源橋			다리		도원-교 桃源橋		다리
						볏-마당		마을
도원동 桃源洞	보각사 普覺寺			주요 시설		보각-사 普覺寺		절
						황곡-현 黃谷峴		고개
도원동 桃源洞	황골고개			고개		황골-고개	황곡현	고개
도원동 桃源洞	인천시도원공설운동장 仁川市桃源公設運動場			주요 시설				
도원동 桃源洞	인천경찰서도원동경찰관파출소 仁川警察署桃源洞警察官派出所			주요 시설				
도원동 桃源洞	인천소방서 仁川消防署			주요 시설				
도원동 桃源洞	보합공민학교 宝盒公民學校			주요 시설				
도원동 桃源洞	도원국민학교 桃源國民學校			주요 시설				
도원동 桃源洞	도원교회 桃源敎會			주요 시설				
도원동 桃源洞	제二교회 第二敎會			주요 시설				
도원동 桃源洞	대륙산업주식회사 大陸産業株式會社			주요 시설				
도원동 桃源洞	도원공원 桃源公園			주요 시설				
					북성-동	북성-동 北城洞	북성	동
						돌방죽-다리		다리
						북-성 北城		마을
						북성포대-터 北城砲臺-		고적
						소-월미도1 小月尾島		마을

1959년 인천시 지명조사표					한국지명총람 인천시 편			
행정 구역	지명	이칭1	이칭2	지명 유형	행정 구역	지명	이칭	지명 유형
						소-월미도2 小月尾島		섬
용동 龍洞				동	용-동	용-동 龍洞	용현, 용리	동
						건봉-사 乾鳳寺	능인사, 능인포교당	절
						권번-자리 券番-		마을
						능인-사 能仁寺		절
						능인-포교당 能仁布敎堂		절
						용동-마루턱1 龍洞-		마을
						용동-마루턱2 龍洞-		고개
						용-리 龍里		마을
						용-현 龍峴		마을
						큰-우물		우물
						큰우물-거리		마을
용동 龍洞	용동절			주요 시설				
북성동一가동 北城洞一街洞	외국인공동묘지 外國人共同墓地			산		외국인-공동묘지 外國人共同墓地		묘
						월미-도1 月尾島		마을
						월미-도2 月尾島		섬
						월미도진-터 月尾島鎭-		고적
						월미도행궁-터 月尾島行宮-		터
						유엔군-인천상륙지점 UN軍仁川上陸地點		비
						인천-역 仁川驛	하인천역	역
						작은-월미도1		마을
						작은-월미도2		섬
북성동一가동 北城洞一街洞	인천역 仁川驛	하인천역 下仁川驛		역		하-인천역 下仁川驛		역
북성동一가동 北城洞一街洞				동	북성동-1가	북성동-1가 北城洞一街		동
북성동二가동 北城洞二街洞				동	북성동-2가	북성동-2가 北城洞二街		동
북성동三가동 北城洞三街洞				동	북성동-3가	북성동-3가 北城洞三街		동
북성동一가동 北城洞一街洞	대한제분인천공장 大韓製粉仁川工場			주요 시설				
북성동一가동 北城洞一街洞	경기도어업조합연합회 京畿道漁業組合聯合會			주요 시설				
북성동二가동 北城洞二街洞	하인천파출소 下仁川派出所			주요 시설				
북성동二가동 北城洞二街洞	북성교회 北城敎會			주요 시설				

1959년 인천시 지명조사표					한국지명총람 인천시 편			
행정 구역	지명	이칭1	이칭2	지명 유형	행정 구역	지명	이칭	지명 유형
사동 沙洞					사-동	사-동 沙洞	모래말, 사촌	동
						모래-말		마을
						사-촌 沙村		마을
사동 沙洞	인천세관 仁川稅關							
선린동 善隣洞			청관 清館	동	선린-동	선린-동 善隣洞	청관	동
						청-관 清館		마을
선린동 善隣洞	인천화교자치구 仁川華僑自治區			주요 시설				
선린동 善隣洞	인천화교소학교 仁川華僑小學校							
선린동 善隣洞	공화춘 共和春							
선화동 仙花洞	화가동			동	선화-동	선화-동 仙花洞	부두	동
						부-두 埠頭		마을
선화동 仙花洞	보건소 保健所			주요 시설				
선화동 仙花洞	동진보육원 同進保育院			주요 시설				
선화동 仙花洞	조흥양조장 朝興釀造場							
					송월-동	송월-동 松月洞	솔울, 송산	동
						솔-울		마을
						송-산 松山		마을
송학동一가동 松鶴洞一街洞	인천시자유공원 仁川市自由公園			주요 시설		자유-공원 自由公園	만국공원, 서공원	공원
						학익-지석묘 鶴翼支石墓		고적
송학동3가동 松鶴洞三街洞	홍예문 虹霓門	홍여문		주요 시설		홍예-문		고적
송학동一가동 松鶴洞一街洞				동	송학동-1가	송학동-1가 松鶴洞一街		동
송학동一가동 松鶴洞一街洞	인천시교육청 仁川市敎育廳			주요 시설				
송학동一가동 松鶴洞一街洞	인천시립박물관 仁川市立博物館			주요 시설				
송학동二가동 松鶴洞二街洞				동	송학동-2가	송학동-2가 松鶴洞二街		동
송학동3가동 松鶴洞三街洞				동	송학동-3가	송학동-3가 松鶴同三街		동
송학동二가동 松鶴洞二街洞	인승(성)여자중학교 仁聖女子中學校			주요 시설				
송학동二가동 松鶴洞二街洞	무궁화공민학교 無窮花公民學校			주요 시설				
송학동二가동 松鶴洞二街洞	제일교회 第1敎회(會)			주요 시설				
송학동3가동 松鶴洞三街洞	시민관 市民舘			주요 시설				

1959년 인천시 지명조사표					한국지명총람 인천시 편			
행정 구역	지명	이칭1	이칭2	지명 유형	행정 구역	지명	이칭	지명 유형
송학동3가동 松鶴洞三街洞	제二시민관 第二市民館			주요 시설				
송학동3가동 松鶴洞三街洞	인천세무서 仁川稅務署			주요 시설				
송학동3가동 松鶴洞三街洞	인천상공회의소 仁川商工會議所			주요 시설				
송학동3가동 松鶴洞三街洞	인천경찰서 仁川警察署			주요 시설				
송학동3가동 松鶴洞三街洞	시은교회 施恩教會			주요 시설				
송월동1가동 松月洞一街洞	송월시장 松月市場			주요 시설		송월-시장 松月市場		장
송월동1가동 松月洞一街洞				동	송월동-1가	송월동-1가 松月洞一街		동
송월동二가동 松月洞二街洞				동	송월동-2가	송월동-2가 松月洞二街		동
송월동三가동 松月洞三街洞				동	송월동-3가	송월동-3가 松月洞三街		동
송월동1가동 松月洞一街洞	송월교회 松月教會			주요 시설				
송월동1가동 松月洞一街洞	북성송월동사무소 北城松月洞事務所			주요 시설				
송월동二가동 松月洞二街洞	애경유지주식회사 愛敬油脂	애경사		주요 시설				
송월동三가동 松月洞三街洞	송월국민학교 松月國民學校			주요 시설				
송월동三가동 松月洞三街洞	송월교회 松月教會			주요 시설				
					송학-동	송학-동 松鶴洞		동
						고유섭-비 高裕燮碑		비
						만국-공원 萬國公園		공원
						맥아더원수-동상		동상
						서-공원 西公園		공원
신생동 新生洞				동	신생-동	신생-동 新生洞		동
						신생동-삼층석탑 新生洞三層石塔		고적
신생동 新生洞	남인천여자중고등학교 南仁川女子中高等學校			주요 시설				
신생동 新生洞	경전인천지점 京電仁川支店			주요 시설				
신생동 新生洞	환일정미소 丸一精米所			주요 시설				
신생동 新生洞	시(신)생애육원 新生愛育院			주요 시설				
신포동 新浦洞				동	신포-동	신포-동 新浦洞	터진개, 탄포	동
						닭전-거리		마을
						생선전-거리 生鮮廛-		장
						신포-시장 新浦市場		장

1959년 인천시 지명조사표					한국지명총람 인천시 편			
행정 구역	지명	이칭1	이칭2	지명 유형	행정 구역	지명	이칭	지명 유형
신포동 新浦洞	어시장 魚市場			주요 시설		어-시장 魚市場	생선전거리	장
						탄-포 綻浦		마을
						터진-개		마을
신포동 新浦洞	경기도관재국 京畿道管財局			주요 시설				
신포동 新浦洞	동방극장 東邦劇場			주요 시설				
					신흥-동	신흥-동 新興洞	꽃굴, 화개동	동
						꽃-굴		마을
						남-인천역 南仁川驛		역
						신흥-시장 新興市場		장
						신흥-중앙도매시장 新興中央都賣市場		장
						해광-사 海光寺	화엄사	절
						화개-동 花開洞		마을
						화엄-사 華嚴寺		절
신흥동一가동 新興洞一街洞				동	신흥동-1가	신흥동-1가 新興洞一街		동
신흥동二가동 新興洞二街洞				동	신흥동-2가	신흥동-2가 新興洞二街		동
신흥동三동 新興洞三洞					신흥동-3가	신흥동-3가 新興洞三街		동
					신흥-1동	신흥-1동 新興一洞		동
					신흥-2동	신흥-2동 新興二洞		동
신흥동一가동 新興洞一街洞	해광여자기술학교 海光女子技術學校			주요 시설				
신흥동一가동 新興洞一街洞	신흥一二동사무소 新興一二洞事務所			주요 시설				
신흥동一가동 新興洞一街洞	곡물검사소 穀物檢査所			주요 시설				
신흥동一가동 新興洞一街洞	해광사 海光寺			주요 시설				
신흥동一가동 新興洞一街洞	삼화정미소 三和精米所			주요 시설				
신흥동一가동 新興洞一街洞	협신정미소 協信精米所			주요 시설				
신흥동一가동 新興洞一街洞	대륙정미소 大陸精米所			주요 시설				
신흥동一가동 新興洞一街洞	협신화학공장 協信化學工場			주요 시설				
신흥동二가동 新興洞二街洞	항도상업기술학교 港都商業技術學校			주요 시설				
신흥동二가동 新興洞二街洞	경기도립인천병원 京畿道立仁川病院			주요 시설				

1959년 인천시 지명조사표					한국지명총람 인천시 편			
행정 구역	지명	이칭1	이칭2	지명 유형	행정 구역	지명	이칭	지명 유형
신흥동二가동 新興洞二街洞	인천경찰서신흥동파출소 仁川警察署新興洞派出所			주요 시설				
신흥동二가동 新興洞二街洞	고려정미소 高麗精米所			주요 시설				
신흥동二가동 新興洞二街洞	이화철공소 二和鐵工所							
신흥동三동 新興洞三洞	남인천역 南仁川驛							
신흥동三동 新興洞三洞	기마경찰대 騎馬警察隊							
신흥동三동 新興洞三洞	신흥삼선화동사무소 新興三仙花洞事務所							
신흥동三동 新興洞三洞	경기도자동차기술학교 京畿道自動車技術學校							
신흥동三동 新興洞三洞	동방산업사 東邦産業社							
유동 柳洞				동	유-동	유-동 柳洞	버드나무골, 버들골, 유목동	동
						버드나무-골		마을
						버들-골		마을
						유목-동 柳木洞		마을
율목동 栗木洞	밤나무골			동	율목-동	율목-동 栗木洞	밤나무골, 율목리	동
						권업소-자리 勸業所-		마을
						긴담-모퉁이		모롱이
						밤나무-골		마을
						새-동네		마을
						오례-당 五禮堂	오리당	집
						오리-당		집
						용운-사 龍雲寺		절
						율목-공원 栗木公園	화장터	공원
						율목-리 栗木里		마을
						화장-터		공원
율목동 栗木洞	인천고등학교 仁川高等學校			주요 시설				
율목동 栗木洞	부천교육청 富川教育廳			주요 시설				
율목동 栗木洞	유율목동사무소 柳栗木洞事務所			주요 시설				
율목동 栗木洞	인천시립도서관 仁川市立圖書館			주요 시설				
율목동 栗木洞	기독병원 基督病院			주요 시설				
인현동 仁峴洞				동	인현-동	인현-동 仁峴洞		동
						동-인천역 東仁川驛	상인천역, 축현역	역

1959년 인천시 지명조사표					한국지명총람 인천시 편			
행정 구역	지명	이칭1	이칭2	지명 유형	행정 구역	지명	이칭	지명 유형
인현동 仁峴洞	동인천역 東仁川驛	축현역 杻峴驛	상인천역 上仁川驛	역		상-인천역 上仁川驛		역
						채미전-거리		마을
						축현-역 杻峴驛		역
인현동 仁峴洞	중앙로 中央路	杻峴 沓洞線		도로				
인현동 仁峴洞	숭인로 崇仁路	도원동선 桃源洞線	채미전 거리	도로				
인현동 仁峴洞	화평철로교 花平鐵路橋	화평철로 문다리		다리				
인현동 仁峴洞	축현국민학교 杻峴國民學校			주요 시설				
인현동 仁峴洞	인천여자고등학교 仁川女子高等學校			주요 시설				
인현동 仁峴洞	축현파출소 杻峴派出所			주요 시설				
인현동 仁峴洞	인천구세군 仁川救世軍			주요 시설				
인현동 仁峴洞	동일산업주식회사 東一産業株式會社			주요 시설				
인현동 仁峴洞	동방동인천분공장 東紡東仁川分工場			주요 시설				
인현동 仁峴洞	인천청과시장주식회사 仁川靑果市場			주요 시설				
전동 錢洞				동	전-동	전-동 錢洞		동
						구름-다리	운교	다리
						기상대-산 氣象臺山	오정포산	산
	오정포산 午正砲山	기상대산				오정포-산 午正砲山		산
	운교 雲橋					운-교 雲橋		다리
						웃터-골		마을
						전환국-터 典圜局-		터
	인천중학교 仁川中學校			주요 시설				
	제물포고등학교 濟物浦高等學校			주요 시설				
	인천여자중학교 仁川女子中學校			주요 시설				
	인천측후소 仁川測候所			주요 시설				
	전동교회 錢洞敎會			주요 시설				
	전동변전소 錢洞變電所			주요 시설				
	인천해군병원 仁川海軍病院			주요 시설				
	대화주조장 大華酒造場			주요 시설				
					중앙-동	중앙-동 中央洞		동
중앙동일가동 中央洞一街洞				동	중앙동-1가	중앙동-1가 中央洞一街		동

1959년 인천시 지명조사표					한국지명총람 인천시 편			
행정 구역	지명	이칭1	이칭2	지명 유형	행정 구역	지명	이칭	지명 유형
중앙동二가동 中央洞二街洞				동	중앙동-2가	중앙동-2가 中央洞二街		동
중앙동三가동 中央洞三街洞				동	중앙동-3가	중앙동-3가 中央洞三街		동
중앙동四가동 中央洞四街洞				동	중앙동-4가	중앙동-4가 中央洞四街		동
중앙동일가동 中央洞一街洞	외자청인천사무소 外資廳仁川事務所			주요 시설				
중앙동일가동 中央洞一街洞	중화루 中華樓			주요 시설				
중앙동二가동 中央洞二街洞	인천전매서 仁川專賣署			주요 시설				
중앙동二가동 中央洞二街洞	한국흥업은행인천지점 韓國興業銀行仁川支店			주요 시설				
중앙동二가동 中央洞二街洞	대한적십자사경기도인천지부 大韓赤十字社京畿道仁川支部			주요 시설				
중앙동二가동 中央洞二街洞	경기도관재국인천출장소 京畿道管財局仁川出張所			주요 시설				
중앙동三가동 中央洞三街洞	외무부인천출장소 外務部仁川出張所			주요 시설				
중앙동三가동 中央洞三街洞	인천여자고등기술학교 仁川女子高等技術學校			주요 시설				
중앙동三가동 中央洞三街洞	인천지방해무청축항사무소 仁川地方海務廳築港事務所			주요 시설				
중앙동四가동 中央洞四街洞	한국은행(제일)인천지점 韓國第一銀行仁川支店			주요 시설				
중앙동四가동 中央洞四街洞	인천신보사 仁川新報社			주요 시설				
중앙동四가동 中央洞四街洞	주간인천사 週刊仁川社			주요 시설				
중앙동四가동 中央洞四街洞	인천수상경찰서 仁川水上警察署			주요 시설				
					항-동	항-동 港洞	제물포항, 인천항, 항구	동
						인천-항 仁川港		마을
						제물포-항 濟物浦港		마을
						항구 港口		마을
					항동-1가	항동-1가 港洞一街		동
					항동-2가	항동-2가 港洞二街		동
					항동-3가	항동-3가 港洞三街		동
항동四가동 港洞四街洞				동	항동-4가	항동-4가 港洞四街		동
항동五가동 港洞五街洞				동	항동-5가	항동-5가 港洞五街		동
항동六가동 港洞六街洞				동	항동-6가	항동-6가 港洞六街		동
항동七가동 港洞七街洞				동	항동-7가	항동-7가 港洞七街		동
항동四가동 港洞四街洞	인천지방전매청 仁川地方專賣廳			주요 시설				
항동五가동 港洞五街洞	한국미곡창고주식회사인천지점 韓國米穀倉庫株式會社仁川支店			주요 시설				

1959년 인천시 지명조사표					한국지명총람 인천시 편			
행정 구역	지명	이칭1	이칭2	지명 유형	행정 구역	지명	이칭	지명 유형
항동五가동 港洞五街洞	대한해운공사인천지점 大韓海運公社仁川支店			주요 시설				
항동六가동 港洞六街洞	인천우체국 仁川郵遞局			주요 시설				
항동六가동 港洞六街洞	인천전신전화국 仁川電信電話局			주요 시설				
항동七가동 港洞七街洞	국립인천해항검역소 國立仁川海港檢疫所			주요 시설				
					해안-동	해안-동 海岸洞	바닷가, 해반	동
						바닷-가		마을
						해-안 海岸		마을
해안동一가동 海岸洞一街洞				동	해안동-1가	해안동-1가 海岸洞一街		동
해안동二가동 海岸洞二街洞				동	해안동-2가	해안동-2가 海岸洞二街		동
해안동三가동 海岸洞三街洞				동	해안동-3가	해안동-3가 海岸洞三街		동
해안동四가동 海岸洞四街洞				동	해안동-4가	해안동-4가 海岸洞四街		동
해안동三가동 海岸洞三街洞	한국은행인천지점 韓國銀行仁川支店			주요 시설				
해안동四가동 海岸洞四街洞	한국산업은행인천지점 韓國産業銀行仁川支店			주요 시설				

2) 북부출장소관내

1959년 인천시 지명조사표					한국지명총람 인천시 편			
행정 구역	지명	이칭1	이칭2	지명 유형	행정 구역	지명	이칭	지명 유형
만석동 万石洞				동	만석-동	만석-동 萬石洞		동
						괭이-부리	묘도	마을
만석동 万石洞	묘도 猫島	괭이부리		삐중 다리		묘-도 猫島		마을
						묘도포대-터 猫島砲臺-		고적
						무-치 舞雉		섬
						작약-도 芍藥島	무치	섬
						작약도-등대 芍藥島燈臺		등대
만석동 万石洞	월미도 月尾島			섬				
만석동 万石洞	소월미도 小月尾島			섬				
만석동 万石洞	만석동파출소 万石洞派出所			중요 시설				
만석동 万石洞	대한예수교장로회인천제4교회 大韓예수教長老會仁川第四教會			중요 시설				
만석동 万石洞	기독교감리회만석교회 基督教監理會万石教會			중요 시설				
만석동 万石洞	조일장유주식회사 朝日醬油株式會社			중요 시설				
만석동 万石洞	삼화제분주식회사 三和製粉株式會社			중요 시설				
만석동 万石洞	대동제강주식회사 大同製鋼株式會社			중요 시설				
만석동 万石洞	한국유리공업주식회사 韓國유리工業株式會社			중요 시설				
만석동 万石洞	동양방직주식회사 東洋紡織株式會社			중요 시설				
만석동 万石洞	조선기계제작소 朝鮮機械製作所			중요 시설				
만석동 万石洞	만석동사무소 万石洞事務所			중요 시설				
만석동 万石洞	주식회사조선제강소 株式會社朝鮮製鋼所			중요 시설				
만석동 万石洞	인천조선공업주식회사 仁川造船工業株式會社			중요 시설				
만석동 万石洞	대성목재공업주식회사 大成木材工業株式會社			중요 시설				
					송현-동	송현-동 松峴洞	솔고개, 송현	동
						똥-고개		고개
송현동三동 松峴洞三洞	인천시배수지 仁川市配水池	수도국산 水道局山	만수산 滿水山	저수지		만수-산 滿水山	수도국산	배수장
						성제-동 誠齊洞		약
						솔-고개		마을
						송-현 松峴		마을
						송현-교 松峴橋		다리

1959년 인천시 지명조사표					한국지명총람 인천시 편			
행정 구역	지명	이칭1	이칭2	지명 유형	행정 구역	지명	이칭	지명 유형
						송현-시장 松峴市場		장
						수도국-산 水道局山		산
						수문-통 水門桶		물길
						수문통-거리 水門桶-		마을
						수문통-자유시장 水門桶自由市場		장
						약우물-터	성제동	약
						절-굴		마을
						중앙-시장 中央市場		장
					송현-1동	송현-1동 松峴一洞		동
					송현-2동	송현-2동 松峴二洞		동
송현동三동 松峴洞三洞				동	송현-3동	송현-3동 松峴三洞		동
					송현-4동	송현-4동 松峴四洞		동
송현동三동 松峴洞三洞	대한중공업공사 大韓重工業公社			회사				
송현동三동 松峴洞三洞	한국강업주식회사 韓國鋼業株式會社			회사				
송현동三동 松峴洞三洞	대한연공업주식회사 大韓鉛工業株式會社			주요 시설				
송현동三동 松峴洞三洞	장노(로)교제6교회 長老教第六教會			교회				
송현동三동 松峴洞三洞	송현三동사무소 松峴三洞事務所			주요 시설				
화평동 花平洞				동	화평-동	화평-동 花平洞		동
						구름-다리		다리
						벌-말	평동	마을
						평-동 平洞		마을
화평동 花平洞	화평동파출소 花平洞派出所			중요 시설				
화평동 花平洞	화평성결교회 花平聖潔教會			중요 시설				
화평동 花平洞	만화로 万花路			도로				
화평동 花平洞	화평동사무소 花平洞事務所			중요 시설				
					화수-동	화수-동 花水洞		동
						나무-선창	화수부두, 북인천항	항구
						무-네미	수유	마을
						북-인천항 北仁川港		항구
						새-말		마을
화수동二동 花水洞二洞	선거 船渠			제방		선-거 船渠	조기 부두	항구

1959년 인천시 지명조사표					한국지명총람 인천시 편			
행정 구역	지명	이칭1	이칭2	지명 유형	행정 구역	지명	이칭	지명 유형
						수-유 水踰		마을
						쌍-우물·		우물
						조기-부두 朝機埠頭		항구
						화-도 花島		마을
						화도-고개 花島-		고개
						화도진-터 花島鎭-		터
화수동二동 花水洞二洞	화수부두 花水埠頭	나무선창		항구		화수-부두 花水埠頭		항구
						화수-어시장 花水魚市場		장
화수동一동 花水洞一洞				동	화수-1동	화수-1동 花水一洞		동
화수동二동 花水洞二洞				동	화수-2동	화수-2동 花水二洞		동
화수동三동 花水洞三洞				동				
화수동一동 花水洞一洞	대한성양(냥)공업주식회사 大韓성냥工業株式會社			주요 시설				
화수동一동 花水洞一洞	인천극장 仁川劇場			중요 시설				
화수동一동 花水洞一洞	만화로 万花路			도로				
화수동二동 花水洞二洞	이천전기공업주식회사 利川電氣工業株式會社			중요 시설				
화수동二동 花水洞二洞	한국화학비료주식회사 韓國化學肥料株式會社			중요 시설				
화수동二동 花水洞二洞	대림조선소 大林造船所			중요 시설				
화수동二동 花水洞二洞	영화중고등학교 永化中高等學校			중요 시설				
화수동二동 花水洞二洞	반월로 半月路			도로				
화수동二동 花水洞二洞	화수1,2,3송현4동사무소 花水一,二,三松峴四洞事務所			중요 시설				
화수동二동 花水洞二洞	수상경찰서만석동파출소 水上警察署万石洞派出所			중요 시설				
화수동三동 花水洞三洞	화도교회 花島敎會			중요 시설				
화수동三동 花水洞三洞	화도유치원 花島幼稚園			주요 시설				

3) 남부출장소관내

1959년 인천시 지명조사표					한국지명총람 인천시 편			
행정 구역	지명	이칭1	이칭2	지명 유형	행정 구역	지명	이칭	지명 유형
					숭의-동	숭의-동 崇義洞	장의리	동
						독갑-다리		마을
						동인천-교 東仁川橋		다리
						숭의-시장 崇義市場		장
						수봉-공원		공원
						숭의-중앙도매시장 崇義中央都賣市場		장
						여우-실		마을
숭의동四동 崇義洞四洞	여의실 如意室	여우실		부락		여의-실 如意實	여우실	마을
숭의동1동 崇義洞一洞	장의리 長意里	장사래	독갑다리	부락		장의-리 長意里		마을
숭의동二동 崇義洞二洞	장사리 長沙里	장사래		부락		장-사래	독갑다리	마을
						주안-지석묘 朱安支石墓		고적
숭의동1동 崇義洞一洞				리	숭의-1동	숭의-1동 崇義一洞		동
숭의동二동 崇義洞二洞				동	숭의-2동	숭의-2동 崇義二洞		동
숭의동3동 崇義洞三洞				리	숭의-3동	숭의-3동 崇義三洞		동
숭의동四동 崇義洞四洞				동	숭의-4동	숭의-4동 崇義四洞		동
숭의동四동 崇義洞四洞	수봉산 水峰山	수봉산	壽鳳山	산				
숭의동1동 崇義洞一洞	경인도로 京仁道路			도로				
숭의동1동 崇義洞一洞	다복면업인천공장 多福綿業仁川工場			주요 시설				
숭의동1동 崇義洞一洞	숭의1,3동사무소 崇義一,三洞事務所			주요 시설				
숭의동1동 崇義洞一洞	경인도로 京仁道路			도로				
숭의동1동 崇義洞一洞	한국예수교인천전도관 韓國예수敎仁川傳道館			주요 시설				
숭의동1동 崇義洞一洞	삼성주물공장 三星鑄物工場			주요 시설				
숭의동二동 崇義洞二洞	남부출장소사무소 南部出張所事務所			주요 시설				
숭의동二동 崇義洞二洞	숭의二,四동사무소 崇義二,四洞事務所			주요 시설				
숭의동二동 崇義洞二洞	숭의동파출소 崇義洞派出所			주요 시설				
숭의동二동 崇義洞二洞	인천사범학교 仁川師範學校			주요 시설				
숭의동二동 崇義洞二洞	전매청염시험장 專賣廳塩試驗場			염전				

1959년 인천시 지명조사표					한국지명총람 인천시 편			
행정 구역	지명	이칭1	이칭2	지명 유형	행정 구역	지명	이칭	지명 유형
숭의동二동 崇義洞二洞	만화주물공장 萬和鑄物工場			주요 시설				
숭의동二동 崇義洞二洞	장안극장 長安劇場			주요 시설				
숭의동二동 崇義洞二洞	경인국도 京仁國道			도로				
숭의동二동 崇義洞二洞	숭의교회 崇義教會			주요 시설				
숭의동二동 崇義洞二洞	보합교회 宝合教會			주요 시설				
숭의동四동 崇義洞四洞	동인천교 東仁川橋			다리				
숭의동四동 崇義洞四洞	인천남중고등학고 仁川南中高等學校			주요 시설				
숭의동四동 崇義洞四洞	숭의국민학교 崇義國民學校			주요 시설				
숭의동四동 崇義洞四洞	숭의변전소 崇義變電所			주요 시설				
숭의동四동 崇義洞四洞	성애원 聖愛院			주요 시설				
숭의동四동 崇義洞四洞	경인도로 京仁道路			도로				
옥련동 玉蓮洞				동	옥련-동	옥련-동 玉蓮洞		동
						관음-사 觀音寺		절
옥련동 玉蓮洞	능허(호)대 凌壺台			고적		능허대-터 凌虛臺-		터
옥련동 玉蓮洞	대암 大岩	큰암		부락		대-암 大岩		마을
						독-바위1	독배, 옹암	마을
						독-바위2		바위
						독바윗-부리		부리
						독-배		마을
						동이-점		마을
						먼-우금		마을
						서편-말 西便-		마을
옥련동 玉蓮洞	송도 松島			부락		송-도 松島		마을
옥련동 玉蓮洞	송도역 松島驛			역		송도-역 松島驛		역
옥련동 玉蓮洞	송도유원지 松島遊園地			주요 시설		송도-유원지 松島遊園地		놀이터
						송도-해수욕장 松島海水浴場		해수욕장
옥련동 玉蓮洞	아암도 兒岩島			섬		아암-도 兒岩島		섬
						옥-골	옥동	마을
옥련동 玉蓮洞	옥동 玉洞	옥골		부락		옥-동 玉洞		마을
옥련동 玉蓮洞	옹암 甕岩	독바위	독배	부락		옹-암 甕岩		마을
						용문-사 龍門寺		절
						조갯-골	합동	마을

1959년 인천시 지명조사표					한국지명총람 인천시 편			
행정 구역	지명	이칭1	이칭2	지명 유형	행정 구역	지명	이칭	지명 유형
옥련동 玉蓮洞	한진 漢津	한나루		부락		한-나루	한진	마을
						한나루-방죽		못
						한-진 漢津		마을
						합-동		마을
옥련동 玉蓮洞	청양(량)산 淸凉山			산		청량-산 淸凉山	연경산	산
						청량사-터 淸凉寺		터
						큰-암	먼우금, 대암	마을
					용현-동	용현-동 龍峴洞	비랭이, 비랭이고개, 비룡현, 비룡, 용현	동
용현동이동 龍現洞二洞	원도	낙도 落島	낙섬	섬		낙-도 落島		섬
						낙-섬	납섬, 낙도	섬
						납-섬		섬
						독-쟁이	독정	마을
용현동一동 龍現洞一洞	독정 讀亭			부락		독-정 讀亭		마을
용현동一동 龍現洞一洞	비룡 飛龍			부락		비룡 飛龍		마을
						비룡-현1 飛龍峴		마을
						비룡-현2 飛龍峴		고개
용현동이동 龍現洞二洞	비룡리 飛龍里	비랭이		부락		비랭이		마을
						비랭이-고개1		마을
						비랭이-고개2	비룡현	고개
용현동이동 龍現洞二洞	약물터			부락		약물-터		마을
						용-현 龍峴		마을
						용현-자유시장 龍峴自由市場		장
						충렬-정문 忠烈旌門		정문
용현동一동 龍現洞一洞				동	용현-1동	용현-1동 龍峴一洞		동
용현동이동 龍現洞二洞				동	용현-2동	용현-2동 龍峴二洞		동
					용현-3동	용현-3동 龍峴三洞		동
					용현-4동	용현-4동 龍峴四洞		동
용현동이동 龍現洞二洞	염전저수지 塩田貯水池	낙도 저수지 落島 貯水池		저수지				
용현동一동 龍現洞一洞	용현지서 龍現支署			주요 시설				
용현동一동 龍現洞一洞	감리교회 監理教會			주요 시설				
용현동一동 龍現洞一洞	팔복교회 八福教會			주요 시설				

1959년 인천시 지명조사표					한국지명총람 인천시 편			
행정 구역	지명	이칭1	이칭2	지명 유형	행정 구역	지명	이칭	지명 유형
용현동一동 龍現洞一洞	인천공민학교 仁川公民學校			주요 시설				
용현동一동 龍現洞一洞	용현一동사무소 龍現一洞事務所			주요 시설				
용현동이동 龍現洞二洞	용현二동사무소 龍現二洞事務所			주요 시설				
용현동이동 龍現洞二洞	용현국민학교 龍現國民學校			주요 시설				
용현동이동 龍現洞二洞	황해중학교 黃海中學校			주요 시설				
용현동이동 龍現洞二洞	무선고등학교 無線高等學校			주요 시설				
용현동이동 龍現洞二洞	예수교장로회제七교회 예수교長老會第七敎會			주요 시설				
학익동 鶴翼洞				동	학익-동	학익-동 鶴翼洞	학골, 핵굴, 학익굴, 학동	동
						게운-이		마을
						노적-개		마을
학익동 鶴翼洞	노적산 露積山			부락		노적-산 露積山		마을
						서광-사 瑞光寺		절
						서원-터 書院-	학산서원	터
						쌍-바위	억바위	바위
						억-바위		바위
학익동 鶴翼洞	제운이			부락		제운-이 齊雲-	게운이	마을
						학-골 鶴-		마을
						학-동 鶴洞		마을
						학림사-터 鶴林寺-		터
						학산-서원 鶴山書院		터
						학익-굴 鶴翼-		마을
						학익동-돌맨 鶴翼洞-		고적
						학익-시장 鶴翼市場		장
학익동 鶴翼洞	햇골			부락		핵-굴		마을
					학익-1동	학익-1동 鶴翼一洞		동
					학익-2동	학익-2동 鶴翼二洞		동
학익동 鶴翼洞	송도선 松島線			도로				
학익동 鶴翼洞	문학선 文鶴線			도로				
학익동 鶴翼洞	학익동사무소 鶴翼洞事務所			중요 시설				
학익동 鶴翼洞	인천소년형무소 仁川少年刑務所			중요 시설				

1959년 인천시 지명조사표					한국지명총람 인천시 편			
행정 구역	지명	이칭1	이칭2	지명 유형	행정 구역	지명	이칭	지명 유형
학익동 鶴翼洞	인천무선전신국 仁川無線電信局			중요 시설				
학익동 鶴翼洞	기독교방송국 基督敎放送局			중요 시설				
학익동 鶴翼洞	인하공과대학 仁荷工科大學			중요 시설				

4) (인천시) 부평출장소

1959년 인천시 지명조사표					한국지명총람 인천시 편			
행정 구역	지명	이칭1	이칭2	지명 유형	행정 구역	지명	이칭	지명 유형
					북구	북구 北區		구
계산一동 桂山一洞				동	계산-동	계산-동 桂山洞	부평읍, 부평구읍	동
계산二동 桂山二洞				동				
						가마-굴		골
						계-산 桂山		마을
						계산동-은행나무		나무
						고양-곡 高陽谷		마을
						고양-골	고양곡	마을
						굽-고개	굿고개	고개
						굿-고개		고개
						기루-머리		들
						길떡-바위		바위
						농-바위		바위
						대-교 大橋		다리
						동논-틀		들
						돼지못-논		논
						두무-골	이장귀뚜리	골
						만일사-터 萬日寺-		터
						망둥-산		산
						메밀-바위		바위
						메추-골		골
						명월사-터 明月寺-		터
						명지-물		들
						몽둥-산	망둥산	산
						미력-당		들
						밀떡-바위		바위
						바깥-싱알		골
						방아-골		골
						백룡-사 白龍寺		절
						범논-틀	병논틀	들
						범-바위		바위
						병논-틀		들
						봉이-골		골
						봉일사-삼층석탑 奉日寺三層石塔		고적
						봉일사-터		터
계산一동 桂山一洞	부평구읍 富平舊邑			부락		부평-구읍 富平舊邑		마을
						부평도호부-청사 富平都護府廳舍		고적
						부평-사직단 富平社稷壇		고적

1959년 인천시 지명조사표					한국지명총람 인천시 편			
행정 구역	지명	이칭1	이칭2	지명 유형	행정 구역	지명	이칭	지명 유형
						부평-읍 富平邑		마을
계산一동 桂山一洞	부평문묘 富平文廟	향교 鄕校		주요 시설		부평-향교		고적
						살-나리	살나리부락, 신생리	마을
						살나리-부락		마을
						서리-골		골
						시-밀		골
계산二동 桂山二洞	신생리 新生里	살나리	살나리 부락	부락		신생-리 新生里		마을
						싱-알		골
						쑥-논		들
						안-싱알		골
						어사-대 御射臺		고적
						오-조산 五造山		들
						온수-골 溫水-	온수동	골
						온수-동 溫水洞		마을
						왼-골		골
						욕은-지 浴恩池		못
						이장-귀뚜리		골
						자오당-터 自娛堂-		터
						장사-굴1		바위
						장사-굴2		골
						장사굴-바위	장사굴	바위
						장수-논		들
						절-골		골
						조산-들 造山-		들
						주막-거리 酒幕-		마을
						질의-굴		골
						쪽-다리		다리
						칼쓴-바위		바위
						탑-골		골
						피나무-골		골
						하누-재		고개
계산一동 桂山一洞	下里橋					하리-교 下里橋		다리
						하마-처 下馬處		고개
계산二동 桂山二洞	한다리	大橋				한-다리	대교	다리
계산一동 桂山一洞	계양산 桂陽山	안남산 安南山	아남산	산				
계산一동 桂山一洞	계양산성 桂陽山城	고성산성 古城山城						
계산一동 桂山一洞	경명현 景明峴	징명고개		고개				

1959년 인천시 지명조사표					한국지명총람 인천시 편			
행정 구역	지명	이칭1	이칭2	지명 유형	행정 구역	지명	이칭	지명 유형
계산一동 桂山一洞	衆心城			고적		중심-성 衆心城		산
계산一동 桂山一洞	계산一동사무소 桂山一洞事務所			주요 시설				
계산一동 桂山一洞	계산우체국 桂山郵遞局			주요 시설				
계산一동 桂山一洞	계동국민학교 桂洞國民學校	부평공립 보통학교 富平公立 普通學校		주요 시설				
계산一동 桂山一洞	계산감리교회 桂山監理教會			주요 시설				
갈산동 葛山洞				동	갈산-동	갈산-동 葛山洞	갈울, 갈월, 갈산	동
						갈-산 葛山		마을
						갈-울		마을
갈산동 葛山洞	갈월리 葛月里	갈월 葛月		부락		갈-월 葛月		마을
						갈월-교 葛月橋		다리
갈산동 葛山洞	사근다리			부락		사근-다리1		마을
						사근-다리2		다리
갈산동 葛山洞	청천교 淸川橋			다리		청천-교 淸川橋		다리
갈산동 葛山洞	조선전업부평변전소 朝鮮電業富平變電所			주요 시설				
갈산동 葛山洞	농업창고 農業倉庫			주요 시설				
갈산동 葛山洞	새별공민학교 새별公民學校	새별학교		주요 시설				
갈산동 葛山洞	한강수리조합간선 漢江水利組合幹線			수로				
갈산동 葛山洞	한강수리조합관개지 漢江水利組合灌漑地	부평수리 조합 관개지 富平水利 組合 灌漑地		주요 시설				
갈산동 葛山洞	삼산갈산동사무소 三山葛山洞事務所			주요 시설				
구산동 九山洞				동	구산-동	구산-동 九山洞	구산	동
						구-산 龜山, 九山		마을
						구산-교 九山橋		다리
						명내미-골		골
						무네미-골		골
						상아-골		골
구산동 九山洞	비루고개	별유고개	이별고개	고개				
구산동 九山洞	중앙소년직업훈련소 中央少年職業訓練所			주요 시설				
					부평-동	부평-동 富平洞	부평, 부평읍내	동

1959년 인천시 지명조사표					한국지명총람 인천시 편			
행정 구역	지명	이칭1	이칭2	지명 유형	행정 구역	지명	이칭	지명 유형
						개국사-터 開國寺-		터
부평一동 富平一洞	~~다다구마~~ 多田組			부락		다다-구미		마을
부평一동 富平一洞	同所坊					동소-정 同所井	다다구미	마을
						부영-주택 府營住宅		마을
						부평 富平		마을
						부평-공설시장 富平公設市場		장
부평一동 富平一洞	부평역 富平驛			주요 시설		부평-역 富平驛		역
						부평-읍내 富平邑内		마을
						부평-자유시장 富平自由市場		장
						부평-중앙도매시장 富平中央都賣市場		장
						소반-재		고개
부평二동 富平二洞	소반재말	삼능사택 三菱舍宅				소반재-말		마을
부평一동 富平一洞	수도사거리 水道四街里			부락		수도-사거리 水道-		마을
						신대-리 新垈里		마을
부평一동 富平一洞	신용동 新龍洞	신용 新龍		부락		신용-동 新龍洞		마을
부평一동 富平一洞	신부동 新富洞	예배당말		부락		신부-동 新富洞		마을
부평三동 富平三洞	신촌 新村			부락		신-촌 新村		마을
부평一동 富平一洞	신트리	신대리 新垈里		부락		신-트리	신대리	마을
부평一동 富平一洞	志節坊					지절-방 志節坊	지절사택	마을
부평一동 富平一洞	~~지제루사택~~ 지-젤舍宅	티-젤		부락		지절-사택		마을
부평一동 富平一洞	하촌 下村			부락		하-촌 下村		마을
						호명-사 虎鳴寺		절
부평一동 富平一洞				동	부평-1동	부평-1동 富平一洞		동
부평二동 富平二洞				동	부평-2동	부평-2동 富平二洞		동
부평三동 富平三洞				동	부평-3동	부평-3동 富平三洞		동
부평三동 富平三洞				동	부평-3동	부평-3동 富平三洞		동
					부평-4동	부평-4동 富平四洞		동
					부평-5동	부평-5동 富平五洞		동
					부평-6동	부평-6동 富平六洞		동

1959년 인천시 지명조사표					한국지명총람 인천시 편			
행정 구역	지명	이칭1	이칭2	지명 유형	행정 구역	지명	이칭	지명 유형
부평一동 富平一洞	부평一동사무소 富平一洞事務所			주요 시설				
부평一동 富平一洞	인천시부평출장소 仁川市富平出張所			주요 시설				
부평一동 富平一洞	자유시장 自由市場			부락				
부평一동 富平一洞	공설시장 公設市場			부락				
부평一동 富平一洞	경인의원 京仁醫院			주요 시설				
부평一동 富平一洞	부평병원 富平病院			주요 시설				
부평一동 富平一洞	부평경찰서 富平警察署			주요 시설				
부평一동 富平一洞	부평소방서 富平消防署			주요 시설				
부평一동 富平一洞	부평극장 富平劇場			주요 시설				
부평一동 富平一洞	부평동국민학교 富平東國民學校			주요 시설				
부평一동 富平一洞	부평서국민학교 富平西國民學校			주요 시설				
부평一동 富平一洞	대림산업 大林産業			주요 시설				
부평一동 富平一洞	부평성심동원 富平聖心童園			주요 시설				
부평一동 富平一洞	구세군영 救世軍營			주요 시설				
부평一동 富平一洞	조운부평지점 朝運富平支店			주요 시설				
부평一동 富平一洞	중앙교회 中央敎會			주요 시설				
부평一동 富平一洞	성결교회 聖潔敎會			주요 시설				
부평一동 富平一洞	부광교회 富光敎會			주요 시설				
부평一동 富平一洞	부평우체국 富平郵遞局			주요 시설				
부평一동 富平一洞	부평뽐부장 富平뽐부장			주요 시설				
부평二동 富平二洞	부평二동사무소 富平二洞事務所			주요 시설				
부평二동 富平二洞	부평중학교 富平中學校			주요 시설				
부평二동 富平二洞	부평감리교회 富平監理敎會			주요 시설				
부평二동 富平二洞	동광애육원 東光愛育院			주요 시설				
부평二동 富平二洞	부평천주교회 富平天主敎會			주요 시설				
부평二동 富平二洞	연백성모원 延白聖母院			주요 시설				
부평二동 富平二洞	경찰전문학교 警察專門學校			주요 시설				
부평二동 富平二洞	성모자애병원 聖母慈愛病院			주요 시설				
부평二동 富平二洞	부평변전소 富平變電所			주요 시설				

1959년 인천시 지명조사표					한국지명총람 인천시 편			
행정 구역	지명	이칭1	이칭2	지명 유형	행정 구역	지명	이칭	지명 유형
부평三동 富平三洞	부평三십정二동사무소 富平三十井二洞事務所			주요 시설				
부개동 富開洞				동	부개-동	부개-동 富開洞	말무덤, 마분, 마분리	동
						가자-골		골
부개동 富開洞	굴재미			부락		굴째-미		마을
						긴-재		등
						길-우지		들
						등-세이		마을
						마-분 馬墳		마을
부개동 富開洞	마분리 馬墳里	마분 馬墳		부락		마분-리 馬墳里		마을
						말-무덤		마을
						매내기		들
						뱃-들		들
						벽돌-말	새말, 신촌	마을
부개동 富開洞	새말 新村	벽돌막	벽돌말	부락		새-말		마을
						송장-굴		골
						신복 新福		마을
부개동 富開洞	신복동 新福洞	고니새말 小西村	신복 新福	부락		신복-동 新福洞	신복	마을
						신-촌 新村		마을
						안-말		마을
						영-새이		들
						장두물-들		들
						호박-굴		골
부개동 富開洞	부개동사무소			주요 시설				
부개동 富開洞	부평무선전신전화건설국 富平無線電信電話建設局			주요 시설				
부개동 富開洞	부평연화(와)공장 富平煉瓦工場			주요 시설				
					십정-동	십정-동 十井洞	열우물, 십정, 십정리	동
십정동一동 十井洞一洞				동				
십정二동 十井二洞				동				
						고박-굴		마을
						구뚜레-방죽		못
						구뚜레방죽-들		들
						구석-말		마을
십정동一동 十井洞一洞	꽃밭골			부락		꽃밭-말	고박굴, 화전곡	마을
						배꼬지-고개		고개
						보광-암 普光庵		절
						삼-거리		마을
십정동一동 十井洞一洞	상십정동 上十井洞	웃말		부락		상-십정동 上十井洞		마을

1959년 인천시 지명조사표					한국지명총람 인천시 편			
행정 구역	지명	이칭1	이칭2	지명 유형	행정 구역	지명	이칭	지명 유형
						서낭-고개	한가지고개	고개
						선내똘-방죽		못
						선내똘방죽-들		들
						십-정 十井		마을
						십정-교 十井橋		다리
						십정-리 十井里		마을
						아랫-열우물	하십정동	마을
						안-터		마을
						양짓-말		마을
						열-우물		마을
						웃-열우물	상십정동	마을
십정二동 十井二洞	원퇴이고개 圓通고개			고개		원통이-고개 圓通-		고개
						음짓-말		마을
						작은-말		마을
						주랑-축		들
십정동一동 十井洞一洞	주안염전 朱安塩田			염전		주안-염전 朱安鹽田		염밭
						큰골-고개		고개
						큰-말		마을
십정동一동 十井洞一洞	하십정동 下十井洞	아랫말		부락		하-십정동 下十井洞		마을
						한가지-고개		고개
						행길-새		마을
						화전-곡 花田谷		마을
십정동一동 十井洞一洞	함봉산 虠峰山			산		함봉-산 虠峯山	암봉산	산
십정二동 十井二洞	국립성계원 國立成蹊園			주요 시설				
십정동一동 十井洞一洞	십정一동사무소 十井一洞事務所							
산곡동 山谷洞				동	산곡-동	산곡-동 山谷洞	뫼꼬지, 뫼꽃말, 산화촌, 산곡, 마장, 백마장	동
						구-루지		고개
						마-장 馬場		마을
						뫼-꼬지		마을
산곡동 山谷洞	매꽃새말 山花新村	백마장 白馬場				뫼꽃-말		마을
산곡동 山谷洞	~~백마장~~ ~~白馬場~~	~~매꽃말~~ ~~○○○~~	산곡리 山谷里	부락		백마-장 白馬場		마을
						산-곡 山谷		마을
						산화-촌 山花村		마을
						서산-고개 西山-		고개
						안성-굴		골
산곡동 山谷洞	장고개 長峴			고개		장-고개	장현	고개

1959년 인천시 지명조사표					한국지명총람 인천시 편			
행정 구역	지명	이칭1	이칭2	지명 유형	행정 구역	지명	이칭	지명 유형
						장끝-말		마을
					산곡-1동	산곡-1동 山谷一洞		동
					산곡-2동	산곡-2동 山谷二洞		동
산곡동 山谷洞	산곡국민학교 山谷國民學校			주요 시설				
산곡동 山谷洞	국산자동차공장 國産自動車工場			주요 시설				
산곡동 山谷洞	신한베아링공장 新韓베아링工場			주요 시설				
산곡동 山谷洞	부천형무소작업장 富川刑務所作業場			주요 시설				
산곡동 山谷洞	산곡청천동사무소 山谷淸川洞事務所			주요 시설				
삼산동 三山洞				동	삼산-동	삼산-동 三山洞	뒤우물, 후정동, 후정리	동
						뒤-우물		마을
삼산동 三山洞	벼락바위			바위		벼락-바위		바위
						영성-뫼		마을
삼산동 三山洞	영성미 靈城里	흙터머지		부락		영성-미	영성뫼, 흙터머지	마을
						영성-산		산
						후정-동 後井洞		마을
삼산동 三山洞	후정리 後井里	후정 後井		부락		후정-리 後井里		마을
						흙터-머지		마을
서운동 瑞雲洞				동	서운-동	서운-동 瑞雲洞	길머리, 도두머리, 도두리	동
						길-머리		마을
서운동 瑞雲洞	도두머리 道頭里	동운정 東雲町		부락		도두-리 道頭里		마을
						도두-머리		마을
서운동 瑞雲洞	굴포천 掘浦川			하천				
서운동 瑞雲洞	한강수리조합부평출장소 漢江水利組合富平出張所			주요 시설				
일신동 日新洞				동	일신-동	일신-동 日新洞	항골, 황골, 항동	동
						군부-안 軍部-		마을
						범-골	범굴, 벙굴	골
						범-굴		골
						범굴-고개		고개
						벙-굴		골
						여우-골		골
						항-골 港-		마을
						항-동 港洞		마을
						항동-교 港洞橋		다리

1959년 인천시 지명조사표					한국지명총람 인천시 편			
행정 구역	지명	이칭1	이칭2	지명 유형	행정 구역	지명	이칭	지명 유형
일신동 日新洞	황골	황굴		부락		황-골		마을
일신동 日新洞	시온애육원 시온愛育院			주요 시설				
작전동 鵲田洞				동	작전-동	작전-동 鵲田洞	까치우물, 까치물, 까치말, 작정	동
						가루-개	가현, 갈현	마을
작전동 鵲田洞	가현리 佳峴里	가루개 佳会峴里		부락		가-현 佳峴		마을
						갈-현 葛峴		마을
						까치-말		마을
						까치-물		마을
						까치-우물		마을
						된-밭	화전	마을
						새-터	신대리	마을
						신대-교 新垈橋		다리
작전동 鵲田洞	신대리 新垈里	새대		부락		신대-리 新垈里		마을
작전동 鵲田洞	작정리 鵲井里	까치말		부락		작-정 鵲井		마을
						하천-교 河川橋		다리
작전동 鵲田洞	하천다리 河川橋	하천교 河川橋		교량		하천-다리 河川-	하천교	다리
작전동 鵲田洞	화전리 化田里	된밭		부락		화-전 花田		마을
작전동 鵲田洞	작전동사무소 鵲田洞事務所			주요 시설				
청천동 清川洞				동	청천-동	청천-동 清川洞	맑은내, 청천	동
청천동 清川洞	마장리 馬場里	마재이		부락		마장-리 馬場里		마을
						마-재이	마장리	마을
						맑은-내		마을
						청-천 清川		마을
효성동 曉星洞				동	효성-동	효성-동 曉星洞	새벼리, 새별, 효성	동
						국도-제2호 國道第二號	국방도로	길
						국방-도로 國防道路		길
효성동 曉星洞	김촌 金村	아래말		부락		김-촌 金村		마을
						넘-말	임촌	마을
						되-내미		마을
효성동 曉星洞	새별이			부락		새-벼리		마을
						아나지	안화지	마을
						아나지-고개		고개
						새-별		마을
						아랫-말	김촌	마을

1959년 인천시 지명조사표					한국지명총람 인천시 편			
행정 구역	지명	이칭1	이칭2	지명 유형	행정 구역	지명	이칭	지명 유형
						안-말	이촌말, 이촌	마을
효성동 曉星洞	안화지 安和地	안아지		부락		안화-지 安和地		마을
효성동 曉星洞	이촌 李村	안말		부락		이-촌 裡村		마을
						이촌-말 裡村-		마을
효성동 曉星洞	임촌 任村	넘말		부락		임-촌 任村		마을
						제1-효성교 第一曉星橋		다리
						제2-효성교 第二曉星橋		다리
						제3-효성교 第三曉星橋		다리
						큰-되내미		마을
						효-성 曉星		마을
효성동 曉星洞	효성동사무소 曉星洞事務所			주요 시설				

5) 남동출장소관내

1959년 인천시 지명조사표					한국지명총람 인천시 편			
행정 구역	지명	이칭1	이칭2	지명 유형	행정 구역	지명	이칭	지명 유형
					남동-출장소	남동-출장소 南洞出張所		출장소
고잔동 古棧洞				동	고잔-동	고잔-동 古棧洞	고지, 고잔	동
						갈-매	갈뫼, 갈산	마을
						갈-뫼		마을
고잔동 古棧洞	갈산 葛山	갈매		부락		갈-산 葛山		마을
						고얏-말	괴화	마을
						고잔		마을
						고지		마을
고잔동 古棧洞	괴화 槐花	고양말		부락		괴-화 槐花		마을
						남동염전-제3구 南洞鹽田第三區		염밭
고잔동 古棧洞	남촌 南村			부락		남-촌 南村		마을
						달겸-산		산
						당-구지		들
						돌-우물		마을
고잔동 古棧洞	동촌 東村			부락		동-촌 東村		마을
						듬-배이		들
고잔동 古棧洞	북촌 北村			부락		북-촌 北村		마을
고잔동 古棧洞	서촌 西村			부락		서-촌 西村		마을
						역-말	동촌	마을
고잔동 古棧洞	남동제三구염전 南洞第三區塩田			염전				
고잔동 古棧洞	한국화약주식회사인천공장 韓國火藥株式會社仁川工場			주요 시설				
고잔동 古棧洞	남동천주교회 南洞天主教會			주요 시설				
고잔동 古棧洞	남동기독교회 南洞基督教會			주요 시설				
고잔동 古棧洞	고잔동사무소 古棧洞事務所			주요 시설				
남촌동 南村洞					남촌-동	남촌-동 南村洞	와웃골, 왯골, 와우동	동
						가운데-말		마을
						고두물-개		들
						국장내-방죽		못
						국장내방죽-들		들
						남촌-저수지 南村貯水池		저수지
						뒷-들		들
						먼-굴	원곡	마을
						모산-당		들
						배-다리		들
남촌동 南村洞	벗말			부락		벗-말		마을

1959년 인천시 지명조사표					한국지명총람 인천시 편			
행정 구역	지명	이칭1	이칭2	지명 유형	행정 구역	지명	이칭	지명 유형
						상-촌 上村		마을
남촌동 南村洞	승기교 承基橋			다리		승기-교 承基橋		다리
						아랫-방죽		못
						아랫방죽-들		들
						와우-동 臥牛洞		마을
						와웃-골		마을
						왯-골		마을
						윗-말	상촌	마을
						원-곡 遠谷		마을
						하늘		마을
남촌동 南村洞	승기천 承基川			하천		승기-천 承基川		내
					논현-동	논현-동 論峴洞	논고개, 논현	동
논현一동 論峴一洞				동				
논현二동 論峴二洞				동				
						가오-산		산
						긴배-짱		들
논현一동 論峴一洞	남논현 南論峴	논고개	아랫말	부락		남-논현 南論峴		마을
						남동염전-제2구 南洞鹽田第二區		염밭
논현二동 論峴二洞	장도	노렴	소래 蘇萊	부락		노-렴1		마을
						노-렴2	소래, 장도	섬
						논-고개		마을
						논-현 論峴		마을
						논현-사거리 論峴四巨里		길
						논현-역 論峴驛		역
						논현포대-지 論峴砲臺址		고적
						동-녘		마을
논현二동 論峴二洞	동촌 東村	동역		부락		동-촌 東村	동녘	마을
						듬배이-방죽		못
						듬배이방죽-들		들
						뜸벅-산		산
						배꼽-부리	백호뿌리	마을
						배꼽-산		산
논현一동 論峴一洞	배꼽부리	백호뿌리				백호-뿌리		마을
						범-아가리	호구포, 호구	마을
논현一동 論峴一洞	북논현 北論峴	논고개	웃말	부락		북-논현 北論峴		마을
						사당-골		마을
논현一동 論峴一洞	사리울	사리월		부락		사리-울	사리월	마을
						사리-월		마을

1959년 인천시 지명조사표					한국지명총람 인천시 편			
행정 구역	지명	이칭1	이칭2	지명 유형	행정 구역	지명	이칭	지명 유형
						사택-촌 社宅村		마을
논현二동 論峴二洞	산뒤	산후 山後		부락		산-뒤	산후	마을
						산-후 山後		마을
논현二동 論峴二洞	서당골 書堂골	시당골		부락		서당-골 書堂-	사당골	마을
						소래 蘇萊		섬
						소래-다리 蘇萊-	소래철교	다리
논현二동 論峴二洞	소래역 蘇萊驛			역		소래-역 蘇萊驛	논현역	역
논현二동 論峴二洞	소래철교 蘇萊鐵橋	소래 다리		다리		소래-철교 蘇萊鐵橋		다리
						솔-섬		산
						신-각 新角		들
						역-말 驛-	사택촌	마을
						은-봉 殷峯		마을
						장-도 獐島		섬
						절터-고개		고개
						호-구 虎口		마을
논현一동 論峴一洞	호구포 虎口浦	범아가리		부락		호구-포 虎口浦		마을
						호구포대-터 虎口砲臺-	논현포대지	고적
논현二동 論峴二洞	오봉산 五峰山			산		오봉-산 五峯山		산
논현一동 論峴一洞	논현사거리 論峴四巨里			도로				
논현一동 論峴一洞	논현국민학교 論峴國民學校			주요 시설				
논현一동 論峴一洞	소래전매지청남동분청 蘇萊專賣支廳南洞分廳			주요 시설				
논현二동 論峴二洞	소래전매지청 蘇萊專賣支廳			주요 시설				
논현二동 論峴二洞	논현지서 論峴支署			주요 시설				
논현二동 論峴二洞	논현一,二동사무소 論峴一,二洞事務所			주요 시설				
논현二동 論峴二洞	논현우체국 論峴郵遞局			주요 시설				
도림동 桃林洞				동	도림-동	도림-동 桃林洞	도리미, 도림, 도산	동
						개미-방죽		못
						개미방죽-들		들
						넘-말		마을
도림동 桃林洞	덕곡 德谷	덕골		부락		덕-곡 德谷		마을
						덕-골 德-	덕곡	마을

1959년 인천시 지명조사표					한국지명총람 인천시 편			
행정 구역	지명	이칭1	이칭2	지명 유형	행정 구역	지명	이칭	지명 유형
						도리-미		마을
						도리미-방죽		못
						도리미방죽-들		들
도림동 桃林洞	도림리 桃林里			부락		도림 桃林		마을
						도-산 桃山		마을
						상-촌 上村		마을
도림동 桃林洞	신촌 新村	새말		부락		새-말	신촌	마을
도림동 桃林洞	수곡 水谷	숫골		부락		수-곡 水谷		마을
						수-골		마을
						숫-골	수골, 수곡	마을
						숫골-고개		고개
						신-촌 新村		마을
						큰-방죽		못
						큰방죽-들		들
						하-촌 下村		마을
						효정공조정만-묘 孝貞公趙正萬墓		묘
도림동 桃林洞	장재동 長在洞	장작골		부락				
도림동 桃林洞	오봉산 五峯山	태봉산 胎封山		산				
도림동 桃林洞	남촌수산도림동사무소 南村壽山桃林洞事務所			주요 시설				
만수동 萬壽洞				동	만수-동	만수-동 萬壽洞		동
						갓모-산		산
						개복-산		산
						경인-철산 京仁鐵山		마을
						광산-반		마을
						구능-골	구룡동	마을
만수동 萬壽洞	구룡동 九龍洞	구능골		부락		구룡-동 九龍洞		마을
만수동 萬壽洞	담방 談芳	담뱅이		부락		담-방 潭芳		마을
						담뱅-이	담방	마을
						담뱅이-방죽		들
						덩아-굴		골
						독-골		마을
						돌말-고개		고개
만수동 萬壽洞	만수교 萬壽橋			다리		만수-교 萬壽橋		다리
						무너미-고개		고개
						박촌-말 朴村-		마을
						비루-개		

1959년 인천시 지명조사표					한국지명총람 인천시 편			
행정 구역	지명	이칭1	이칭2	지명 유형	행정 구역	지명	이칭	지명 유형
						비리-고개1	윗새울, 박촌말, 성현	마을
						비리-고개2	비루개	고개
						산고지-들		들
						산밑-말	산저동	마을
만수동 萬壽洞	산저동 山底洞	산밑 부락		부락		산저-동 山底洞		마을
						상아-굴		골
						새-골	조곡	마을
						생승-들		들
						서-판 西判		마을
						설미-들		들
만수동 萬壽洞	성현 星峴	박촌말	비루고개	부락		성-현 星峴		마을
만수동 萬壽洞	서판 西判	쇄판		부락		쇄-판	쇠판, 서판	마을
						쇠-판		마을
						수도-원 修道院		마을
만수동 萬壽洞	신촌 新村			부락		신-촌 新村		마을
						아랫-새골		마을
						윗-새울		마을
						장승-배기	장승점	마을
만수동 萬壽洞	장승점 長僧店	장승백이		부락		장승-점 長僧店		마을
						제이-만수교 第二萬壽橋		다리
만수동 萬壽洞	조곡 鳥谷	새골		부락		조-곡 鳥谷		마을
만수동 萬壽洞	하촌 河村			부락		하-촌 河村		마을
만수동 萬壽洞	만수천 萬壽川			하천		만수-천 萬壽川		내
만수동 萬壽洞	만수동사무소 萬壽洞事務所			중요 시설				
만수동 萬壽洞	남동출장소 南洞出張所			주요 시설				
만수동 萬壽洞	만수국민학교 萬壽國民學校			중요 시설				
만수동 萬壽洞	대한감리회인천시만수교회 大韓監理會仁川市萬壽教會			중요 시설				
만수동 萬壽洞	동인천경찰서남동지서 東仁川警察署南洞支署			중요 시설				
					만수-1동	만수-1동 萬壽一洞		동
					만수-2동	만수-2동 萬壽二洞		동
수산동 壽山洞				동	수산-동	수산-동 壽山洞	바리미, 바래티, 배래터, 바렷, 배렷, 발산, 발촌	동
						간타-굴		마을
수산동 壽山洞	경신 敬神			부락		경-신 敬神		마을

1959년 인천시 지명조사표					한국지명총람 인천시 편			
행정 구	지명	이칭1	이칭2	지명 유형	행정 구역	지명	이칭	지명 유형
수산동 壽山洞	냉정 冷井	찬우물		부락		냉-정 冷井		마을
수산동 壽山洞	능곡 陵谷	능골		부락		능-곡 陵谷		마을
						능-골 陵-	능곡	마을
						돌팍-재		산
						바래-티		마을
						바렷		마을
						바리-미		마을
						발-산 鉢山		마을
수산동 壽山洞	발촌 鉢村	배렷		부락		발-촌 鉢村		마을
						배래-터		마을
						배랫-방죽		못
						배랫방죽-들		들
						배렷		마을
						아누-굴		마을
						찬-우물	냉정	마을
						황-굴		마을
서창동 西昌洞				동	서창-동	서창-동 西昌洞	골말, 곡촌, 서창	동
						걸-새		마을
서창동 西昌洞	걸재(제) 傑齊			부락		걸-제 傑齊		마을
						걸제-고개		고개
						곡-촌 谷村		마을
						골-말		마을
						대한-염전		염밭
						도장-재		고개
서창동 西昌洞	독곡 獨谷	독골		부락		독-곡 獨谷		마을
						독-골	독곡	마을
						뒷-방죽		못
						뒷-방죽-들		들
						매-산		산
						매산리-고개		고개
						삼복-재		산
						새-방죽1		못
						새-방죽2		들
서창동 西昌洞	서창 西昌	골말	곡촌 谷村	부락		서창 西昌		마을
						서창-공동묘지 西昌共同墓地		묘
서창동 西昌洞	설내 雪內	아랫말		부락		설-내 雪內		마을
서창동 西昌洞	소래일구염전 蘇莱一區塩田			염전		소래-염전 蘇萊鹽田		염밭
						써랫-말	설내	마을
						앞-방죽		못
						앞방죽-들		들

1959년 인천시 지명조사표					한국지명총람 인천시 편			
행정 구역	지명	이칭1	이칭2	지명 유형	행정 구역	지명	이칭	지명 유형
						잣-마루턱		고개
						장-굴 藏-	장아동	마을
서창동 西昌洞	장아동 藏我洞	장굴		부락		장아-동 藏我洞		마을
						진-고개		고개
						청녁-굴		골
						청녁굴-산		산
						큰배미-굴		들
서창동 西昌洞	서창운연동사무소 西昌雲宴洞事務所			주요 시설				
서창동 西昌洞	새방죽뚝			제방				
서창동 西昌洞	소래일구염전저수지 蘇萊一區塩田貯水池			저수지				
운연동 雲宴洞				동	운연-동	운연-동 雲宴洞		동
						개미-허리		등
						구름-실	음실, 운곡	마을
						그러니-내깔		내
						도장재-고개		고개
						도장-재		산
						동쪽-방죽		못
						마녁굴-고개		고개
						방아-다리		들
						배꼬지-방죽		못
						배꼬지방죽-들		들
						산역굴-고개		고개
						새굴-골짜기		골
						새굴-다리		다리
						새-방죽	동쪽방죽	못
						새방죽-들		들
						서쪽-방죽		못
						앞-방죽		못
						앞방죽-들		들
운연동 雲宴洞	연락 宴樂	연락골		부락		연락 宴樂		마을
						연락-골 宴樂-	연락	마을
						용의-부리		산
						운-곡 雲谷		마을
						운연-교 雲宴橋		다리
						운연동-공동묘지 雲宴洞共同墓地		묘
운연동 雲宴洞	음실 陰室			부락		음실 陰室		마을
						장-고개		고개
운연동 雲宴洞	제척 祭尺	제척말		부락		제-척 祭尺		마을
						제청 祭廳		마을

1959년 인천시 지명조사표					한국지명총람 인천시 편			
행정구역	지명	이칭1	이칭2	지명 유형	행정 구역	지명	이칭	지명 유형
						제청-말 祭廳-	제청, 제척	마을
운연동 雲宴洞	하촌 下村	아랫말		부락				
장수동 長壽洞				동	장수-동	장수-동 長壽洞		동
						가루-개1		마을
						가루-개2		산
						갓모-산	관모산	산
						개북사-터 開北寺-		터
						거시-굴		골
						건너-말		마을
장수동 長壽洞	관모산 冠帽山			산		관모-산 冠帽山		산
						구-곡 九谷		골
						구-굴	구곡	골
						낭-아래		마을
						대-위		마을
						댓나-굴		골
						댓나굴-약수		약
						도둑-바위		바위
						동쪽		마을
						동쪽-말		마을
						만의 晩宜		마을
장수동 長壽洞	만의 晩宜	만의골		부락		만의-골	만의	마을
						만의굴-고개		고개
						무-네미	물네미, 수현	마을
						무네미-고개		고개
						물-네미		마을
						방아-다리		들
						부엉이-굴		골
						불당-골 佛堂-		마을
						상아-바위 象牙-		바위
장수동 長壽洞	상아산 象牙山			산		상아-산 象牙山		산
						서쪽-말		마을
						소반-바위		바위
장수동 長壽洞	수현 水峴	물네미		부락		수-현 水峴		마을
						여덟마지기-들		들
장수동 長壽洞	장수교 長壽橋			다리		장수-교 長壽橋		다리
장수동 長壽洞	장자 壯者	장자골		부락		장자 長者		마을
						장자-골 長子-	장자	마을
장수동 長壽洞	거마산 距馬山			산				

1959년 인천시 지명조사표					한국지명총람 인천시 편			
행정 구역	지명	이칭1	이칭2	지명 유형	행정 구역	지명	이칭	지명 유형
장수동 長壽洞	장수천 長壽川			하천		장수-천 長壽川		내
장수동 長壽洞	장수동사무소 長壽洞事務所			주요 시설				

6) 서곶출장소

1959년 인천시 지명조사표					한국지명총람 인천시 편			
행정 구역	지명	이칭1	이칭2	지명 유형	행정 구역	지명	이칭	지명 유형
서곳(곶)출장소 西串出張所				출장소	서곶-출장소	서곶-출장소 西串出張所		출장소
가정동 佳亭洞				동	가정-동	가정-동 佳亭洞	가정	동
가정동 佳亭洞	가정 佳亭			부락		가-정 佳亭		마을
						가정-교 佳亭橋		다리
가정동 佳亭洞	佳亭塩田					가정-염전 佳亭鹽田		염밭
						가정-터 佳亭-		터
						각-굴		마을
						개발-단1 開發團		마을
						개발-단2 開發團		들
						구루-머리		들
						도루-굴		마을
						돌-고지	도루굴	마을
						돌로-골		들
						되-네미		골
						되린-결		마을
						마살-뫼		산
						방-까지		골
						방아-머리		부리
						봉오-재1	봉화촌	마을
						봉오-재2	싸리곶봉수, 축곶봉수대	산
가정동 佳亭洞	봉화촌 烽火村	봉오재		부락		봉화-촌 烽火村		마을
						산밑-주막	산저동	마을
가정동 佳亭洞	산저동 山底洞	산밑말 주막		부락		산저-동 山底洞		마을
						상-봉		산
						샘-내		들
						속-자리		들
						수루너미-고개		고개
						수용-소 收容所		마을
가정동 佳亭洞	승학현 昇鶴峴	싱아고개		영		승학-현 昇鶴峴		고개
						신-답 新畓		들
						싱아-고개	승학현	고개
						싱아-골		마을
						싱아-굴	싱아골, 싱학골	마을
						싱학-골		마을
						싸리곶-봉수		산

1959년 인천시 지명조사표					한국지명총람 인천시 편			
행정 구역	지명	이칭1	이칭2	지명 유형	행정 구역	지명	이칭	지명 유형
						용난-골		골
						용마-바위		바위
						작은-되네미		골
						정자-앞 亭子-		들
						정자-터 亭子-	가정터	터
						중간-말 中間-		마을
						천상-교 川上橋		다리
						축곶-봉수대 杜串烽燧臺		산
						행목-골		골
가정동 佳亭洞	철마산 鐵馬山			산		철마-산1 鐵馬山		산
						철마-산2 鐵馬山		산
가정동 佳亭洞	~~가정자~~ ~~佳亭址~~	~~가정앞산~~		~~산~~				
가좌동 佳佐洞				동	가좌-동	가좌-동 佳佐洞	가재울, 가좌리	동
						가재-울		마을
						가좌-리 佳佐里		마을
						감중-절 甘中節	감중절리	마을
가좌동 佳佐洞	감중절리 甘中節里	감중절		부락		감중절-리 甘中節里		마을
가좌동 佳佐洞	건지 乾池	건지골		부락		건-지 乾池		마을
						건지-굴 乾池-	건지	마을
						구루지-고개		고개
						덤-바위		바위
						덤바위-산		산
						돌-방죽		못
						돌방죽-들		들
						무내-골		들
						박촌-말 朴村-		마을
가좌동 佳佐洞	옷우물	보도지 (진) 步道津	보도진 나루	부락 나루터		번지기-나루1	보도진, 보도지	마을
						번지기-나루2	보도진, 보도지	나루
						보도-지1 步道地		마을
						보도-지2 步道地		나루
						보도-진1 步道津		마을
						보도-진2 步道津		나루
						상기간-교 上機間橋		다리

1959년 인천시 지명조사표					한국지명총람 인천시 편				
행정 구역	지명	이칭1	이칭2	지명 유형	행정 구역	지명	이칭	지명 유형
가좌동 佳佐洞	상촌 上村	웃말	박촌말	부락		상-촌 上村		마을
						서덜-산		산
						성-돌		산
						수중-바위 水中-		바위
						아랫-감중절	작은감중절	마을
						아랫-말		마을
						여우자비-고개		고개
						윗-감중절	큰감중절	마을
						윗-말	박촌말, 상촌	마을
						이방-뿌리		부리
						작은-감중절		마을
						장-고개		고개
						쟁아리-고개		고개
						절-고개		고개
						큰-감중절		마을
						해망-재 海望-		산
가좌동 佳佐洞	가좌동사무소 佳佐洞事務所			주요 시설				
가좌동 佳佐洞	개와리							
석남동 石南洞				동	석남-동	석남-동 石南洞		동
						검정-다리		마을
						고작-교 高作橋		다리
						고작-리 高作里		마을
석남동 石南洞	고잔 高棧			부락		고잔		마을
						고장-이	고작리	마을
						넘-말		마을
						독-골		마을
						독-굴	독골, 석동	마을
						똥그랑-산		산
						먼개-골		마을
						명각-골	명각굴, 먼개골, 원포곡	마을
						명각-굴		마을
						모래-방죽1		못
						모래-방죽2		들
						바그-뫼		마을
						바깥-방죽		못
석남동 石南洞	번작리 番作里	번지기		부락		번작-리 番作里		마을
						번-지기	번작리	마을
						석남사-터 石南寺-		터
						석-동 石洞		마을
						신작로 新作路		마을

1959년 인천시 지명조사표					한국지명총람 인천시 편			
행정 구역	지명	이칭1	이칭2	지명 유형	행정 구역	지명	이칭	지명 유형
						쑥가-말		마을
						안-방죽		못
석남동 石南洞	웃우물	고장니 (리)		부락		웃-우물		마을
						원포-곡 遠浦谷		마을
						작은-굴		골
						절-굴		골
						조서강-묘 趙瑞康墓		묘
						큰-굴		골
석남동 石南洞	석남학교 石南學校			주요 시설				
검암동 黔岩洞				동	검암-동	검암-동 黔岩洞	검바위, 금바위, 검암, 금암	동
						간-재 艮材		마을
검암동 黔岩洞	간재 艮才	간재울		부락		간재-울	간재, 하동	마을
						검-바위		마을
검암동 黔岩洞	검암 黔岩	검바위		부락		검-암 黔岩		마을
						검암-교 黔岩橋		다리
						금-바위		마을
						금-암		마을
						꽃매-산	화산	산
						노선재-방죽		못
						노선재방죽-들		들
						되-고개		고개
						벗쪽-말	중동	마을
						벼락-바위		바위
						부엉-바위		바위
						벙-바위		산
						산양-굴		골
						상-동 上洞		마을
검암동 黔岩洞	서곳(곶)염전 西串塩田			염전		서곶-염전 西串鹽田		염밭
검암동 黔岩洞	검암교 黔岩橋	시시내 다리		교량		시시내-다리	검암교	다리
						신-방죽	노선재방죽	못
						신방죽-들	노선재방죽들	들
						윗-말	상동	마을
						쟁개미-굴		골
						중-동 中洞		마을
						청대-방죽	촌답방죽	못
						청대방죽-들		들
						촌답-방죽		못
						칭밋-골		골
						피-고개		고개
						하-동 下洞		마을

1959년 인천시 지명조사표					한국지명총람 인천시 편			
행정 구역	지명	이칭1	이칭2	지명 유형	행정 구역	지명	이칭	지명 유형
						허암-산 虛庵山		산
						허암-터 虛庵-		터
						해머리-방죽		못
						해머리방죽-들		들
						화-산 花山		산
검암동 黔岩洞	고려중학교 高麗中學校			주요 시설				
검암동 黔岩洞	백석시천검암동사무소 白石始川黔岩洞事務所			주요 시설				
검암동 黔岩洞	검암천주교회 黔岩天主教會			주요 시설				
검암동 黔岩洞	인천제염공사 仁川製塩公社			염전				
경서동 景西洞				동	경서-동	경서-동 景西洞	고잔, 쑥댕이	동
						고메-바위1	구메바위	바위
						고메-바위2		섬
						고메바위-섬	이도	섬
경서동 景西洞	고잔 高棧	쑥땡이		부락		고잔 高棧		마을
						골-말		마을
						골말-방죽		못
						구메-바위		바위
경서동 景西洞	금산 金山			산		금-산 金山		산
경서동 景西洞	기도 箕島	키섬		섬		기-도 箕島		섬
경서동 景西洞	까투렴			섬		까투-렴		섬
						난-점	난지도	섬
경서동 景西洞	난지도 蘭芝島	난점		섬		난지-도 蘭芝島		섬
						노-렴	장도	섬
						능너머-고개		고개
						능-산 陵山		산
						당재-산		산
						독-점	옹이점	마을
						류사눌-묘 柳思訥墓		묘
						문-점 文沾		섬
경서동 景西洞	문점도 文沾島	문점		섬		문점-도 文沾島	문점	섬
						벌-밭		들
						범-머리		골
						범-섬		섬
						범-허리		골
경서동 景西洞	부도 缶島	장구염		섬		부도 缶島		섬
						사-도 蛇島		섬

1959년 인천시 지명조사표					한국지명총람 인천시 편			
행정 구역	지명	이칭1	이칭2	지명 유형	행정 구역	지명	이칭	지명 유형
경서동 景西洞	사도 蛇島	사염		섬		사-염	사도	섬
						서낭당-고개		고개
경서동 景西洞	서주염전 西州塩田			염전		서주-염전 西州鹽田		염밭
						소-문점 小文沾		섬
경서동 景西洞	소문점도 小文沾島	소문점		섬		소-문점도 小文沾島		섬
						쑥-댕이		마을
						안-말		마을
						안말-고개		고개
						앞-방죽		들
						옹이-점		마을
경서동 景西洞	이도 耳島	곰에바위	굼에바위	섬		이-도 耳島		섭
경서동 景西洞	일도 一島	일섬		섬		일-도 一島		섬
						일-섬	일도	섬
						장구-섬	부도	섬
경서동 景西洞	장도 獐島	놀염		섬		장-도 獐島		섬
						장끼섬	잰겸도	섬
경서동 景西洞	잰겸도			섬		잰겸-도		섬
						좌투리-벌		들
						좌투리-산		산
						진-펄		마을
경서동 景西洞	청나(라)도 菁蘿島	팔염		섬		청라-도 菁蘿島		섬
						키-섬	기도	섬
						파-렴	청라도	섬
						해-머리		산
						해머리-벌		들
						헐떡-고개		고개
						홀계-낭떠러지		부리
경서동 景西洞	경서동사무소 景西洞事務所			주요 시설				
경서동 景西洞	청나(라)분교 菁蘿分校			주요 시설				
심곡동 深谷洞				동	심곡-동	심곡-동 深谷洞	깊은골, 짚은골, 심곡	동
						갈망-재		산
						깊은-골		마을
						노적-봉 露積峯		산
심곡동 深谷洞	뒤골말					뒷-골		마을
						모퉁-말		마을
						문숙의-묘 文淑儀墓		묘
심곡동 深谷洞	사동 寺洞	절골		부락		사-동 寺洞		마을
						샘-내1	심곡천	내

1959년 인천시 지명조사표					한국지명총람 인천시 편			
행정 구역	지명	이칭1	이칭2	지명 유형	행정 구역	지명	이칭	지명 유형
						샘-내2		들
						샘내-들	샘내	들
						수리너미-고개		고개
						숙의문씨-묘 淑儀文氏墓	문숙의묘	묘
						심-곡 深谷		마을
						심곡-교 深谷橋		다리
심곡동 深谷洞	심곡천 深谷川	샘내		하천		심곡-천 深谷川		내
						양가-말 梁家-	양가촌	마을
심곡동 深谷洞	양가촌 梁家村	양가말		부락		양가-촌 梁家村		마을
						은행-나무		나무
						응-곡 鷹谷		골
						절-골	사동	골
						짚은-골		마을
						탁옥-봉 琢玉峯		산
공촌동 公村洞				동	공촌-동	공촌-동 公村洞	고련이, 공촌	동
						갈-미		마을
공촌동 公村洞	경명현 景明峴	징맹이 고개		영		경명-현 景明峴		고개
						고련-이		마을
공촌동 公村洞	공촌 公村	골연이		부락		공-촌 公村		마을
공촌동 公村洞	괴기벌			부락		괴기-벌		마을
						길마-산		산
						길마재-고개		고개
						너머-말		마을
						도당-미		버덩
						뒷-벌		들
						말-궁뎅이		산
						벌-터	괴기벌	마을
						범-굴		골
						불당-굴 佛堂-		골
						빈-정 濱汀		마을
공촌동 公村洞	빈정교 濱汀橋			교량		빈정-교 濱汀橋		다리
						뽀루수-고개		고개
						상-굴		골
						성-내		들
						숫돌-고개		고개
						앞-말		마을
						양-굴		골
						작은-장명고개		고개
						장-고개	숫돌고개	고개

1959년 인천시 지명조사표					한국지명총람 인천시 편			
행정 구역	지명	이칭1	이칭2	지명 유형	행정 구역	지명	이칭	지명 유형
						장맹이-고개		고개
						장명이-고개	장맹이고개, 경명현	고개
						장자-터 長者-		마을
						치마-바위		바위
						택재-고개	뽀루수고개	고개
공촌동 公村洞	계양산 桂陽山	안남산 安南山		산				
공촌동 公村洞	빈정천 濱汀川			하천		빈정-천 濱汀川		내
신현동 新峴洞				동	신현-동	신현-동 新峴洞	새오개, 신현	동
						구석-말		마을
						굴-앗		고개
						너머-방죽	앞방죽	못
						도당-재		산
						새-오개1		마을
						새-오개2		고개
						솔앗-너머		산
신현동 新峴洞	신현 新峴	새고개		부락		신-현 新峴		마을
						앞-방죽		못
						양금-머리		마을
						요-굴		마을
						원논-틀		들
						작은-새오개		마을
						큰-새오개		마을
						평투-고개		고개
						해-나무		나무
신현동 新峴洞	가정신현석남동사무소 佳, 新, 石南洞事務所			주요 시설				
신현동 新峴洞	신현교회 新峴教會			주요 시설				
백석동 白石洞				동	백석-동	백석-동 白石洞	흰돌, 힌돌, 한돌, 한들, 백석	동
						각-곡 角谷		골
						각-골	각곡	골
						거-월 巨月		마을
백석동 白石洞	거월 巨月	걸월이		부락		거-월이 巨月-	거월	마을
						계향-사 桂香寺		절
						골-말		마을
						너머-말		마을
						도당-재		고개
						도마-매		마을
백석동 白石洞	독정 篤亭	독젱이		부락		독-정 篤亭		마을
						독-정이	독정	마을
						둥구-재		산

1959년 인천시 지명조사표					한국지명총람 인천시 편			
행정 구역	지명	이칭1	이칭2	지명 유형	행정 구역	지명	이칭	지명 유형
						맨대-울		골
백석동 白石洞	백석 白石	한들		부락		백-석 白石		마을
백석동 白石洞	백석염전 白石塩田			염전		백석-염전 白石鹽田		염밭
						분유-울		골
						서피-고개		고개
						세피-고개	서피고개	고개
						소-데이		마을
						쇵-굴		골
						오령-대		골
						완장-굴		골
						음달-말		마을
백석동 白石洞	인포염전 仁浦塩田			염전		인포-염전 仁浦鹽田		염밭
						종-란 宗卵		마을
						종란-고개		고개
						종-알	종란	마을
						종알-고개	종란고개	고개
						한-돌		마을
						한-들		마을
						한-메		산
						행자-현 杏子峴		고개
						행주-고개	행자현	고개
						흰-돌		마을
						힌-돌		마을
백석동 白石洞	백석성결교회 白石聖潔敎會			주요 시설				
시천동 始川洞				동	시천-동	시천-동 始川洞	시시내, 시천	동
						객-골		마을
						검암-교 檢岩橋		다리
						동이-점		마을
						맨대-울		마을
						벙-바위1		바위
						벙-바위2		산
						삽작-굴		골
						서낭-고개		고개
						시시-내		마을
시천동 始川洞	시천천 始川川	시시내 개울		하천		시시내-개울	시천천	내
						시시내-다리	검암교	다리
시천동 始川洞	시천 始川	시시내		부락		시-천 始川		마을
						시천-교 始川橋		다리
						시천동-요지 始川洞窯址		고적
						시천-천 始川川		내

1959년 인천시 지명조사표					한국지명총람 인천시 편			
행정 구역	지명	이칭1	이칭2	지명 유형	행정 구역	지명	이칭	지명 유형
						점-말	점촌, 동이점	마을
시천동 始川洞	점촌 店村	점말		부락		점-촌 店村		마을
						피-고개		고개
						횟-굴		골
연희동 連喜洞	연일 連日			동	연희-동	연희-동 連喜洞	연일, 연회, 연곡	동
						간-촌 間村		마을
						갈마-산 渴馬山		산
						개-바위		바위
						계명-평 鷄鳴坪		들
						고루수-고개		고개
						고루수-들		들
						군-길 軍-		마을
						군의-길 軍-	군길	마을
						능-안		들
						닭-우리	계명평	들
						당-재		고개
						대풍-들 大豊-		들
						매봉-재		산
						모래-우물		우물
						빈정-교 濱汀橋		다리
연희동 連喜洞	상애염전 相愛塩田			염전		상애-염전 相愛鹽田		염밭
						샘-내	천평	들
연희동 連喜洞	샛말 間村			부락		샛-말	간촌	마을
						샛말-고개		고개
						연-곡 連谷		마을
						연-일 連日		마을
						연희 連喜		마을
						연희진-터 連喜鎭-		고적
						연희-포대 連喜砲臺	용머리포대	고적
연희동 連喜洞	용두산 龍頭山			산		용두-산 龍頭山		산
						용-머리		마을
						용의-머리	용머리	마을
						용머리-포대		고적
						운매-고개		고개
						운매-산		산
						주마-원 朱馬原		들
						줄안-마루	주마원	들

1959년 인천시 지명조사표					한국지명총람 인천시 편			
행정 구역	지명	이칭1	이칭2	지명 유형	행정 구역	지명	이칭	지명 유형
						천-평 泉坪		들
						하누-머리	한정	들
						한-우물		우물
						한-정 旱井		들
연희동 連喜洞	서곶(곶)출장소 西串出張所			주요 시설				
연희동 連喜洞	공촌연희심곡동사무소 公村連喜深谷洞事務所			주요 시설				
연희동 連喜洞	부평경찰서서곶(곶)지서 富平警察署西串支署			주요 시설				
연희동 連喜洞	연희동교회 連喜洞敎會			주요 시설				
연희동 連喜洞	서곶(곶)국민학교 西串國民學校			주요 시설				
원창동 元倉洞				동	원창-동	원창-동 元倉洞	환자곶, 창동, 원창	동
						간-재		고개
						개-말	포리, 포촌	마을
						고잔		들
						굿-둘		산
						까투-렴	자치도	섬
						넘-말		마을
						도당-재		산
원창동 元倉洞	목도 木島	목섬		군도		목-도 木島		섬
						목-섬	목도	섬
						밤-염	율도	섬
						범-섬	호도	섬
						새봉-모		산
						세루	세어도	섬
원창동 元倉洞	세어도 細於島	세루		섬		세어-도 細於島		섬
원창동 元倉洞	소도 小島	소염		섬		소-도 小島		섬
						소-염 小-		섬
						안-굴		마을
						원-창 元倉		마을
원창동 元倉洞	율도 栗島	밤염		섬		율-도 栗島		섬
						은당-재		산
원창동 元倉洞	자치도 雌雉島			군도		자치-도 雌雉島		섬
						작은-염	소도, 소염	섬
						장구-염	장금도	섬
원창동 元倉洞	장금도 長金島			군도		장금-도 長金島		섬
원창동 元倉洞	지내섬			군도		지내-섬	지네섬	섬
						지네-섬		섬
						창-동 倉洞		마을

1959년 인천시 지명조사표					한국지명총람 인천시 편			
행정 구역	지명	이칭1	이칭2	지명 유형	행정 구역	지명	이칭	지명 유형
						포-리 浦里		마을
원창동 元倉洞	포촌 浦村	개말		부락		포-촌 浦村		마을
원창동 元倉洞	호도 虎島	범섬		군도		호-도 虎島		섬
원창동 元倉洞	환자곳(곶) 還子串			부락		환자-곶 還子串		마을
원창동 元倉洞	율도분교 栗島分校			주요 시설				
원창동 元倉洞	세어도분교 細於島分校			주요 시설				
원창동 元倉洞	원창동사무소 元倉洞事務所			주요 시설				

7) 주안출장소관내

1959년 인천시 지명조사표					한국지명총람 인천시 편			
행정 구역	지명	이칭1	이칭2	지명 유형	행정 구역	지명	이칭	지명 유형
					남-구	남-구 南區		구
간석동 間石洞				동	간석-동	간석-동 間石洞		동
						간-촌 間村		마을
						강신-재 降神-		고개
						개와집-말		마을
						계산원-들		들
						공장-말 工場-	벽돌말	마을
						기루지-방죽		못
						기루지-방죽-들		들
						기와집-말	개와집말	마을
						돌-말	석바위, 석촌	마을
						매-치기		산
						밴데이-논	밴데이논	논
						벤데이-논		논
						벌-터		마을
						벙어리-방죽		못
						벙어리방죽-들		들
						벽돌-말		마을
						붉은-고개	주안	고개
						삼-거리		마을
						상-나무		나무
						새-말1		마을
						새-말2	간촌	마을
						서낭-고개		고개
						석-바위		마을
간석동 間石洞	석촌 石村	돌말		부락		석-촌 石村		마을
간석동 間石洞	국립성계원 國立成蹊園			주요 시설		성계-원		마을
						성뫼-너머		고개
						쇠-논		들
						수수-방죽		못
						수수방죽-들		들
						실은-재		마을
						악바위-고개		고개
						야-곡 冶谷		마을
						약사-암 藥師庵		절
						양가늑-골		들
						양지-말	양촌	마을
간석동 間石洞	양촌 陽村	양짓말		부락		양-촌 陽村		마을
						은-말		마을

1959년 인천시 지명조사표					한국지명총람 인천시 편			
행정 구역	지명	이칭1	이칭2	지명 유형	행정 구역	지명	이칭	지명 유형
						음지-말 陰地-		마을
						작은-골		골
						장-골		골
						절-골		골
						종신-원		들
						종신원-둑		뚝
간석동 間石洞	주안 朱岸	큰말	주원 朱元	부락		주-안1 朱岸	주원, 은말	마을
						주-안2 朱岸		고개
						주원 朱元		마을
						찬-우물		우물
						찬우물-들		들
						칠-거리		길
						큰-골		골
						큰-말		마을
						풀무-골	야곡	마을
					간석-1동	간석-1동 間石一洞		동
					간석-2동	간석-2동 間石二洞		동
					간석-3동	간석-3동 間石三洞		동
간석동 間石洞	원통고개 圓通고개			고개				
간석동 間石洞	약사암 藥師庵			주요 시설				
간석동 間石洞	조선요업주식회사 朝鮮窯業株式會社			주요 시설				
구월동 九月洞				동	구월-동	구월-동 九月洞	구리울, 구울, 구월	동
						고사-나무	홰나무	나무
						구리-울		마을
						구-울		마을
						구-월 九月		마을
						구월-공동묘지 九月共同墓地		묘
						넙-산		산
						능-너머		골
						대-구월동 大九月洞		마을
						독-점		마을
						뒤-못		못
						뒤못-알		들
						못-머리께		들
						배-다리		들
						백석-말		마을
						뱅-골		마을
						봉모-재		산
						붉은-고개		마을

1959년 인천시 지명조사표					한국지명총람 인천시 편			
행정 구역	지명	이칭1	이칭2	지명 유형	행정 구역	지명	이칭	지명 유형
						성-동 城洞		마을
구월동 九月洞	성동 城洞	성말		부락		성-말	성동	마을
						성-못		못
						성못-알		들
						소-구월동 小九月洞		마을
						솔미-모롱이		모롱이
						솔미-산		산
						쉬는-터		마을
						안-소랏		마을
						암-팽이		골
						오달기		마을
구월동 九月洞	소구월동 小九月洞	자근 (작은) 구월리		부락		작은-구월	소구월동	마을
						작은-성말		마을
						장자-우물		골
구월동 九月洞	전재동 田在洞	전재울		부락		전재-동 田在洞		마을
						전재-울	전재동	마을
						주막-거리	오달기	마을
구월동 九月洞	대구월동 大九月洞	큰 구월리		부락		큰-구월	대구월동	마을
						큰-성말		마을
						큰-우물		우물
						터-골		골
						황토-꼬지 黃土-		고개
						홰-나무		나무
					구월-1동	구월-1동 九月一洞		동
					구월-2동	구월-2동 九月二洞		동
구월동 九月洞	구월동사무소 九月洞事務所			주요 시설				
구월동 九月洞	구월국민학교 九月國民學校			주요 시설				
구월동 九月洞	수인도로 水仁道路			도로				
					도화-동	도화-동 道禾洞		동
도화동一동 道禾洞一洞				동				
도화동二동 道禾洞二洞				동				
						다랭이		마을
도화동二동 道禾洞二洞	대지기			부락		대-지기	대직	마을
						대-직		마을
도화동一동 道禾洞一洞	도마다리			부락		도마-다리	도마리	마을
						도마-리 道馬里		마을

1959년 인천시 지명조사표					한국지명총람 인천시 편			
행정 구역	지명	이칭1	이칭2	지명 유형	행정 구역	지명	이칭	지명 유형
						동산-공원 東山公園		공원
						마-장 馬場		마을
도화동二동 道禾洞二洞	안곡동 雁谷洞	매골		부락		매-골	안곡동	마을
도화동一동 道禾洞一洞	봉동 鳳洞			부락		봉-동 鳳洞	봉흥동	마을
						봉흥-동		마을
						사-거리		마을
						소댕이		마을
						수곡-동 水谷洞		마을
						수봉-사 水峯寺		절
도화동二동 道禾洞二洞	등대숙골 水谷洞	숙골	마장 馬場	부락		숫-골	화동, 마장, 수곡동	마을
						신계-동 新溪洞		마을
도화동二동 道禾洞二洞	신계동 新溪洞	신족골		부락		신족-골	신계동	마을
						신-촌 新村		마을
						안곡-동 雁谷洞		마을
						연화-사 蓮花寺		절
						오목-골		마을
						자-골	재촌	마을
						재-촌 再村		마을
						차돌-고개		고개
						청대-골	청백곡	마을
						청백-곡 淸白谷		마을
						해방-촌 解放村		마을
						화-동 禾洞		마을
					도화-1동	도화-1동 道禾一洞		동
					도화-2동	도화-2동 道禾二洞		동
					도화 3동	도화-3동 道禾三洞		동
도화동一동 道禾洞一洞	수봉산 壽鳳山			산		수봉-산 壽峯山		산
도화동一동 道禾洞一洞	주안출장소 朱安出張所			주요 시설				
도화동一동 道禾洞一洞	도화一동사무소 道禾一洞事務所			주요 시설				
도화동一동 道禾洞一洞	도화국민학교 道禾國民學校			주요 시설				
도화동一동 道禾洞一洞	수봉사 水峯寺			주요 시설				
도화동一동 道禾洞一洞	성광육아원 聖光育兒院			주요 시설				

1959년 인천시 지명조사표					한국지명총람 인천시 편			
행정 구역	지명	이칭1	이칭2	지명 유형	행정 구역	지명	이칭	지명 유형
도화동二동 道禾洞二洞	도화동二동사무소 道禾洞二洞事務所							
도화동二동 道禾洞二洞	경기수산고등학교 京畿水産高等學校			중요 시설				
도화동二동 道禾洞二洞	동인천중학교 東仁川中學校			중요 시설				
도화동二동 道禾洞二洞	성광중상업고등학교 聖光中商業高等學校			중요 시설				
도화동二동 道禾洞二洞	박문여자중고등학교 博文女子中高等學校			중요 시설				
도화동二동 道禾洞二洞	동양고무공업주식회사 東洋고무工業株式會社			중요 시설				
도화동二동 道禾洞二洞	도화교회 道禾教會			중요 시설				
주안동二동 朱安洞二洞	사미 士美	새미		부락		사-미 士美		마을
						사충-리 士忠里		마을
						상나무-배기		마을
						새-미	사미	마을
						서낭-댕이		마을
						석-바위	석암동, 석암	마을
						석-암 石岩		마을
주안동一동 朱安洞一洞	석암동 石岩洞	석바위	석암	부락		석암-동 石岩洞		마을
						성-너머	성월	마을
						성-월 城越		마을
						소뎅이		마을
						솔안-말	송내	마을
						송-내 松内		마을
						양지 陽地		마을
						양지-께 陽地-	양지	마을
주안동二동 朱安洞二洞	재동 梓洞	잿말		부락		재-동 財洞		마을
						잿-말	재동	마을
						주안 朱安		마을
주안동一동 朱安洞一洞	주안고령토광산 朱安高嶺土鑛山			광산		주안고령토-광산 朱安高嶺土鑛山		광
주안동二동 朱安洞二洞	주안사거리 朱安四巨里			부락		주안-사거리 朱安-		마을
주안동一동 朱安洞一洞	주안역 朱安驛			역		주안-역 朱安驛	충훈부정거장	역
						지-두 池頭		마을
주안동二동 朱安洞二洞	지두동 池頭洞	못머리				지두-동 池頭洞		마을
						충-부 忠府		마을
						충훈-동 忠勳洞	충훈부, 층부	마을

1959년 인천시 지명조사표					한국지명총람 인천시 편			
행정 구역	지명	이칭1	이칭2	지명 유형	행정 구역	지명	이칭	지명 유형
주안동一동 朱安洞一洞	충훈동 忠勳洞	충훈부 忠勳府		부락		충훈-부 忠勳府		마을
						충훈부-고개 忠勳府-		고개
						충훈부-정거장 忠勳府停車場		역
주안동一동 朱安洞一洞				동	주안-1동	주안-1동 朱安一洞		동
주안동二동 朱安洞二洞				동	주안-2동	주안-2동 朱安二洞		동
					주안-3동	주안-3동 朱安三洞		동
					주안-4동	주안-4동 朱安四洞		동
					주안-5동	주안-5동 朱安五洞		동
					주안-6동	주안-6동 朱安六洞		동
					주안-7동	주안-7동 朱安七洞		동
주안동一동 朱安洞一洞	주안一,二동사무소 朱安一,二洞事務所			동				
주안동一동 朱安洞一洞	주안우체국 朱安郵遞局			주요 시설				
주안동一동 朱安洞一洞	주안감리교회 朱安監理教會			주요 시설				
주안동一동 朱安洞一洞	주안장노(로)교회 朱安長老教會			주요 시설				
주안동一동 朱安洞一洞	주안정미소 朱安精米所			주요 시설				
주안동一동	주안지서 朱安支署			주요 시설				
주안동一동 朱安洞一洞	주안섬유공장 朱安纖維工場			주요 시설				
주안동一동 朱安洞一洞	주안염전 朱安塩田			주요 시설				
주안동一동 朱安洞一洞	대양도자기회사 大洋陶瓷器會社			주요 시설				
주안동一동 朱安洞一洞	주안양조장 朱安釀造場			주요 시설				
주안동一동 朱安洞一洞	농은주안출장소 農銀朱安出張所			주요 시설				
주안동二동 朱安洞二洞	인천공업고등학교 仁川工業高等學校			주요 시설				
주안동二동 朱安洞二洞	인천주안국민학교 仁川朱安國民學校			주요 시설				
주안동二동 朱安洞二洞	사미감리교회 士美監理教會			주요 시설				
주안동二동 朱安洞二洞	중앙도자기회사 中央陶瓷器會社			주요 시설				
주안동二동 朱安洞二洞	인천화장장 仁川火葬場			주요 시설				
주안동二동 朱安洞二洞	제인원 濟仁院			주요 시설				

8) (인천시) 문학출장소

1959년 인천시 지명조사표					한국지명총람 인천시 편			
행정 구역	지명	이칭1	이칭2	지명 유형	행정 구역	지명	이칭	지명 유형
관교동 官校洞				동	관교-동	관교-동 官校洞	인천부내, 인천 읍내, 인천, 인주	동
						관교동-느티나무		나무
						관교동-토성터 官校洞土城-		고개
관교동 官校洞	관청리 官廳里			부락		관청-리 官廳里		마을
						관청-말	관청리	마을
						독-우물		우물
						막은-데미	관교동토성터	고적
관교동 官校洞	문학문묘 文鶴文廟	인천문묘 仁川文廟		고적		문학-문묘 文鶴文廟		고적
관교동 官校洞	문학약수 文鶴藥水			약수		문학-약수 文鶴藥水		약
관교동 官校洞	승기리 承基里	신비 神秘		부락		승기-리 承基里	신비	마을
						승기-산 承基山		산
						인-주 仁州		마을
						신-비 神秘		마을
						쌍-우물		우물
						인-천 仁川		마을
						인천도호부-청사 仁川都護府廳舍		고적
						인천도호부-터		터
						인천-부내 仁川府內		마을
						인천-읍내 仁川邑內		마을
						인천-향교 仁川鄕校	문학문묘	고적
						작은-신비		마을
						큰-신비		마을
						향교-말 鄕校-		마을
관교동 官校洞	관교문학선학동 官校文鶴仙鶴洞			주요 시설				
관교동 官校洞	문학출장소 文鶴出張所			주요 시설				
관교동 官校洞	문학국민학교 文鶴國民學校			주요 시설				
관교동 官校洞	승기천 承基川			하천				
동춘동 東春洞				동	동춘-동	동춘-동 東春洞	동촌, 동춘	동
동춘동 東春洞	가곡 稼谷	각골 角谷		부락		가-곡 稼谷		마을
						각-골	가곡	마을
						강태-굴		골
동춘동 東春洞	남동염전一구 南洞塩田一區			염전		남동염전-제1구 南洞鹽田第一區		염밭

1959년 인천시 지명조사표					한국지명총람 인천시 편			
행정 구역	지명	이칭1	이칭2	지명 유형	행정 구역	지명	이칭	지명 유형
						논-고개		고개
						도-곡 道谷		마을
						도-굴	도곡	마을
						동-막 東幕		마을
동춘동 東春洞	동촌동 東村洞			부락		동-촌 東村		마을
						동춘 東春		마을
						동춘동-부도 東春洞浮屠		고적
						문충공정우량-묘 文忠公鄭羽良墓		묘
						박석-고개	논고개	고개
						부엉-재		고개
						새-말	신촌	마을
						새-방죽		못
						새방죽-들		들
						소-암 小岩		마을
						소암-들 小岩-		들
						쇠-미	소암	마을
						수정-각 水晶閣		놀이터
						승냥간-모퉁이		모롱이
						시두-물	시드물	마을
						시두물-고개		고개
						시드-물		마을
						신-촌 新村		마을
						야-곡 冶谷		마을
						외암-도 外岩島		마을
						외암-섬 外岩-	외암도	마을
동춘동 東春洞	인명사 仁明寺			주요 시설		인명-사 仁明寺		절
동춘동 東春洞	尺前	자압		부락		자-앞	척전	마을
						제운이세주-묘 霽雲李世胄墓		묘
						척-전 尺前		마을
						풀무-골	야곡	마을
동춘동 東春洞	동춘동사무소 東春洞事務所			주요 시설				
동춘동 東春洞	동막판매소 東幕販賣所			주요 시설				
문학동 文鶴洞				동	문학-동	문학-동 文鶴洞		동
						고인-돌	문학지석묘	터

1959년 인천시 지명조사표					한국지명총람 인천시 편			
행정 구역	지명	이칭1	이칭2	지명 유형	행정 구역	지명	이칭	지명 유형
						도천-현 禱天峴		고개
						되찬이-고개	도천현	고개
						마리-고개		고개
						막은데미-고개		고개
						무주물-고개		고개
						문학사-터 文鶴寺-		터
						문학-지석묘 文鶴支石墓		터
						사모지-고개	삼호현	고개
문학동 文鶴洞	산성리 山城里			부락		산성-리 山城里		마을
						산성-말 山城-	산성리	마을
						삼호-현 三呼峴		고개
						선유-봉 仙遊峯		산
						수리-산	선유봉	산
						옥-우물 獄-		우물
						학산-말 鶴山-	학산촌	마을
						학산-촌 鶴山村		마을
						항망매-고개		고개
문학동 文鶴洞	문학산 文鶴山	배꼽산	봉화산 烽火山	산		문학-산 文鶴山	문학산성, 성산, 남산, 성산봉수, 문학산봉수, 배꼽산	산
문학동 文鶴洞	문학지서 文鶴支署			주요 시설				
문학동 文鶴洞	문학산성 文鶴山城			고적		문학산-성 文鶴山城		산
문학동 文鶴洞	학산서원 鶴山書院			고적				
문학동 文鶴洞	부천양조장 富川釀造場	문학 양조장 文鶴 釀造場		주요 시설				
						문학산-봉수 文鶴山烽燧		산
선학동 仙鶴洞				동	선학-동	선학-동 仙鶴洞	도재, 도장	동
						고엽-현 高葉峴		고개
						권분-묘 權盼墓		묘
						길마-산		산
						길마사-터 吉馬寺-		터
						길천군-묘 吉川君墓	권분묘	묘
						늑각-부리 勒角-		부리
						능-안		골

1959년 인천시 지명조사표					한국지명총람 인천시 편			
행정 구역	지명	이칭1	이칭2	지명 유형	행정 구역	지명	이칭	지명 유형
선학동 仙鶴洞	도장 道章			부락		도-장 道章		마을
						도-재		마을
						무곡-교 無谷橋		다리
						무지-동 茂池洞		마을
						무지-물	무지동	마을
						무지-우물 茂池-	무지정	우물
						무지-정 茂池井		우물
						보걱-굴		골
						새미-들		들
						샘-들		들
						샛-도재		마을
						서낭-고개		고개
						선학-공동묘지 仙鶴共同墓地		묘
선학동 仙鶴洞	소도장 小道章			부락		소-도장 小道章		마을
						신작로-말 新作路-		마을
						안북-굴		골
						작은-도장	소도장	마을
						주랑-축		못
						줄-방죽	주랑축	못
						줄방죽-들		들
						중굴-고개		고개
						천년-방죽		못
						천년방죽-들		들
						큰-도장		마을
						큰-도재	큰도장	마을
						황새-방죽		못
						황새방죽-들		들
선학동 仙鶴洞	남동염전2구 南洞塩田二區			염전				
연수동 延壽洞				동	연수-동	연수-동 延壽洞		동
						가양-곶 家養串		마을
						간-촌 間村		마을
						갱-고지	가양곶	마을
						고사리-굴		골
						고-촌 高村		마을
						고촌-말 高村-	고촌	마을
						고-해 苦海		마을
						구레-매기		마을
						구레매기-고개		고개
						까치-섬		산

1959년 인천시 지명조사표					한국지명총람 인천시 편			
행정 구역	지명	이칭1	이칭2	지명 유형	행정 구역	지명	이칭	지명 유형
연수동 延壽洞	남동역 南洞驛			역		남동-역 南洞驛		역
						마-리 麻里	고해	마을
						머그-미	묵동	마을
연수동 延壽洞	묵동 墨洞	먹으미		부락		묵-동 墨洞		마을
						배꼽-부리	원각도 遠閣島	마을
						벗-거리		마을
연수동 延壽洞	부수지 浮水地			부락		부수-지 浮水池		마을
						사랭이-재		고개
						사-현 師峴		고개
						새-동리		마을
						새-말	신촌	마을
						새터-말	신기	마을
						샛-말	간촌	마을
						소성백-묘 邵城伯墓		묘
						솔안-말	송내촌	마을
						송내-촌 松內村		마을
						수레-굴		골
						숭어-방죽		못
						숭어방죽-들		들
						스승-고개	사현	고개
연수동 延壽洞	신기 新基			부락		신-기 新基		마을
						신나무-골		골
						신-촌 新村		마을
						연화부수-봉 蓮花浮水峯		산
						염전-부락 鹽田部落		마을
						원각-도		마을
						이허겸-묘 李許謙墓	소성백묘	묘
						작은-배꼽부리		마을
						장구-섬		산
						장승-배기		마을
						중일-재	중일현	고개
						중일-현 中一峴		고개
						큰-배꼽부리		마을
						편산이-방죽		못
						편산잇-들	편산평	들
						편산-평		들
						표-산 瓢山		마을
						표산-평 瓢山坪		들
						함박-매	표산, 함박산	마을

1959년 인천시 지명조사표					한국지명총람 인천시 편			
행정 구역	지명	이칭1	이칭2	지명 유형	행정 구역	지명	이칭	지명 유형
						함박매-방죽		못
						함박매방죽-들	표산평	들
						함박-산		마을
						해룡-들	해룡평	들
						해룡-방죽		못
						해룡-평		들
연수동 延壽洞	연수교회 延壽敎會			주요 시설				
연수동 延壽洞	적십자결핵요양원 赤十字結核療養院			주요 시설				
					주안-동	주안-동 朱安洞	사충리, 주안	동
						고인-돌		마을
						길-판		마을
						다수-골	다식곡	마을
						다식-곡 多食谷		마을
						당-사레		들
						독-점		마을
						못-머리	지두, 지두동	마을
						못-안		마을
						방아-다리		들
						부-곡 富谷		마을
						북인-정		마을
						분배-골	부곡	마을
청학동 青鶴洞				동	청학-동	청학-동 青鶴洞		동
						뒷-골	후곡	마을
						무포리-골		마을
						무푸레-골	물푸레골, 무포리골, 수청	마을
						물푸레-골		마을
청학동	사모제고개 思慕主	삼호주 고개 三呼酒峴		고개		사모주-고개 思慕主-	삼호고개, 사모주현	고개
						사모주-현 思慕主峴		고개
						삼호-고개		고개
						수청 水淸		마을
						안-골		마을
						연경사-터 延慶寺-		터
						옥-터 獄-		마을
						작은-말		마을
청학동 青鶴洞	청능(릉) 青陵			부락		청-릉 青陵	청릉산	마을
						청릉-산 青陵山		마을
						큰-말		마을
						투구-바위		바위

1959년 인천시 지명조사표					한국지명총람 인천시 편			
행정 구역	지명	이칭1	이칭2	지명 유형	행정 구역	지명	이칭	지명 유형
						함-바위		바위
						후-곡 後谷		마을
						흔-들		들
						흔들-못		못
청학동 青鶴洞	청량산 淸凉山	척량산 尺量山		산				
청학동 青鶴洞	연수청학동 延壽青鶴洞			주요 시설				

9) 동부출장소-보유편

1959년 인천시 지명조사표					한국지명총람 인천시 편			
행정 구역	지명	이칭1	이칭2	지명 유형	행정 구역	지명	이칭	지명 유형
					동구	동구 東區		구
					금곡-동	금곡-동 金谷洞	쇠골, 금곡	동
금곡동一동 金谷洞一洞				동				
금곡동二동 金谷洞二洞				동				
						금-곡 金谷		마을
						금곡-시장 金谷市場		장
금곡동一동 金谷洞一洞	배다리			다리		배-다리		다리
						쇠-골		마을
금곡동一동 金谷洞一洞	상인천우체국 上仁川郵遞局			우체국				
금곡동一동 金谷洞一洞	문화극장 文化劇場			극장				
금곡동一동 金谷洞一洞	한국중앙무진회사인천지점 韓國中央無盡會社仁川支店			금융기관				
금곡동一동 金谷洞一洞	한국무진회사인천지점 韓國無盡會社仁川支店			금융기관				
금곡동二동 金谷洞二洞	금곡교회 金谷教會			주요 시설				
금곡동二동 金谷洞二洞	안식교회 安息教會			주요 시설				
금곡동二동 金谷洞二洞	금곡一,二동사무소 金谷一,二洞事務所			주요 시설				
					송림-동	송림-동 松林洞	송림	동
						간-곡 間谷		마을
						궁-현 弓峴		고개
						매-하지		마을
						바깥-송림	새말	마을
						새-말		마을
						샛-골	간곡, 조곡	마을
						송-림 松林		마을
						송림-시장 松林市場		장
						송림-중앙도매시장 松林中央都賣市場		장
						안-송림		마을
						유-현 楡峴		고개
						음나무-고개	유현	고개
						장승-거리		마을
						장승-배기	장승거리	마을
송림동三동 松林洞三洞	조곡 鳥谷	새꼴		부락		조-곡 鳥谷		마을

1959년 인천시 지명조사표					한국지명총람 인천시 편			
행정 구역	지명	이칭1	이칭2	지명 유형	행정 구역	지명	이칭	지명 유형
						청룡-사 青龍寺		절
						헐떡-고개		고개
송림동四동 松林洞四洞	활터고개 弓峴	헐덕 고개		부락		활터-고개	헐떡고개, 궁현	고개
송림동一동 松林洞一洞				동	송림-1동	송림-1동 松林一洞		동
송림동二동 松林洞二洞				동	송림-2동	송림-2동 松林二洞		동
송림동三동 松林洞三洞				동	송림-3동	송림-3동 松林三洞		동
송림동四동 松林洞四洞				동	송림-4동	송림-4동 松林四洞		동
					송림-5동	송림-5동 松林五洞		동
					송림-6동	송림-6동 松林六洞		동
송림동一동 松林洞一洞	송림국민학교 松林國民學校			학교				
송림동一동 松林洞一洞	송림천주교회당 松林天主敎會堂			교회				
송림동二동 松林洞二洞	동인천경찰서 東仁川警察署			행정기관				
송림동二동 松林洞二洞	제一도장 第一屠場			주요 시설				
송림동二동 松林洞二洞	동명국민학교 東明國民學校	~~동명학원~~ ~~東明學院~~		학교				
송림동二동 松林洞二洞	제三교회 第三敎會			교회				
송림동二동 松林洞二洞	침예(례)교회 浸禮敎會			주요 시설				
송림동二동 松林洞二洞	인천강업주식회사 仁川鋼業株式會社	인천 고무공장 仁川 고무工場		주요 시설				
송림동二동 松林洞二洞	송림一,二동사무소 松林一二洞事務所			주요 시설				
송림동二동 松林洞二洞	송림로 松林路			도로				
송림동三동 松林洞三洞	서림국민학교 瑞林國民學校			학교				
송림동三동 松林洞三洞	도림로 桃林路			도로				
송림동三동 松林洞三洞	동산중고등학교 東山中高等學校			학교				
송림동三동 松林洞三洞	송림三동사무소 松林三洞事務所			주요 시설				
송림동四동 松林洞四洞	동양금속주식회사 東洋金屬株式會社			회사				
송림동四동 松林洞四洞	구세군송림영문 救世軍松林營門			주요 시설				
송림동四동 松林洞四洞	송림四동사무소 松林四洞事務所			주요 시설				
창영동 昌榮洞				동	창영-동	창영-동 昌榮洞	쇠뿔고개, 쇠뿔, 솔뿌리고개, 우각동, 우각현, 송근현	동
						솔뿌리-고개		마을

1959년 인천시 지명조사표					한국지명총람 인천시 편			
행정 구역	지명	이칭1	이칭2	지명 유형	행정 구역	지명	이칭	지명 유형
						송근-현 松根峴		마을
						쇠-뿔		마을
창영동 昌榮洞	쇠뿔고개 牛角峴	솔뿔이 고개 松根峴		고개		쇠뿔-고개		마을
						우각-동 牛角洞		마을
						우각-현 牛角峴		마을
창영동 昌榮洞	창영국민학교 昌榮國民學校			학교				
창영동 昌榮洞	영화여자중학교 永化女子中學校			학교				
창영동 昌榮洞	영화여자국민학교 永化女子國民學校			학교				
창영동 昌榮洞	동인천세무서 東仁川稅務署			행정기관				
창영동 昌榮洞	창영교회 昌榮敎會			주요 시설				
창영동 昌榮洞	창영동사무소 昌榮洞事務所			주요 시설				

3.
「국무원고시 표준지명(인천시 편)」
[국무원고시 제16호 관보 제2837호] 자료 제시

1) 국무원고시 표준지명 목록

2) 국무원고시 표준지명 유형별 통계

3. 「국무원고시 표준지명(인천시 편)」 [국무원고시 제16호 관보 제2837호] 자료 제시

1) 국무원고시 표준지명 목록

소재지	지명 종류	지명	경도	위도	지명 조사표 수록 여부
경동	고개	싸리재	126.38	37.28	
도원동	고개	황골고개	126.38	37.28	
화수동이동	항구	화수부두	126.38	37.29	
화수동이동	항구	조기부두	126.37	37.29	×
송림동삼동	부락	새골	126.38	37.28	
송림동사동	부락	활터고개	126.39	37.28	
창영동	고개	소뿔고개	126.38	37.28	
숭의동사동	부락	여의실	126.39	37.27	
옥련동	부락	대암	126.39	37.24	
옥련동	부락	한진	126.39	37.25	
옥련동	부락	독배	126.38	37.25	
옥련동	부락	옥골	126.39	37.25	
옥련동	산	청량산	126.39	37.25	
옥련동	섬	아암도	126.38	37.24	
옥련동	부락	송도	126.38	37.25	
용현동일동	부락	비룡	126.39	37.26	
용현동일동	부락	독정	126.39	37.27	
용현동이동	부락	약물터	126.38	37.27	
용현동이동	섬	낙섬	126.38	37.26	
용현동이동	저수지	낙섬저수지	126.38	37.26	
갈산동	부락	갈월리	126.43	37.31	
학익동	부락	노적산	126.39	37.26	
학익동	부락	학골	126.40	37.26	
학익동	부락	제운이	126.40	37.26	
갈산동	부락	삭은다리	126.43	37.30	
계산동일동	부락	부평구읍	126.43	37.32	
계산동일동	산	계양산	126.43	37.33	
계산동이동	부락	살나리	126.44	37.32	
부평동일동	부락	하촌	126.43	37.29	
부평동일동	부락	신룡동	126.43	37.29	
부평동일동	부락	동소방	126.43	37.29	

행정 구역	지명의 종류	고시지명	경도	위도	지명 조사표 수록 여부
부평동일동	부락	부평시장	126.43	37.29	×
부평동일동	부락	수도사거리	126.43	37.29	
부평동일동	부락	신터리	126.43	37.30	
부평동일동	부락	신복동	126.43	37.29	
부평동일동	부락	지절방	126.43	37.29	
부개동	부락	마분리	126.44	37.29	
부개동	부락	굴째미	126.44	37.29	
부개동	부락	벽돌막	126.44	37.29	
부개동	부락	신부동	126.44	37.30	
십정동이동	영	원통이고개	126.42	37.28	
산곡동	부락	백마장	126.42	37.30	
산곡동	고개	장고개	126.41	37.29	
삼산동	부락	후정리	126.44	37.31	
삼산동	부락	영성미	126.44	37.31	
삼산동	바위	벼락바위	126.44	37.31	
서운동	하천	굴포천	126.45	37.31	
일신동	부락	황굴	126.45	37.28	
작전동	부락	가루개	126.44	37.31	
작전동	부락	새대	126.43	37.31	
작전동	부락	된밭	126.44	37.32	
작전동	부락	까치말	126.44	37.31	
청천동	부락	마재이	126.42	37.30	
효성동	부락	새별이	126.42	37.31	
효성동	부락	이촌말	126.42	37.31	
효성동	부락	김촌말	126.42	37.31	
효성동	부락	임촌말	126.42	37.31	
효성동	부락	안화지	126.41	37.31	
고잔동	부락	괴하(화)	126.43	37.23	
고잔동	부락	갈산	126.43	37.23	
고잔동	부락	북촌	126.43	37.23	
고잔동	부락	남촌	126.43	37.22	
고잔동	부락	서촌	126.43	37.23	
고잔동	부락	동촌	126.43	37.23	
남촌동	하천	승기천	126.42	37.25	
논현동일동	부락	호구포	126.42	37.24	
논현동일동	부락	북론현	126.43	37.24	
논현동일동	부락	남론현	126.43	37.24	
논현동일동	부락	사리울	126.42	37.24	

행정 구역	지명의 종류	고시지명	경도	위도	지명 조사표 수록 여부
논현동일동	부락	배꼽뿌리	126.42	37.24	
논현동이동	부락	서당골	126.44	37.24	
논현동이동	부락	동촌	126.44	37.24	
논현동이동	부락	장도	126.44	37.23	
논현동이동	산	오봉산	126.44	37.24	
논현동이동	부락	산뒤	126.44	37.24	
도림동	부락	도림	126.43	37.25	
도림동	부락	새말	126.43	37.25	
도림동	부락	수골	126.43	37.24	
도림동	부락	덕골	126.43	37.25	
만수동	부락	구릉골	126.44	37.26	
만수동	부락	산밑말	126.45	37.27	
만수동	부락	담방이	126.45	37.27	
만수동	부락	장승백이	126.44	37.26	
만수동	부락	새골	126.44	37.27	
만수동	부락	하촌	126.44	37.27	
만수동	부락	비리고개	126.44	37.27	
만수동	부락	쇄판	126.44	37.27	
만수동	부락	만수천	126.43	37.26	
수산동	부락	배렷	126.43	37.25	
수산동	부락	능골	126.43	37.25	
수산동	부락	찬우물	126.43	37.25	
수산동	부락	경신	126.43	37.26	
서창동	부락	골말	126.45	37.26	
서창동	부락	독골	126.44	37.26	
서창동	부락	설내	126.44	37.25	
서창동	부락	장굴	126.45	37.25	
서창동	부락	널(걸)제	126.45	37.25	
서창동	제방	새방축	126.44	37.25	
서창동	저수지	소래저수지	126.45	37.25	
운영동	부락	연락골	126.46	37.26	
운영동	부락	음실	126.46	37.26	
운영동	부락	제청말	126.46	37.26	
장수동	부락	장자골	126.45	37.26	
장수동	부락	물넘이	126.45	37.28	
장수동	부락	만의골	126.46	37.27	
장수동	산	관모산	126.45	37.27	

행정 구역	지명의 종류	고시지명	경도	위도	지명 조사표 수록 여부
장수동	산	거마산	126.45	37.27	
장수동	산	상아산	126.46	37.27	
장수동	하천	장수천	126.46	37.27	
장수동	고개	비루고개	126.45	37.27	
가정동	부락	가정	126.40	37.31	
가정동	부락	봉오재	126.40	37.31	
가정동	부락	산밑주막	126.40	37.31	
가정동	산	철마산	126.41	37.31	
가정동	영	싱아고개	126.40	37.31	
가좌동	부락	건지골	126.41	37.29	
가좌동	부락	윗말	126.41	37.29	
가좌동	부락	감중절리	126.40	37.29	
가좌동	나루터	번지기나루	126.40	37.29	
검암동	부락	검바위	126.41	37.33	
검암동	부락	간재울	126.40	37.33	
경서동	부락	고잔	126.39	37.33	
경서동	섬	난지도	126.38	37.33	
경서동	섬	청라도	126.36	37.32	
경서동	산	금산	126.38	37.33	
경서동	섬	사도	126.38	37.32	
경서동	섬	일도	126.36	37.32	
경서동	섬	장도	126.36	37.33	
경서동	섬	문점도	126.37	37.31	
경서동	섬	소문점도	126.37	37.31	
경서동	섬	기도	126.37	37.31	
경서동	섬	부도	126.36	37.31	
경서동	섬	곰의바위	126.36	37.31	
경서동	섬	쟁끼섬	126.38	37.32	
경서동	섬	까투렴	126.37	37.33	
공촌동	부락	공촌	126.41	37.32	
공촌동	부락	괴기벌	126.41	37.33	
공촌동	영	징명이고개	126.43	37.32	
공촌동	하천	빈정천	126.40	37.33	
석남동	부락	번지기	126.40	37.29	
석남동	부락	고잔	126.39	37.30	
석남동	부락	웃우물	126.40	37.30	
백석동	부락	독젱이	126.41	37.35	
백석동	부락	흰돌	126.40	37.34	

행정 구역	지명의 종류	고시지명	경도	위도	지명 조사표 수록 여부
백석동	부락	거월이	126.39	37.34	
시천동	부락	시시내	126.41	37.34	
시천동	부락	점말	126.41	37.34	
시천동	하천	시천천	126.40	37.34	
신현동	부락	새고개	126.40	37.31	
심곡동	부락	사동	126.41	37.32	
심곡동	부락	양가말	126.40	37.32	
심곡동	부락	뒷골	126.41	37.32	
심곡동	하천	심곡천	126.40	37.32	
연희동	부락	샛말	126.40	37.32	
연희동	산	용두산	126.39	37.32	
원창동	부락	개말	126.39	37.30	
원창동	부락	환자곳	126.39	37.30	
원창동	섬	밤염	126.37	37.30	
원창동	섬	세어도	126.34	37.34	
원창동	섬	자치도	126.38	37.31	
원창동	섬	소염	126.38	37.31	
원창동	섬	장금도	126.37	37.31	
원창동	섬	목섬	126.36	37.30	
원창동	섬	범섬	126.35	37.32	
원창동	섬	지내섬	126.33	37.34	
간석동	부락	주원	126.42	37.27	
간석동	부락	양지말	126.42	37.27	
간석동	부락	돌말	126.42	37.28	
구월동	부락	성말	126.43	37.26	
구월동	부락	전재울	126.43	37.26	
구월동	부락	큰구월	126.43	37.27	
구월동	부락	작은구월	126.43	37.26	
도화동일동	부락	도마다리	126.40	37.27	
도화동일동	부락	봉동	126.40	37.27	
도화동일동	산	수봉산	126.40	37.27	
도화동이동	부락	대지기	126.39	37.28	
도화동이동	부락	수골	126.40	37.28	
도화동이동	부락	매골	126.39	37.28	
도화동이동	부락	신계	126.39	37.28	
십정동일동	부락	윗열우물	126.41	37.28	
십정동일동	부락	아랫열우물	126.41	37.28	
십정동일동	부락	꽃밭골	126.42	37.28	

행정 구역	지명의 종류	고시지명	경도	위도	지명 조사표 수록 여부
십정동일동	산	함봉산	126.41	37.28	
주안동일동	부락	충훈부	126.40	37.27	
주안동일동	부락	석바위	126.41	37.27	
주안동이동	부락	주안사거리	126.40	37.27	
주안동이동	부락	못머리	126.40	37.27	
주안동이동	부락	사미	126.40	37.27	
주안동이동	부락	솔안말	126.41	37.27	×
주안동이동	부락	잿말	126.40	37.27	
관교동	약수터	문학약수	126.41	37.26	
관교동	부락	승기리	126.41	37.26	
관교동	부락	관청이(리)	126.41	37.26	
관교동	하천	승기천	126.42	37.26	
동춘동	부락	동촌	126.40	37.24	
동춘동	부락	가곡	126.40	37.25	
동춘동	부락	자앞	126.40	37.24	
동춘동	부락	동막	126.40	37.23	×
문학동	산	문학산	126.40	37.25	
문학동	부락	산정(성)리	126.40	37.25	
선학동	부락	도장	126.41	37.25	
선학동	부락	작은도장	126.41	37.25	
연수동	부락	부수지	126.41	37.25	
연수동	부락	신기	126.41	37.25	
연수동	부락	묵동	126.41	37.24	
청학동	고개	사모주고개	126.40	37.25	
청학동	산	청량산	126.40	37.25	
청학동	부락	청릉	126.40	37.25	

2) 국무원고시 표준지명 유형별 통계

지명분류	갯수	지명 유형	갯수
자연 지명	49	산	13
		고개	6
		바위	1
		하천	7
		섬	22
인공 지명	157	나루터	1
		부락	147
		약수터	1
		영	3
		저수지	2
		제방	1
		항구	2
합계	206		

4.
「1916년 地誌調書 仁川府 편」 자료 정서 제시

1) 京畿道 仁川府 面內地誌調書

2) 道路, 海灣, 湖池, 廟寺, 名勝, 舊蹟, 瀑布, 巖石, 溪谷 等

4. 「1916년 地誌調書 仁川府 편」 자료 정서 제시

1) 京畿道 仁川府 面內地誌調書

<table>
<tr><th>洞里名</th><th colspan="2">舊洞里名又ハ部落名</th><th>戸數</th><th>人口</th><th>備考</th></tr>
<tr><td>金谷里</td><td colspan="2">金谷洞 ᄇᆡ다리, 긔ᄉᆡ지, 장승그러</td><td>193</td><td>864</td><td></td></tr>
<tr><td>牛角里</td><td colspan="2">牛角洞 쇠골, 쇠ᄲᅮᆯ고ᄀᆡ, 쇳ᄭᅩᆯ</td><td>404</td><td>1,821</td><td></td></tr>
<tr><td>化平里</td><td colspan="2">花村洞 고잔, 平洞, 평판말</td><td>552</td><td>2,530</td><td></td></tr>
<tr><td>外里</td><td>外洞 싸리ᄌᆡ, 京町一部</td><td rowspan="4">찬우물</td><td>427</td><td>1,869</td><td></td></tr>
<tr><td>內里</td><td>內洞一部, 京町一部</td><td>468</td><td>2,015</td><td>{內洞一部 沓洞一部}
터진ᄀᆡ</td></tr>
<tr><td>龍里</td><td>龍洞一部</td><td>362</td><td>1,445</td><td></td></tr>
<tr><td>龍岡町</td><td>龍岡町</td><td>133</td><td>550</td><td></td></tr>
<tr><td>山根町</td><td colspan="2">山根町 위터ᄭᅩᆯ</td><td>92</td><td>350</td><td></td></tr>
<tr><td>栗木里</td><td colspan="2">栗木洞 밤나무ᄭᅩᆯ</td><td>316</td><td>1,349</td><td></td></tr>
<tr><td>萬石町</td><td colspan="2">萬石洞, 萬石町 괭이부리 猫島町 水踰洞一部</td><td>189</td><td>669</td><td></td></tr>
<tr><td>寺町</td><td colspan="2">沓洞 모ᄅᆡᆫ말, 부엉바위고ᄀᆡ, 寺町</td><td>544</td><td>2,056</td><td></td></tr>
<tr><td>新町</td><td colspan="2">新町</td><td>337</td><td>1,180</td><td></td></tr>
<tr><td>宮町</td><td colspan="2">宮町 花町一丁目一部</td><td>342</td><td>1,310</td><td></td></tr>
<tr><td>濱町</td><td colspan="2">濱町</td><td>220</td><td>808</td><td></td></tr>
<tr><td>花町一丁目</td><td colspan="2">花町一丁目一部 花町二丁目 新昌洞一部</td><td>455</td><td>1,738</td><td>新昌洞, 기와가마</td></tr>
<tr><td>花町二丁目</td><td colspan="2">新昌洞一部, 花町一丁目一部 花町三丁目一部
花開洞, 돌방구지</td><td>135</td><td>516</td><td></td></tr>
<tr><td>花町三丁目</td><td colspan="2">花町三丁目一部 花町四丁目</td><td>40</td><td>166</td><td></td></tr>
<tr><td>敷島町</td><td colspan="2">敷島町, 桃山町一部</td><td>65</td><td>399</td><td>{敷島町, 柳町} ᄇᆡ암물</td></tr>
<tr><td>桃山町</td><td colspan="2">桃山町一部, 長川里, 장사ᄅᆡ, 獨脚里, 독갑다리</td><td>33</td><td>137</td><td>桃山町 황골</td></tr>
<tr><td>松林里</td><td colspan="2">松林洞 힝쥬ᄭᅩᆯ, 안송님, ᄉᆡ말, ᄆᆡ화지, 밤ᄂᆞ무ᄭᅩᆯ</td><td>229</td><td>1,427</td><td></td></tr>
<tr><td>松峴里</td><td colspan="2">松峴洞 승쥬물, ᄉᆡ방쥭너멍골</td><td>444</td><td>1,996</td><td></td></tr>
<tr><td>新花水里</td><td colspan="2">新村, ᄉᆡ말, 水踰洞, 무넘이 花島</td><td>450</td><td>2,002</td><td></td></tr>
<tr><td>海岸町一丁目</td><td colspan="2">海岸町一部</td><td>18</td><td>60</td><td></td></tr>
<tr><td>海岸町二丁目</td><td colspan="2">仝</td><td>15</td><td>86</td><td></td></tr>
<tr><td>海岸町三丁目</td><td colspan="2">仝</td><td>32</td><td>138</td><td></td></tr>
<tr><td>海岸町四丁目</td><td colspan="2">仝</td><td>34</td><td>141</td><td></td></tr>
<tr><td>本町一丁目</td><td colspan="2">本町一部</td><td>40</td><td>119</td><td></td></tr>
<tr><td>本町二丁目</td><td colspan="2">仝</td><td>44</td><td>257</td><td></td></tr>
<tr><td>本町三丁目</td><td colspan="2">仝</td><td>52</td><td>291</td><td></td></tr>
<tr><td>本町四丁目</td><td colspan="2">仝</td><td>110</td><td>588</td><td></td></tr>
</table>

<table>
<tr><th>洞里名</th><th colspan="2">舊洞里名又ハ部落名</th><th>戶數</th><th>人口</th><th>備考</th></tr>
<tr><td>柳町</td><td colspan="2">柳町</td><td>56</td><td>216</td><td></td></tr>
<tr><td>仲町一丁目</td><td colspan="2">仲町一部</td><td>90</td><td>348</td><td></td></tr>
<tr><td>仲町二丁目</td><td colspan="2">仝</td><td>66</td><td>303</td><td>{仲町, 支那町} 선창</td></tr>
<tr><td>仲町三丁目</td><td colspan="2">仝</td><td>60</td><td>253</td><td></td></tr>
<tr><td>山手町一丁目</td><td colspan="2">山手町一部</td><td>4</td><td>24</td><td></td></tr>
<tr><td>山手町二丁目</td><td colspan="2">仝</td><td>55</td><td>288</td><td></td></tr>
<tr><td>山手町三丁目</td><td colspan="2">仝</td><td>27</td><td>124</td><td></td></tr>
<tr><td>港町一丁目</td><td colspan="2">港町一丁目</td><td>4</td><td>15</td><td></td></tr>
<tr><td>港町二丁目</td><td colspan="2">港町二丁目</td><td>–</td><td>–</td><td></td></tr>
<tr><td>支那町</td><td colspan="2">支那町</td><td>–</td><td>–</td><td></td></tr>
<tr><td>花房町一丁目</td><td>花房町一部</td><td rowspan="6">북성구지</td><td>160</td><td>867</td><td></td></tr>
<tr><td>花房町二丁目</td><td>仝</td><td>18</td><td>61</td><td></td></tr>
<tr><td>花房町三丁目</td><td>仝</td><td>153</td><td>552</td><td></td></tr>
<tr><td>松坂町一丁目</td><td>松坂町一部</td><td>8</td><td>40</td><td></td></tr>
<tr><td>松坂町二丁目</td><td>仝</td><td>42</td><td>180</td><td></td></tr>
<tr><td>松坂町三丁目</td><td>仝</td><td>76</td><td>261</td><td></td></tr>
</table>

2) 道路, 海灣, 湖池, 廟寺, 名勝, 舊蹟, 瀑布, 巖石, 溪谷 等

〈道路〉

<table>
<tr><td>一等道路</td><td>元標ヨリ稅關棧橋上陸地點ニ至ル 元標ヨリ仁川驛ニ至ル
元標ヨリ本町○○仲町內里栗木里柳町桃山町ヲ經テ富川郡界ニ至ル
外里ヨリ龍岡町龍里ヲ經テ杻峴驛ニ至ル</td></tr>
<tr><td>三等道路</td><td>本町四丁目ヨリ新町寺町花町敷島町桃山町ヲ經テ富川郡官廳里ニ至ル</td></tr>
</table>

〈港灣〉

仁川港	仁川府西南ニ面スル海面ヲ云ヒ內港ニ船渠式ノ築港中ニシテ大正六年度完成ノ豫定

〈廟寺〉

大谷派本願寺 仁川布教所	寺町
妙覺寺	寺町
遍照寺	宮町
明照寺	寺町
華嚴寺	花町一丁目

〈島嶼〉

大月尾島	仁川港ノ前面約八丁ノ處ニアル周圍約一里項ニ無線電信所ノ設ケアリ西南面中央ニ井アリ之レハ明治十七年ノ役花房公使避難ノ際山腹ヨリ清水湧出テアルヲ發見井ノ設備ヲナセレヲ 以テ花房井ノ名稱ヲ付ス 又海軍貯炭庫檢疫所アリ
小月尾島	大月尾島ノ南方ニ在リ項ニ燈臺ノ設アリ
沙島	築港前面ノ小島ナリ糞島, 猫島ヲ註記ス 藤井(私印)(* 欄內註記임. 朱色으로 적음)

〈名勝〉

宮町公園	宮町南端ニテ園內ニ仁川神社アリ
山手公園	山手町一丁目山腹ニテ眺望最モ可ナリ

〈官公署〉

仁川府	仲町一丁目
仁川警察署	仲町一丁目
仁川郵便局	仲町一丁目
支那領事館	支那町
仁川稅關	港町二丁目
遞信局仁川出張所	花房町二丁目
觀測所	山根町ノ高台通稱鷹峰峴
西大門監獄仁川分監	內里
傳染病研究所出張所	松林里
土木局仁川出張所	濱町
京城地方法院支廳	花町二丁目
仁川驛	花房町二丁目
杻峴驛	龍岡町
仁川水道貯水池	松林里

〈學校〉

公立仁川小學校	寺町
商業專修學校	寺町 甲種程度ニテ內地人ノ商業教育ノ目的トス
商業學校	內里 鮮人ニ對スル商業教育ヲ目的トス
高等女學校	山根町
普通學校	牛角里

〈病院〉

寺町病院避病院ト註記 藤井(私印)(* 欄外註記임. 朱色으로 적음)

寺町病院	寺町
仁川病院	山手町二丁目

〈銀行 會社 其他〉

朝鮮銀行 仁川支店	本町一丁目
十八銀行 仁川支店	本町二丁目
百三十銀行 仁川支店	本町二丁目
商業銀行 仁川支店	本町三丁目
大阪商船會社 仁川支店	港町一丁目
京城電氣會社 仁川支店	松坂町二丁目
日本醬油會社	松林里
外國人墓地	花房町一丁目 公園ノ設備アリ夏期ノ遊園地トシテ最モ可ナリ
朝鮮新聞社	濱町
佛國教會	寺町ノ高地ニアリ
海陸軍墓地	栗木里 磯林大尉ノ墓ニアリ

〈舊蹟〉

舊砲臺	萬石町 猫島凸角ニアリ

- * 이하는 欄內에 追加한 내용으로서 朱色으로 적음-

京町通

宅合名會社, 屠獸場, 內地人共同墓地, 水上巡査出張所, 稅關監視課, 檢役(疫)事務所, 水產會社, 遞信局工作場, 仝 瓦斯蒸造所, 檢役(疫)所, 仝 見場所, 無線電信所, スタンダード石油會社, 海軍需品支庫, 驗潮所, 石油會社, 仁川製鹽所, 堀製鹽所, 依知川製鹽所, 水踰洞避病院, 監理教會堂, 美監理教會堂, 歌舞伎座, 瓢館, 奧田

精米所, 力武精米所, 幼稚園, 稅關官舍, 午砲臺, 火葬場, 英國病院, 水道事務所, 商業會議所, 金光教會堂

以上ヲ註記ス 藤井(私印)(* 欄內註記임. 朱色으로 적음)

前書之通ニ候也

大正　年　月　日　　　仁川府 仁川府印(官印)

제3부

영 인 편

1. 「1959년 인천시 지명조사표」
2. 「전국 지명조사철 인천시 편 동부출장소」- 보유편
3. 「전국 지명조사철 인천시 편」 조사용 지도
4. 「지방별 지명조사철 인천시 편」 조사용 지도
5. 「1916년 地誌調書 仁川府 편」

1.
「1959년 인천시 지명조사표」

1) 중부출장소
2) 북부출장소관내
3) 남부출장소관내
4) (인천시) 부평출장소
5) 남동출장소관내
6) 서곶출장소
7) 주안출장소관내
8) (인천시) 문학출장소

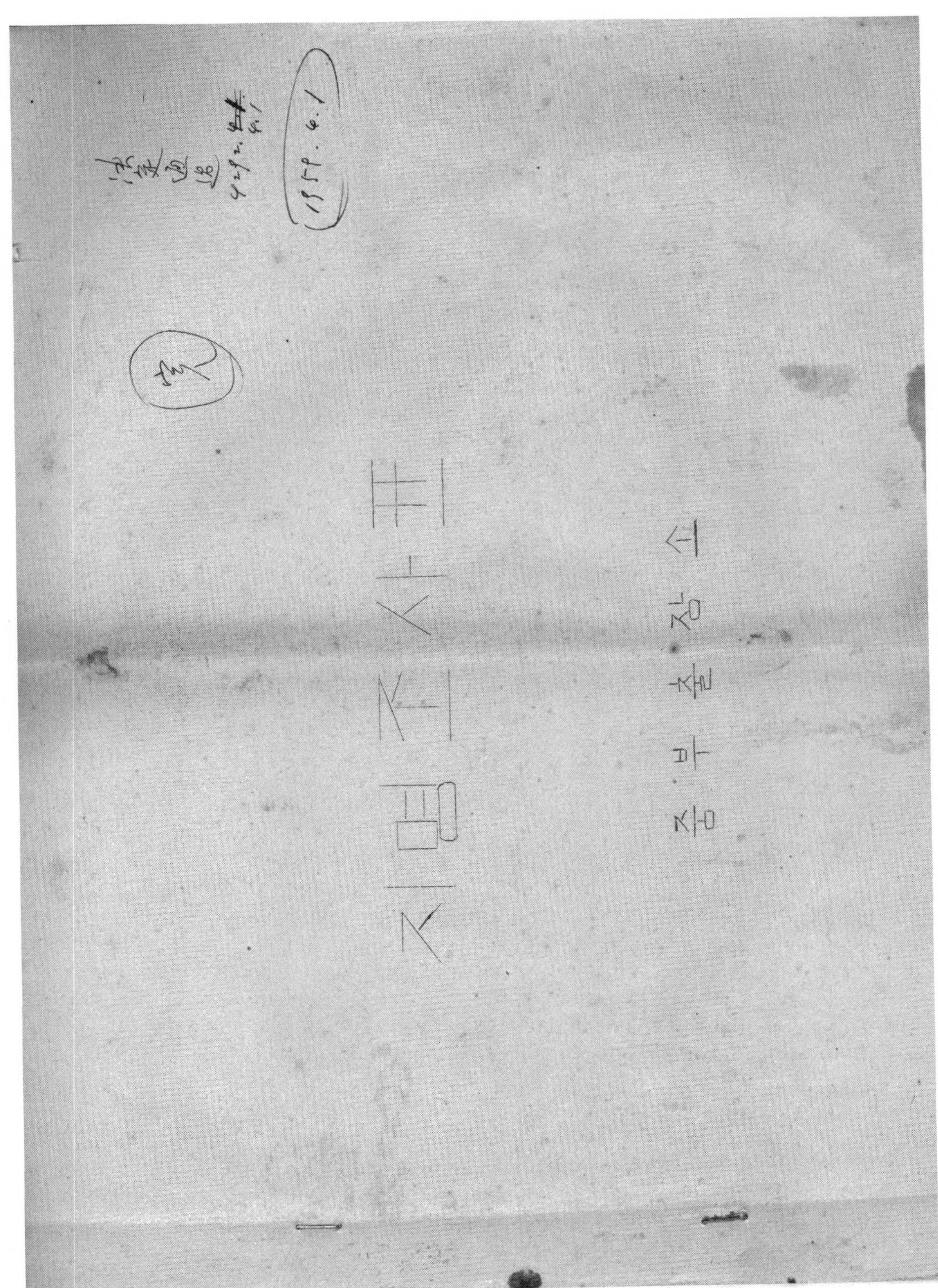

지명조사표

중부출장소

지 명 조 사 표

(1) 정리번호	(2) 행정구역명	(3) 지명 A	B	C	(4) 지명의 종류	(5) 지도상 기재	(7) 좌표	(8) 유래	(9) 비고	(10) 당해위원회 제정
	관동一가동 官洞一가동				동	무	899493	해방전에는 인천시 도심지에 있어 중정이라 불이였으나 현재는 관공서가 많음으로 관동이라 칭하게되였음. 지명에대한 특수한 유래는 없으며 인천시청 소재지며 특히 관공리 사택이 많은고로 관동으로 칭하였다함 (인구 790명)	(168)	
		중앙교회 中央敎會			주요시설	〃	898494	단기4221년 2월5일 [illegible]氏가 設立하였음 (교인수 170명)		
		인천시청 仁川市廳			〃	〃	899493	일제시 제물포를 개항하여 인천부례를 실시하고 부청을 신축 해방후 인천시청 사로 사용되고있음 (300명)		
		옹진군청 甕津郡廳			〃	〃	899493	미수복지구군으로 일시 부천군청에 있다가 4291년 1월에 현청사를 매수하여 이전하였음 (20명)		
		인천시 중부출장소 仁川市 中部出張所			〃	〃	899493	4290년 2월1일 시조례의 개정으로 신설되였음 (직원 12명)		
	관동二가동 官洞二街洞				동		899493	제정시 인천부 도심지인고로 仲町이라하였으나 해방후 행정구역 명칭 개편으로 관청이 많다는뜻에서 官洞이라 이름지음 지명에대한 특수한 유래는 없으며 인천시청 소재지며 관공리 사택이 많은고로 관동으로 칭하였다함 (인구수 474명)	(105)	
		경인일보사 京仁日報社			주요시설		899493	단기4284년 2월1일 경인일보사로 신발족하였음 (60명)		
		중앙해안관동 [illegible]동사무소 [illegible]			〃		899493	단기4290년 10월1일 행정구역 개합으로 각동이 개합되여 이곳에 개합된 동사무소를 정하였음 (6명)		
	관동三가동 官洞三街洞				동	무	901493	제정당시 인천부의 도심지인고로 仲町이라하였으나 해방후 지방행정구역 명칭 개편으로 관청이 많다는 뜻에서 官洞이라 명칭함 지명에대한 특수한 유래는 없으며 인천시청 소재지며 관공리 사택이 많은고로 관동으로 칭하였다함 (392명)		
	경동 京洞				〃		907494	단기4282년 행정구역 개정으로 因하여 외리를 경동이라 개칭하였는데 그 이유는 당시 인천에 서중심지로 발전을 목표로(京字는 [illegible]) 크게 발전한다는 뜻에서 경동이라 하여 현재에 있음 (3264)		
		싸리재			주요시설	무	907494	지금은 그흔적이 없으나 옛날에는 일대에 싸리나무가 무성함으로 싸리재 하불이웠고 현재도 싸리재라고 함		

2

지 명 조 사 표

(1) 정리번호	(2) 행정구역명	(3) 지명 A	B	C	(4) 지명의 종류	(5) 지도상 기재	(7) 좌표	(8) 유래	(9) 비고	(10) 심의위원회 결정
		애관 愛館			주요시설	무	906492	지금으로부터 50년전 협률사로 경영하다 축항사로 변천하여 흥행업을 경영하다가 애관으로 개층 상설 영화극장으로 인천에 유명함 (16)		
		상업은행 인천지점 商業銀行 仁川支店			〃	〃	905493	단기 4232년에 대한천일은행으로 설립 4232년에 인천상업은행으로 개층하여 경영하다가 단기 4279년에 경동에 신축이전하여 현재에 있음 (38)		
		조흥은행 인천지점 朝興銀行 仁川支店			〃	〃	906493	단기 4230년에 서울에 한성은행이 설립하고 경영하다가 단기 4276년에 동일은행과 합병하고 단기 4277년에 조흥은행이라 개층하여 인천지점을 설치하던 중 4291년에 경동에 신축이전 현재에 있음 (36)		
	내동 內洞				동	〃	904492	李조시대에 住民이 집중거주하였고 감영이 설치한 곳으로 안둑한 동네라 하여 내리라 하였고 구후 행정구역 개정으로 내동이라 개층하여 지금에 이르렀음 (3459)	호수 304 세대수 636	
	서울地方檢察廳 仁川支廳	서울지방법원 인천지원 서울地方法院 仁川支院			주요시설	〃	903493	단기 4227년에 인천항재판소로 설치하고 4240년에 인천재판소라 개칭 단기 4243년 경성지방법원 인천지청으로 개칭 단기 4264년에 재정부족으로 폐청하다가 단기 4267년에 부활되어 지금에 이르렀음		
		영화국민학교 永化國民學校			〃	〃	904494	단기 4231년 미국사람이 선교사학교를 설립하고 영화학교라 칭하다가 단기 4259년에 조선교육령에 의하여 영화보통학교라 개층 단기 4274년 교육령 제84호에 의하여 영화국민학교로 개칭하여 현재에 이르렀음 (학생수 480)		
		농업은행 인천지점 農業銀行 仁川支店			〃	무	904493	단기 4266년에 설치 단기 4290년에 農業은행 인천지점으로 개칭하여 현재에 있음 金融組合으로 (종업원 20)		
	답동 沓洞				동	〃	907489	단기 4234년 전에는 논(沓)이 있는 곳으로서 미나리 및 벼를 심어 농사를 하든 고장이라 하여 (沓)답자를 따서 답동이라 칭하게 된 것임 (인구 3143명)	337호	
		부천군청 富川郡廳			주요시설	〃	901492	고구려의 주부토군(主夫吐郡)으로 [illegible] 지사부(知事府)라고 구후도호부(都護府) [illegible] 목부현 단기 4247년 3월 부천군이라 칭함 본군 행정구역은 一邑九面 [illegible] 로 편성되어 있음 (직원수 [illegible] 명)		
		송도중고등학교 松都中高等學校			〃	〃	909489	단기 4239년 4월 미국인 목사가 창립하여 [illegible] 학무로부터 인가를 얻어 사립 [illegible] 하여 [illegible] 초등과를 [illegible] 신청으로 지정 [illegible] 단기 [illegible] 중고등으로 병설 개성 [illegible] 으로 인천에서 개교 현재에 지함		
		신흥국민학교 新興國民學校			〃	〃	905490	단기 4245년 7월 [illegible] (公)립 소학교로 신설 단기 4279년 3월 신흥국민학교로 개칭하였음 ([illegible])		

3

지 명 조 사 표

(1) 정리번호	(2) 행정구역명	(3) 지명 A	B	C	(4) 지명의 종류	(5) 지도상 기재	(7) 좌표	(8) 유래	(9) 비고	(10) 당해위원회 제정
		박문국민학교 博文國民學校			주요시설	무	905491	단기4241년 9월 1일 설립 단기4278년 11월 18일 인천박문학교로 인가를 받음 단기4279년 11월 1일 수녀원에서 운영 인계받아 여아만을 교육하고 있음 (443명)		
		高等 시온공민학교 [illegible]公民學校	[illegible]		〃	〃	908489	단기4285년 4월 ... 천주교회 교우 및 아동교육기관으로 단기4286년 7월 공민학교 ... 고등공민학교의 정식 인가를 얻음 현재는 고등공민학교로 계속함 (460명)	[illegible]	
		천주교 인천 답동 승당 天主敎仁川沓洞聖堂			〃	〃	905491	단기4222년 5월 파리외방 선교사 불국인(佛國人) 서신부(徐神父)가 답동 현 위치(位置)에 신축하였음		
		해성보육원 海星保育院			〃	〃	905491	본 보육원은 천주교소속 성바오로 수도원(修道院) 인천지원 경영으로 서기 1894년(단기4227년) 11월 16일에 창설되어 차시로부터 약3610명의 아육(兒育)들이 육성(育成)되었으며 특히 영아육성(嬰兒育成)에 헌신함 (410명)		
	도원동 桃源洞				동		915486	일정시 고이복송아와 같이 상징하여 도산정(桃山町)이라 부르고 해방되자 도원동(桃源洞)으로 개정하였음 (인구수 8121명)	[illegible]	
		황골고개			고개			옛날 양쪽산 가운데 골(谷)이 있고 그 사며 부락이 황곡동(黃谷洞)이라 하여 황(黃)자(字)와 골(谷)을 합하여 황골고개로 부르고 있음		
		도원교 桃源橋			다리		917489	4288년 6월 30일 준공 소재지가 도원동이므로 도원교로 명명되었음		
		인천시 공설운동장 仁川市公設運動場			주요시설		919487	4267년 3월 10일자 준공하고 소재지가 도원동이므로 인천시 공설운동장으로 불리우고 있음		
		[illegible]			〃		919488	4291년 2월 1일에 신설되었음		
		인천소방서 仁川消防署			〃		912486	4277년 9월 1일 조선총독부 지방관 관제령에 의하여 인천소방서로 부르든바 4278년 8월 15 해방으로 인하여 대한민국 내무부령에 의하여 현재 인천소방서로 불리우고 있음 (34명)		
		보합공민학교 [illegible]公民學校			〃		910485	단기4281년 8월 20일자 도(道)인가로 공민학교로 승인 신설되었음 (722명)		

지 명 조 사 표

(1) 증의 번호	(2) 행정구역명	(3) 지명 A	B	C	(4) 지명의 종류	(5) 지도상 기재	(7) 좌표	(8) 유래	(9) 비고	(10) 당해위원회제정
		도화국민학교 桃花國民學校			주요시설		918468	4291년4월1일자로문교부인가에의하여신설되었음 (406명)	[illegible]	
		도화교회 桃花敎會			〃		919469	4287년2월10일설립되었음 (100명)		
		제二교회 第二敎會			〃		915485	4282년9월12일설립 대한예수교제二교회로 창설하고 현재는 인천시제二교회로불리우고있음 (200명)		
		보각사 普覺寺			〃		919487	4239년[illegible]월10일자 보각사(普覺寺)로창립(創立)되었음 (100명)		
		대륙산업주식회사 大陸産業株式會社			〃		914484	4212년10월16일 인천부도산정47번지에 조일양조주식회사로 창립하여 경영중 4278년8월15일 일본항복으로 인하여 4281년2월24일 대륙산업으로현재불리우고있음		
		도원공원 桃源公園			〃		915487	4291년시유공원으로명명되었음		
	용동 龍洞				동		905494	約60年前에는山으로山所가반이었든곳으로山所자리가용혈이라고불러오기때문에 이곳山所를移葬하고 마을을만들어용혈이라俗하여오든慣例로龍字를따서용동이라함 (1511)		
		용동절			주요시설		905494	지금으로부터75년전 바위밑 암굴속에있던 [illegible]老人이 토굴을 쌓고불상을모시고수도하던중금강산건봉사주지승이양수하여법당을신축하고포교소로구주여러차례주지승이교체되어현재는금강산건봉사능인포교소로서[illegible] (포교수200명)		

5

지명조사표

(1) 정리번호	(2) 행정구역명	(3) 지명 A	B	C	(4) 지명의종류	(5) 지도상기재	(7) 좌표	(8) 유래	(9) 비고	(10) 당해위원회제정
	북성동一가동 北城洞一街洞	—	—	—	동	무	893497	동지역이 인천의 북부에 속하며 북자를 따고 성은 고종3년9월 병인양요시에 불란서군과 싸우기 위하여 성을 쌓던 관계로 북성동이라 하였음 (人3000명)	(1145호)	
	—	인천역 仁川驛	하인천역 下仁川驛	—	역	무	894496	(A) 인천역이란 해방후 현재의 명칭이고 (B) 하인천역이란 왜정시대의 명칭임		
	—	대한제분인천공장 大韓製粉仁川工場			주요시설	무	892499	4256년 3월 1일에 자본금 3억환으로 창설한 우리나라 유수한 제분공장임		
	—	외국인공동묘지 外國人共同墓地	—	—	산	무	395500	약70년전 [illegible] 라는 사람이 외국인의 전용묘지로 설치하였음		
	—	경기도어업조합연합회 京畿道漁業組合聯合會			주요시설	무	893498	경기도산하 각어업조합을 연합한 반관반민의 조직체로써 서해안일대에서 어획되는 각종 어류는 이 연합회를 통해서 각처로 판매되고 있음		
	—	—	—	—	—	—				
	—	—	—	—	—	—				
	북성동二가동 北城洞二街洞	—	—	—	동	무	495496	병인양요시에 불란서군과 싸우기 위하여 성을 쌓던 연고로 성의 잔해가 있고 인천에 북방지역이라하여 북성동임 (2310)	(215호)	
	—	하인천파출소 下仁川派出所	—	—	주요시설	무	894496	북성동 송월동 선린동을 관할하는 파출소임 4282년 4월에 설립되었음 (15명)		
	—	북성교회 北城教會	—	—	주요시설	무	897493	4286년 3월에 창설된 교회로서 성결교 계통임 (100명)		
	—	—	—	—	—	—				
	북성동三가동 北城洞三街洞	—	—	—	동	무	884493	고종3년 9월 병인양요시에 불란서군과 싸우기 위하여 성을 쌓던 터이고 인천의 북방지역이라 하여 북성동이라 함 (人1395명)	(192호)	

6

지 명 조 사 표

(1) 정리번호	(2) 행정구역명	(3) 지명 A	B	C	(4) 지명의 종류	(5) 지도상 기재	(7) 좌표	(8) 유래	(9) 비고	(10) 당해위원회 제정
	사동 沙洞						904 486	단기4230년전에는 해안지대로서 모래사장이 였으며 조수가 드나들던것을 단기4246년 왜정(倭政)시대에 매립(埋立)하여 당시는 동명을(濱町) 빈정이라 하여왔으나 8.15해방후에 모래사자를 따서 사동이라 불이게되였음 2041	256	
		인천세관 仁川稅關					904 486	단기4216년 7월 개항과동시(海關)을 설치하였음 137		
	선린동 善隣洞			청관 清館	동		897 495	약 40(90)여년전에 중국인이 거주하여 청관이라고 불르다가 일인이 다시 중국인만 거주함으로 지나정으로 정하고 다시 미생정으로 개정하여 현재는 한국인 중국인이 거주함으로 상호간 상조하는 의미에서 선린동이라하였음 780	163	
		인천화교자치구 仁川華僑自治區			주요시설		897 495	약 70년전에 중국영사관으로 사용하다가 서울로 이전하고 그후로 중화상회가 존치하였다가 4284년에 인천화교자치구와 합병하였음 10		
		인천화교소학교 仁川華僑小學校					897 495	약 40년전에 중국인이 중국아동교육을 위하여 설립하였음 584		
		공화춘 共和春					896 495	인천에서 제一먼저 중화요리점으로 건설되였음 20		
	선화동 仙花洞	화가동			동		913 484	옛적에 선창 반주리로 각처에 선인이 왕래하고 있든곳으로 花街洞이라 하고 日政中期에는 敷島町으로 불러오든것을 단기4278년 해방에 의하여 선화동으로 개칭된것임 2900		
		보건소 保健所			주요시설		913 484	단기4284년 12월 20일 인천시에서 시립보건소 마약중독자 수용소로 창립하여 위생과 마약중독자를 치료하는 의료기관임 50		

지 명 조 사 표

(1) 정리번호	(2) 행정구역명	(3) 지명 A	B	C	(4) 지명의 종류	(5) 지도상 기재	(7) 좌표	(8) 유래	(9) 비고	(10) 당해위원회 재정
		동진보육원 同進保育院			주요시설		912 483	지금으로부터 18년전에 日人이 건립된 건물로서 있든것을 단기4283년 10월 10일에 제주도로 부터 전쟁고아 수용소로 동진보육원이 이전하여 현재 불어된 고아를 수용하고 있는 사회사업체임 80		
		유풍장유식품주식회사 裕豊醬油食品株式會社			〃		912 485	왜정시에 건립된 공장으로서 당시 명칭이 藤井장유공장으로 경영중 단기4278년에 현경영중인 유풍장유주식회사 宋基哲氏가 식료품을 가공하고 있음 50		
		조흥양조장 朝興釀造場			〃		912 485	단기4278년 해방시부터 선화동 1번지에서 安光載氏가 운영중임 30		
	송학동一가동 松鶴洞1街洞				동		898 494	제정시 山기슭에 마을이 있다하여 山手町이라 칭하였으나 해방후 산에 솔이 있고 학들이 있다하여 송학동이라 이름지음 홍여문이 만들어지기전에는 그일대가 丘陵이 였으며 큰 솔들이 있었다 함 130	24	
		인천시교육청 仁川市敎育庁			주요시설		898 494	단기4285년 6월4일 교육법에 의거 설치되였음		
		(인천시립)박물관 仁川市立博物館			〃		898 494	단기4278년 10월31일에 설립 그전 ~~(독일사관)~~ 外国人倶楽部 를 仁川府에서(4255) 매수하여 도서관으로 사용하든것을 4279년 4월1일 박물관으로 개관함 5		
		인천시자유공원 仁川市自由公園			〃		898 494	제정시에는 西공원이라 말하였으나 우리나라사람들이 萬国공원이라 불러왔는데 그것은 西洋사람들의 집이 많고 서양사람들의 우객이 많어 그렇게 불러 왔으나 4290년 자유공원으로 명명되였음 4290년 11월에 맥아더장군동상이 건립되였음		
	송학동二가동 松鶴洞二街洞				동		901 492	제정당시 山기슭에 위치하여 山手町이라 하였으나 해방후 행정구역명칭개편으로 옛날 山에 큰소나무가 많았으며 또 솔밭에 학이와 이섯다하여 松鶴洞이라 이름지음 지금부터 5년전 홍여문이 만들어지기 전에는 그일대 다가 丘陵으로 되여 있었으며 큰솔이 이섰다 699	146	

8

지 명 조 사 표

(1) 정리번호	(2) 행정구역명	(3) 지명 A	B	C	(4) 지명의 종류	(5) 지도상 기재	(7) 좌표	(8) 유래	(9) 비고	(10) 명칭위원회 제정
		인성여자중학교 仁聖女子中學校			주요시설		901 492	단기4287년12월31일재단법인으로 설립되였음 직원 11명 학생 女 230명 230		
		무궁화공민학교 無窮花公民學校			"		901 492	단기4283년 4월1일 재단법인으로 설립 되였음 직원 11명 학생 800명 800		
		제일교회 第1敎會			"		901 492	단기4279년 10월19일 장로제1교회로 신설되였음 800		
	송학동3가동 松鶴洞三街洞				동		901 493	제정시산기슭에부락이라하여 山手町이라하였으나 해방후 행정구역 명칭개편으로 옛날 산에 솔나무와 학이 이섰다하여 松鶴洞이라 이름지음 지금으로부터 50년전 홍여문이 만들어지기전에 그밑에가 묘(陵)이 있으며 큰 솔 돌이 이섰다 한다 920	192	
		시민관 市民館			주요시설		901 493	단기4255년12월6일 = 층간물로건축하여 公會堂으로사용하다가 6.25 전란으로 소실 되였으나 다시재건하여 좌석 1163석을 갖인 市民館으로 개관 1.200		
		제二시민관 第二市民館			"		902 492	제정시는무덕관으로검도유도장이였으나 6.25 전란후 일시 난민들이 수용되였였으나 그후 인천시가 보수하여 4291년 제二시민관으로 수리개관 500		
		인천세무서 仁川稅務署			"		901 493	단기4246년 5월1일 설치됨		
		인천상공회의소 仁川商工會議所			"		901 493	지금으로부터 약 60년전 발족하였으며 6.25 동난시 소실되고 4292년에 신축하였음 6		
		인천경찰서 仁川警察署			"		901 492	단기4252년 10월에 설치 되였음 311		
		시온교회 施恩敎會			"		901 492	단기4287년 설치 되였음 목사 1명 교인 100명 100		

9

지 명 조 사 표

(1) 리호	(2) 행정구역명	(3) 지명 A	B	C	(4) 지명의 종류	(5) 지도상 기재	(7) 좌표	(8) 유래	(9) 비고	10 당해위원회 제정
		홍예문 虹霓門	~~홍예문~~ 홍여문		주요시설		902 494	단기4238년 을사보호조약당시실권[illegible]가와서 인천을 발전하기위하여 이장소에 길을 통하도록하였다 길을 통하기위해서 한국인이소요경비를받 일인이반대[illegible]해서 착공하였으나 중간공사에 이외로 돌이 많아는 관계로 공사를 중지하고 한국정부의 원조를얻어 三년간에야 완성하고 명칭은 무지개같이 생겨서 홍예문으로 칭하였음		
	송월동1가동 松月洞一街洞				동		899 501	이동리에는 소나무가 무성하였든 관계로 송자를 따서 월이란 소나무숲에 달이 뜬다는 의미에서 소월동으로 하였음 3979	372	
		소월시장 松月市場			주요시설		899 501	과거 인천시 가축시장으로 되어 있든것을 단기4287년 9월에 일용품시장인 송월시장으로 변경 하였음		
		송월교회 松月敎會			〃		901 501	이 교회는 단기4281년 4월에 창설 되였는데 종파는 감리교 계통임 30		
		북성송월동사무소 北城松月洞事務所			〃		899 499	단기4288년10월에 북성동과 송월동이 폐합됨으로서 북성송월동사무소가 설치하게 되였음		
	송월동二가동 松月洞二街洞				동		898 499	송이란 이동리에는 소나무가 무성하여 송자를 따고 월이란 소나무숲에 달이뜬다는 의미에서 송월동으로 하였음 5230	53	
		애경유지주식회사 愛敬油脂	애경사		주요시설		898 499	애경유지는 단기 4287년6월에 공업주식회사로서 자본금 二억환으로 창설하였음 속칭 애경사라고 칭하고 있는데 이것은 왜정당시 ~~[illegible]~~ 일인들이 이 회사를 경영할 당시의 칭호임 26		

지 명 조 사 표

(1) 정리번호	(2) 행정구역	(3) 지명 A	B	C	(4) 지명의 종류	(5) 지도상 기재	(6) 좌표	(8) 유래	(9) 비고	(10) 명칭위원회 제정
	송월동三가동 松月洞 三街洞				동		900 498	송이란 이동리에는 소나무가 무성하여 송자를 따고 월이란 소나무속에 달이 뜬다는 의미에서 송월동이라 하였음 2323	225	
		송월국민학교 松月 国民学校			주요시설		900 498	단기 4288년 5월에 창설되었음 ([illegible]) 702		
		송월교회 松月教會			〃		900 498	단기 4288년 9월에 창설된 교회로서 종파는 장로교 계통임 70		
	신생동 新生洞				동		904 487	단기 4278년 전 왜정시대에는 궁정(宮町)이라 불리웠으나 해방후 행정구역 명칭을 신생동이라 칭하게 되였음 2330	267	[illegible]
		남인천여자중고등학교 南仁川女子中高等学校			주요시설		906 488	단기 4278년 4월 12일 인천공립여자상업학교로 그후 단기 4288년 4월 인천여자상업고등학교로 단기 4289년 1월 남인천여자중학교로 교명을 변경함 중학 1,119명 고등 591명 계 1,710명 교직원 중학 30명 고등 31명 계 61명 ([illegible])		
		경전인천지점 京電仁川支店			〃		902 489	단기 4245년 7월 10일에 개점하였음 210		
		환일정미소 丸一精米所			〃		906 485	단기 4257년 10월 10일 합명회사 주명기가 정미서 창립 4271년 9월 환일정미주식회사로 조직변경 4278년 6월 조선정미주식회사 예흡수합병 ㊀ 4290년 1월 환일정미소로 개칭 금일에 지함 70	[illegible]	
		시생애육원 新生愛育院			〃		903 488	단기 4284년 1월 4일 사변으로 인하여 경찰에 보호중인 아이들을 보호하기 위하여 여자경찰서에서 경찰애육원으로 발족 그후 4289년 7월 사단법인 신생애육원으로 되였음 71		

11

지 명 조 사 표

(1) 정리번호	(2) 행정구역명	(3) 지명 A	B	C	(4) 지명의 종류	(5) 지도상기재	(7) 좌표	(8) 유래	(9) 비고	(10) 당해위원회 제정
	신포동 新浦洞				동		903 490	단기4230년 전에는 해안을 통한 개천이 있는 지대 임으로 터진개 라고 불리였으나 지금은 그 흔적이 없고 신포동이라 정하게된것임 1929		
		경기도관재국 京畿道管財局			주요시설		901 491	4282년4월22일경기임시관재소로 발족 동년12월 직제변경으로 경기도관재국으로 명칭 변경 되였음 74		
		동방극장 東邦劇場			〃		904 487	단기4266년 5월에 창설하여 단기4298년8월15일 이후 금일에 지하기까지 운영하고 있음 13		
		어시장 魚市場			〃		902 489	47년전부터 인천공설어시장으로 발족 현재에 이름		
	신흥동一가동 新興洞一街洞				동		908 486	과거에는 신창동(信昌洞)이였으나 일본인이 화정(花町)으로 개칭하고 일인이 약 7할을 점령거주하다가 해방후 과거 신창동의 신자를 따서(新)으로 개칭하여 신흥동으로됨 4384	588	
		해광여자기술학교 海光女子技術學校			주요시설		908 486	해방후 한글강습소로부터 발족하여 공민학교 양재고등공민학교등으로 개칭되였다가 현재는 해광사의 명을 따서 해광여자기술학교로 개칭되었음 41		
		신흥一二동사무소 新興一二洞事務所			〃		908 486	단기4283년신흥一동과 신흥二동이 폐합되여 양동명칭을 따서 신흥一.二동 사무소로 사용하고 있음		
		곡물검사소 穀物檢査所			〃		908 486	단기4290년 6월27일 농림부농산물검사소 인천출장소가 현소재지에 설치됨 11		
		해광사 海光寺			〃		908 486	약50년전 일본인이 창립하여 당시화엄사(華嚴寺)로불려왔으며 해방후 해광사로 개칭하였음 (海光은 바다가보인다는뜻임) 1,000		
		경인음료회사 京仁飮料會社			〃		908 486	약20년전 서울에본사를두고경영했으나 해방후 본사와 분리하여 주로 (음료 사이다 쥬-스등)을 제조하고 있음 26		

12

지 명 조 사 표

(1) 정리번호	(2) 행정구역명	(3) 지명 A	B	C	(4) 지명의 종류	(5) 지도상 기재	(7) 좌표	(8) 유래	(9) 비고	(10) 명해위원회 제정
		삼화정미소 三和精米所			주요시설		908 486	약30년전 일본인소유로 가꾸마루(角丸) 정미소를 해방후 삼화정미소로 개칭하였음 57		
		협신정미소 協信精米所			〃		908 486	약30년전일본인소유로 당시 도기노(杉野)정미소를 해방후 협신정미소로 개칭하였음 52		
		대륙정미소 大陸精米所			〃		908 486	단기4270년 기와무라(河村)정미소로 창설 해방후 대륙정미소로 개칭함 28		
		협신화학공장 協信化學工場			〃		908 486	과거에는 대양제분공장으로 운영되다가 단기 4290년에 협신화학공장으로 개칭됨 7		
	신흥동二가동 新興洞二街洞				동		909 486	과거에는신창동으로불리었으나 일본인이花町으로 개칭하였고 해방후 신창동의 信자를 新으로 개칭하여 신흥동으로됨 2417	277	
		항도상업기술학교 港都商業技術學校			주요시설		909 487	과거에는인천지방법원이었으나 해방후 항도중학교로 되었고 단기4288년3월 5일 항도상업기술학교로 발족하였음 356		
		경기도립인천병원 京畿道立仁川病院			〃		911 485	단기4259년에 창립하여 되었음 34		
		인천경찰서신흥동파출소 仁川警察署新興洞派出所			〃		911 485	단기4250년에 건립하여 당시 화정파출소였으나 해방후 행정구역 명칭개정과동시 신흥동 파출소로 개칭함 10		
		고려정미소 高麗精米所			〃		909 485	약30년전 일본인이창립하여 다시 명칭이 력무(力武)정미소였으나 해방후 고려정미소로 개칭케되었음 45		
		신영기업사 新永企業社			〃		911 487	~~과거에는 금융조합련합회소유로 인천제조공장으로 경영되다가 금융조합 해체와~~ 동시 개인이 불하하여신영기업사로개칭되었음 16		

13

지 명 조 사 표

(1) 정리번호	(2) 행정구역명	(3) 지명 A	B	C	(4) 지명의 종류	(5) 지도상 기재	(7) 좌표	(8) 유래	(9) 비고	(10) 명해위원회 제정
		인화철공소 =和鐵工所					909 485	약20년전 일본인소유로 당지 니노미야(=宮)철공소를 해방후 니노미야의 =자를 따서 이화철공소로 개칭하였음 10		
		일구직물공장 李九織物工場					909 485	해방후창설한것으로 업주(李九範)의 성명을 따서 이구직물공장이라 함 50		
		송도직물공장 松都織物工場					909 485	4285년에 창설하여 업주인(李炳震)이 원래 개성사람으로 피난온후 창립하여 고향인 개성의 별칭 송도를 따서 송도직물공장이라 함 65		
		신흥동三동 新興洞三洞						지금으로부터 약150년전에 떠돌이가 이곳에 머무르게 되었는데 풍수의 말이 이곳에 머지가 매립된 곳이니 경마장을 세우면 지방의 덕을 보리라 하여 경마장을 건립하였든 곳으로서 각처 인사들의 유휴장으로 유명하였으며 日政時 花町三丁目이라 칭하고 단기4278년에 新興三街로 改稱된것임 3426		
		남인천역 南仁川驛					909 482	日政時 朝鮮京東鐵道株式會社에서 創設하여 다시 朝鮮鐵道주식회사에 양도하여 사철로 경영하든것을 4278년 국철로 이관 현재 인천남부지역에 [illegible] 요충임 仁川港역(4270.8.6) 水仁역(4291.6.1) 南仁川역 (4288.7.1)		
		기마경찰대 騎馬警察隊					911 481	왜정시는 경기화물주식회사로서 화물자동차를 통합하여 경영하다가 해방후 분산되어 빈집으로 있든것을 기마경찰이 입주하여 현재 4人의 대원으로서 교통정리를 하는 유일한 기관임 4		
		신흥삼선화동사무소 新興三仙花洞事務所					911 483	왜정당시 주민들로서 건립된 건물로서 花町三町會라 칭하고 있든 행정말단기관이며 4278년도에 신흥三동회라 부르고 다시 4290년도에 동 폐합으로 인하여 신흥三선화동사무소로 되었음		
		경기도자동차기술학교 京畿道自動車技術學校					911 481	왜정시 경기화물주식회사 건물 一部는 기마경찰에서 사용하고 一部를 修築하여 한국의 교통안전協회산하에 있는 자동차운전기술교육 및 교통사고에 대한 교육을 지도하는 교육시설임 10		
		동방산업사 東邦産業社					911 482	일전중기에 토지부족으로 인하여 日政治下에 매몰하여 日人 소화 제재소를 경영하다가 해방이 되었기 우리 정부로부터 불하하여 동방산업사라 칭하고 외자물자 보관 및 외국농산물을 가공하는 [illegible]기업체임 20		
		동화화학공업소 東和化學工業所					911 482	왜정시 건립된 건물로서 화학품을 제조하는 공장임		
		대림창고 大林倉庫					911 481	단기4286년 건립된 큰 창고로서 각공장에서 가공된 물자 적재로 유일한 창고임		

14

(1) 정리번호	(2) 행정구역명	(3) 지명 A	B	C	(4) 지명의 종류	(5) 지도상 기재	(7) 좌표	(8) 유래	(9) 비고	(10) 당해위원회 제정
	유동 柳洞				동		913 489	본동은 약 70년전에는 해변으로서 버드나무 밀집하여 주택이 없었는데 그후에 버드나무를 벌목하고 주택을 건축하고 주민이 거주하게 되어 동명을 버드나무유자를 따서 유동이라 칭함 (2295명)	(285호)	
	율목동 栗木洞	밤나무골			동	무	911 489	약 70년전에는 해변이 였으며 밤나무가 밀집하고 인구가 점차 증가함에 따라 주택을 건축하여 부락을 건설 하였음으로 동명을 밤율자와 나무목자를 따서 율목동이라 칭함 (3,517명)	(472호)	
		인천고등학교 仁川高等學校			주요시설	무	911 491	단기4228년 관립인천 외국어학교로 발족하여 일제시대(4245년)에 인천공립상업학교로 개칭하였다가 4285년에 인천공립고등학교로 개칭하여 현재에 이르고 있음 (1224명)		
		부천교육청 富川教育廳			주요시설	무	909 489	교육법 공포에 따라 단기4285년 6월에 신축 하였음 (21명)		
		유율목동사무소 柳栗木洞事務所			주요시설	무	911 489	왜정시대는 율목정으로 발족하여 4283년 3월에 유동 율목동 사무소가 통합 하였음 (5명)		
		인천시립도서관 仁川市立圖書館			주요시설	무	909 489	단기4254년 11월 자유공원에 창립 되였다가 4274년 4월에 신흥동으로 신축 이전하고 다시 4279년 12월에 현청사로 이전하여 현재에 이르고있음		
		기독병원 基督病院			주요시설	무	909 491	원래 부인병원이던것을 8·15 해방후 미국인이 인수하여 현재 경영하고 있는데 내과를 비롯하여 각과를 두고 시민보건에 이바지 하고있음 (42명)		
	인현동 仁峴洞				동	무	906 496	인천시는 용강정 이던것을 해방후 인현동이라 개칭 되였음 본동 간에 원래 고개가 있었고 인천이라는 "인"자와 고개가 이었다 하여 "현"을 첨하여 인현동으로 되였음	(355호)	

15

지 명 조 사 표

(1) 정리번호	(2) 행정구역명	(3) 지명 A	B	C	(4) 지명의 종류	(5) 지도상 기재	(7) 좌표	(8) 유래	(9) 비고	(10) 당해위원회 제정
		중앙로 中央路	松峴畓洞線		도로		~~906 496~~	과거 송현 답동선을 단기4290년 10월 7일 시내도로 명칭 제정에 의하여 중앙로로 신규 제정 되었음		
		송인로 宋仁路	도원동선 桃源洞線	제미천다리	도로		913 490	仁峴洞과 宋林洞을 연결하는 線이라하여 宋仁路라함		
		화평철로교 花平鐵路橋	화평철로다리		다리		907 497	과거 설치당시에는 平洞에 人口가 集中되고 平洞 철개선이 었기에 平洞鐵路橋이라함		
		동인천역 東仁川驛	축현역 杻峴驛	상인천역 上仁川驛	역	없음	908 496	역이 설치된 당시 싸리가 많이 있었고 싸리재 라는 이름을 따라 축현역 이라고 되었다함		
		축현국민학교 杻峴國民學校			주요시설		906 496	학교가 설치되기전 에는 싸리밭이 있고 싸리재 라는 명사를 따서 축현국민학교로 되었음 (3262명)		
		인천여자고등학교 仁川女子高等學校			주요시설		908 498	설립당시 여고가 하나였기에 인천을 따서 인천여고교라 하였다함 (旧興国高자리) (762명)		
		축현파출소 杻峴派出所			주요시설	없음	905 497	~~[illegible]~~ (축현파출소는 축현관내에 소재하였으므로)		
		인천구세군 仁川救世軍			주요시설	없음	908 495	일정시 부터 계속 존속되고 있음		
		동일산업주식회사 東一産業株式會社			주요시설	없음	907 497	일정시 加藤 양조장 이든것을 해방후 동일산업주식회사 주조공장으로 사용되고있음		
		동방동인천분공장 東邦東仁川分工場			주요시설	없음	905 497	일정시 深見 방적장 이든것을 동방방직 동인천 분공장으로 (직물생산공장) 사용되고있음		
		인천청과시장주식회사 仁川靑果市場			주요시설			일정시 인천물산주식회사라 칭하고 청과 매매를 취급든 것을 해방후 인천청과시장 주식회사로 개편 하고 청과도매장으로 사용되고있음 (旧 杻峴驛자리) (24명)		

16

지 명 조 사 표

(1) 정리번호	(2) 행정구역명	(3) 지명 A	B	C	(4) 지명의 종류	(5) 지도상 기재	(7) 좌표	(8) 유래	(9) 비고	(10) 당해위원회 사정
	전동 錢洞				동		903 496	이곳 일대 현재 [illegible] 자리에 典圜局이 있었으므로 典을 錢으로 그 명사를 따서 전동이라 [illegible] 하였음 (3,351명)	(436호)	
		오정포산 午正砲山	기상대산		산		902 493	왜정시 測候所를 설치하고 정오 알리는 종을 발포 하였다하여 오정포산이라 하였음		
		운교 雲橋	구름다리		다리	없음	905 499	왜정시 [illegible] 것을 [illegible] 개설한 [illegible] 雲橋 또는 구름다리라 하였다		
		인천중학교 仁川中學校			주요시설		902 494	왜정시 [illegible] (2,415명)		
		제물포고등학교 濟物浦高等學校			주요시설	없음	902 494	단기4287년 학교를 신축하고 제물포고등학교라 칭함 인천이 구한국시대에 제물포였기 때문에 그 옛 역사를 살리기 위하여 제물포 고등학교로 하였다함 (698명)		
		인천여자중학교 仁川女子中學校			주요시설	없음	903 498	단기4285년에 신축 하였음 (2,418명)		
		인천측후소 仁川測候所			주요시설		902 493	왜정시 [illegible] 觀測所이든 것을 해방후 [illegible] 인천측후소로 개칭 되었음		
		전동교회 錢洞敎会			주요시설		903 495	단기4286년 신축된 교회임 (150명)		
		전동변전소 錢洞變電所			주요시설		904 497	왜정시 부터 변전소로 현재까지 사용되고 있음		
		[illegible]			주요시설		905 498	6.25 사변후 [illegible] (日政時人 [illegible] 墓地)		
		대한주조장 大韓酒造場			주요시설		904 496	왜정시 [illegible] 계속 운영되고 있는 [illegible]		

17

지 명 조 사 표

(1) 정리번호	(2) 행정구역	(3) 지명 A	B	C	(4) 지명의 종류	(5) 지도상 기재	(7) 좌표	(8) 유래	(9) 비고	(10) 당해위원회 제정
	중앙동 일가동 中央洞一街洞				동		897 494	해방후 행정구역 개편으로 인천시 중앙에 위치 하였기 때문에 중앙동이라 이름이 [illegible] (385명)	(69호)	
		외자청 인천사무소 外資廳仁川事務所			주요시설	무	897 494	단기4281년 10월 4일 외자청 인천사무소로 발족 하였음 (일정시 [illegible] 이었었다)		
		[illegible]			주요시설	무	897 494	단기4281년 4월 20일 [illegible] 을 창립하였음 [illegible] (150명)		
		중화루 中華樓			주요시설	무		지금으로부터 약 [illegible] 전에 [illegible] 중국 요리점 [illegible]		
	중앙동二가동 中央洞二街洞				동	무	898 493	해방후 지방행정구역 개편으로 인천시 중앙에 위치하였기 때문에 중앙동이라 이름함 [illegible] (345)	(59)	
		인천전매서 仁川專賣署			주요시설	무	898 493	단기4267년 7월 1일 인천전매국 이창설 해방후 전매서로 개칭함		
		한국흥업은행 인천지점 韓國興業銀行 仁川支店			주요시설	무	898 493	해방전 조선무진이 해방후 상호은행으로 발족 인천지점 설치 4283년 6월 상호은행 인천지점으로 개편 4287년 흥업은행으로 개편 현재 흥업은행 인천지점 (23명)		
		[illegible] 인천지부			주요시설	무	899 493	단기4281년 [illegible] [illegible]	[illegible]	
		[illegible] 인천출장소			주요시설	무	899 492	단기4292년 4. 15일 설치 ([illegible]) (10명)		

18

지 명 조 사 표

(1) 정리번호	(2) 행정구역명	(3) 지명 A	B	C	(4) 지면의 종류	(5) 지도상 기재	(7) 좌표	(8) 유래	(9) 비고	(10) 중앙위원회 제정
	중앙동 3가동 中央洞三街洞				동	무	899 493	해방전 본정3정목을 해방후 지방행정구역 개편으로 인천시의 번화가고 중앙에 위치하여 있기 때문에 중앙동이라 이름지음 [illegible] (437명)	(99호)	
		외무부 인천출장소 外務部 仁川出張所			주요시설	무	899 493	단기 4284년도 외무부 인천출장소로 신설 되었음 (11명)		
		인천여자고등기술학교 仁川女子高等技術學校			주요시설	무	899 493	단기4291년도 3월 1일 설립 개교하였음 ([illegible] 자리) (98명)		
		인천지방해무청 출장사무소 仁川地方海務廳 出張事務所			주요시설	무	899 493	단기4288년 2월 17일 새로 설치되었음 (205명)		
	중앙동 4가동 中央洞四街洞				동	무		해방전 본정4정목을 해방후 지방행정구역 개편으로 인천시의 번화하고 중앙에 위치하여 있기 때문에 중앙동이라 하고 [illegible] (336명)	(66호)	
		전매청 인천지청 專賣廳 仁川支廳			주요시설	무	899 491	4266년 12월 20일 전매국 인천지청으로, 4271년 11월 1일 [illegible] 개칭되었음		
		인천신보사 仁川新報社			주요시설	무	899 491	단기4278년 해방직후 대중일보로 발족하여 33년 9월 1일 인천신보사로 개칭 발족 하였음 (60명)		
		주간인천사 週刊仁川社			주요시설	무	899 491	단기4287년 3월 3일 주간신문으로 발족하였음 ([illegible]) (20명)		
		인천수상경찰서 仁川水上警察署			주요시설	무	899 491	단기4282년 5월 1일 새로 水上署로 창설되었음	(북 3가 [illegible] 자리)	

19

지 명 조 사 표

(1) 정리번호	(2) 행정구역명	(3) 지명 A	B	C	(4) 지명의 종류	(5) 지도상 기재	(7) 좌표	(8) 유래	(9) 비고	(10) 명해위원회 제정
	항동四가동 港洞四街洞				동	무	898 4P2	외정당시 항구가 있는곳이라 濱町으로 명칭한것을 해방후 지명변경으로 港동이라 칭하며 옛 제물포의 중심지 항구가 바로 이곳이라 한다 6.25 당시 파괴되고 현재는 유엔군 주둔지임		
		인천지방전매청 仁川地方專賣廳			주요시설	무	8P8 4P1	해방직후 지청으로 발족하였다가 4284년 지방전매청으로 승격		
	항동五가동 港洞五街洞				동	무	8PP 4P1	항동四가동과 동일한곳이며 6.25 당시 폐허되어 현재는 외군사시설만이 있고 약간의 시민만 거주하고있음 (61)	(13)	
		한국미곡창고주식회사 인천지점 韓國米穀倉庫株式會社仁川支店			주요시설	무	8PP 4P1	단기 4263년 11. 15일 인천지점으로 설치되였음 朝鮮米倉 南朝鮮時 韓國米倉으로 되었음 (70)		
		대한통운주식회사 인천지점 大韓通運株式會社仁川支店			주요시설	무	8PP 4P1	단기 4283년 1월 1일 인천지점으로 설치되었음 (10)		
	항동六가동 港洞六街洞				동	무	701 45P	항동四가동과 동일한 유래를 가졌으며 6.25 이후 폐허되여 주민은 없음		
		인천우체국 仁川郵便局			주요시설	무	P01 48P	단기 4281년 4월 1일 설치되였음 (60)		
		인천전신전화국 仁川電信電話局			〃	무	P01 48P	단기 4290년 12월 21일에 새로 설립되였음 (P4)		
	항동七가동 港洞七街洞				동	무	701 488	항동四가동과 동일한 유래를 가졌으며 6.25 후는 약간의 시민이 거주하고있음 (18)	(4)	
		국립인천해항검역소 國立仁川海港檢疫所			주요시설	무	P01 488	인천항이 개항될 당시 月尾島에 설치되였다가 現位置로 移轉되었음 (8)		

20

(1) 정리번호	(2) 행정구역명	(3) 지명 A	B	C	(4) 지명의 종류	(5) 지도상 기재	(7) 좌표	(8) 유래	(9) 비고	(10) 당해위원회 제정
	해안동一가동 海岸洞一街洞				동	무	895 463	왜정시 바다와 항구 근처라하여 해안동으로 칭하였으나 해방 후 4280년 2월 1일 지명변경으로 해안동으로 칭하였으며 4216년 제물포개항 당시부터 점차적으로 발전된 곳임 (335) (海岸洞)	(60)	
	해안동 二가동 海岸洞 二街洞				동	무	896 463	해안동 一가동과 동일한 유래를 가지고 있음 (240)	(42)	
	해안동 三가동 海岸洞 三街洞				동	무	897 462	해안동 一가동과 동일한 유래를 가지고 있음 (90)	(18)	
		한국은행 인천지점 韓國銀行 仁川支店			주요시설	무	899 462	일정시 조선은행 인천지점으로 불렀음 해방후 한국은행으로 개칭하게 되었으며 현청사는 4287년에 신축함 (前仁川米豆取引所 자리로 新築) (54)		
	해안동 四가동 海岸洞 四街洞				동	무	899 461	해안동 一가동과 동일한 유래를 가지고 있음 (50)	(10)	
		한국산업은행 인천지점 韓國產業銀行 仁川支店			주요시설	무	899 461	왜정당시부터는 식산은행 인천지점으로 칭하였으나 4287년 4월 1일부터 산업은행 인천지점으로 개칭하게 되었음 (旧仁川米豆取引所 자리) (25)	海岸洞으로 거의 埋築地帯	

21

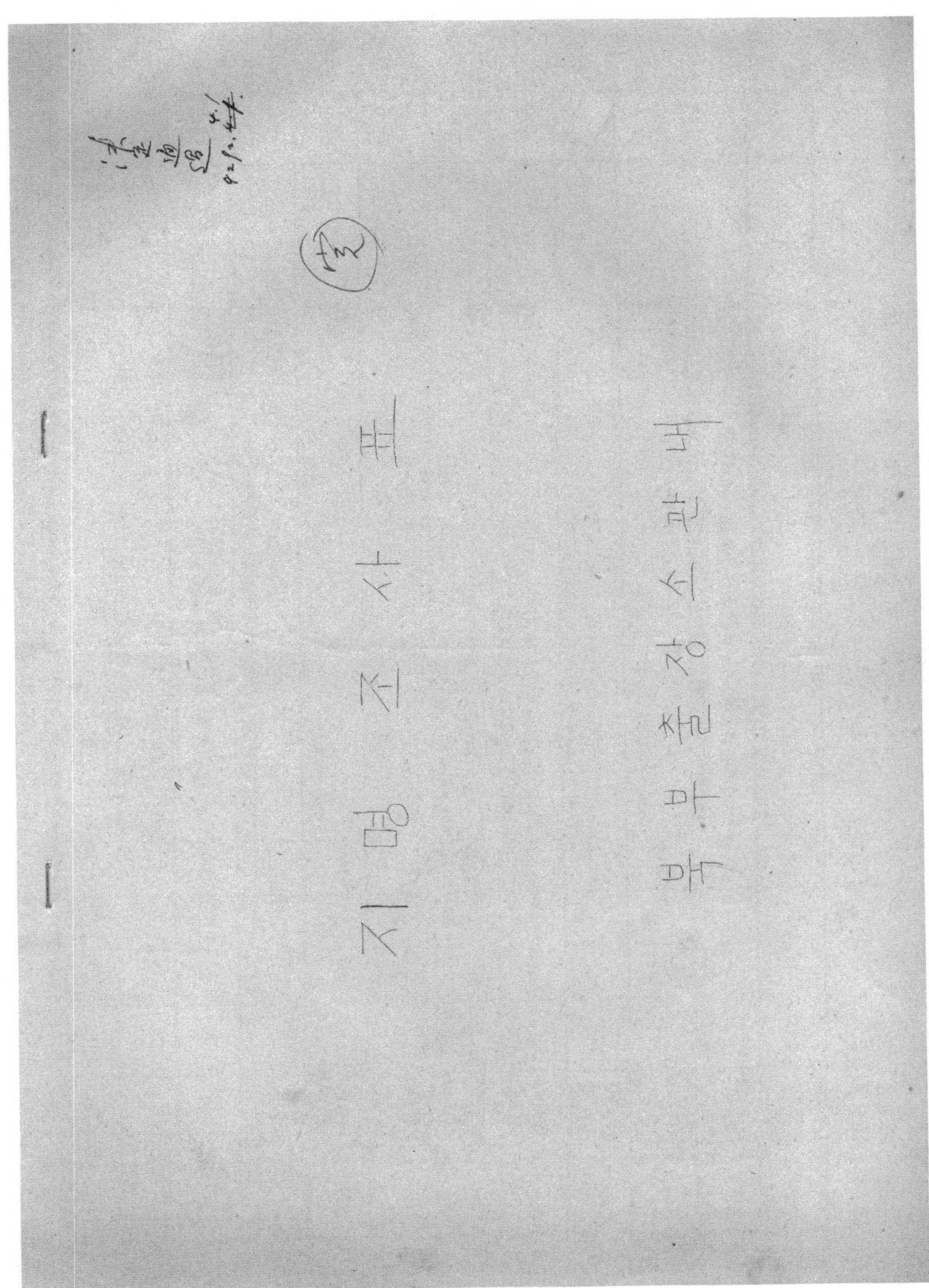
지명 조사 표

부평출장소관내

행정구역명 (2)	(3) 지명 A	지명 B	(4) 지명의 종류	(5) 지도상 기재	(7) 좌표	(8) 유래	(9) 비고	(10) 당해위원회 제정
북부출장소 北部出張所	------	------	출장소	무	900507	인천시조례에 의하여 출장소를 설치하다(4249년 2월 1일) (54679명)	(6906호)	
만석동 万石洞	------	------	동	무	898510	일제시 만석정을 만석동으로 개칭하다 (11588명)	(1,802호)	
------	만석동파출소 万石洞派出所	------	중요시설	무	901505	4242년 설치 현 동인천경찰서 관할하에 있음 (9명)		
------	대한예수교장로회인천제4교회 大韓예수敎長老會仁川第四敎會	------	〃	무	902503	4284년 설립 (100명)		
------	기독교감리회 만석교회 基督敎監理會万石敎會	------	〃	무	901505	4288년 설립 (50명)		
------	조일장유주식회사 朝日醬油株式會社	------	〃	무	901522	4242년 일인이 설립 현 군지정 공장으로 조업 (50명)		
------	삼화제분주식회사 三和製粉株式會社	------	〃	무	902503	4286년 풍국제분 인천공장으로 설립 4290년 삼화제분으로 개칭 조업 (52명)		
------	대동제강주식회사 大同製鋼株式會社	------	〃	무	901507	4273년 부평강업주식회사 조선공장으로 설립 8.15해방과 동시 대동제강주식회사로 개칭 조업 (70명)		
------	한국유리공업주식회사 韓國유리工業株式會社	------	〃	무	897512	4290년 유리공장으로 준공하며 조업 (320명)		
------	동양방직주식회사 東洋紡織株式會社	------	〃	무	900504	4265년 일인기업체로 설립 8.15해방과 동시 우리나라 방직에 공헌이 크며 현재 조업 (2,200명)		
------	조선기계제작소 朝鮮機械製作所	------	〃	무	904507	4270년 일인기업체로 설립 4279년 정부직할공장으로 발족 4283년 해군에서 조업하며 4290년 상공부로 재이관 조업 (408명)		
------	만석동사무소 万石洞事務所	------	〃	무	898504	일제시 만석정회를 해방과 동시 만석동사무소로 개칭 (6명)		

2

(2) 행정구역명	(3) 지명 A	(3) 지명 B	(4) 지명의 종류	(5) 지도상 기재	(7) 좌표	(8) 유래	(9) 비고	(10) 당해위원회 제정
- - - -	주식회사 조선제강소 株式會社 朝鮮製鋼所	- - - -	중요 시설	- 무 -	899504	4270년 일인이 설립. 4291년 조업 시작		
- - - -	인천조선공업 주식회사 仁川造船工業 株式會社	- - - -	〃	- 무 -	895508	4276년 일인이 설립 해방후 조업을 계속		
- - - -	대성목재공업주식회사 大成木材工業 株式會社	- - - -	〃	- - -	897505	4269년 일인이 설립. 4278년 조업계속		
- - - -	묘도 - - - 猫島	괭이부리	배중다리	묘도 - - - 猫島	897513	자연으로된 섬이 있으나 해면매축으로 인하여 육지로 변하여 배중다리로됨 이조 고종 [illegible] 洋擾時 [illegible]가 있었음		괭이부리
- - - -	월미도 - - - 月尾島	- - -	섬	월미도 - - - 月尾島	881492	섬으로 이조고종三年 [illegible]洋擾時 江華水路로 向한 月尾島[illegible]이 있었음 유원지로 유명함		
- - - -	소월미도 小月尾島	- - -	섬	소월미도 - - - 小月尾島	880489	월미도에 비하여 적으므로 소월미도라 함		

3

(2) 행정구역명	(3) 지명 A	B	(4) 지명의 종류	(5) 지도상 기재	(7) 좌표	(8) 유래	(9) 비고	(10) 당해위원회 제정
- - - -	주식회사 조선제강소 株式會社 朝鮮製鋼所	- - - -	중요 시설	- 무 -	899504	4270년 일인이 설립. 4291년 조업 시작		
- - - -	인천조선공업 주식회사 仁川造船工業 株式會社	- - - -	〃	- 무 -	895508	4276년 일인이 설립 해방후 조업을 계속		
- - - -	대성목재공업주식회사 大成木材工業 株式會社	- - - -	〃	- - -	897504	4269년 일인이 설립 4278년 조업계속		
- - - -	묘도 猫島	괭이부리	배중다리	묘도 猫島	897513	자연으로된 섬이 있으나 해면매축으로 인하여 육지로 변하여 배중다리로되고 이조 고종 3년 洋擾時 猫島砲台가 있었음		괭이부리
- - - -	월미도 月尾島	- - -	섬	월미도 月尾島	881492	섬으로 이조고종三年洋擾時江華水路로向한月尾島城이 있었음 유원지로 유명함		
- - - -	소월미도 小月尾島	- - -	섬	소월미도 小月尾島	880489	월미도에 비하여 적으므로 소월미도라 함		
- - - -	- - -	- - -		- - -				
- - - -	- - -	- - -		- - -				
- - - -	- - -	- - -		- - -				
- - - -	- - -	- - -		- - -				
- - - -	- - -	- - -		- - -				
- - - -	- - -	- - -		- - -				

4

(2) 행정구역명	(3) A	(3) B	(4) 지명의 종류	(5) 지도상 기재	(7) 좌표	(8) 유래	(9) 비고	(10) 당해위원회 제정	
송현一동 松峴一洞			동	무	912492	일한합병당시 송현리 라 칭하였고 그후 송현一, 二, 三동으로 행정구역이 분할되였다가 4283년 인천시조례에 의하여 송현一동으로 통합 (8,965명)	(1,800호)		
	송현성결교회 松峴聖潔教會		중요시설	무	912496	단기4236년에 설립 (500명)			
	미림극장 美林劇場		〃	무	910496	단기4291년에 설립 (450명)			
	중앙시장 中央市場		〃	무	909496	약25년전에 인천시에서 설치 6.25당시전부소실 수복후 재건립	(500점포)		
	송현一동사무소 松峴一洞事務所		〃		910497	단기428(5)년에 동민에 협조로 건립 (5명)			
	~~북부간선~~ 만화로 ~~北部幹線~~ 萬花路		도로		910495	약20년전에 신설 (자유평동파출소 ~ 지배다리) 4290년10月13日 萬花路로 命名			4290년10月 만화로 명명
송현二동 松峴二洞			동		917497	단기4283년 인천시조례에 의하여 송현三, 五, 七동을 현 송현二동으로 통합 (11,931명)	(1,168호)		
	북부출장소사무소 北部出張所事務所		중요시설	무	912499	단기4290년 인천시조례에 의하여 사무소로사용 (40명)			

5

(2) 행정구역명	(3) 지명 A	(3) 지명 B	(4) 지명의 종류	(5) 지도상 기재	(17) 좌표		(8) 유래	(9) 비고	(10) 당해위원회 제정
- - - -	송현二동 사무소 松峴二洞事務所	- - - -	중요 시설	무	912499		4290년 인천시 우유죽 급식소를 사무소로 사용 (5명)		
- - - -	송현변전소 松峴變電所	- - - -	〃	무	914502		단기4274년 설치 (16명)		
- - - -	경기도적십자병원 京畿道赤十字病院	- - - -	〃	무	911501		단기4289년 설치 (29名) (270명)		
- - - -	장노교 제五교회 長老敎第五敎會	- - - -	〃	무	911499		단기4284년 설치 (270명)		
- - - -	송현전선도로 松峴前線道路	- - - -	도로	무	914500		단기4269년 신설		
- - - -	송현수로 松峴水路	수문통	수로	무	915503		단기4269년 신설		
- - - -	송현제一교 松峴第一橋	- - - -	다리	무	909498		단기4269년 송현 수로에 가설		
- - - -	송현제二교 松峴第二橋	- - - -	〃	무	910500		상동		
- - - -	송현제三교 松峴第三橋	- - - -	〃	무	913503		상동		

6

(2) 행정구역명	(3) 지명 A	B	(4) 지명의 종류	(5) 지도상 기재	(7) 좌표	(8) 유래	(9) 비고	(10) 당해위원회 제정
송현四동 松峴四洞	---	---	동	무	910503	갈대밭과 해면을 매립한 지대로 구화수3정 일부와 송현2동(구송현3정)일부로 되여있음 (847명)	호 (101)	
---	교통부 인천공작창 交通部仁川工作廠	---	중요 시설	무	911504	단기4270년 일본차량회사 인천공장으로 창업 단기4278년 조선차량주식회사로 개칭 조업 단기4283년 교통부 인천공작창으로 하여 조업 (517명)		
---	한국화공주식회사 韓国化工株式會社	---	〃	무	911501	단기4272년 창설 단기4286년부터 조업 (38명)		
---	광인제재소 廣仁製材所	---	〃	무	911500	단기4268년 설치 조업 (34명)		
---	송현국민학교 松峴国民學校	---	〃	무	909504	단기4270 송현공립보통학교로 개교 단기4274 송현국민학교로 개칭 (3654명)		
---	반월로 半月路	---	도로	무	912504	반월형으로되여있기 반월로(라) 칭함		
---	송현시장 松峴市場	---	주요 시설	무	910502	4290년 영세상인에 정착키 위한 시장을 개설 (25명)		

(2) 행정구역명	(3) 지명 A	B	(4) 지명의 종류	(5) 지도상 기재	(7) 좌표	(8) 유래	(9) 비고	(10) 당해위원회 제정
화평동 花平洞	------	------	동	무	907501	단기4247년 3월 1일 경기도령 제8호에 의거 구화동의 平자와 花村里의 花자를 따서 花平洞으로 칭하게 되었음 (6359명)	(1818호)	
------	화평동 사무소 花平洞事務所	·	중요시설	무	908498	단기4276년 설립 (4명)		
------	화평동파출소 花平洞派出所	------	〃	무	908498	원래 인천경찰서관할에 있든것이 단기4284년 동인천경찰서관할에 있음		
------	화평성결교회 花平聖潔敎會	------	〃	무	907499	단기4252년 설립 300명		
------	만화로 万花路	------	도로	무	908498	万石洞에 "万"자와 花平洞의 "花"자를 따서 万花路라 칭함		
------	------	------	、	------				
------	------	------		------				
화수동 花水洞	------	------	동	무	906504	인천개항 이전에 화도동 수유동(무네미) 신촌리(새말)에 있든것이 신화수리로 다시 화수정으로 해방후 정명을 동으로 개칭 구화평里일부와 화수一정 二정을 병합하였음 (5706)	(533)	
------	대한성냥공업주식회사 大韓성냥工業株式會社	------	주요시설	무	904501	단기4291년 발족 (150)		

8

(2) 행정구역명	(3) 지명 A	(3) 지명 B	(4) 지명의 종류	(5) 지도상 기재	(7) 좌표	(8) 유래	(9) 비고	(10) 당해위원회 제정
----	인천극장 仁川劇場	----	중요시설	무	905501	단기 4291년 개관 (1000명)		
----	만화로 万花路	----	도로	무	904500	花平洞 "万花路" 기재사항과 동일함		
[illegible]	----	----		----				
[illegible]	----	----		----				
화수동二동 花水洞二洞	----	----	동	무	907505	유래 화수동1동과 같음 화수4정을 화수동二동으로 개편 (6,313)	(750)	
----	이천전기공업주식회사 利川電氣工業株式會社	----	중요시설	무	908507	4272년 동경 시바우라 전기회사와 미국의 제네발회사가 합자하여 설립 4289년 이천전기주식회사로 개칭 조업 (102)		
----	한국화학비료주식회사 韓國化學肥料株式會社	----	〃	무	906507	4271년 일인이 설립 8.15 해방과 동시 조업 (57)		
----	대림조선소 大林造船所	----	〃	무	905509	4278년 대림산업주식회사에서 조선부로 설립 (30)		
----	영화중고등학교 永化中高等學校	----	〃	무	907506	4279년 인가를 받어 개교 (1,030)		

(2) 행정구역명	(3) 지명 A	(3) 지명 B	(4) 지명의 종류	(5) 지도상 기재	(7) 좌표	(8) 유래	(9) 비고	(10) 당해위원회 제정
----	화수부두 花水埠頭	나무선창	항구	무	907509	이조 때는 花島鎭 이라 호칭하였으나 4226년 처음으로 선박이 입출하며 속칭 "나무선창"이라 하여 인천북항의 요소가 되었다		
----	반월로 半月路	----	도로	무	906506	송현동四동 "반월로" 기재와 동일		
----	선거 船渠	----	제방	선거 船渠	904512	일제시 조선기계 제작소 에서 방파제로 구축함		
----	화수1.2.3송현4동사무소 花水一、二、三松峴[illegible]四洞	----	중요시설	무	906504	단기 4273년 화수4정회사무실을 단기4278년 화수2동으로 하였다가 단기4288년 동사무소통합으로 화수一、二、三송현四동사무소로 됨 (5)평		
----	수상경찰서 만석동파출소 水上警察署 万石洞派出所	----	〃	무	907509	인천수상경찰서 관할 파출소 (10)평		
----	----	----		----				
화수동三동 花水洞三洞	----	----	동	무	906503	화수一동의 유래와 같음 (3,170)	(384)	
----	화도교회 花島教會	----	중요시설	무	907502	4240년 창립 (130)		
----	화도유치원 花島幼稚園	----	〃	무	907502	단기4264년 개원 중단하였다가 단기4288년 재개원 (30)		

10

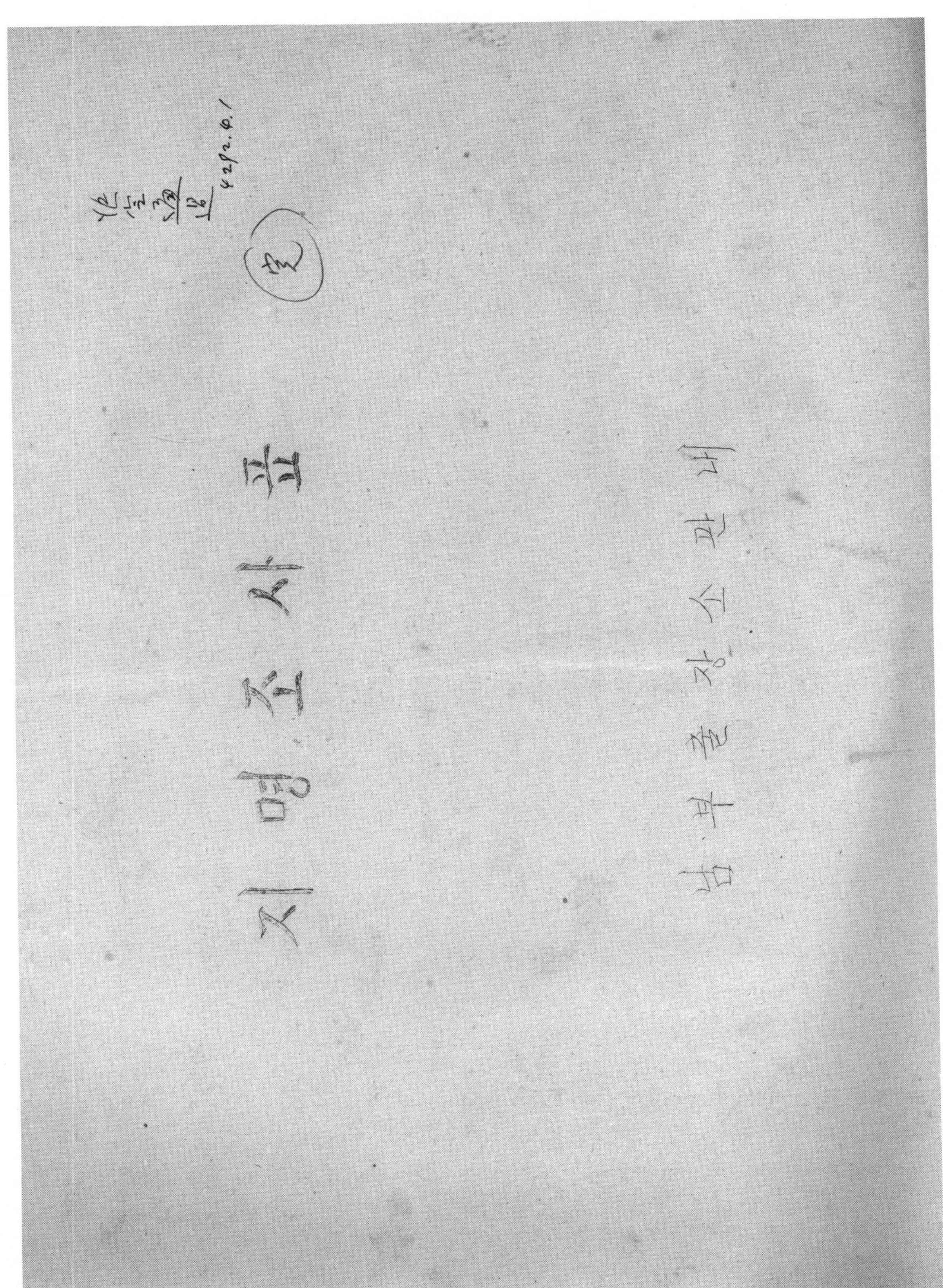
지명조사표

지명조사표

(1) 정리번호	(2) 행정구역명	(3) 지명 A	B	C	(4) 지명의 종류	(5) 지도상 기재	(6) 경위도	(7) 좌표	(8) 유래	(9) 비고	(10) 명해위원회재정	(11) 상급위원회승인	(12) 중앙위원회 한글표기	로마자표기
1	남부출장소 南部出張所	---	---	---	출장소	무		922479						
2	숭의동1동 崇義洞一洞	---	---	---	리	무		914481	원래 인천부 장사래라 불리우다가 4269(호수467)년 10월 1일 부천군 다주면 장의리로 되였든 것이 행정구역 변경으로 말(인구3813명)미암아 인천부에 [illegible]으로 되였으나 해방과 더부러 현재에는 숭의1동으로 부르고 있음					
3	---	장의리 長意里	장사래	독갑다리	부락	장의 長意		926477	행정구역이 부천군 다주면으로 속하여 있을 당시 장의리로 되였으며 속칭 장사래라고도 불리우다가 내무락에 큰 다리가 있어 독갑다리라고 칭하였으며 현재까지도 C 독갑다리로 통칭하고 있음					
4	---	경인도로 京仁道路	---	---	도로	무		916482	4265년도경 경인간 도로가 준공되여 경인도로로 칭함					
5	---	다복면업 인천공장 多福綿業仁川工場	---	---	주요시설	무		923484	단기4260년 9월 1일에 설립하고 당시 다복면업주식회사로 있다가 4285년부터 현재까지 재단법인 전성학원에서 운영하고 있음 (종업원 20명)					
6	---	인천공설운동장 仁川公設運動場	---	---	주요시설	무		918488	4274년도경에 준공하여 인천시 공설운동장으로 사용중에 있음					
7	숭의동3동 崇義洞三洞	---	---	---	리	무		920487	원래 부천군 다주면 장의리라 불러오다가 행정구역 변경으로 말미암아 인천부 화정3정으로 되였으나 해방과 더부러 현재에는 숭의3동으로 불으고 있음 (인구 5,282명)	(호수854호)				
8		숭의1,3동사무소 崇義1,3洞事務所	---	---	주요시설	무		920487	4291년 1월 1일 동 폐합으로 인하여 숭의1,3동사무소라 불리우고 있음					
9	---	경인도로 京仁道路	---	---	도로	무		929485	4265년도경 경인간 도로가 준공되여 경인도로로 칭하고 현재 중요도로로 통행중임					
10	---	[illegible]	---	---	[illegible]				前 美公使 알렌 別莊 [illegible]					
11	---	한국예수교 인천전도관 韓國耶蘇敎仁川傳道舘	---	---	주요시설	무		922489	단기4289년 1월 백래선 [illegible] 전도관 [illegible] (신도수 [illegible]명)					
12	---	삼성주물공장 三星鑄物工場	---	---	주요시설	무		924486	단기4279년 10월 1일부터 현재까지 전기공장을 운영중에 있음 (종업원 104명)					

2

지명조사표

(2) 행정구역명	(3) 지명 A	(3) 지명 B	(4) 지명의 종류	(5) 지도상 기재	(7) 좌표	(8) 유래	(9) 비고	(10) 당해위원회 결정
남부출장소 南部出張所	---	---	출장소	무	922479	~~지금으로부터약30년전 인정시 부천군, 다주면, 장의리, 율시구역~~		출장소
숭의동二동 崇義洞二洞	---	---	동	무	923479	지금으로부터약30년전인정시 부천군, 다주면, 장의리, 율시구역확장과 동시에 인천시 야마도정지로 개칭 인천시로 편입하였다가 왜정말기에 1, 2, 3, 4동으로 분할, 8.15해방과동시에 숭의二동으로 개칭하였음 인구8590명	1247호	동
---	남부출장소사무소 南部出張所事務所	---	주요시설	무	922479	본사무소는 인천시 행정기구변경에따라 출장소를 증설케되여 구 숭의1,2,3,4동 사무소와 4290. 1월에 본관을 증축하여 4290년 2월 1일부로 개설하였음 2동 총건평 40평 직원35명		출장소
---	숭의二四동사무소 崇義二四洞事務所	---	주요시설	무	923479	단기4290. 1. 1일부 인천시동행정기구개편에따라 1,2,3,4동사무소를 숭의2,4동사무소로 분리한후 단기4291. 4월에 원사무소 퇴폐로인하여 개축하였음 건평19.5평 수용능력30명		동
---	숭의동파출소 崇義洞派出所	---	주요시설	무	916481	단기4267. 10월에 (왜정시) 야마도고반소로 설치 8.15해방과 동시에 숭의파출소로 개칭하였음		파출소
---	인천사범학교 仁川師範學校	---	주요시설	무	924479	원래 개성사범학교로 4283.6.25동란으로인하여 남하하였다가 1.4수복당시에 인천으로 전소 4285.6.28일부로 인천사범학교로 교명변경 4290년6월30일 본관준공 대지12590평 건평1676평 교실100개 학생2200명		학교
---	전매청염시험장 專賣廳鹽試驗場	---	염전	염전	915475	단기4264년1월에 준공 조선염업주식회사에서 경영 8.15해방과동시에 이관 전매청에서 접수경영케되었음 총면적37정5보 년산2000톤 종업원40명		염전
---	장사리 長沙里	장소래	부락	장의리 長意	926477	지금으로부터 수백년전에는 이지대가 전부 해안지대로서 긴모래사장이 있었다하여 (長沙里)로 호칭하였다 함		장사리
---	만화주물공장 萬和鑄物工場	---	주요시설	무	918479	원래 인천시 금곡동에서 주물공장을 경영하다가 4289년 8월1일 현주지에 공장을 이전설치하였음 건평300평 주물제품 년700톤생산 종업원40명		공장
---	장안극장 長安劇場	---	주요시설	무	914482	단기4290년 7월20일 준공 건평130평 수용인원740명 영사기 35 m/m 자가발전, 난방장치 완비		극장
---	경인국도 京仁國道	---	도로	---	917481	본도로는 아스팔트 포장 서울특별도로로서 숭의1동, 숭의2동 경계선에위치하였음		경인국도
---	숭의교회 崇義教会	---	주요시설	무	913482	대한기독교장로교회에서 설치 4288년5월에 준공 건평40평 신도수90명		교회
---	보합교회 寶合教회	---	주요시설	무	923477	대한예수교장로회에서 설치 4288년 3월에 준공 건평60평 신도수100명		교회
---	---	---		---				

3

(2) 행정구역명	(3) 지명 A	지명 B	(4) 지명의 종류	(5) 지도상 기재	(7) 좌표	(8) 유래	(9) 비고	(10) 광해위원회 결정
남부출장소 南部出張所			출장소	무	922479			출장소
숭의동 四동 崇義洞四洞			동	무	928482	지금으로부터 약 18년전인 정말기에 야마토정(大和町)을 인수의 팽창으로 인하여 4개동으로 분할 8.15 해방과 동시에 숭의四동으로 개칭하였음 인구수 3,765명	([illegible]) 612호	동
	수봉산 水峰山	수봉산 壽鳳山	산	수봉산 壽鳳山	934477	본산은 水峰山 또는 壽鳳山으로 호칭하는데 전설을 들으면 수봉산에는 어데를 파도 물이 [illegible] 하여 물수자 봉우봉자를 따서 수봉산이라 칭함		水峰山
	동인천교 東仁川橋		다리	무	928485	이다리는 주인선중간지점인 도화동, 숭의四동 경계선에 위치한 순철제다리로서 폭이 약 15척 기리약 80척의 광활한다리로서 서울로부터 인천에 이르는 관문이라고할수있음 ([illegible])		동인천교
	화동주정공업사 [illegible]		주요시설	무	[illegible]	신해 연백군 연안읍 [illegible] 에서 화통양조장을 경영하다가 6.25 동란으로 남하하여 현위치에 주정공장을설치 단기 4287년 9.1일 준공 년산주정 18,000석 대지 8,000평 건평 622평 종업원 70명	([illegible])	공장
	인천남중고등학교 仁川南中高等學校		주요시설	무	926484	원래해성중고등학교로서 단기 4289년 5월 30일 준공 단기 4291년 7월 2일 부로 인천남중고등학교로 교명변경 대지 [illegible]43평 건평 940평 [illegible] 10개 [illegible] 1,71명 [illegible] 11명		학교
	숭의국민학교 崇義國民學校		주요시설	무	925483	원래 (大和公立普通學校)로서 단기 4271년 6월 10일에 준공 단기 4282년 10월 11일에 숭의국민학교로 교명변경 대지 4,000평 교실 26개 교원 38명 학생 2284명		학교
	숭의변전소 崇義變電所		주요시설	무	925483	단기 4265년 7월 11일 준공 총면적 6,392평 건평 165평 변전능력 66,000V		변전소
	성애원 聖愛院		주요시설	무	925483	대한기독교 침례회 총회에서 경영하는 후생시설로서 4286년 6월 1일 준공 대지 4260평 건평 28평 (원아 75명) 직원 7명		
	경인국도 京仁國道		도로		928485	본도로는 서울 인천간 주요도로로서 아스팔트포장 도화동과 숭의3동 숭의4동 경계선에 연속하였음		경인국도
	여의실 如意室	여우실	부락	여의 如意	927483	고래전설에의하면 이부락 중간에 큰나무가 있고 그나무 밑에 성황당이 있었다함 그동리 사람들은 그성황당에다가 지성껏 치성을 드리면 만사가 여의하게 된다함		여의실

玉蓮洞

지 명 조 사 표

No 2~1

(2) 행정구역명	(3) 지명 A	B	C	(4) 지명의 종류	(5) 지도상기재	(7) 좌표	(8) 유래	(9) 비고	(10) 당위원회 사정
남부출장소 南部出張所	---	---	---	출장소	—무—	P22 471			
옥련동 玉蓮洞	---	---	---	동	옥련 玉蓮	P24 442	청양산에구슬같은돌이있고 옛날 한나루가 있었는데 마치 련못 같다 하여 옥련동이라고 불리운다함 (21 P6)	(446)	
-----	대암 大岩	큰암	---	부락	대암동 大岩洞	P28 425	부락부근에있는산에큰바위가 많다하여 대암(A) 또는 큰암(B)이라고도불리우고 있음		큰암
-----	한진 漢津	한나루	---	부락	한진 漢津	P24 436	구한국시대에는 이곳부락앞이 바다와 연결되어 있든관계로 나루배로 건너단인 관계로 한나루라고도불리우고 있음		한나루
-----	옹암 瓮岩	독바위	독배	부락	무	P17 442	부락뒷산에독과같은 바위가 많다하여독바위(B) 또는 독배(C)라고도불리우고 있음		독바위
-----	옥동 玉洞	옥골	---	부락	무	P26 441	문학산맥 골자구니에 있는부락 으로서 구슬같은 백색돌이 나왔다 하여 이곳부락민은 흔이 옥골이라고 불리우고 있음		옥골
-----	청량산 清涼山	----	---	산	무	P2P 434	이곳산중턱부근에 옛날바다 맑은정수가 흘은다하여 청과 앞바다가 안중에보이며 타산에비하여 서늘하다하여청량산이라함		
-----	문학산맥 文鶴山脈	----	---	산맥	무	P27 445	문학산맥에 일부분이이곳 까지 뻐치고 있음		
-----	아암도 兒岩島	----	---	섬	아암도 兒岩島	P14 425	섬도적고 섬에바위가 적은바위로 이루어젔다하여 아암도로 불리운다고함		
-----	송도 松島	----	---	부락	무	P16 437	왜정시대 이곳옥련동을 송도라고 불리우고 있든것을 지금도 송도라고흔이불이우고있음		
-----	송도도로 松島道路	----	---	도로	무	P27 442	인천시에서 남방 [illegible] 되는 도로이며 [illegible]년에 송도유원지 발족과 동시 [illegible]되었음		
-----	송도역 松島驛	----	---	역	무	P2? 442	[illegible]		

5

10 2~2 玉蓮洞

지 명 조 사 표

(2) 행정구역명	(3) 지명 A	B	C	(4) 지명의 종류	(5) 지도상기재	(7) 좌표	(8) 유래	(9) 비고	(10) 당해위원회 제정
	능허대 凌虛台	凌臺台	-----	고적	무	P16 437	이조시대 중국으로가시는 사신을 영송 하든곳 고30m가량의 구능으로 천성의 대를 이루고있음		
-----	옥련동사무소 玉蓮洞事務所	-----	-----	주요시설	무	P24 442	왜정시대에는 송도정회였으나 대한민국수립후 옥련동사무소로개칭하게되였음		
-----	송도지서 松島支署	-----	-----	주요시설	무	P22 432	단기426P년 개설		
-----	송도국민학교 松島國民學校	-----	-----	주요시설	무	P2P 441	단기4281년4월1일 학익국민학교 옥련분실로발족 단기4285년5월24일 옥련국민학교로인가 단기42P0년4월1일 송도국민학교로개칭하게되였음 (613)		
-----	인천무선국 송도수신국 仁川無線電信局松島受信局	-----	-----	주요시설	무	P17 434	단기42P1년 10월 개설		
-----	송도어업조합 松島漁業組合	-----	-----	주요시설	무	P17 435	단기426P년3월에개설		
-----	송도장노교회 松島長老敎會	-----	-----	주요시설	무	P23 432	단기427P년6월에신설		
-----	송도유원지 松島遊園地	-----	-----	주요시설	무	P21 42P	단기426P년도개설 현재는군주둔 관계로 一부분만 개설하고있음		
-----	성광보육원 聖光保育院	-----	-----	주요시설	무	P26 432	단기4285년7월에신설 (60)		
-----	-----	-----	-----		---				
-----	-----	-----	-----		---				
-----	-----	-----	-----		---				

6

(2) 행정구역명	(3) 지명 A	B	(4) 지명의 종류	(5) 지도상기재	(7) 좌표	(8) 유래	(9) 비고
남부출장소 南部出張所							
용현동一동 龍現洞一洞	—	—	동	무	927474	구한국시대 용정리와 비룡리로 부르는것을 8.15 해방후 용정리의 용과 비룡리의 비는 현과 리민가 동일함으로 현을 따서 용현동으로 됨 (인구 12,773명)	(호수 2,283)
	비룡 飛龍	—	부락	비룡 飛龍	924467	약 300년전에 대풍우를 이르운날 용이 등천하였다 하여 불리운다고 함	
	독정 讀亭		부락	독정 讀亭	929423	지금은 그의 흔적이 없으나 약 200년전에 공맹자의 도를 수도하기 위하여 선비들이 정자를 근립하고 수학하였다 하여 불리우고 있음	
------	용현지서 龍現支署	------	주요시설	무	923466	용현동 학익동 一대의 치안상 관할에 있어 용현동관내에 있는 관계로 용현지서라고 불리움	
------	감리교회 監理敎會	------	주요시설	무	924477	4283년 6.25 동란후 피난민을 수용한 [illegible] 세대에 수용소가 조립한후 신자를 가하여 감리교 대한 감리회 교회를 건립하고 신자들이 예배를 보고있음 (신자 106명)	
------	팔복교회 八福敎會	------	주요시설	무	935472	4288년 관교동 북성동 등지에서 피난민 [illegible] 천막으로 이주하여 150여세대가 증가됨에 따라 신자가 증가됨으로 대한예수교 장로회 팔복교회에서 예배당을 4290년 9월 건립하고 신자들이 예배를 보고있음 (신자 120명)	
—	인천공민학교 仁川公民學校	------	주요시설	무	926472	4288년 박석동 북성동 등지에서 피난민 [illegible] 이동한후 년령 초과자로 취학하지 못한자를 위하여 4289년 10월에 인천공민학교를 설립하고 교육을 하고있음 (아동 324명)	
------	용현동사무소 龍現洞事務所	------	주요시설	무	925474	4283년 1월 9일자 인천시조례 제24호로 제정된 동의 명칭으로 용현一동구역 발전 행정을 취급하는 사무실임	

(2) 행정구역명	(3) 지명 A	B	C	(4) 지명의 종류	(5) 지도상 기재	(7) 좌표	(8) 유래	(9) 비고
남부출장소 南部出張所				소	무	922479		
용현동이동 龍現洞二洞				동	무	921468	부천군 다주면 용정리를 인천부에 편입 왜지출정으로 한것을 단기 4278년 8.15 후에 인천시에서 옛날 용이 날러간 곳이라 해서 용현동으로 칭하게 되였으며 단기4279년 행정구역분할로 인하여 용현동二동으로 됨 (인구수 5,622명)	(819호)
	비룡리 飛龍里	비랭이		부락	비룡 飛龍	922467	행정구역 용현동二동의 일부부락으로서 옛날 용이 날러간곳이라 해서 비룡리로 불리우고 B비랭이라고도 널리 알여저 있음	
	약물터			부락	무	914469	200여년전부터 용현해안 산록바위틈 샘물을 약물이라고 해서 원근 사람들에 많이 모여드러 지금도 부근 일대를 약물터로 널리 불리우고 있음	
	원도 猿島	낙도 落島	낙섬	섬	낭도 浪島	906469	현재 지도상에는 원도(猿島)로 있으나 C 낙섬으로 널리 불리우고 있으며 B 낙도는 한자표기 지명이다	
	염전저수지 塩田貯水池	낙도저수지 落島貯水池		저수지	무	911469	단기4259년 조선염업주식회사에서 염전용으로 시설 염전저수지 A가 정확한 명칭이나 낙섬부근에 소재한다 해서 B낙섬저수지) 해수욕장으로 널리 불리우고 있음	
	용현二동사무소 龍現二洞事務所			주요시설	무	921468	단기 4279년 용현동중 산업도로 서편을 二동으로 분할 용현동 547의 2의 귀속건물을 불하 동사무소로 사용 (건평 15평 二층)	
	용현국민학교 龍現國民學校			주요시설	무	917468	단기4281년 4월 학익분교산 개교 단기4286년 7월 용현국민학교 인가개교 용현동 612번지 소재 건평 384평 부지 1857평 (아동수 1500명)	
	황해중학교 黃海中學校			주요시설	무	919468	단기4285년 10월 용현동 612번지에 설립 건평 250평 부지 3,330평 (학생수 300명)	
	무선고등학교 無線高等學校			주요시설	무	915470	단기 4285년 용현동 610번지에 신축 설립 건평 150평 부지 1200평 (학생수 550명)	
	예수교 장로회제七교회 예수교 長老會第七敎會			주요시설	무	922467	단기4286년 용현동 565번지에 설립 건평 60평 (신도수 200명)	
	인천제염시험장 仁川製塩試驗場			염전	염전 塩田	912473	단기4259년 조선염업주식회사에서 시설 단기4278년 전매청 인천제염장으로 개칭 37정5반 (종업원 80명)	

8

지 명 조 사 표

(1) 정리번호	(2) 행정구역명	(3) 지명 A	B	C	(4) 지명의 종류	(5) 지도상기재	(6) 경위도	(7) 좌표	(8) 유래	(9) 비고	(10) 승인위원회 재정	(11) 중앙위원회 승인	(12) 종합위원회 한글표기	로마자표기
	남부출장소 南部出張所				출장소	무		922479						
	학익동 鶴翼洞				동	학익 鶴翼		935459	단기4269년 부천군 문학면 학익리가 행정구역 페합으로 인천부학익정으로 불이우고 단기4278년 8.15해방후 학익동으로 개칭하였으며 고래로부터 학익의 명칭은 그지형이 학의나래와 갔다하야 학익이라 불이우고있음 (4,820)	세대932				
		노적산 露積山			부락	노적산 露積山		925455	행정구역명 학익동의 일부락으로서 지형이(露積)노적봉과 같이 생기였다 하여 예날부터 속칭 노적산이라 불이우고 있음 (341)	67				
		햇골			부락	무		937457	행정구역학익동의 일부로서 그지형이 학의나래와 같다하여(鶴翼)학익골 인 것을 고래로부터 발음의 변화로인하야 햇골이라 불이우고있음 (250)	42				
		제운이			부락	무		941454	행정구역 학익동의 일부로서 고래로 부터 속칭 제운이라 불이우고 있음 (233)	37				
		송도선 松島線			도로	무		924457	옛날에는(人道)인도박에 없든것을 단기4269년에 산업도로서 신설하였음					
		문학선 文鶴線			도로	무		941458	옛날에는(人道)박에 없든것을 약30년전에 산업도로서 신설하였음					
		학익동 사무소 鶴翼洞事務所			중요시설	무		931463	단기4276년도에 건립하고 현재까지 동사무소로 사용하고있음					
		인천소년 형무소 仁川少年刑務所			중요시설	무		938459	단기4268년에 소년형무소로서 건축하고 소년수를 수용하다가 8.15 11월까지는 미군형무소로사용하고 단기4283년9.15부터 단기4284년1월4일까지 포로수용소로사용하였으며 그후부터 소년형무소로소년수를수용하고있음 (수용인원1,000)					
		인천무선전신국 仁川無線電信局			중요시설	무		932465	단기4256년6월10일 서울한강통에 경성무선전신국으로 발족하여 단기4277년11월 10일에 인천무선전신국으로 전립되였음 동경126도36분44초 북위37도26분44초 국제해안무선통신업무 (정원20)					
		기독교 방송국 基督教放送局			중요시설	무		924456	단기4289년도에 미국 TEAM 재단으로서 기독교방송국으로 건립하고 미국, 소련, 중국, 몽고, 한국, 5개국어로서 종교방송 만을 실시하고 있음					
		인하공과대학 仁荷工科大學			중요시설	무		928467	단기4287년 2월5일에 하와이에서 열인 망명교포 50주년기념행사에서 학교건립 재단을 모혼것이며 仁川에 건립하는관계로 仁자와 하와이교포의 재단인관계로 荷 자를 따서 仁荷라 하였으며 단기4287년에 시공하여 매년증축 중에 있음 (취학인원 700)					

9

인 천 시

지 명 조 사 표

부 평 출 장 소

HAM

지 명 조 사 표

(1) 정리번호	(2) 행정구역명	(3) 지명 A	B	C	(4) 지명의 종류	(5) 지도상 기재	(7) 좌표	(8) 유래	(9) 비고	(10) 당해위원회 제정
	인천시 부평출장소 仁川市 富平出張所				출장소	무	990 516	과거 행정구역이 부천군 부내면이 였든바 단기4273년 4월1일 인천시로 편입되어 부평출장소로 명칭이 변경되여 현재에 지함 47536	8880	
	계산一동 桂山一洞				동	부평 富平	992 564	구한국시대에 부평부사 또는 부평군청소재지로서 부평읍이라 부르게 되며 4280년 지명 변경시에 계양산하에 소재 함으로 계산동이라 개칭 함 1873	지도상 표정정 320	
	~~부평읍 富平邑~~	부평구읍 富平旧邑			부락	부평 富平	992 564	구한국시대에 부평부사 또는 부평군청 소재지로서 부평읍이라 불리 었든 시대의 소재지 명칭임 1873	지도상표시 320	
		계산一동사무소 桂山一洞事務所			주요시설	무	993 564	4273년 행정구역 개편시에 대정정회(大正町会)로 발족하여 4278년에 동사무소로 개편 4280년 계양산을 상징하는 의미에서 계산동이라 부르게 되었음 3		
		계산우체국 桂山郵遞局			〃	〃	992 565	4244년에 부평우편소로 개소되여 4289년 행정구역 개정에 따라 계산우체국으로 개칭됨 5		
		富平警察署 부내지서 富内支署			〃	〃	992 565	4250년 부내면 경찰관 주재소로 설치되여 4278년 8.15 해방후 부내경찰관 지서라 개칭됨 5		
		계동국민학교 桂洞国民学校	부평공립 보통학교 富平公立 普通学校		〃	〃	991 565	4242년에 부평공립보통학교로 개소되여 4278년에 계동국민학교라 개칭됨		
		계산감리교회 桂山監理教会			〃	〃	992 564	4233년에 포교 개시하여 현재에 이르렀음 150		
		부평문묘 富平文廟	향교 鄕校		〃		991 564	이조 태종시대에 설치되여 공명자님을 위시한 성현의 위패를 모시고 매년 배향제전을 올리고 있음 200		
		계양산 桂陽山	안남산 安南山	아남산	산	계양산 桂陽山	985 579	고려 이충시대에 안남도 호부가 됨에따라 안남산이라 칭하고 고려 고종시대에 계양부로 됨에 따라 계양산으로 부르게 됨	서곶출장소 계양면 (계양산)	
		고성산성 古城山城	계양산성 桂陽山城	고적	성	고성산 古城山	995 579	삼한시대 계양산의 동쪽능선 중턱에 성을 구축하여 산이름을 따서 계양산성이라 부르다가 오랜 세월이 흘러 옛성이라는 의미에서 고성산성이라 부르게됨	지도상 표정정 계	계양산

2

2)

지 명 조 사 표

(1) 정리번호	(2) 행정구역명	(3) 지명 A	B	C	(4) 지명의 종류	(5) 지도상기재	(6) 좌표	(8) 유래	(9) 비고	(10) 당해위원회 제정
		경명현 景明峴	징명고개		고개	경명현 景明峴	981 571	고려조시대에 부평부사 박희방이가 부평八경을 인위조할 당시에 이곳에 [illegible]을 성축하고 (A)경명현이라 명명한것을 보통 (B)징명이 고개로 변칭됨	서칙출장소	징명이고개 景明峴
		[illegible]山城			고적			[illegible]		
		下里橋								
	계산二동 桂山二洞				동	무	001 571	원래 계산동에 속한것이나 그 상거함이 2리로에 따로 떨어져 있음으로 4284년 계산二동으로 분리됨 399	58	
		신생리 新生里	살나리	살나리부락	부락	무	004 573	약 30년전 신설된 부락으로서 새로히 생겼다고 신생리 즉 이것이 살나리로 부르게 됨 399	58	살나리 新生里
		한다리 大橋						[illegible] 大橋 [illegible]		
	갈산동 葛山洞				동	무	996 542	단기4273년 행정구역 개정에 있어 갈월리(葛)갈자와 달보는 산(山)이라 하여 갈산동이라 칭한것임 1644		267
		갈월리 葛月里	갈월 葛月		부락	갈월 葛月	995 542	이조 말에 부평읍내의 판사를 수리함에 있어 대들보를 갈월리산에 있는 칡(葛)을 사용하여 갈자와 그 산에서 정월보름달을 본다하여 월(月)자로 합하여 갈월리라 칭한것임 1596		갈월 葛月 257
		사근다리			〃	무	990 535	단기4256년 [illegible] 조합이 공사를 시작하면서 4257년 다리를(다) 노았는데 그 다리가 삭아서(삭) 있음에 그 동리에 집을짓고 (리)살아서 이름을 삭은다리라 이름 50		사근다리 10
		조선전업 부평변전소 朝鮮電業 富平變電所			주요시설	〃	994 540	단기4272년 10월 [illegible]일 건설공사에 착공 단기4275년 6월 준공이며 농업창고에서 동쪽으로 5분간이면 도착하게 됨 10		

3

지 명 조 사 표

(1) 정리번호	(2) 행정구역명	(3) 지명 A	B	C	(4) 지명의 종류	(5) 지도상 기재	(7) 좌표	(8) 유래	(9) 비고	(10) 당해위원회 재정
		부평창고 富平倉庫			주요시설	무	993 539	단기4274년 10월부터 부내면농업창고를 건립 4278년 ?월부터 정미소로 일부사용 현재 농업창고 및 정미소로 운영중임 부평역과 부평읍 중앙중간임 15		
		새별공민학교 새별公民學校	새별학교		〃	〃	999 540	단기4283년 ?월 20일 건립 농업창고 뒤에 있음 46		
		한강수리조합 간선 漢江水利組合 幹線			수로	〃	993 537	단기4251년 한강수리조합에서 신설공사 하였는데 서쪽에서 흐르는 물이 갈월리 앞으로 흐르고 있음	계양면 고천면	
		한강수리조합 관개지 漢江水利組合 灌漑地	부평수리조합 관개지 富平水利組合 灌漑地		주요시설	부평수리조합관개지 富平水利組合灌漑地	012 531	단기4258년 부평김포의 조합 황무지를 개간하여 벼 농사를 짓는 지역으로서 부평수리조합이라고 명칭이 변경 되었음		
		청천교 淸川橋			다리	무	995 537	단기4258년 한강수리조합에서 관개용 수로를 부설할때 설치한 교량으로 청천동 방면에서 물이 흐른다 하여 청천교라 함		청천교 淸川橋
		삼산결산동 사무소 三山葛山洞 事務所			주요시설	〃	995 541	4273년에 길야정(吉野町)으로 발족하여 4278년에 三山결산동으로 개칭 현재에 지함 4		
	구산동 九山洞				동	무	014 492	그 소재한 지역이 아홉의 산이라 하여 구산이라 부르게 됨 115	28	비루고개
		비루고개	별우고개	이별고개	고개	〃	013 492	이고개는 예전 서울인천간에 국도에 통해 있으며 우리나라 사신이 중국에 가려면 이고개를 넘어서 거기서 배를 타게되는데 사신으로가는 사람은 고국에 다시 도라오지 못함으로 이고개에서 통해 사별하고 간다는 뜻에서 이별한다는 뜻임		이별고개
		중앙소년 직업훈련소 中央少年 職業訓練所			주요시설	〃	014 [illegible]	전국에 있는 고아및 군경유가족의 자녀들에게 자활할수 있는 기술을 습득시키기 위하여 42[illegible]년 ?월에 시설되었음		

4

(4)

지 명 조 사 표

(1) 정리번호	(2) 행정구역명	(3) 지명 A	B	C	(4) 지명의 종류	(5) 지도상 기재	(7) 좌표	(8) 유래	(9) 비고	(10) 당해위원회 제정
	부평一동 富平一洞				동	부평 富平	990 613	4278년 행정구역 조례 당시에 소화정(昭和町)으로 명칭 4279년에 동사무소로 개칭 과거 행정구역이 부천군 부내면 이였든 것을 상징하여 부평동이라 부르게 되었음 13350	2697	
		부평一동사무소 富平一洞事務所			주요시설	무	989 616	단기4276년에 신축 준공하였으며 단기4279년에 부평동 양지산 95번지에 二층건물을 매입하여 현재에 임하였음 5		
		구 청사 부평출장소 仁川市 富平出張所			〃	〃	990 516	단기4274년에 일본인 「아베」라는 자가 二층건물을 건립하여 당시 인천부에 기증한 것이 현재에 임하였음 37		
		하촌 下村			부락	대정리 大井里	992 613	단기4233년 부평역을 중심으로 아랫마을과 윗말로 각々 불리우다 중간에 와서 아랫마을을 하촌이라 불리우고 있음 988	123	하촌 下村
		신용동 新龍洞	신용 新龍		〃	무	990 511	단기4279년 부평역을 중심으로 아랫마을과 윗마을로 각々 불리우다 중간에 와서 윗마을을 신용동이라 불리우고 있음 1500	189	신용 新龍
		同所村 ~~다다구미 多田組~~	同所村		〃		988 514	왜정시대에 조병창 공장 건설 당시 청부업으로 공사를 맡아 건설하든 청부자에 명칭이 다다조(多田組)라고 불리었으나 [illegible] 현재 주인이 많이 거주하고 있으며 속칭이 자연적으로 다다구미라고 불리우고 있음 2350	225	同所村 ~~다다구미 多田組~~
		자유시장 自由市場			〃		990 514	4277년 공지로 있었던 곳에 소규모의 상가들이 토대로 세워졌으며 점차로 상가가 번영하자 자연시장이라는 명칭을 만들었고 4277년에 우지 회관에 있어 자유시장조합이라는 명칭을 새로히 만들어 상인들이 많이 집중한 곳이라 자유시장이라고 불리우고 있음 2177	381	자유시장 自由市場
		공설시장 公設市場			〃		990 515	왜정시대에 공설시장이라고 명칭을 붙이어서 상가지를 만들려고 하였든 곳으로서 시장과 상인들은 없으나 전례를 따라 자연 공설시장이라고 불리우고 있음 1643	171	공설시장 公設市場
		수도사거리 水道四街里			〃	〃	989 522	4244년경 서울인천사이에 배선 수도가 설치되었고 부평역에서 김포로 통하는 도로가 있어 수도가 흐르는 길과 도로가 십자로 되어있기 때문에 인근에 사는 주민들이 부락명칭을 수도사거리라고 칭하게 되었음 1590	198	수도사거리 水道四街里
		신트리	신대리 新垈里		〃	새터말 新基村	994 525	왜정시 인천부 부평출장소에서 평지로 있든 자리에 가옥부지로 정하여 새로운 부락을 만들었으며 명칭을 당출장소에서 신대리라고 불렀음 그후 사람들이 신대리를 신트리라고 자연 불르게 되었음 1220	지도상표명정 187	신트리 新基村
		신부동 新富洞	예배당말		〃	무	992 515	왜정시의 평화사무소 자리에 해방후 즉시 예배당으로 만들어 예배당촌이라고 불리었으며 그후 인가 호수가 증가됨에 주민들이 명칭 위기를 새로히 부해지는 동이라고 하여 신부동(新富洞)으로 칭하게 되었음 823	233	신부 新富

5

(5)

(1) 정리번호	(2) 행정구역명	(3) 지명 A	B	C	(4) 지명의 종류	(5) 지도상 기재	(7) 좌표	(8) 유래	(9) 비고	(10) 당해위원회 사정
		志鶴坊 ~~지제루사택~~	티-펠		부락	부	994 522	왜정시 티펠자동차 공장이 있었든 공장 사택으로서 해방후 우리주민들이 입주하여 이름을 티-펠 사택 또는 지제루 사택이라고 칭하게 되었음 457	74	지제루사택 〃 舍宅
		노타리	로타리		도로	〃	989 512	왜정시 도시계획지로서 부평을 문화도시로 만들기 위하여 자유시장을 도심지로 최대의 노타리를 만들어 발전을 도모하든 거대가 큰 노타리 임	82	노-타리
		부평역 富平驛			주요시설	〃	990 510	단기4233년 9월 18일 건설 32		
		경인의원 京仁医院			〃	〃	990 513	단기4281년 12월20일 안홍범(安享範)이 처음으로 병원을 신축함 20명까지 수용 할수 있음 5		
		부평병원 富平病院			〃	〃	990 513	단기4271년 6월10일 원장 김승해(金承[illegible])가 신축하고 수용인원은 20명까지 할수 있음 5		
		부평경찰서 富平警察署			〃	〃	990 513	단기4279년도 부평중앙에 신축 220		
		부평소방서 富平消防署			〃	〃	990 513	단기4275년에 부평동중 선덕우에 건설하였든 것을 위치상 불리하다하여 단기4290년도에 부평 노타리 앞에 크게 신설하였음 15		
		부평극장 富平劇場			〃	〃	991 514	단기4273년 4월 6일 신축하였으며 관람수용수는 1,200명임 12		
		부평동 국민학교 富平東 国民学校			〃	〃	990 516	단기4273년 4월에 신축하였으며 아동 수용수는 1900명임 31		
		부평서 국민학교 富平西 国民学校			〃	〃	989 514	단기4279년9월10일에 신축하였으며 창설은 4273년 4월 24일 이였음 아동수용수는 1650명임 29		
		대림산업 大林産業			〃	〃	988 572	단기4270년에 건설한 기업체로서 널리 알려져 있으며 건축과 제재를 하고 있는 사업체임 93		

6

(6)

(1) 정리번호	(2) 행정구역명	(3) 지명 A	B	C	(4) 지명의 종류	(5) 지도상 기재	(7) 좌표	(8) 유래	(9) 비고	(10) 당해위원회 사정
		부평성심동원 富平聖心童園			주요시설	무	995 512	단기4283년도에 설립하였고 사회사업으로 현재고아들을 보육하고 있음 125		
		구세군영 救世軍營			〃	〃	993 513	단기4279년에 건설하였으며 주로 교회 사업및 자선사업을 하고있음 50		
		조운부평지점 朝運富平支店			〃	〃	990 510	단기4214년 12월 창설 현재 철도운수사업에 종사하고 있음 4		
		중앙교회 中央敎會			〃	〃	989 513	단기4260년에 설립하였으며 교인수는 217명임 217		
		성결교회 聖潔敎會			〃	〃	989 515	단기4262년 5월10일에 설립하였으며 교인수는 200명임 200		
		부광교회 富光敎會			〃	〃	989 515	단기4281년 1월에 부평교회에서 분교하여 자립한 교회임 180		
		부평우체국 富平郵遞局			〃	〃	989 516	단기4273년3월에 창설하였으며 단기4275년 12월20일에 처음으로 전화를 가설 하였음 17		
		부평뿜부장 富平뿜부장			〃	〃	995 522	인천시내 상수도 압력 가중을 위하여 설치됨		

1

(1) 정리번호	(2) 행정구역명	(3) 지명 A	B	C	(4) 지명의 종류	(5) 지도상기재	(7) 좌표	(8) 유래	(9) 비고	(10) 당해위원회 재정
	부평二동 富平二洞			/	동	무	984 507	단기4277년 1월에 부평二동으로 분리 되었음		
		소반재말 삼능사택 三菱舍宅	홍중사택 弘中舍宅	소반재말	부락	〃	984 508	단기4273년 군수공장으로 弘中工場이 설립됨에 따라 사택을 건축함으로서 홍중사택이라 칭하고 그후 工場이 三菱으로 명칭이 변경됨에 따라 삼능사택이라 하였으나 4277년 1월에 부평二동으로 편입함 古來로 소반재라 하였으매 [illegible] 소반재말이라 [illegible]		소반재말 ~~삼능 三菱~~
		부평二동사무소 富平二洞事務所			주요시설	〃	984 508	단기4273년 왜군수공장 弘中工場의 식당을 창설한 곳으로서 4277년에 부평二동으로 분리됨에 따라 동사무실로 쓰고 있음 3		
		부평중학교 富平中學校			〃	〃	984 508	8.15 해방전에는 삼능회사 양생공(養生工) 학교 였으나 해방후에 부평중학교로 됨 230		
		부평감리교회 富平監理教会			〃	〃	984 508	8.15 해방전에는 삼능회사 식당이든 건물을 해방후 부평감리교회에서 사용함 150		
		동광애육원 東光愛育院			〃	〃	984 504	4279년 8월에 개원하여 현재에 이름 40		
		부평천주교회 富平天主教会			〃	〃	990 505	4285년 5월에 인천시 답동 천주교회에서 분리 하였으며 金永植 신부가 창설하였음 150		
		연백승도원 延白[illegible]院			〃	〃	990 505	4285년 5월에 개원하여 현재에 이름 30		
		경찰전문학교 警察專門學校			〃	〃	990 504	4274년 소화고녀로 건축 8.15 해방후 박문고녀로 개칭 4288년 3월27일 경찰전문학교로 됨 50		
		성모자애병원 聖母慈愛病院			〃	〃	990 505	보육원 연백승도원 수용아동 및 외구호대상자 치료를 목적으로 4290년 9월1일 개원 하였음		
		부평변전소 富平變電所			〃	〃	998 505	4217년에 명치정 변전소로 창설하여 8.15 해방후 부평변전소로 개칭함 30		

8

(1) 정리번호	(2) 행정구역명	(3) 지명 A	B	C	(4) 지명의 종류	(5) 지도상 기재	(7) 좌표	(8) 유래	(9) 비고	(10) 당해위원회 제정
	부평三동 富平三洞	,			동	무	975 510	단기4273년 인천시 부평출장소가 설치되며 부평동의 관할 구역에 속하였다가 인구증가됨에 단기4273년 부평三동으로 분리됨 3348	795	7
		신촌 新村			부락	〃	975 510	단기4273년 이 지대에 공장이 설치됨에 따라 새로 부락이 생겨 새말 즉 신촌이라고 부르게 됨 3343	795	신촌 新村
		부평三십정三동사무소 富平三十井三洞事務所			주요시설	〃	975 511	단기4273년 행정구역인 동이 신설되므로서 사무소를 신축하였음 4		
	부개동 富開洞				동	무	004 505	동네 앞에 覆蓋(峰)가 있음으로 4278년 행정구역 변경시에 부개봉이라는 부개를 따서 부개동이라 하였음 4638		809
		부개동사무소 富開洞事務所			주요시설	〃	004 506	4273년 행정구역 개편시에 명치정회(明治町会)로 발족하였다가 4278년 부개봉을 상징하여 부개동으로 개칭하게 되었음에 새로 신축함 4		
		마분리 馬墳里	마분 〃		부락	〃	004 505	병자호란 당시 중국 호령이 진(陣)을 치고 있든 곳(대장안이라 함)으로서 우리나라 어느 장수가 타고 온 말이 급작히 죽어서 대장안 아래에다 묻었다 하여 그 후 이곳 이름을 마분리라 하였음 1170	지도상오철정	마분 馬墳 215
		굴재비			〃	불장 佛岑	002 506	개울(川)이 패여서 굴 같이 생겼다 하여 굴재비로 부름 173	지도상오철정	굴재비 32
		부평무선전신전화건설국 富平無線電信電話建設局			주요시설	무	004 513	4271년 왜놈이 원거리 송신을 하기 위하여 건설한 것으로서 현재에 이름 9		
		새말 新村	벽돌막	벽돌말	부락	신마창리 [illegible]	006 516	4245년 장안에서는 민병식의 토지로서 별장이 있든바 어려운 사람들을 이민 개간시켜 동네가 생겼으므로 새말이라 부름 또 벽돌공장이 생김으로 부터 벽돌막이라 함 433		벽돌말 32

9

(9)

사 요

(1) 정리번호	(2) 행정구역명	(3) 지명 A	B	C	(4) 지명의 종류	(5) 지도상 기재	(7) 좌표	(8) 유래	(9) 비고	(10) 당해위원회 재정
		부평연와공장 富平煉瓦工場			주요시설	무	606 516	4275년 왜놈 安部泰甫가 건설한 벽돌공장으로서 년간 생산고는 120만환 정도임 30		
		신복동 新福洞	고니새말 小西村	신복 新福	부락	〃	600 623	이지대는 벌판으로서 약40년전 왜놈 小西가 방축을 막아서 개간하여 농토를 마련함과 동시 부락이름을 고니새마을 이라 하였으며 동 이름을 신복동이라 하였음 623	115	신복
	십정二동 十井二洞				동	십정 十井	979 503	단기4283년 십정동으로부터 분리되었음 1150	지도상오전정 210	
		원퇴이고개 圓通고개			고개	무	997 498	50여년전 경인선 철도부설공사시에 이고개에 굴을 뚫려다 실패되어 원통(怨痛)하다고 하여 원통으로 불리우게 됨		원퇴이고개 圓通고개
		국립성계원 國立成蹊園			주요시설	〃	998 498	단기4283년 9월28일 나병환자를 집단 수용키 위하여 설치 하였음		
	산곡동 山谷洞				동	산곡 山谷	970 527	고려말에 이지역에 산이 많고 꽃이 많다하여 山花村으로 불리었는데 이조시대에 행정구역 설치상 산곡이라 한것이 그대로 전하여 山谷洞이라 함 2547	지도상오류정 1319	
		산곡청천동사무소 山谷淸川洞事務所			주요시설	무	970 528	4288년 9월에 仁川市洞제합으로 동사무소를 산곡동 西 전에 둠		

10

매꽃새말

조 사 표

(1) 정리번호	(2) 행정구역명	(3) 지명 A	B	C	(4) 지명의 종류	(5) 지도상 기재	(7) 좌표	(8) 유래	(9) 비고	(10) 당해위원회 제정
		매꽃새말 / ~~山花村~~	백마장 白馬場	산곡리 山谷里	부락	무	969 536	傳說에 의하면 市場 명칭으로 白馬場 이라 했고 山花村(메꽃말)이라 불렀으며 왜정시 부천군 부내면 山谷里 이라 했고 해방후 행정구역 개편으로 山谷洞이라 함 2543	1319	매꽃새말 ~~백마장 白馬場~~
		산곡국민학교 山谷國民學校			주요시설		970 528	부평서국민학교 分校로서 단기4286년 7월에 산곡국민학교로 독립 인가 되었음 1014		
		국산자동차공장 國産自動車工場			〃	〃	980 525	단기4272년 8월20일 慶北咸陽人 金龍周 라는 者가 全株의 80%를 投하고 창설하였으며 현재 국산품으로 자동차타이어등 부속품을 제작하고 있음 543		
		신한베아링공장 新韓베아링工場			〃	〃	978 525	왜정시대 光洋精工社 로서 해방후 朝鮮베아링 주식회사로 개칭하고 관재국으로 부터 불하 받아 新韓베아링회사라고 개칭 자동차 베아링을 제작하고 있음 44		
		부천형무소작업장 富川刑務所作業場			〃	〃	982 525	왜정시 「淺野」가와도工場을 부천형무소로 이관되여 현재 작업장으로 사용함 24		
		장고개 長峴			고개	〃	988 525	이조초엽에 가축시장으로 유명하여 그 명칭을 白馬場이라고 했고 현재 西串, 佳佐洞으로 통하는 고개를 장고개라 함	서곶출장소	장고개 長峴
	삼산동 三山洞				동	무	002 542	단기4283년 인천시 중 관할구역 재편시에 삼산동으로 칭하게 되었음 728	134	
		후정리 後井里	후정 後井		부락	후정 後井	000 542	약250년전 동리 뒤에 우물이 있었다 하여 후정(後井)이라 하여 불리워짐 388	지도상오정정 75	후정 後井
		영성미 靈城里	흙더머지		〃	무	004 542	동리뒤에 산이 있었는데 고려조부터 영선산이라 불러 약30여년전에 부락이 생겨 영성리라 부르게 되고 또 30년전 한강수리조합의 수로를 부설할때 흙을 많이 쌓아 놓게되여 흙더머지라 부르게 됨 340	69	영성미 靈城
		벼락바위			바위	〃	000 542	옛시절에 영성산 아래에 있는 큰 바위가 낙뢰로 벼락을 맞아 그 바위가 깨여졌다 하여 벼락바위라 함		벼락바위

11

(71)

(1) 정리번호	(2) 행정구역명	(3) 지명 A	B	C	(4) 지명의 종류	(5) 지도상 기재	(6) 좌표	(8) 유래	(9) 비고	(10) 광해위원회 제정
	서운동 瑞雲洞				동	무	010 552	단기4278년8월15일 해방후 인천부가 인천시로 개칭됨에 따라 동운정(東雲町)이 서운동이라 개칭됨 282	202	
		도두머리 ~~道頭里~~	동운정 東雲町		부락	〃	010 552	A. 지금으로부터 약50년전에 산맥이 좋은 천머리에 신설된 부락이라 해서 부천군 부내면 도두리라 칭하게 되었음 B. 부천군 부내면 도두리가 약20년전에 인천부로 편입됨에 따라 동운정이라 개칭되었음 282	202	도두머리 ~~道頭里~~
		한강수리조합 부평출장소 漢江水利組合 富平出張所			주요시설	〃	007 551	단기4265년에 한강수리조합이 준공되었으며 부평지역 950정보를 관할케하기위하여 수리조합 부평출장소를 설립하였음 7		
		굴포천 堀浦川			하천	〃	023 552	한강의 지류로 조수가 드나드는 개울인바 단기4278년 한강수리조합의 수리관개설지 시설 공사때 개수한 곳으로 파졌다고 하여 굴포천이라 부르게 됨	계양면 고촌면 오정면	굴포천 堀浦川
	일신동 日新洞				동	무	009 503	별로 유래는 없으나 왜정시대 항취함을 해방과 더불어 나날이 새로히 발전하라는 뜻에서 일신동이라 함 252	47	
		항골 ~~항동리 航洞里~~	항골		부락	〃	015 498	부락의 모양이 배형체와 같다하여 항동리로 되었다 함 132	25	항골 航洞
		사은애육원 사은愛育院			주요시설	〃	009 499	4290년 이옥순이 창설하여 현재에 이름 30		

12

(12)

(1) 정리번호	(2) 행정구역명	(3) 지명 A	B	C	(4) 지명의 종류	(5) 지도상 기재	(7) 좌표	(8) 유래	(9) 비고	(10) 당해위원회 제정
	작전동 鵲田洞				동	무	996 554	부내면이 인천시로 편입됨에 따라 소부락을 통합케되어 작전동은 (鵲田 化田 新垈 佳峴) 4개부락임으로 그중가장큰 부락의 명칭을 이용한 것으로서 鵲田부락의 鵲과 化田부락의 田을 따서 작전동이라 칭하게 되었음 1584	223	
		작전동사무소 鵲田洞事務所			주요시설	〃	995 554	化田里(편방) 서북쪽에 위치한 단칭 와가로서 4291년 8월에 인천시 예산으로 준공한 건물임		
		가현리 佳峴里	가루개 佳乙峴里		부락	가현 佳峴	997 547	약400년전에 현존부락은 화재가 무성한 삼림으로서 새로 이곳에 집을 진것이 유래로 되여 대단히 아름다우며 부락서쪽에 위치한 고개가 있음으로 해서 佳乙峴里가 화현리로 불리운것이 부내면으로 편입됨에 따라 가현리(佳峴里)로 불리운것임 279	43	가루개
		신대리 新垈里	새대		〃	신대리 新垈里	994 553	옛날에는 현존부락이 원래가 무성한 삼림으로서 새로이곳에 집을진것이 유래로되여 새터라 한것이 부내면으로 편입됨에 따라 신대리라 한 것이 또한 우리말로 불르기 쉽게 새대라 한것임 281	45	새대
		화전리 化田里	퇴발		〃	화전 化田	996 554	원래 황무지를 개간함으로서 농경지를 만든것임에 화전리라 칭한 것으로 추측되며 자세한 것은 미상임 359	61	퇴발
		작정리 鵲井里	까치발		〃	무	002 550	약400년전 현존부락 공동우물 옆에 위치해있는 나무에 까치가 많이 모임으로서 까치우물이라 한것이 부내면으로 편입됨에 따라 작정리(鵲田里)를 우리말로 불리우기 쉽게 한것이 까치발로 된것임 677	74	까치발
		仁永도로 ~~국방도로 國防道路~~			도로	〃	997 547	왜정 말엽에 신설한 것으로 인천 서울간을 연결한것으로 현재 왜정시의 국방도로라고 한것을 ~~[illegible]~~ 인영도로로 개명함 (仁川市—永登浦)	>	仁永도로 ~~국방도로~~
		하천다리 河川橋	하천교 河川橋		교량	〃	997 549	왜정말엽에 도시계획지로서 선정이 되여 이에 수반하여 부설된 효성동과 작전동에 이르는 개울에 경조도로를 통하는 다리임		하천교

13

(13)

지 명 조 사 표

(1) 정리번호	(2) 행정구역명	(3) 지명 A	B	C	(4) 지명의 종류	(5) 지도상기재	(7) 좌표	(8) 유래	(9) 비고	(10) 당해위원회 제정
	청천동 清川洞				동	청천 清川	973 537	이조말엽에 부평읍과 시내를 통하는 中間으로서 부평읍 관을 찾아가는 길에 清川洞 냇물이 맑음으로 말(馬)에 물을 먹이든 관습이 있어 清川里라 하였고 그후 행정구역 개편시에 清川洞이라 칭한 것임 1,513	지도상오정정 272	
		마장리 馬場里	마재이		부락	무	972 531	이조말엽 부천군 馬場面에 属하였든 関係로 馬場里 또는 마쟁이라고 하였으며 해방후 행정구역 개편으로 清川洞이라 함 1,513	272	마재이 馬場里
	효성동 曉星洞				동	효성 曉星	977 556	옛날 曉星里 時代 曉星里를 새별이라 불리었음 曉字는 새벽효자(새) 별자를(별)이라하여 새별이라 불렀음 1,581	165	
		새별이			부락	무	977 556	曉星을 우리말로 불으는 것으로 曉星洞 全体를 말하는것임 1,581	165	새별이
		이촌 李村	산말		〃	〃	978 558	효성동은 四개부락으로 분산된 자연부락이고 옛날에 이촌은 산밑에 부락이라 산말이라고 불리었음 또 이촌이라 불리우것은 李氏가 많이 居住 함으로 李村이라고 현재 불리우고 있음 400	35	이촌말 李村
		김촌 金村	아래말		〃	〃	980 562	김촌은 효성동아래 부락이라 아랫말 이라고 불리우고 金氏가 多數 거주 함으로 김촌 부락이라고 칭함 651	75	김촌말 金村
		임촌 任村	넘말		〃	〃	974 553	임촌은 효성동 서쪽이고 또 등이 있어 넘말이라고 불리우고 任氏가 다수 거주하고 있음으로 任촌이라 칭함 500	45	임촌말 任村
		안화지 安和地	안아지		〃	〃	963 548	옛날부터 그 지명이 흔히 아화지라고 하여 안화지라고 불리었음 그지방은 옛날에 산중이고 해서 거기서 살면 모-든것이 고요하고 살기 좋다 하여 안화지라고 하였음 30	10	안아지 安和地
		효성동사무소 曉星洞事務所			주요시설		977 556	임촌말 동쪽 언덕에 자리잡고 있으며 4290년 7월에 신축한 단층 기와 집임 3		

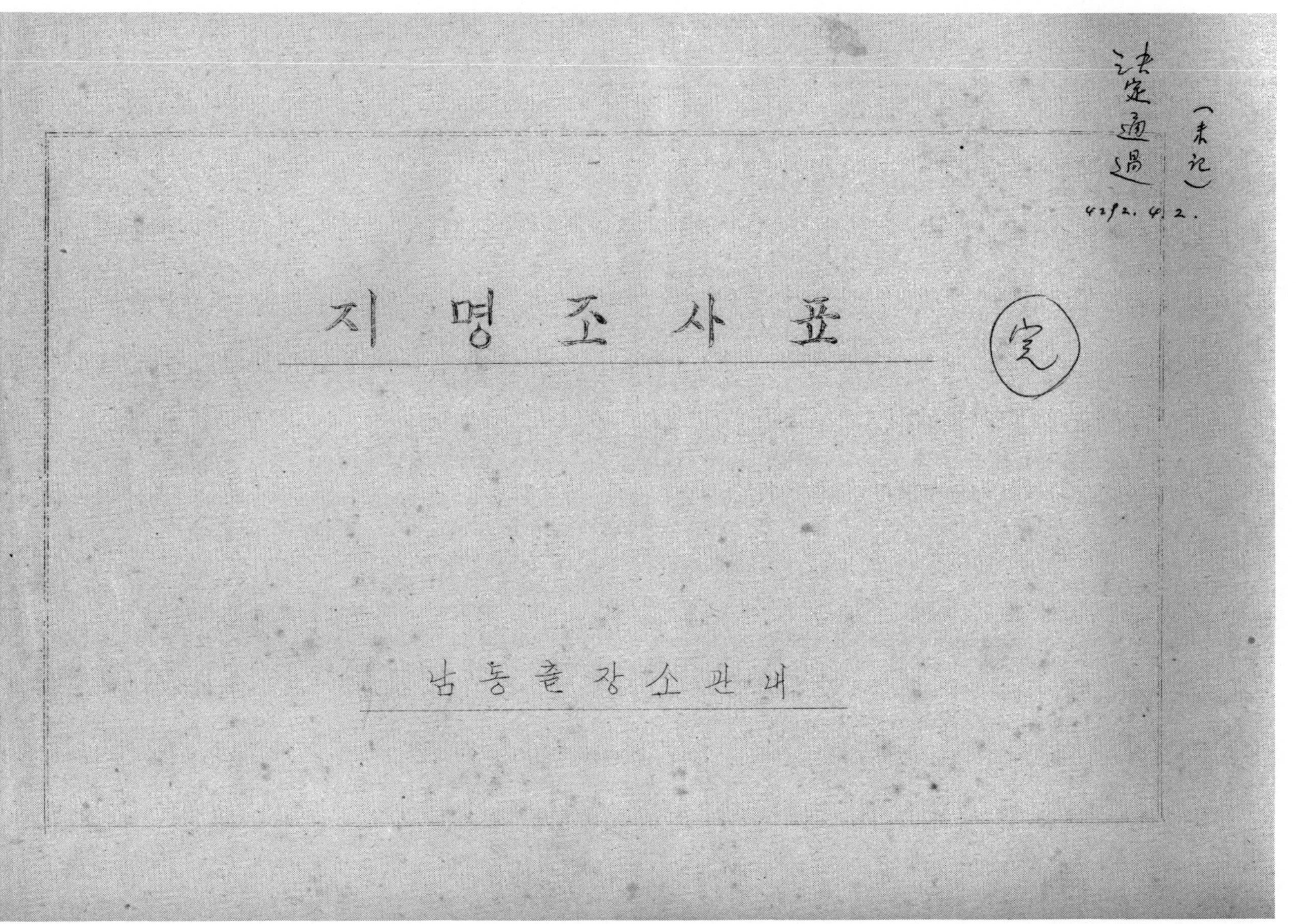
지 명 조 사 표

남동출장소관내

지 명 조 사 표

(1) 번호	(2) 행정구역명	지명 A	(3) B	C	(4) 자연의 종류	(5) 지도상기재	(6) 경위도 (7) 좌표	(8) 사표	(9)	(10) 당해위원의 (의견)
	남동출장소 南洞出張所							3月1日 4246年 富川郡 南村面, 鳥洞面이 仁川府에 編入할 때 兩面의 南洞 二字 採擇 命名 단기4273년 4월 1일 부천군 남동면이 행정구역 변경으로 인하여 인천부에 편입 남동면의 남동(남쪽에 위치하여)을 따서 남동으로 됨 120926	1825	-
	고잔동 古棧洞				동		980403	현재 논현동과 도림동 경계에 소재한 오봉산맥에서 남쪽 바다를 향하여 길게 위치함에 옛날에는 바다에 높다고 하여 고잔(高棧)이라고 하였으며 이조때에는 도한 사람들이와 같다고 하여 고잔(古棧)이라 고쳐 불리워 왔음 1233	185	
		괴화 槐花	고양갈		부락	괴화동 槐花村	988407	옛날 이곳에 괴목(槐木)이 있어 (A)괴화(槐花)라고 불리워 왔으며 (B)고양갈은 괴화의 속칭임 150	18	
		갈산 葛山	갈매		〃	갈산동 葛山	981403	옛날 이곳에 갈(葛)이 많았기 때문에 (A)갈산 또는 갈뫼로 불리워 왔으며 (B)갈매는 갈뫼의 변어임 282	39	
		북촌 北村			〃		979399	이곳 위치는 고잔동 북쪽에 위치하고 있어 북촌이라 불리워 왔음 250	42	
		남촌 南村			〃	내동 內村	978393	고잔동 남쪽에 위치하고 있어 남촌이라 불리워 왔음 213	34	요정정
		서촌 西村			〃		978398	고잔동 서쪽에 위치하고 있어 서촌이라 불리워 왔음 187	29	
		동촌 東村			〃		980397	고잔동 동쪽에 위치하고 있어 동촌이라 불리워 왔음 151	23	
		남동제二구 염전 南洞第二区 塩田			염전		965402	4255년에 준공하여 4256년에 제염함 (총90정보 고잔동 해당분 45정보) 27		

2

지 명 조 사 표

(1) 일련번호	(2) 행정구역명	(3) 지명 A	B	C	(4) 지명의 종류	(5) 지도상기재	(6) 경위도	(7) 좌표	(8) 유래	(9) 비고	(10) 당해위원회 재정
		한국화약주식회사 인천공장 韓國火藥株式會社 仁川工場			주요시설			— 928403	4272년3월에 조선유지주식회사로 착공되어 해전시에 다이나마이트를 제조하고 현재는 한국화약주식회사 인천공장으로 되어 화약을 제조하고 있음 276		
		남동천주교회 南洞天主敎會			〃			921403	4287년 7월 16일 완공 287		
		남동기독교회 南洞基督敎會			〃			979395	4291년 7월 25일 완공 119		
		고잔동사무소 古棧洞事務所			〃			979398	4290년 1월 동란피시에 현위치(목조와즙)에 이전하여 고잔동 행정사무를 담당함 3		
	남촌동 南村洞							931443	구한국시대에 남촌면에 속하였었고 집방향이 남쪽을 향하였기때문에 남쪽마을이라 부르든것을 남촌면의 남촌을 을따서 남촌동으로 불리워 있음 934	152	
		벗말			부락			981443	옛날 동리주위에 한벗이 많았다하여 벗말이라 불리워 있음 934	152	
		승기천 承基川			하천			973447	문학관내 승기리에서 흐르는 하천으로 승기리(하천 시초)의 명칭을 따서 승기천이라 하였음 (기타 4건은)		

7

지 명 조 사 표

(1) 지리번호	(2) 행정구역명	(3) 지명 A	B	C	(4) 지명의 종류	(5) 지도상기재	(6) 경위도	(7) 좌표	(8) 유래	(9) 비고	(10) 당해위원회재정
		승기교 永基橋			다리			973447	남촌 선학간 경계에 위치하고 승기천에 있는 교량으로 승기교라 불리워 왔음		
	논현-동 論峴-洞				동	논현리		922418	옛날 우리나라 사신들이 이부락고개에서 국사를 의론하였다 하여 논현이라 하며 논현-동으로 행정구역은 정함		
		호구포 虎口浦	범아가리		부락			972414	옛날 이곳이 포구였으며 그곳에 있는 큰바위 형태가 범이 입을 벌리고 있는 형상이며 (A) 호구포라 하였으며 부락주민들은 일명(B) 범아가리라고도 함 500	28	
		북논현 北論峴	논고개	웃말	〃			987417	옛날 나라사신들이 이부락고개에서 국사를 의론하였다하여 논현이며 부락이 북쪽에 위치하여 (A) 북논현 (B) 논고개라고도 하며 윗쪽에 위치하여 (C) 웃말이라고도 함 248	30	
		남논현 南論峴	논고개	아랫말	〃			987414	옛날 나라사신들이 이부락고개에서 국사를 의론하였다하여 논현이며 부락이 남쪽에 위치하여 (A) 남논현 (B) 논고개라고도 하며 (C) 아랫쪽에 위치하여 아랫말이라고도 함 258	31	
		사리울	사리원		〃	사리동		978422	이부락은 바다물이 부락앞까지 들어와 어부들이 부락앞에서 배를 타고 사두리를 하러가는 터전으로 (A) 사리울이라 불리웠으나 발음변화로 (B) 사리원이라 불리움 236	44	
		배곱부리	백호부리		〃			971422	옛날어느 예언자가 말하기를 앞으로 이곳에 백호 부락이 될것이라하여 (B) 백호부리라고 불리웠으나 발음변화로 주민들은 (A) 배곱부리라고 부르고 있음		

4

지 명 조 사 표

(1) 관리번호	(2) 행정구역명	(3) 지명 A	B	C	(4) 지명의 종류	(5) 지도상기재	(6) 경위도	(7) 좌표	(8) 유래		(9) 비고	(10) 당해위원회 재정
		논현사거리 論峴四巨里			도로			988417	논현동 중심지이며 길이 사거리로 되어있어 논현사거리로 함			
		논현국민학교 論峴國民學校			주요시설			977417	(4)293년에 건립되어 논현동에 위치함으로 논현국민학교라 함	1000여평		
		소래면마지정 남동분청 蘇萊面 南洞分廳			〃			972415	4292년 설치되어 소래면마지정관하 분청임으로 소래면대지 청관 분청임	15		
	논현二동 論峴二洞				동	논현리		995419	옛날 우리나라 사신들이 이부락고개에서 국사를 의론하였다 하여 논현이라 하며 논현二동으로 행정구역을 정함			
		서당골 書堂골	사당골		부락			997421	옛날 이부락에 서당이 있었다하여 (A) 서당골이라 불리웠으며 발음관계로 (B) 사당골이라 함	31	8	
		동촌 東村	동역		〃			998424	논현二동 동쪽에 위치하여 (A) 동촌이라 하며 (B) 동역이라고도 불리우고 있음			
		장도 장島	논현	소래 蘇萊	〃			998407	옛날 이부락은 노루와 같은 형태의 섬이었다하여 (A) 장도라 하며 (B) 노루섬 또는 노렴이라고도 불리우며 그후 염전이 생기어 부근 소래면관내 염전을 겸하여 소래염전이라 하여 부락명칭도 소래로 불리우게 됨	516	73	

5

지 명 조 사 표

(1) 정리번호	(2) 행정구역명	(3) 지명 A	B	C	(4) 지명의 종류	(5) 지도상기재	(6) 경위도	(7) 좌표	(8) 유래	(9) 비고	(10) 당해위원회 재정
		소래역 蘇萊驛			역			998412	수인선 철도내에 소래(경도)부락에 위치함에 소래역이라 칭함 5		
		소래전매지청 蘇萊專賣支廳			주요 시설			000414	4267년 창설하여 관내 연초이 소래면(부천군) 일부에 관하여 소래전매지청이라 칭함 40		
		논현지서 論峴支署			〃			997411	4282년에 설치하여 논현동에 위치하고 논현지서라 칭하고 논현一·二 고잔 남촌 도림 5개동에 치안을 담당함 6		
		논현二동사무소 論峴二洞事務所			〃			987416	논현사거리에 위치하고 4291년에 신축 논현二동 행정사무를 담당함 4		
		소래철교 蘇萊鐵橋	소래다리		다리			000405	수인선 철도에 가설된 철교로 소래부락에 위치하여 (A)소래철교라고 하고 주민들은 (B)소래다리라고도 부른다 길이100m		
		논현우체국 論峴郵遞局			주요 시설			998412	4279년에 설치하여 논현동에 위치함에 논현우체국이라 칭하고 관내의 체신사무를 담당함		
		오봉산 五峰山			산	오봉산 五峰山		993423	산에 봉우리가 다섯개로 되어있어 오봉산이라 칭함 (동남쪽 일부)		
		산뒤	산후 山後		부락	산후리 山後里		998420	오봉산 후면에 위치한 부락이므로 (A)산뒤라고 부르며 (B)山後는 산뒤의 한자音이다 183	25	

6

지 명 조 사 표

(2) 관할구역명	(3) 지명 A	B	C	(4) 지명의 종류	(5) 지도상기재	(6) 경위도	(7) 좌표	(8) 유래	(9) 비고	(10) 심의위원회 결정
도림동 桃林洞				동			988429	4273년 4월 부천군 도산리를 행정구역 변경으로 인천부에 편입하여 신도산리로 불리워 왔으며 해방후 도림동으로 행정구역을 정함 1,030	161	
	도림리 桃林里			부락	도림 桃林		992436	옛날 이곳에는 복숭아 나무도 많을뿐 아니라 맛이 유명하여 (복숭아꽃)이라 하며 桃林이라고 불리워 옴 302	40	
	신촌 新村	새말		〃			987433	이곳은 약 40년전까지는 없었던 것이 지금에 와서는 큰 부락을 형성하였음에 (B) 새말이라 불리워 왔으며 (A) 신촌이라고도 불리운(한자표기) 428	71	
	수곡 水谷	숫골		〃			984425	물이 많이 난다하여 (B) 숫골이라 불리워 왔으며 (A) 수곡은 숫골의 한자표기이다 156	26	
	장재동 長在洞	장직골		〃			987434	예전에 부자 장자가 많이 살았다 하여 (A) 장재동이라 하였으며 근래에 와서는 장재동의 속칭으로 (B) 장직골이라고도 함 63	10	
	덕곡 德谷	덕골		〃			986439	예전에 덕있는 사람이 많이 사는 부락이라 하여 (B) 덕골이라 불리웠으며 (A) 덕곡은 덕골의 한자표기이다 81	14	
	오봉산 五峯山	태봉산 胎封山		산	오봉산 五峯山		988419	산봉우리가 다섯개라 하여 (A) 오봉산이라 하였으며 구한국시대의 어느 왕자 태를 묻었다 하여 (B) 태봉산이라고도 불리운		
	남촌·도림 동사무소 南村桃林洞事務所			주요시설			994434	4288년 10월부터 남촌, 수산, 도림 3개동의 행정사무를 담당함 3		

7

지 명 조 사 표

(1) 지리번호	(2) 행정구역명	(3) 지명 A	B	C	(4) 지명의 종류	(5) 지도상기재	(6) 경위도	(7) 좌표	(8) 유래	(9) 비고	(10) 당해위원회 제정
	만수동 萬壽洞				동	만수 萬壽		003476	조국 남방 장현리 3개리로 분류하여 있든것을 행정구역 변경에 따라 4246년에 통합 하였으며(장수한분이 많이사는 장수동에 이름을 따서) 만수동 이라 개칭 하였음 1759	(277)	
		만수국민학교 萬壽国民学校			중요 시설			998462	단기4263년 11월 17일 개교 하였으며 만수동에 위치하매 만수국민학교라 칭함 졸업회수26회 학생수749 교원수12		
		대한감리회 인천시 만수교회 大韓監理会 仁川市萬壽教会			〃			004462	4239년에 설립 하였으며 만수동에 위치하여 만수교회라 하였음 신도 602		
		동인천경찰서 남동지서 東仁川警察署 南洞支署			〃			003461	4282년 9월 19일 설치이후 만수 장수 서창 운연 수산동에 대한 치산을 담당함 5		
		만수교 萬壽橋			다리			994464	인천에서 수원에 통하는 도로상(만수천)에 있으며 만수동에 만수를 따서 만수교라 칭하였음 (준공4263년3월1일) 기리 17 m		
		구룡동 九龍洞	구능골		부락	구산동 九山洞		017481	전설에 이부락 근방에 능이 9개 있다하여 (B)구능골이라 부르든것이 지금에 와서는 (A)구룡동 이라고 개칭 하여 부르고 있음 109	20	오정정
		산저동 山底洞	산밑 부락		〃			015478	산밑에 위치하고 있어 (B)산밑부락이라 불리워 왔으며 (A)산저동은 산밑 부락에 한자표기임 97	17	
		담방 談芳	담뱅이		〃	담방리		012478	옛날 이곳에 꽃이 있었다 하여 (A)담방이라 불리워 왔으며 (B)지금은 속칭 담뱅이로 부르고 있음 236	40	
		장승점 長丞店	장승백이		〃	장승점 長丞店		003461	부락모퉁이에 장승이 있었다하여 (B)속칭 장승배기로 부르고 (A)장승점은 장승백이에 한자표기임 223	38	

8

지 명 조 사 표

(1) 일련번호	(2) 행정구역명	(3) 지명 A	B	C	(4) 지명의 종류	(5) 지도상기재	(6) 경위도	(7) 좌표	(8) 유래	(9) 비고	(10) 심의위원회 재정
		신촌 新村			부락			993461	현금으로 부터 약 40년전까지는 인가가 없었으나 신모씨가 이곳에 정미소를 설립한후부터 부락이 이루워지매 신촌이라 불리워 왔음 101	12	
		조곡 烏谷	새골		〃	새골 烏谷		006468	우거진 울창구나에 새가 많았다 하여 (B) 속칭 새골이라 불리워 왔고 A 새곡은 새골의 한자 표기이다 259	요정정 39	
		하촌 河村			〃	하촌 河村		996470	하씨 문중이 많이 거주함에 하촌말이라 하였음 180	27	
		성현 星峴	박촌말	비루고개	〃	성현 星峴		996470	(A) 성현은 (B) 비루고개의 한자 표기이며 부락뒷산에 오르면 별이 많이 보인다고 하며 비루고개라 불리웠으며 (B) 박촌말은 천재 박씨가 많이 살고 있어 박촌말이라고도 불리웠다 306	12	
		서판 西判	쇄판		〃			998475	부락에 전답이 비옥지 못하여 곡물이 잘되지 않은데서 쇄판이라는 속칭이 불리워 졌으며 (A) 서판은 (B)의 한자표기 이다 254	32	
		만수동사무소 萬壽洞事務所			중요시설			003461	4290년 1월 만수 장수동에서 분리하여 만수동 행정사무를 담당함 3		
		만수천 萬壽川			하천			994464	만수동 동쪽에서 남쪽으로 흐르는 하천으로 장수동에 있어 동명을 따서 장수천이라 칭함 2,500 m		
		남동출장소 南洞出張所			중요시설			002460	4273년 4월 1일 부천군 남동면이 행정구역 변경으로 인천부에 편입하였으며 남동면에 남동을 (남쪽에 위치하여) 따서 남동이라 칭하고 관내의 행정사무를 담당함 13		

9

지 명 조 사 표

(1) 정리번호	(2) 행정구역명	(3) 지명 A	B	C	(4) 지명의 종류	(5) 지도상기재	(6) 경위도	(7) 좌표	(8) 유래	(9) 비고	(10) 해당위원회 제정
	수산동 壽山洞				동		—	978454	4273년7월1일 부천군 발산리를 행정구역 변경으로 인천부에 편입후 수정이라 하였고 해방후 발산리의 산자와 수정리의 수자를 따서 수산동이라 하였음 892	156	
		발촌 鉢村	배렷		부락	발산 鉢山		991445	(A) 예전에 부락주위가 사발형으로 되였다하여 사발같은 동리라 한것이 발촌으로 현재까지 불리 왔으며 (B) 예전에 동리 앞에 배가 닫다고하며 배렷이라고도 한다 386	요정정 66	
		능곡 陵谷	능골		〃			987443	번덕사이에 있는 동리라 하여 (B) 능골이라 하였으며 (A) 능곡은 능골에 한자 표기 임 120	23	
		냉정 冷井	찬우물		〃	냉정 冷井		987449	동리 가운데 우물이 차다하여 (B) 찬우물이라 하며 A 냉정은 찬우물에 한자 표기 임 122	30	
		경신 ~~巫信~~ 敬神			〃	경신 ~~巫信~~ 敬神		987457	이조 말년에 역둔토(驛屯土)로 당시 무당 광재가 많이 살고 있는 동리여서 경신이라 불리웠음 209	35	
	서창동 西昌洞				동	서창 西昌		008447	옛날에 동리앞까지 바다물이 들어왔으며 동민의 지은배가 서해 바다에서 거리 거리 창성하라는 뜻에서 서창으로라 이름짓고 이배에 이름을 따서 서창동이라 하였다함 1068	158	
		서창 西昌	골말	곡촌 谷村	부락			009451	옛날 서창호라는 배주인이 이곳에 거주하여 동리이름을 (A) 서창으로 불리웠으며 동리에 형태가 골이 젔다하며 (B) 골말이라고도 부르며 (C) 곡촌은 골말에 한자 표기 임 155	20	

10

지 명 조 사 표

(1) 정리번호	(2) 행정구역명	(3) 지명 A	B	C	(4) 지명의 종류	(5) 지도상기재	(6) 경위도	(7) 좌표	(8) 유래	(9) 비고	(10) 당해위원회 재정
		독곡 獨谷	독골		부락			006450	서창동 후면에 따로 떨어져 있어 (B) 독골이라 불리워 왔으며 (A) 독곡은 독골에 한자표기임 294	40	
		설내 雪內	아랫말		〃	설내 雪內		007443	옛날 이곳에 바다물이 드나들 적에 설창이 펄여들어와 오래도록 녹지않았음으로 (A) 설내라고 불러 왔으며 아랫쪽에 속한 부락임에 (B) 아랫말이라고 부른다 301	50	
		장아동 藏我洞	장굴		〃	장아동 藏我洞		012442	옛날에 어떤 신하가 피신 생활을 하여 그를 감추어 주었다 하여 (A) 장아동이라고 불리워 왔으며 (B) 장굴은 장아동에 속칭임 151	26	
		걸재 傑齊			〃	걸재 傑齊		011448	옛날에 걸재라는 사람이 은신하였다 하여 그사람의 이름을 따서 걸재라고 불렀다 함 167	23	
		소래출구염전 蘇萊[illegible]鹽田			염전			007433	약20년전에 생긴 것으로 염전일부가 소래면에 속한고로 소래염전이라 부른다 140		
		서창운연동사무소 西昌雲宴洞事務所			중요시설			009446	운연동에 소재하였든 동사무소인바 4292년 2월 5일에 이곳으로 이전하고 서창 운연동 행정사무를 담당한다 3		
		사방축 둑			제방			002442	40여년전 만수동 경계로부터 소래 염전 입까지 (약400m) 의 방축으로 새로 생겨에 명칭이 없음 거리 400m		
		소래일구염전저수지 蘇萊一區鹽田貯水池			저수지			010429	약20년전 염전시 (소래염전) 생겼고 동시 만들어 졌으며 염전 안에 위치하고 있으며 염전저수지라 불리우고 있음		

11

지 명 조 사 표

(1) 정리번호	(2) 행정구역명	(3) 지 A	B	C	(4) 지명의 종류	(5) 지도상기재	(6) 경위도	(7) 좌표	(8) 유래	(9) 비고	(10) 중앙지명위원회 사정
	운연동 雲宴洞				동	운연동 雲宴洞		026460	이조때 나라정승들이모여 연락(잔치를베품)들하였든곳이라하여 운연(雲宴)이라 불리워왔음 (813)	(41)	
		연락 宴樂	연락골		부락			026457	이조때 나라정승들이 모여 연락(잔치를베품)을 하였든곳이라 하여 연락이라 불리워왔음 (267)	(45)	
		음실 陰室			〃	운실동 雲室洞		026449	사면이 산으로 가려 비교적 다른 부락보다 어둡다하여 방에서 음실이라 불러왔음 (323)	(63) 요정정	
		하촌 下村	아랫말		〃			028409	동리끝에 속한 부락으로(B)아랫말이라 하였으며(A)하촌은 아랫말의 한자표기다 (197)	(38)	
		제척 祭尺	제척말		〃				옛날 이조때 이내장(李內將)의 묘하에 제사를 올리는 제청이 있음에(B)제척이라 불리우고(A)제척은 제청의 한자표기임		
	장수동 長壽洞				동	장수동 長壽洞		021476	옛날에 수명장수한 분이 많이 살었다하여 장수동이라 불러왔음 (1376)	(64)	
		장자 壯者	장자골		부락	〃		013466	옛날에 부자가 많이 살었다하여(B)장자골이라불러왔으며(A)장자는 장자골의 한자표기이다 (794)	(86)	

12

(1) 번호	(2) 행정구역명	(3) 지명 A	B	C	(4) 지명의 종류	(5) 지도상 기재	(6) 경위도	(7) 좌표	(8) 유래	(9) 비고	(10) 당해위원회 사정
		수현 水峴	물네미		부락	수현리		011480	A 물네미의 한자표기이다 B 옛유명한 노인이 말하기를 장차 한강물이 넘나들어가는 것을 예언함에 수현이라 불이워 왔음 (272)	(36)	
		만의 晩宜	만의골		〃	만의동 晩宜洞		029476	신라시대 만인 인구가 살어 왔으며 만의골이라 불리워 왔으며 만의는 한자표기이다 (26p)	(37)	
		장수동사무소 長壽洞事務所			공용시설			013467	4290년 1월 동분이에 따라 장수동의 행정사무를 관장함 (3)		
		관모산 冠帽山			산			022471	산모형이 관모같이 생기에 관모산이라 불러워왔음		
		거마산 距馬山			〃			017478	이조때 나졸로 왕래하는 과객이 이곳 장자골 되는 말		
		상아산 象牙山			〃	상아산 象牙山		026474	옛노인이 말하기를 코끼리가 이빨로 바위돌을 밀다이 빨이 붙어 갔다하며 상아산이라 불러워 왔음		
		장수교 長壽橋			다리			008462	장수천에 있는 교량임에 장수교라 불러워 왔음 (32?)		
		장수천 長壽川			하천			008462	장수동구역내에 있는 하천임으로 장수동의 이름을 따서 장수천이라 하였다 (1,200m)		

13

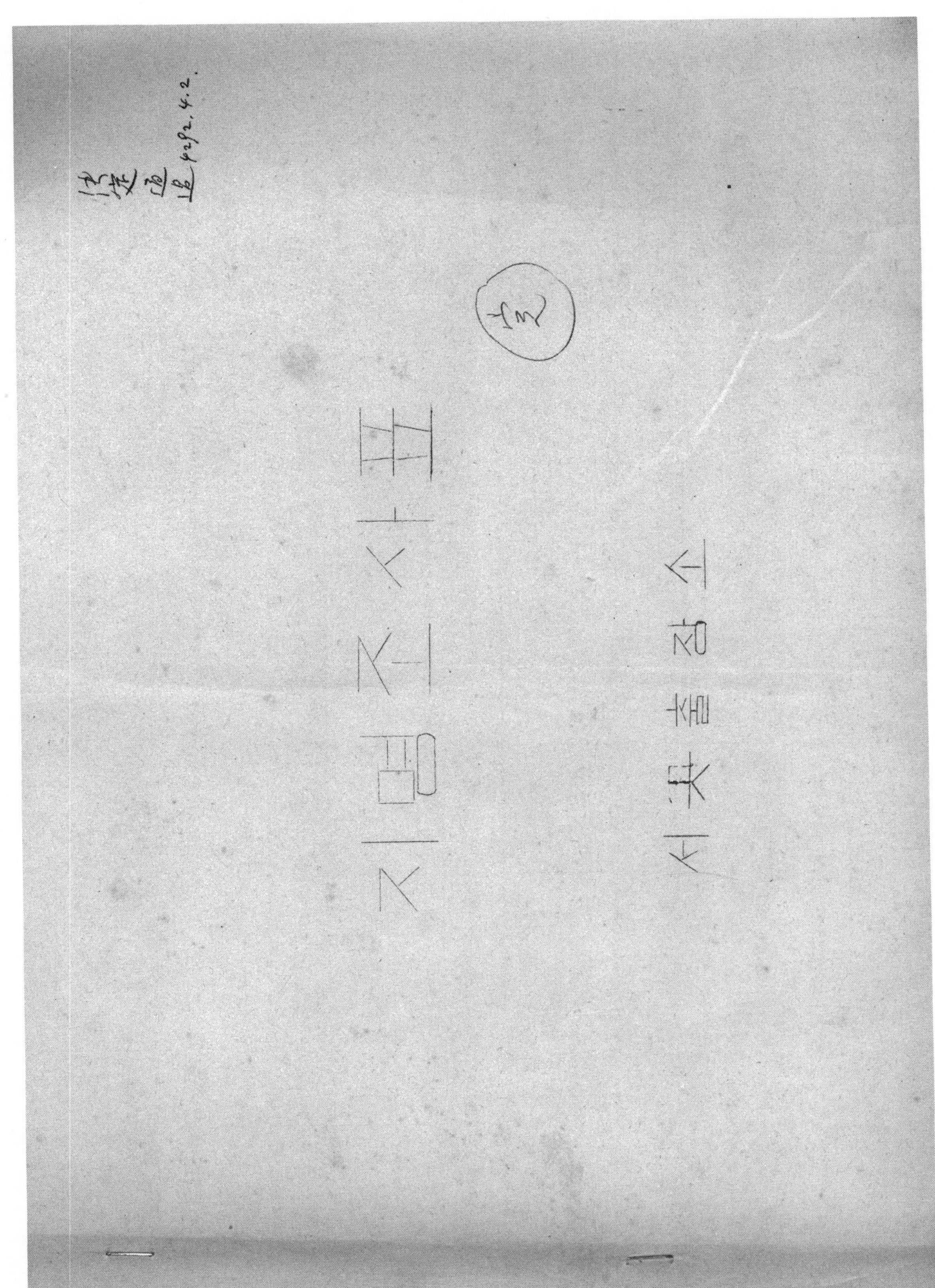
지명조사표

원통고개는 [illegible]

비루고개는 [illegible]

지명조사표

(1) 처리번호	(2) 행정구역명	(3) 지명 A	B	C	(4) 지명의 종류	(5) 지도상기재	(7) 좌표	(8) 유래	(9) 비고	(10) 당해위원회재정
	가정동 佳亭洞	—	—	—	동	가정니 佳亭里	945552	동내 자연부락을 대표하는 가정부락의 명칭을 따서 행정구역명칭을 가정동이라 하였고 가정부락의 유래 하기와 같음 (562명)	지도상 요정정 (168호)	
	—	가정 佳亭	—	—	부락	가정니 佳亭里	946550	이조 초엽에 정서 조반이라는 사람이 이부락에 가정이라 하는 정자를 지어 이로부터 부락명칭이 가정부락이라고 되였다 (640명)	지도상 요정정 (126호)	
	—	봉화촌 烽火村	봉오재	—	부락	봉현니 烽峴里	938559	이조시대 북방(만주방면)으로부터 침입하는 적을 방어하기 위하여 부락후면산상에 봉화대를 설치하고 적침신호를 하든 곳이어서 봉화촌이라 하고 봉오재는 봉화재의 발음변화인듯하다 (102명)	지도상 요정정 (20호)	
	—	산저동 山底洞	산밑부락	—	부락	무	949549	이부락은 산밑에 부락이 소재하고 있다 하며 산저동 또는 산밑말이라고 불은다 (120명)	(22호)	
	—	철마산 鉄馬山	—	—	산	철마산 鉄馬山	954558	옛날에 이산에서 용마(철과같이 큰신말)가 낫다 하여 철마산이라고 부른다		
	—	승학현 昇鶴峴	싱아고개	—	령	무	948559	이고개는 철마산 산복을 통하는 고개로서 그고개의 형태가 학이 올르는 형태와 같아서 승학현이라 불으고 현설 싱아가 많다 하여 싱아고개라고도 한다		
	—	가정지 佳亭址	가정앞산	—	산	무	947549	이조초에 조반이라는 령의정이 이곳에 정자를 짓고 시와 그림을 그리며 여생을 질기였으며 안평대군 정인지 신숙주 요인들과 함께 서로 가정별업으로 하는 도로를 하송하여왔게 옳이 곳이라 하여 가정지다		
	—	[illegible]		—		—		200[illegible]		
	—	—	—	—		—				
	가좌동 佳佐洞	—	—	—	동	무	956514	옛날에 동리내 건지골이라는곳에 큰 가재가 있다 하며 가재울이라 칭하든것이 한자 가좌동이라 고침은 그저 발음의 유사에 따라 한자로 표기 한 것 같음 (1473명)	(267호)	
	—	건지 乾池	건지골	—	부락	무	954519	이부락에 옛날 큰 연못이 있었든것이 우연히 물이 말으게 되며 이로부터 건지골 건지동 이라 하며 왔다		
	—	상촌 上村	웃말	박촌말	부락	무	954514	이부락은 동리내 다른부락보다 상부에 위치하여 있음으로 상촌 웃말이라 하였고 박씨가 대대로 거주하는곳이라 하여 박촌말이라고도 함		

지명조사표

(1) 정리번호	(2) 행정구역명	(3) 지명 A	B	C	(4) 지명의 종류	(5) 지도상기재	(7) 좌표	(8) 유래	(9) 비고	(10) 당해위원회제정
	—	감중절리 甘中節里	감중절	—	부락	무	943511	이부락은 옛날 감동사(甘東寺)라는 절이있어 감동절 하던것이 발음변화로 감중절로 변하였고 A는그의 한자표기임		
	—	~~번지길나루~~ 步道津	보도지	보도진 나루	나루터 ~~부락~~	무	944516	서곶서 인천으로 오는 통로에 보도로 통행하는 나루가 있음으로 보도진이라함		
	—	가좌동사무소 佳佐洞事務所	—	—	주요시설	무	955512	4273년 4월1일 시조례공포에 따라 설치되였음 (41평)		
	—	개와리	—	—		개와리		실존하는 지명이 않임	지도상 요삭제	
	—	—	—			—				
	—	—	—			—				
	석남동 石南洞	—	—	—	동	무	947531	이동은 과거 서곶면 남쪽에 있다하여 석남동이라 칭호되였다. (198명)	(138호)	
	—	번작리 番作里	번지기	—	부락	무	947521	이곳에는 번지기가(번작里)가 있었음		
	—	고잔 高棧	—	—	부락	무	933530	해면에 삐쭉다리 와같이 돌출하여 멀리서 보면 부락이 물우에 떠있는 다리와 같다하여 高棧이라 하는것임		
	옷우물	~~고잔부락 高作里~~	고잔니	—	부락	고잔니 高作里	947532	이바닥에 우물이 있었는데 옻에 오른사람이 이물을 마시면 낫는다는 생각에서		옷우물
	—	석남학교 石南学校	—	—	주요시설	무	950533	4279년 9월1일에 설립하였음 (460명)		
	—	—	—	—						

지명조사표

(1) 정리번호	(2) 행정구역명	(3) 지명 A	B	C	(4) 지명의 종류	(5) 지도상기재	(7) 좌표	(8) 유래	(9) 비고	(10) 당해위원회재정
	검암동 黔岩洞			---	동	검암리 黔岩里	953593	부천군서곶면 검암리 였다가 4273년 4월 인천시에 편입되여 과생정으로 불리우다가 4279년 다시 검암동으로 개칭되여 현재에 이르렀음 (인구 900명)	요 지도상정정 (150호)	
	-----	검암 黔岩	검바위	---	부락	검바우	953593	동리 한편에 큰 검은바위가 있어 옛적부터 B로 통용되고 A는 한자표기임 (인구 595명)	요 지도상정정 (95호)	
	-----	간재 艮才	간재울	---	부락	간재리 艮才里	944592	부락좌체가 간좌(艮坐)형에 있다고 해서 옛적부터 B로통용되고 A는 한자표기임 (인구 305명)	지도상 요정정 (55호)	
	-----	검암교 黔岩橋	시시내다리	---	교량	무	963594	시천동 산록에서 서해로 빠지는 작은 하천에 교량이 가설되고 검암동과 시천동의 경계를 이루고 있음으로 부락명을 따서 검암교라 호칭함	시천동과 경계를 이루고 있음	
	-----	고려중학교 高麗中學校		---	주요시설	무	953591	4287년 미군의 원조로 설치된 석조건물로서 350명을 수용하고있음		
	-----	백석시천검암동사무소 白石始川黔岩洞事務所			주요시설	무	952592	4288년 10월 1일 백석동 시천동 검암동의 3개소를 통합하여 백석 시천 검암 동사무소를 설치하여 금일에 이르렀음 (4명)		
	-----	검암천주교회 黔岩天主敎會		---	주요시설	무	952593	4292년 콩크리트 건물로 건립되였음 (수용인원 200명)		
		서곶염전 西串塩田			염전	무	938597	4283년 6.25사변 직전에 농경지를 전환 시공하였음 면적 13정보 종업원 15명		
		인천제염공사 仁川製塩公社			염전	무	941591	4287년 인천시 검암동 앞 해면을 매립하여 축조하였음 면적 50정보 종업원 50명		

지 명 조 사 표

(1) 정리번호	(2) 행정구역명	(3) 지명 A	B	C	(4) 지명의 종류	(5) 지도상기재	(7) 좌표	(8) 유래	(9) 비고	(10) 당해위원회 사정
	경서동 景西洞	- - -	- - -	- - -	동	- 무 -	933584	행정구역명 경서동은 이동의 위치가 경명현의 서쪽에 있음으로 해서 경서동이라 하였음 (인구1250명)	(218호)	
	- - -	고잔 高棧	쑥땡이	- - -	부락	고잔니 高棧里	933584	이부락은 마치 돌리가 물우에 높이 떠있는 다리와 같이 보이므로써 고잔이라 하였으며 쑥이 많이 난다하여 일명 쑥땡이라고도 한다	지도상 오정정 (인구190명)(149호)	
	- - -	난지도 蘭芝島	난섬	- - -	섬	난지도 蘭芝島	921593	이섬은 멀리보면 섬이 았고 그빛이 난초와 같다고 해서 난지도라 칭하였으며 현재는 해면매립으로 육지화 되었음 (185명)		
	- - -	청나도 青蘿島	잘염	- - -	섬	과-려 青蘿島	893562	섬의 형태가 청나하다하여 청나도라 하며 주민 245명이 거주함		
	- - -	금산 金山	- - -	- - -	산	금산 金山	919559	이산은 이조초엽 김해김씨의 선산으로 되어있어 금산이라 칭하게되였으며 이산삼봉에 보화대가 있음		
	- - -	사도 蛇島	사염	- - -	섬	사섬 蛇島	918576	섬의 형태가 뱀과 같다하며 사도라고 호칭함		
	- - -	일도 一島	일섬	- - -	섬	일도 一島	885664	이섬은 청나도 전구에 하나 있는 섬이라 하며 일도라고 불나우며 일섬역 동일한 의미인것이다		
	- - -	장도 獐島	놀염	- - -	섬	놀염 獐島	888581	섬의 형태가 노루(獐)에 근사하다하며 장도라 통칭되고 있음		
	- - -	문점도 文沾島	문점	- - -	섬	문점도 文沾島	898554	이섬 역시 형체가 문어와 점복과 같다 하며 문점이라 하며 4는 한자 표기 임		
	- - -	소문점도 小文沾島	소문점	- - -	섬	소문점도 小文沾島	903554	상기 유래와 동일함		
	- - -	기도 箕島	키섬	- - -	섬	- 무 -	908559	키와 같은 형체를 갖우고있어 키섬 또는 한자 기도라 불으고있음		
	- - -	부도 缸島	장구염	- - -	섬	- 무 -	883558	이섬도 장구와 같은 형태를 이루고있어 장구염 또는 한자 표기 부도라 함		

지 명 조 사 표

(1) 정리번호	(2) 행정구역명	(3) 지명 A	B	C	(4) 지명의 종류	(5) 지도상기재	(7) 좌표	(8) 유래	(9) 비고	(10) 당해위원회제정
		이도 耳島	곰에바위	굼에바위	섬	무	885557	섬의 형태가 곰과 같다고 하여 곰에바위 또는 굼에바위라 발음변화를 이르켜 불리고 있으며 섬전체가 바위로되였음		
		잿겹도			섬	무	912567	이섬역시 형체가 잿끼(숫컹)(?) 같다하여 잿겹도라 하였다 하는 유래가 있으나 발음변화의 현상이라고 본다.		
		까투렴			섬	무	907582	이역시 까투리와 같은 형체의 섬이라 하여 까투렴으로 통칭되고있다.		
		경서동사무소 景西洞事務所			주요시설	무	934587	4273년 4월1일 행정구역변경으로 인천시 조례에 의지(?) 설치되였음 (4명)		
		청나분교 菁蘿分校			주요시설	무	886563	4280년 서곶국민학교 분교로서 개교되였음 (25명)		
		서주염전 西州塩田			염전	무	925591	4288년 경성도 나지도 사이를 매립한 염전임 (종업원 30명)		
	심곡동 深谷洞				동	심곡니 深谷里	952568	산록 깊은 골작이를 따라 부락이 위치하고있으므로 심곡동이라 한것임 (398명)	지도상 오정정 (933)	
		사동 寺洞	절골		부락	무	954573	옛날에 이부락에 절이 있어 절골 또는 사동이라 불리웠으나 당시의 절의명칭은 전해지지 않고있다		
		양가촌 梁家村	양가말		부락	무	946568	옛날에 양(梁)씨가 많이 살었다 하여 양가촌 또는 양가말이라 불나우고있다.		
		심곡천 深谷川	샘내		하천	무	947568	천마산에서 서해안으로 흐르고 있으며 깊은 골작을 따라 흐르고있다 하여 심곡천이라 함		
		뒤골말						뒤에 말이 있었기		

지 명 조 사 표

(1) 정리번호	(2) 행정구역명	(3) 지명 A	지명 B	지명 C	(4) 지명의 종류	(5) 지도상기재	(7) 좌표	(8) 유래	(9) 비고	(10) 당해위원회사정
	공촌동 公村洞	—	—	—	동	공촌니 公村里	956578	이동에 속하는 자연부락 공촌부락의 형태가 키공자형으로 되여있어 이동을 행정구역명 공촌동이라 칭하였음 (603명)	지도상 오정정 (105호)	
—	—	공촌 公村	골뎐이	—	부락	공촌니 公村里	956578	행정구역명 공촌동을 형성하는 주요 부락으로써 부락 좌형이 키공자로 되여있어 공촌부락이라 칭함	지도상 오정정	
—	—	피기벌	—	—	부락	무	951584	부락전체가 넓은들로 되여있어 과이벌이라 하든것이 발음변화로 인하여 피기벌이라고 불니우는것 같다	:	
—	—	계양산 桂陽山	안남산 安南山	—	산	계양산 桂陽山	983580	이산은 부평의 중심지에 서있어 부평의 구지명인 계양을 따서 계양산이라 하고 또는 안남산이라함은 신라시대 부평을 안남이라하였기 이산을 안남산이라고도 불니우고있다	부평과의 경계를 이루고있음	西串으로編入
—	—	경명현 景明峴	징맹이고개	—	명	경명고개 景明峴	984573	고려조시대에 부평부사 박희방이가 부평八경을 인의조작할시에 이곳에문루를 성축하고 경명현이라 명명한것이 보통징맹이고개하고도 병칭되고있다		
—	—	빈정천 濱汀川	—	—	하천	무	951583	이내는 계양산에서 서해안으로 흐르는 하천이며 그하천부근에 빈정이라하는 선비가 살고있었다하며 빈정천이라고 불니어졌다		
—	—	빈정교 濱汀橋	—	—	교량	무	947583	빈정천에 가설한 교량이라 빈정교라고 칭함		
—	—	—	—	—		—				
	신현동 新峴洞	—	—	—	동	신현니 新峴里	940542	자연부락 신현동이 형성하는 행정구역명으로써 그 유래 하기와 같음 (780명)	지도상 오정정 (135호)	
—	—	신현 新峴	새고개	—	부락	신현니 新峴里	940542	이조초 원창동포구를 통하여 서울로 운송하는 정부양곡이 이부락을 통과하는 노정이되여서 새로 도로를 만들어 새고개라 하였다. 이로부터 이부락이 한자표기로 되여 신현동 새고개로 병칭하는것임 (135)	지도상 오정정 (138호)	
—	—	가정신현석남동사무소 佳新石南洞事務所	—	—	주요시설	무	940542	4288년 10월 1일 동사무소 폐합으로 인하여 가정·신현 석남동사무소로 되였음 (4명)		
—	—	신현교회 新峴敎會	—	—	주요시설	무	942543	4290년 12월 20일에 건립 신자수 60여명		

지명조사표

(1) 정리번호	(2) 행정구역명	(3) 지명 A	B	C	(4) 지명의 종류	(5) 지도상기재	(7) 좌표	(8) 유래	(9) 비고	(10) 당해위원회제정
	백석동 白石洞				동	백석리 白石里	945606	부천군서곶면 백석리였다가 4273년 4월 인천시에 편입되어 운양정으로 불리우다가 4279년 다시 백석동으로 개칭되었음 (인구 721명)	지도상 요정정 (105호)	
		독정 篤亭	독젱이		부락	독정리 篤亭里	957618	옛날에 독정이라하는 정자가 이 부락에 있어서 독정부락(이라)이라 하든것이 발음변화로 연명 독젱이라고도 불리우고 있음	지도상 요정정 (16호)	
		백석 白石	한들		부락	백석리 白石里	945605	동구에 큰 흰돌하나가 있으므로 흰돌부락이라 불리우고 있던것이 시일이 경과한 데 한들이라 발음이 변화했고 백석은 흰돌에 한자 표기임 (496명)	지도상 요정정 (76개호)	
		거월 巨月	걸월이		부락	구-리 巨月里	938613	마을앞에 높은산이 있어 그산에서 큰달이 떠오른다고 해서 옛부터 거월리라하였고 걸월이는 발음변화임 (109명)	지도상 요정정 (13개호)	
		백석성결교회 白石聖潔敎會			구교시설	무	945606	4287년 미군의 원조로 축조된 석조건물로서 현재 60여명의 신자가 출입하고 있음		
		백석염전 白石鹽田			염전	무	943605	4286년 농경지를 염전으로 전환시키였고 면적이 30정보 종업원 25명이 있음		
		인포염전 仁浦鹽田			염전	무	937611	4287년 인천시 백석동과 김포군 검단면 와길리 앞해면을 매립 시공한곳임 면적50정보 종업원 50명		
	시천동 始川洞				동	시천리 始川里	956601	이동리 소재 산록에서 원천이되여 서해로 통하는 자은내가 있어 시천동이라하였고 주민 319명의 행정구역이다.	지도상 요정정 (62호)	
		시천 始川	시시내		부락	시천니 始川里	962598	행정구역명 시천동을 형성하는 자연부락으로서 그유래 상기한바와 같음 (인구379명)	지도상 요정정 (52호)	
		시천천 始川川	시시내개울		하천	무	953599	부락산록에서 발원이되여 서해로 통하는 개울의 본류이며 시천동과 검암동의 경계를 이루고있음은 시내개울의 시초를 이룸이하여 시시대개천	검암동과의 경계 혹은한자의 始川이다	
		점촌 店村	점말		부락	점말 店村	954604	4275년이래 도기공장이 생기고 이로인하여 부락이 생기게 되어 이부락을 점말이라 불리우게 되었다 (인구 40명)	(10호)	

지 명 조 사 표

(1) 정리번호	(2) 행정구역명	(3) 지명 A	B	C	(4) 지명의 종류	(5) 지도상기재	(7) 좌표	(8) 유래	(9) 비고	(10) 당해위원회 제정
	서곶출장소 西串出張所	—	—	—	출장소	무		행정구역 폐합으로 부평군 모월곶면과 석곶면을 합하고 그명칭을 서해에 임접했다해서 서곶이라하며 부천군 서곶면으로 있다가 4273년 4월 1일 인천시로 편입되며 서곶출장소라 하였음		
	연희동 連喜洞	연일 連日	—	—	동	연희리 連喜里	946576		지도상 오정정 (161호)	
	—	샛말 間村	—	—	부락	무	952577	연희동과 공촌동 사이에 있다하여 샛말이라 칭하게 되었음 간촌은 그의 한자표기임		
	—	서곶출장소 西串出張所	—	—	주요시설	무	947577	부천군 서곶면사무소로 있다가 4273년 4월 1일 인천시에 편입되며 서곶출장소로 되었다. (15명)		
	—	공촌연희심곡동사무소 公村連喜深谷洞事務所	—	—	주요시설	무	948576	동사무소 폐합으로 4288년 10월 1일자 공촌 연희 심곡 동사무소를 폐합한것임 (4명)		
	—	부평경찰서서곶지서 富平警察署西串支署	—	—	주요시설	무	947577	4255년 인천경찰서 서곶지서로 되어있든것이 4272년 부평경찰서 신설로 부평경찰서 서곶지서로 개칭되였다.		
	—	연희동교회 連喜洞敎會	—	—	주요시설	무	949576	약60여년전 가리교인 김윤화가 설입하고 예수교를 포교하고 있음 (신자 150명)		
	—	상애염전 相愛塩田	—	—	염전	무	934573	4285년 연희동서쪽해면을 매립하여 시공된것임 종업원 28명		
	—	용두산 龍頭山	—	—	산	무	933569	이산에 약70여년전 병인양요시 포대를 설치하고 외국함대를 방비하였든곳으로 현재도 그흔적이 남어있고 산에 형태가 용의 머리와 같고 그와 고성을 의시 상징시키기위하여 용두산이라 한것임		
	—	서곶국민학교 西串國民學校	—	—	주요시설	무	946576	4262년 설립되고 아동수 549명 직원수 9명		
	—	—	—	—	—	—				
	—	—	—	—	—	—				

지명조사표

(1) 정리번호	(2) 행정구역명	(3) 지명 A	B	C	(4) 지명의 종류	(5) 지도상 기재	(7) 좌표	(8) 유래	(9) 비고	(10) 당해위원회 제정
	원창동 元倉洞	—	—	—	동	무	932543	포리로 있든것을 4250년 원창동이라 개칭하고 유래는 각처에서 수집되는 정부양곡등을 적치하여두는 큰창고가 있는곳이라하여 원창동이라 호칭하게 되였다. (689명)	(117호)	
	—	포촌 浦村	개맏	—	부락	포리 浦里	928543	포구가 있는부락이라 개맏 또는 포구라고 불너우고 있다	지도상 요정정	
	—	환자곶 還子串	—	—	부락	무	935545	이조시대 빈민을 구제하기위하여 환자(현금 대여양곡)를 보관하고 있든곳으로써 환자곶이라 하든것을 지금의 환자곶의 한자는 발음에 마추어 씨인것 같음		
	—	율도 栗島	밤염	—	섬	율도 栗島	898533	섬의형태가 밤알과 같이 되여있다고해서 밤염 또는 율도라고 불너우고 있음		
	—	세어도 細於島	세우	—	섬	세어도 細於島	850606	俗傳에 細우같다고해서 이것이 세어도로 되었으리		
	—	자치도 雌雉島	—	—	군도	자치도 雌雉島	921543	섬의형태가 까투리 같음으로 자치도라 함		
	—	소도 小島	소염	—	섬	소염 小島	912544	이섬은 율도앞에 있는 작은섬이라고하여 소도라고함		
	—	장금도 長金島	—	—	군도	장금도 長金島	901548	無人島로 由來不詳		
	—	목도 木島	목섬	—	군도	무	888537	이섬은 섬과섬사이가 사람의목과 같다 하여 목섬이라고 하나 한자 목섬은 발음에 따르는 한자표기인듯함		
	—	호도 虎島	범섬	—	군도	호도 虎島	891577	섬의형체가 범의모양과 같다하여 범섬 또는 호도라 함		
	—	지내섬	—	—	군도	무	842610	지네와 같은 형태를 이루고 있어 지네섬이라 호칭함		
	—	율도분교 栗島分校	—	—	주요시설	무	898533	4286년 9월 석남국민학교분실로 설치되였든것이 4291년 3월교통관계상 송현국민학교분실로 개편하였다 (아동수42명)		

지명조사표

(1) 정리번호	(2) 행정구역명	(3) 지명 A	지명 B	지명 C	(4) 지명의 종류	(5) 지도상 기재	(7) 좌표	(8) 유래	(9) 비고	(10) 당해위원회 제정
	세어도분교 細於島分校	—	—	—	주요시설	무	356604	4256년 9월 석남국민학교 분실로 설립하였다가, 4291년 3월 송현국민학교 세어도분교로 개편되였음		
	원창동사무소 元倉洞事務所	—	—	—	주요시설	무	935544	가정 신현 석남동에 통합되여 있다가 4290년 10월1일에 독립하며 분리되였음 (4명)		
	—	—	—	—		—				
	—	—	—	—		—				

지명조사표

주안출장소관내

(1) 번호	(2) 행정구역명	(3) 지명 A	B	C	(4) 종류	(5) 지도상 기재	(7) 좌표	(8) 유래	(9) 비고	(10) 난하기원 회제정
								42.6[illegible]10月10日 [illegible]		
	주안출장소 朱安出張所 간석동 間石洞				출장소 동	간석 間石	976 478	단기4274년에 주안면의 간촌리와 석촌리, 석암리 이상 개리의 행정구역 폐합으로 간촌리에서 간자를 따고 석촌과 석암리의 석자를 따서 간석리로 되었든 것이 해방 후 간석동으로 되었음 (2628명)	(390호)	
		주안 朱岸	큰말	주원 朱元	부락	무	971 481	부락별로 보아서 마을이 큰 고로 큰말이라고 하나 주원으로 널리 불러우고 있음 (485명)	(86호)	
		양촌 陽村	양지말		〃	〃	972 482	부락의 위치로 보아 양지바른 곳이라 하여 양촌이라고 하고 또 양지말이라고도 함 (347명)	(55호)	
		석촌 石村	돌말		〃	석촌 石村	977 486	부락후면에 석산이 있어서 석촌이라고 하고 돌말이라고도 함 (363명)	(57호)	
		원통고개 圓通고개			고개	무	996 483	옛날에 초산맥이 [illegible] 우숙게 생기었든 것을 40년 전에 경인간 국도로 그 산맥을 뚫려서 통행하게 되었다고 하여 원통고개라고 함	富平으로 編入함	
		국립[illegible]원 國立[illegible]園			주요시설	〃	976 485	단기42[illegible]년에 시설로 나병환자를 수용키 위하여 제일 [illegible] 시설로 전락되었든 것이 점차 확장되여 현재 보건사회부 직속으로 관리하고 있음 (603명)	(110호)	
		약사암 藥師庵			〃	〃	978 490	옛날에는 주안산 주안사 였든 것이 근 [illegible]년 전에 다시 창건하여 만월산으로 개명하여 약사여래 부처님께 명이 약사이시기에 약사암이라고 하였음 (5명)		
		조선요업주식회사 朝鮮窯業株式會社			〃	〃	964 480	단기4273년에 조선요업주식회사를 신설하여 현재까지 벽돌을 제조하고 있고 년 생산량은 350만장에 달하고 있음 (70명)		

2

지 명 조 사 표

(1) 번호	(2) 행정구역명	(3) 지명 A	B	C	(4) 지명종류	(5) 지도상기재	(7) 좌표	(8) 유래	(9) 비고	(10) 당해위원회제정
	주안출장소 朱安出張所				출장소					
	구월동 九月洞				동	구월 九月	983 467	이조시대에 동리지형이 거북형이라 하여 거북구자와 구자와 월나라월자를 사용하여 구월리라 칭하였으나 원래 동리가 천혼잔 동리에서 좋은 선비라는 노인이 구월에 추수나 많이 나라는 의미에서 현 구월동으로 개칭함 (2050명)	(322호)	
		성동 城洞	성말		부락	무	982 466	지금은 그 흔적이 없으나 약 100년전에 천전동이라는 분이 그 마을 어구에다 성을 쌓아서 성말이라 부르게 되었음 (541명)	(91호)	
		전재동 田在洞	전재울		"	전재동 田在洞	983 463	이조시대에 구읍(세금)을 부과시에 지현조사에 발전자에 해당하는 구역이므로 전재동으로 불렀다 함 (124명)	(21호)	
		대구월동 大九月洞	큰구월리		"	무	983 466	구월동중에 제일 큰 부락으로서 세대수가 많다하여 대구월동이라고 불리고 있음. 또는 속칭으로 큰구월리라고도 함 (370명)	(59호)	
		소구월동 小九月洞	작은구월리		"	"	986 465	구월동중에 제일 작은 부락으로서 세대가 적다하여 소구월동으로 불리우고 있음 또는 속칭 작은구월리라고도 함 (303명)	(38호)	
		구월동사무소 九月洞事務所			주요시설	"	983 466	현 동사무소로서 부천도로 부근 학교 앞에 위치하고 약 6년전에 신축하였음		
		구월국민학교 九月國民學校			"	"	984 467	단기 4282년 2월 24일자로 신축하였음 (470명)		
		수인도로 水仁道路			도로	"	977 466	인천과 수원을 연결하는 도로로서 구월동 중앙부를 통과하고 있음		

3

지 명 조 사 표

(1) 정리번호	(2) 행정구역명	(3) 지명 A	B	C	(4) 지명의 종류	(5) 지도상 기재	(7) 좌표	(8) 유래	(9) 비고	(10) 당해위원회 제정
	주안출장소 朱安出張所				출장소		935480	4246年富川郡多朱面 道馬里 도마리 와 朱安里 (도마다리. 숫골) 의 合併으로 [illegible]		
	도화동一동 道禾洞一洞				동	도화동 道禾洞	935482	단기4268년 10월 10일 경기도 부천군 다주면 도화리를 인천부편입 행정으로 변경 해 방후 도화리를 도화一동으로 정하였음 (3082명)	(507호)	道馬里 朱安里
		주안출장소 朱安出張所			주요시설	무	945481	옛날 인천부 인천군 부천군 다주면4246년 행정구역 변경으로인천시에편입 해방후 주안지청으로변경 현재주안출장소로관할구역은 주안一二도화一二간석동 십정동 구월동을관할하고 있음 (22381명)	(4173호)	4268.10.10 [illegible] 編入
		도화一동사무소 道禾一洞事務所			주요시설	무	932482	단기 4272년 9월 동민 들 협조에 의하여 정화 사무소로지 였으며 현재까지 도화一동 사무소로사용하고 있음 (3082명)	(507호)	4246 [illegible]
		도마다리			부락		938483	지금으로 부터 李朝中葉에는 이곳에큰다리가있었다는바 세월이흐름에따라 현재는다리는없서졌고 그시절부터도마다리로불리워지고있음 李朝末葉 (2524명)	(373호)	(도마다리 [illegible])
		봉동 鳳洞			부락	무	936483 936484	단기 [illegible] 년 에 권씨에 노인이 자리를 잡고 사는도중 동네가 커짐에 따라그 노인이 부락명을봉동동으로 命名하였음 (508명)	(134호)	二記
		도화국민학교 道禾國民學校			주요시설	무	936484	단기4287년 10월 미국 에원조로건축도였음 (586명)		
		수봉사 水峯寺			주요시설	무	933482	단기4278년 10월에 건립되였음 ([illegible]) (124명)		
		성광육아원 聖光育兒院			주요시설	무	942498	단기 4288년 6월에 건립되였음 (128명)		
		수봉산 壽鳳山			山	수봉산 壽鳳山	937479	지금으로부터 500년전 에 바다물에떠 밀려 와서 산이되였다는전설이 있음		

[illegible]

4

(1) 선각 번호	(2) 행정구역명	(3) 지명 A	B	C	(4) 지명의 종류	(5) 지도상 기재	(7) 좌표	(8) 유래	(9) 비고	(10) 낭허위원회 제정
	주안출장소 朱安出張所				출장소		9354 90			
	도화동=동 道禾洞=洞				동	화동 禾洞	935 490	4290年1月1日 [illegible] 道禾二洞 [illegible]		
		도화동=동사무소 道禾=洞事務所					935 493	단기4268년 10월 1일 경기도 부천군 다주면 도화리를 인천에 편입, 일정으로 [illegible] 해방후 도화리를 도화동=동으로 조례로서 정하였음 (6,128명)	(1245호)	
		대지기			부락	대직 垈直	927 488	경인선 부설당시 전주를 많이 실어다가 쌓아 놓고 해 놓여를 가지고 지켰던 관계로 대지기라고 불리게 되었음 (2,264명)	(357호)	
		동대숙골 水㕘洞	숙골	마장 馬場	〃	우	943 482	옛날 당시의 이부락에 큰못이 있었는데 말이 물을 먹고 놀던 장소를 마장이라고 하며 동대신 [illegible] 있기 때문에 동대숙골이라고 불리우나 흔히 숙골이라고 부르고 있음 (1,854명)	(130호)	
		안곡동 脇㕘洞	매골		〃	〃	938 483	옛날 부락이 생기기전에는 바다물이 드려와 기러기가 이골짝이에 많이 앉아 놀던 곳으로 하여 안곡동이라고 부르고 그후 부락이 생긴후 매골이라고 속칭하고 있음 (1,101명)	(50호)	
		신계동 新溪洞	신족골		〃	〃	931 486	옛날부락에 황해도 신계에서 살다온 사람이 사랐다 하여 신계동이라고 하며 그후 속칭 신족골로 불러 오고 있음 (957명)	(163호)	
		東山公園 ~~산~~ ~~稱 山~~	~~팔십팔개소부처산~~ ~~八十八個所~~		산	〃	927 491	일인(日人)이 부처를 八十八개를 만드러 노았기 때문에 부처산이라고 불리었었다 하며 지방주민들은 속칭 팔십팔개소라고 부르고 있음 (4290年10月 東山公園으로 制定)	市政委員 90年10月[illegible]	
		경기수산고등학교 京畿水産高等學校			중요시설		937 487	단기4259년 4월 16일 공립으로 수산학교로 인가, 단기4287년 10월 11일에 신축, 경기수산고등학교로 교명이 개칭 되었으며 단기 4287년 가서중학교를 병설 병합 운영하고 있음 (630명)		
		동인천중학교 東仁川中學校			〃		927 487	단기4273년 5월 [illegible]일 인천공립학[illegible]학교 인가 4284년 8월 13일 교육법개정으로 수제초학년을 신제 고등학교 개편, 동인천중학교로 교명을 개칭하여 단기4288년 6월 29일 신축 운영하고 있음		
		성광중상업고등학교 聖光中商業高等學校			〃		928 490	단기4280년 10월 20일 성광중학교 [illegible] 개교 단기4286년 2월 4일 성광기술학교 인가 단기4287년 7월 5일 성광상업고등학교 인가 단기4287년 8월 11일 성광중학교를 병설하여 단기4291년 8월 29일 신축 이전하였음		

5

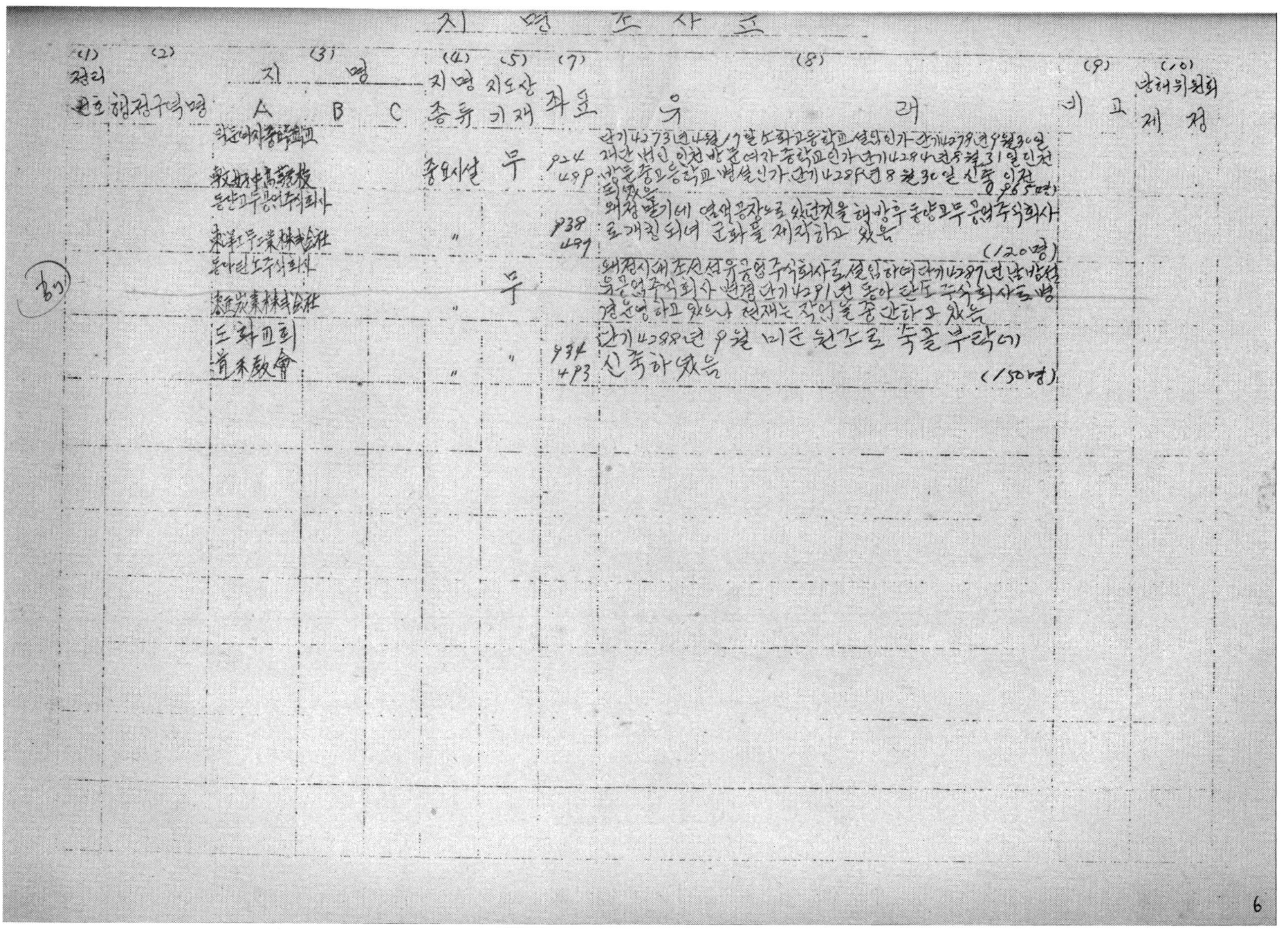

지 명 조 사 표

(1) 정리 번호	(2) 행정구역명	(3) 지명 A	B	C	(4) 지명 종류	(5) 지도상 기재	(7) 좌표	(8) 유 래	(9) 비 고	(10) 당해위원회 제정
		박문여자중고등학교 朴文女子中高等學校			중요시설	무	924 499	단기4273년 4월 17일 소화고등학교 설립인가 단기4279년 9월 30일 재단법인 인천박문여자중학교 인가 단기4284년 5월 31일 인천박문중고등학교 병설인가 단기4288년 8월 30일 신축 이전되었음 (965명)		
		동양고무공업주식회사 東洋護謨工業株式會社			〃		938 497	왜정말기에 염색공장으로 있던것을 해방후 동양고무공업주식회사로 개칭되어 군화를 제작하고 있음 (120명)		
		동아탄소주식회사 東亞炭素株式會社			〃	무		왜정시에 조선섬유공업주식회사로 설립하여 단기4287년 남방섬유공업주식회사 변경 단기4291년 동아탄소주식회사로 변경운영하고 있으나 현재는 작업을 중단하고 있음		
		도화교회 道禾敎會			〃	〃	934 493	단기4288년 9월 미군원조로 축을 부탁(?) 신축하였음 (150명)		

6

지 명 조 사 표

(1) 정리번호	(2) 행정구역명	(3) 지명 A	B	C	(4) 지명의 종류	(5) 지도상 기재	(7) 좌표	(8) 유래	(9) 비고	(10) 당해위원회 재정
	주안출장소 朱安出張所 십정동-동 十井洞-洞				출장소 동	십정 十井	964 449	4291년 10월에 行政처에 十井一洞으로 改稱함		
		십정-동사무소 十井一洞事務所					961 497	십정-동사무소는 하동에 있으며 약 수십여년전에 다북인 샘기여 이 동네를 무어라 불리웠는지 모르나 약 30년전에도 인천군 주안면 상십정 하십이라고 불리었다고 함 샘이 많아서 십정이라 알려지고 있음. 그후 부천군 다주면 십정리 문학면 십정리 인천부 대도정등으로 개정하여 불리웠으나 단기4284년 고월1일 [illegible] 명칭 변경에 의하여 대도정을 십정-동으로 불리운것이 현재에 이름 (1703명)	(302호)	
		상십정동 上十井洞	웃말		부락	무	963 503	동리위치로 보아 웃 부락이라 하며 상십정이라 불리우나 혼히 웃말로 통하고 있음 (618명)	(136호)	
		하십정동 下十井洞	아랫말		"	"	962 492	동리위치로 보아 아랫부락이라하여 하십정이라 불리우나 혼히 아래말로 통하고 있음 (735명)	148호	
		꽃밭골			"	"	967 495	예전에 화초를 재배하여 왔던 곳이라하여 꽃밭골이라 불리웠다 하며 지금은 새부락이 생기여 혼히 해방촌이라고도 함 (350명)	66호	
		함봉산 咸鳳山			산		958 503	예전에 수목이 무성하여 범소리가 많이 난다하여 함봉산이라 불리운다 함		
		주안염전 朱安鹽田			염전	주안염전 朱安鹽田	957 473	현주안염전의 일부분이나 약 62년전에 동리 사람들이 염벗을 만들어 소금을 만들었다 하는것이 주안염전의 시초이며 그후 관영으로 되어 현재와 같은 광범위한 염전이 되었다 함		

7

(1) 정리 번호	(2) 행정구역명	(3) 지명 A	B	C	(4) 지명의 종류	(5) 지도상 기재	(6) 좌표	(8) 유래	(9) 비고	(10) 당해위원회재정
	주안출장소 朱安出張所				출장소					
	주안동一동 朱安洞一洞				동			행정구역상으로는 주안一동과 주안二동으로 되여있으나 4288년 동통합으로 인하여 주안一二동사무소가 되였음 (3724)	(786)	
		주안一二동사무소 朱安一二洞事務所			동			왜정당시 경방단으로 사용코있든 건물을 8.15 해방후 동민이 주안一동회로 사용하다가 4286년 동으로 명칭을 변경 하고 4288년 10월 1일 동 통합으로 인하여 주안一二동사무소로 사용중임 (5)	4268年10月1日 [illegible] 朱安面 [illegible]	
		충훈동 忠勳洞	충훈부 忠勳府		부락			예전에 행정구역명 다주면사충리라 되여서 부락민들이 흔이 충부라고 불리오든 부락이며 충훈부라고도 부른다 (1920)		
		석암동 石岩洞	석바위	석암	부락			부락앞의 야산등마루에 큰 바위가 많이 있어서 석바위라 부르며 (B) 석바위 장터라고부르며 예전에 장이 설치되여서 부르고있으나 현재는 장이 철폐되고있다 (1784)		
		주안역 朱安驛			역			경인선 개통과 동시에 주안역이 개설되였음 (10)		
		주안고령토광산 朱安高嶺土鑛山			광산			단기4280년에 개광된 광이며 도자기원료인 고령토를 채취하고있음 (25)		
		주안우체국 朱安郵遞局			주요시설			인천읍내(현동학)에 설치되였든 우체국을 약25년전에 주안으로 이전 설치하고있음 (6)		
		주안감리교회 朱安監理敎會			주요시설			단기4288년 감리교회가 신축하였음 (175)		
		주안장로교회 朱安長老敎會			주요시설			왜정당시는 서울방송국중계소이였으나 8.15 해방이후 4283년부터 장노교회가 사용하고있음 (145)		
		주안정미소 朱安精米所			주요시설			약40년전에 (日本人)이 설치하야 8.15 해방후에는 금련면합회경기도지부가 운영하다가 현재는 개인기업으로 (35)		

8

(1) 정리번호	(2) 행정구역명	(3) 지명 A	B	C	(4) 지명의 종류	(5) 지도상 기재	(6) 좌표	(8) 유래	(9) 비고	(10) 담당위원 회재정
		주안지서 朱安支署			주요시설			인천경찰서주안파출소로발족하여현재는동인천경찰서주안지서로되였음 (11)		
		주안섬유공장 朱安纖維工場			주요시설			왜정당시는앙조장으로설치되였다가현재는(스핀들반도)를 제조하고있음 (35)		
		주안염전 朱安鹽田			주요시설			단기4241년에설치한역시깊은역전이며현재국영으로주안전매지청에서운영하고있음 (183)		
		대양도자기회사 大洋陶磁器會社			주요시설			단기4283년에설치되여 사기및다이루를생산하고있음 (65)		
		주안양조장 朱安醸造場			주요시설			단기4285년에설치하여 약주.탁주.등를제조하고있음 (10)		
		농은주안출장소 農銀朱安出張所			주요시설			단기4261년에주안금융조합으로발족운영중4291년4월1일농업은행주안출장소로변경운영중임 (8)		

9

지 명 조 사 표

(1) 정리번호	(2) 행정구역	(3) 지명 A	B	C	(4) 지명의 종류	(5) 지도상 기재	(7) 좌표	(8) 유래	(9) 비고	(10) 당해위원회 제정
	주안출장소 朱安出張所				출장소					
	주안=동 朱安=洞				동			단기4277년 주안=동회로 창설운영중 4286년 동회를 동으로 명칭을 변경하고 4288년10월1일 동 통합으로 주안=동은 폐소되었음		
		주안사거리 朱安四巨里			부락			단기4273년 경인구도로를 폐도하고 신도로 개축개통이후 동 지점에 부락이 생긴 후 서울 인천, 문학, 주안역 네 갈래로 갈리어서 주안사거리라 한다		
		지두동 池頭洞	못머리		부락			부락 모퉁이에 용의 형체의 못이 있고 방죽이 있으며 현부락이 용의 머리형이라 하여 못머리라 부르고 있다 (822)		
		사미 士美	새미		부락			예전 행정구역으로는 사충리라 하여 부르든 선비사자를 너서 사미라 부르며 새미라고도 부르고 있다 (554)		
		재동 [illegible]洞	잿말		부락			부락입산에 예전부터 부르고 있는 잿산고개라 하여 부르며 잿말이라고도 부르고 있다 [illegible] (488)		
		인천공업고등학교 仁川工業高等學校			주요시설			단기4270년에 신축하여 인천직업학교로 운영중 4277년에 인천공업고등학교로 명칭을 변경하여 현재에 운영하고 있음 (1390)		
		인천주안국민학교 仁川朱安國民學校			주요시설			단기4266년 2월 설립인가되여 현재에 운영하고 있음 (1035)		
		사미감리교회 士美監理教會			주요시설			단기4286년에 신축건립되였다 (110)		
		중앙도자기회사 中央陶磁器會社			주요시설			단기4262년에 신축되여 민수품 식기 및 전자기를 생산하고 있음 (116)		
		인천화장장 仁川火葬場			주요시설			단기4261년에 신축되여 시영으로 운영하고 있음 (3)		

南仁川 5 [illegible]

10

인천시

지명조사표

문학출장소

지 명 조 사 표

(1) 번호	(2) 행정구역명	(3) 지명 A	B	C	(4) 지명의 종류	(5) 지도상 기재	(7) 좌표	(8) 유래	(9) 비고	(10) 당해위원회 제정
	문학출장소 文鶴出張所				출장소	무	952 456	옛날 인천부 부천군 소재지로 고후 부내면 단기4246년 부천군 문학면으로 개칭되었다가 행정구역 개합으로 인천시에 편입 문학출장소로 명칭이 변경되어 현재에 이름 (7853)	(1283)	
	관교동 官校洞				동	관교 官校	952 456	단기4246년 행정구역 개합으로 관청리의 관과 향교리의 교자를 따서 관교리로 변경하였다가 4284년에 관교동으로 되어 현재에 이름 (1273)	(191)	
		관교 문학 선학동 官校 文鶴 仙鶴洞			주요시설	무	952 456	해방후 관교동사무소로 사용하여 왔으나 단기4288년 동폐합에 의하여 관교, 문학, 선학동 사무소로 사용 현재에 이름		
		문학출장소 文鶴出張所			주요시설	무	952 456	단기4288년 신축하여 현재 문학출장소로 사용하고있음 (15)		
		문학국민학교 文鶴國民學校			주요시설	무	952 457	단기4243년 明倫學校 인천공립소학교가 측량학교, 인흥학교로 변하여 명륜학교로 불리우다가 고후 문학국민학교로 됨 (540)		
		문학문묘 文鶴文廟	인천문묘 仁川文廟		고적	무	956 457	이조 태종왕 때에 안유선생이 유도를 보급시키기 위하여 건립하여 단기4127년 부평문묘와 병합하여 인천문묘로 됨(B) 단기4278년 이후에 다시 문학문묘로 개칭함(A)		
		문학약수 文鶴藥水			약수	무	952 458	단기4240년경 우연히 이 약수로 인하여 안질 피부병등에 특효를 본 사람이 있어 고후 계속 많이 알려져 최근에는 경향각지에서 많은 외래객이 내도하고 있음		
		승기리 承基里	신비 神秘		부락	무	957 459	행정구역 관교동에 속한 한 부락으로서 승기리(A) 또는 신비(B)로도 불리우고 있음	(70)	
		관청리 官廳里			부락	관청 官廳	955 456	이조시대 읍사무소가 있으므로 그 리명을 관청리로 불렀으며 일한합방후 행정구역이 변경되어 관교리로 되었으며 해방후에는 승기리와 병합한 관교동의 일부락으로 되어있음 (480)	지도상 오식재 (80)	
		승기천 承基川			하천	무	968 459	한일합병후에 남동염전 설치당시 제방을 축조함으로서 생긴 하천인바 주로 승기부락을 중심하여 흐름으로 승기천이라 불리우고 있음		

2

지 명 조 사 표

(1) 정리번호	(2) 행정구역명	(3) 지명 A	B	C	(4) 지명의 종류	(5) 지도상 기재	(7) 좌표	(8) 유래	(9) 비고	(10) 당해위원회 제정
								西面— [illegible]		
	동춘동 東春洞				동	동춘 東春	933 405	옛날 삼리가 4246년에 동춘 동으로 되었다가 4284년 명칭하여 동춘동으로 됨 (2.125)	(333)	
		남동염전一구 南洞鹽田一区			염전	남동염전 南洞鹽田	948 406	단기4263년에 남동제방을 구축하고 염전을 만드렀음 고면적이 100여 정보임 (120)		
		인명사 仁明寺			주요시설	무	935 432	4274년 청량산 남쪽에 건립하여 본원사로 불리우다가 4278년후에 인명사로 개칭함 현재 유원지로서 피서객이 쇄도함 (15)		
		동춘동사무소 東春洞事務所			주요시설	무	937 406	단기4290년도에 신축하여 동사무소로 사용 현재에 이름		
		동촌동 東村洞			부락	동촌 東村	937 407	과거 유도개의 동쪽방향에 위치하였기 때문에 동촌이라고 칭해 내려오고 있음 (870)	(100)	
		가곡 稼谷	각골 角谷		부락	가곡 稼谷	902 432	이부락은 형체가 비오형으로 생겼다 하여 각골이라 칭하고 있음 (B) 동춘동 전시처에 가곡이란 사람이 애향로 이동회에 서주하였다 하여 가곡이라고 부르게 된것임 (A) (100)	(20)	
		동막판매소 東幕販賣所			주요시설	무	936 409	송도어업조합이 설립된후 동춘구역에서 채취된 어물을 위탁판매키 위하여 판매소를 둔것임		
		~~[illegible]~~ 子前	자압		부락	무	937 406	그 유래는 확실치 않으나 청량산 앞에 있으며 자압부락으로 칭하고 있음 (140)	(30)	

3

지 명 조 사 표

(1) 정리번호	(2) 행정구역명	(3) A	B	C	(4) 지명의 종류	(5) 지도상 기재	(7) 좌표	(8) 유래	(9) 비고	(10) 당해위원회 제정
	문학동 文鶴洞				동	문학 文鶴	943 449	단기4246년 행정구역 폐합으로 학산리와 산성리가 병합되어 문학리로 되었다가 4278년에 문학동으로 됨 (725)	(130)	
		문학지서 文鶴支署			주요시설	무	943 447	종래 관교동구역에 지서가 있었던바 4280년 화재로 소실되어 문학동에 소재한 귀속가옥을 임대하여 사용하고 있음 (6)		
		문학산 文鶴山	배꼽산	봉화산 烽火山	산	문학산 文鶴山	947 446	백제시대부터 문학산이라 불리어 왔으며(A) 산정이 배꼽과 같다하여 배꼽산으로도 부르고(B) 이조시대에는 서산에서 봉화를 올렸기 때문에 봉화산이라고 부름(C)	문학동, 청학동, 연수동	
		문학산성 文鶴山城			고적	무	947 446	백제온조왕때 비류 미추홀이 도읍지로 정하기 위하여 축성하였다함		
	0	학산서원 鶴山書院			고적	무	942 447	이조 숙종대왕 때에 당시 인천현감 이회조의 아버지 이단상의 도학을 추모하기 위하여 유지들이 건설하였다함 현재는 빈터로 되었으나 학산서원 터라고 알려져 있음		
		부천양조장 富川釀造場	문학양조장 文鶴釀造場		주요시설	무	948 449	단기4270년에 건립하였으며 5개 양조장이 통합하여 부천양조장으로 부르고 있음(A) 속칭 문학양조장이라고도 함(B)		
		산성리 山城里			부락	산성 山城	949 447	백제온조왕때 미추홀이 문학산정에 토성을 쌓았는바 그산 하부에 위치하고 있어 산성리로 불리웠으며 일한합병 이후 행정구역 변경으로 문학동의 1부로 되었음 (316)	(11)	

4

지 명 조 사 표

(1) 정리번호	(2) 행정구역명	(3) 지명 A	B	C	(4) 지명의 종류	(5) 지도상 기재	(7) 좌표	(8) 유래	(9) 비고	(10) 당해위원회 재정
	선학동 仙鶴洞				동	무	965 447	자세하지 못하나 예날 도장리가 4246년 문학정으로 되었다가 4279년 선학동으로 개칭하게 되었음 (1,066)	(179)	
		남동염전지구 南洞鹽田地区			염전		969 428	단기4253년에 남동제방을 구축하고 염전을 만들었음 면적은 105정보임 (100)		
		도장 道場			부락	도장 道場	964 447	옛날부터 도장으로 불리웠으며 4246년 문학정으로 편입되었다가 4279년에 선학동으로 편입된 부락임 (540)	(90)	
		소도장 小道場			부락	소도장 小道場	964 448	도장리에 속한 작은 부락으로서 현재 선학동으로 편입된 부락임 (126)	(89)	
	연수동 延壽洞				동	연수 延壽	949 436	옛날 -리가 4246년 연수정으로 되었다가 해방이후 연수동으로 개칭되었음 (1,749)	(390)	
		남동역 南洞驛			역	무	965 417	인천 수원간을 왕래하는 협궤차인 수인선의 1역사임 인천을 시발하여 약 9키로 지점에 위치함 (5)		
		연수교회 延壽敎會			종교시설	무	945 435	단기4281년에 창설된 연수교회당임 (100)		

5

지 명 조 사 표

(1) 일련번호	(2) 행정구역명	(3) 지명 A	B	C	(4) 지명의 종류	(5) 지도상 기재	(7) 좌표	(8) 유래	(9) 비고	(10) 당해기관의 제정
		부수지 浮水地			부락	부수지 浮水地	962 432	부락지형이 해안으로 나가있음으로 옛날에는 하류로 배수가 [illegible]으로 이를 등가하여 부수지로 불러 왔음 (302)	(60)	
		적십자결핵요양원 赤十字結核療養院			주요시설	무	943 437	4446년에 창설되어 주로 결핵환자를 취급하여 왔으며 4278년후에는 공공시설에 수용된 16세미만의 결핵환자를 수용키로 함 (100)		
		신기 新基			부락	신기 新基	948 437	조선시대 즉 [illegible]이씨가 시초로 이곳에 건주하기 시작하여 신기로 불렀다함 (450)	(80)	
		묵동 墨洞	먹느미		부락			옛날 계양시비중에 묵삼이라는 별호를 가진 사람이 이부락에 거주하였음으로 묵동이라 칭하였으며 (A) 혹자는 먹느미라고도 부르고 있음 (B) (300)	(50)	
	청학동 青鶴洞				동	청학 青鶴	938 443	옛날 조리가 4246년에 청학정으로 되었다가 4278년이후 청학동으로 개칭되었음 (915)	(145)	
		연수청학동 [illegible] 延壽青鶴洞			주요시설	무	938 443	해방후 청학동 사무소로 신축사용하고 있었으나 단기4288년 동폐합으로 연수청학동으로 병합되어 그사무실로 현재까지 사용하고 있음		
		사모재고개 思慕峴	삼호재 삼호고개 三呼峴		고개	무	942 446	옛날 외국으로 가는 사신이 이고개에 와서 삼강[illegible]을 사모하고 전송나온 처빈과 작별인사를 하였다는 고개 (A) 옛날 이고개 밑에서 술사자와 선관이 [illegible]였다는 설도 있음 (B) 배반사람에게 잘가라고 세번 불렀다는 뜻임으로		
		청량산 清凉山	척량산 尺量山		산	무	935 436	옛날 [illegible]의 유명한 산이름을 따서 지었다는 설이있으며 (A) 산형태가 자모양으로 생겼다하여 일명 척량산으로도 부르고 있음 (B)		

지 명 조 사 표

(1) 일련번호	(2) 행정구역명	(3) 지명 A	B	C	(4) 지명의 종류	(5) 지도상 기재	(7) 좌표	(8) 유래	(9) 비고	(10) 당해위원회 제정
		청능 靑陵			부락	청릉 靑陵	936 437	옛날 청량산 산하에 부락을 형성하여 집단 거주하였기 때문에 그 산 명칭을 따서 청능이라고 칭하였다 함 (200)	(30)	

2.
「전국 지명조사철 인천시 편 동부출장소」- 보유편

지 명 조 사 표

(1) 정리번호	(2) 행정구역명	(3) 지명 A	B	C	(4) 지명의 종류	(5) 지도상가재	(6) 경위도	(7) 좌표	(8) 유래	(9) 비고	(10) 당해위원회 제정	(11) 상급위원회 승인	(12) 중앙위원회 한글표기	로마자 표기
2-1	동부출장소 東部出張所				출장소 행정기관	유	126-38-20 37-28-30	BS 716 496	4290년 2월 1일 인천시 출장소 설치에 따라 설치하고 6개동 사무소와 7개동을 관할하고 있으며 시청을 중심하여 동쪽에 위치한 관계로 동부출장소라 칭함 (10,147)	(7,571)	동부 출장소		동부출장소	INCHEON SI DONGBU SUB-Branch
2-2	금곡동 一동 金谷洞 一洞				동	유	126-38-20 37-28-20	713 493	해방 당시는 금곡정이라 하였으나 해방후 4280년 2월 1일 지명 변경으로 금곡동이라 칭하였으며 4273년 1월 1일 인천시 조례로 금곡동 一동이라 칭하게 되었음 (2,016)	(4,17)	금곡동 一동		금곡일동	GEUMGOGDONG IL DONG
2-3		배다리			다리 ~~구분지점~~	유	126-38-20 37-28-20	710 492	지금으로부터 약 60년전에 부서진 배로 다리를 설치하였다 하여 배다리라고 불리우고 있음 (현재는 철교로 작강됨)		배다리	좌동	배다리	BAEDARI
2-4		상인천우체국 上仁川郵遞局			우체국 ~~[illegible]~~	유	126-38-20 37-28-20	712 493	전에는 동인천역전에 우체국이 있었으나 4290년 도시계획지구에 해당됨으로 4291년 3월 10일 금곡동一동으로 이전 설치한 것임 (5)		상인천우체국		상인천우체국	SANG INCHEON Post office
2-5		문화극장 文化劇場			극장 ~~구분지점~~	유	126-38-20 37-28-20	713 493	4288년 5월 10일 건립 개관하였음 (800)	(5x)와동일	문화극장		문화극장	MUNHWA Theater
2-6		한국중앙무진회사 인천지점 韓國中央無盡會社 仁川支店			금융기관 ~~주요지점~~	유	126-38-20 37-28-20	712 493	중앙무진회사 본사는 서울특별시 중구 남대문로 1가 10번지에 소재하고 있으며 인천지점 창설은 4259년 3월 10일 설치하였음 (20)		한국중앙무진회사 인천지점		한국중앙무진회사 인천지점	~~HAN-GUG~~ JUNG ANG mutual loan CO, INCHEON Branch
2-7		한국무진회사 인천지점 韓國無盡會社 仁川支店			금융기관 ~~주요지점~~	유	126-38-20 37-28-20	711 493	한국무진 본사는 서울특별시 중구 을지로 2가 25번지에 있고 인천지점은 4290년 3월 15일 설치되었음 (28)		한국무진 회사인천지점		한국무진 회사인천지점	HAN-GUG Mutual loan CO, INCHEON Branch

지 명 조 사 표

(1) 정리번호	(2) 행정구역명	(3) 지명 A	B	C	(4) 지명의 종류	(5) 지도상기재	(6) 경위도	(7) 좌표	(8) 유래	(9) 비고	(10) 당해위원회 제정	(11) 상급위원회 승인	(12) 중앙위원회 한글표기	로-마자 표기
	동부출장소 東部出張所					무		916 486	4290년 2월 1일 인천시 출장소 설치에 따라 설치하고 6개 동 사무소 및 [illegible] 관할하고 있으며 [illegible] 동부출장소라 칭함 ([illegible])	([illegible])	동부 출장소			
258	금곡동二동 金谷洞二洞				동	무	126-38-40 37-28-20	BS 916 489	금곡동一동과 동일한 사유로서 금곡동二동이라 칭하고 있음 (3,639)	(459)	금곡동二동		금곡동 이동	GEUMGOGDONG I DONG
259		금곡교회 金谷敎会			[illegible]	무	126-38-40 37-28-20	[illegible]	단기 4276년 10월 1일 설립하였음 (140)		금곡교회		금곡교회	
260		안식교회 安息敎会			[illegible]	무	[illegible] 37-28-20	[illegible]	단기 4285년 5월 1일 설립하였음 (180)		안식교회		안식교회	
261		금곡二동사무소 金谷二洞事務所			[illegible]	무	[illegible] 37-28-20	[illegible]	금곡동 [illegible]번지에 소재하며 4286년 7월 25일부터 이곳에서 사무 [illegible] (4)		금곡二동 사무소		금곡이동 사무소	GEUMGOG-I2-I DONG Office
262		인천시 동부출장소 仁川市 東部出張所			행정기관 주요시설	무	126-38-30 37-28-20	916 493	4290년 2월 1일 인천시 출장소 설치에 따라 설치되었으며 6개 동사무소와 3개 동을 관할하고 있음 (25)		인천시 동부출장소		인천시 동부출장소	INCHEON SI DONGBU SUB-Branch
263	송림동一동 松林洞一洞				동	무	126-38-30 37-28-20	913 493	개항전 이곳은 대화리(大化里) 괴시리(槐市里)로 불리우다가 왜정당시는 송림정이라 불리었으며 해방후 4280년 2월 1일 지명변경으로 송림동이라 칭하였으며 4283년 12월 1일 조례 설치로 송림동一동이라 칭하게 되었음 (3429)	(548)	송림동一동		송림동 일동	SONGRIMDONG IL DONG
264		송림국민학교 松林国民学校			학교의 주요시설	무	126-38-20 37-28-20	912 494	4254년 3월 30일 인천시 송림동 [illegible]번지에 인천공립상업학교로 건립 4266년 4월 5일 인천공립제二보통학교로 개칭 4261년 10월 1일 인천송림보통학교로 개칭 해방후 송림국민학교로 불으고 있음 (4300)		송림 국민학교		송림국민학교	SONGRIM Primary School
265		송림천주교회 松林天主敎会			교회 주요시설	무	126-38-20 37-28-20	912 495	단기 4285년 7월 10일 천주교회 자리로 245번지에 건립하였음 (4200)		송림천주교		송림천주교회	SONGRIM Church
266	송림동二동 松林洞二洞				동	무	126-38-30 37-28-30	915 497	송림동一동과 동일한 사유로 송림동二동이라 칭하게 되었으며 안송림 바깥송림이라고도 불리우고 있음 (3788)	(1114)	송림동 二동		송림동 이동	SONGRIMDONG I DONG
267		동인천경찰서 東仁川警察署			행정기관 주요시설	무	126-38-30 37-28-20	915 493	8·15 해방과 동시 국립경찰이 창설되여 인천경찰서 관할구역을 분할관할하게 되었으며 인천을 중심으로 동쪽인천을 관할하고 있는 것으로 동인천경찰서라 칭하며 왜정시는 일본자유회사 또는 야전자유회사로 칭하였음 (120)		동인천 경찰서		동인천 경찰서	DONG-INCHEON Police station
268		제一도장 第一屠場			주요시설	무	[illegible] 37-28-20	[illegible]	서영도장으로 약 60년전에 금곡동 부근에 있든것을 현위치로 이전 설치 [illegible] 제一도장이라 칭함 (7)		제一도장		제일도장	

지 명 조 사 표

(1) 정리번호	(2) 행정구역명	(3) 지명 A	B	C	(4) 지명의 종류	(5) 지도상기재	(6) 경위도	(7) 좌표	(8) 유래	(9) 비고	(10) 당해위원회 재정	(11) 상급위원회 승인	(12) 중앙위원회 한글표기	로-마자 표기
269	[illegible]	동명국민학교 東明國民學校	동명학원 東明學院		학교 주요시설	무	126-38-30 37-28-20	BS p15 4P4	4263년 4월 2일 박우현(朴雨鉉)가 동명학원을 건립 4279년 7월 1일 동명국민학교로 승격되였음 (700)		동명 국민학교		동명국민학교	DONGMYEONG Primary school
270		제2교회 第二敎会			종교 주요시설	무	126-38-40 37-28-20	p15 4P6	4282년 5월 21일 인천시 송림동 118번지에 미군 원조로 건립되였음 (700)		제2교회		제삼교회	JESAM Church
271		침례교회 浸礼教会			[illegible]	무	[illegible] 37-28-30	[illegible]	4289년 11월 25일 인천시 송림동 172번지에 미군원조로 건립되었음 (220)		침례교회		침례교회	
272		인천가명 仁川[illegible]	인천고무공장 仁川고무工場		[illegible]	무	[illegible] 37-28-20	p13 4P2	(미) 4263년 1월 5일 인천고무공장으로 건립하여 운영하여가 [illegible] (52)		인천[illegible]		인천공업	
273		송림2동 사무소 松林二洞 事務所			[illegible]	무	[illegible] 37-28-30	"	면기 4283년 1월 8일 조례시 도 송림동2동으로 설치되였다 [illegible] (50)		송림2동 사무소		송림이동 사무소	
274		송림로 松林路			[illegible]	[illegible]	[illegible] 37-28-20	"	4290년 10월 [illegible]일 도로 명칭 제정에 따라 설치 되였으며 송림 [illegible] 배다리부터 송현노-다리 경유 송림4동사무소까지		송림로		송림로	
275	송림동3동 松林洞三洞				동	무	126-38-00 37-28-20	p22 4P5	송림동-동과 동일한 사유로 송림동3동이라 칭하고있음 (13741)	(2424)	송림동 3동		송림동 삼동	SONGRIMDONG SAM DONG
276		서림국민학교 瑞林國民學校			학교 주요시설	무	126-38-00 37-28-20	p22 4P52	4272년 4월 5일 인천 제2송림심상소학교로 설립 4279년 3월 31일부터 인천서림국민학교로 개칭 (2100)		서림 국민학교		서림 국민학교	SEORIM Primary School
277		도림골 桃林谷			[illegible]	[illegible]	126-38-50 37-28-20	p17 4P5	4290년 10월 3일 명명함 [illegible] 桃林 도-다리 → 桃林谷 → [illegible]		[illegible]		도림골	
278		동산중고등학교 東山中高等學校			학교 주요시설	무	126-38-00 37-28-20	p23 4P5	4272년 7월 14일 인천상업전수학교로 설립 4285년 3월 31일 동산중고등학교로 개칭 하였음 (1020)		동산중고등 학교		동산중고등 학교	DONGSAN Middle & High school
279		새골 鳥谷	새골		부락	무	126-38-40 37-28-20	p18 4P[illegible]	이조말엽이전부터 근처 전방에 참새가 많이 모여 드렀다 하여 현재까지도 새골이라 불리우고있음 (1350)	(1850)	새골	좌동	새골	SAEGOL
280		송림3동사무소 松林三洞事務所			[illegible]	무	[illegible] 37-28-10	"	송림동 80번지에 소재하며 4281년 10월 20일 건립하여 [illegible] (60)		송림3동		송림3동 사무소	

지 명 조 사 표

(1) 일련번호	(2) 행정구역명	(3) 지명 A	B	C	(4) 지명의 종류	(5) 지도상기재	(6) 경위도	(7) 좌표	(8) 유래	(9) 비고	(10) 당해위원회 재정	(11) 상급위원회 승인	(12) 중앙위원회 한글표기	로-마자 표기
[illegible]	송림동四동 松林洞四洞				동	무	126-38-10 37-28-40	BS P24 4P8	송림동―동과 동이 한 사유로 송림동四동이라 칭함 (5161)	(1285)	송림동 四동		송림동사동	SONGRIMDONG SA DONG
[illegible]		활터고개 궁峴	헐떡고개		부락	무	126-38-10 37-28-30	P24 4P9	지금은 그 흔적이 없으나 약 70년전에 이곳에 활쏘는 사정(射亭)이 있었든고로 활터고개라 칭하였고 (B) 헐떡고개라고도 하는데 이것은 높은 고개가 있어 누구든지 이고개를 넘으면 헐떡거리는 관계로 헐떡고개라 칭함 (2003)	(170)	활터고개	헐떡고개	활터고개	HOALTEOGOGAE
[illegible]		동양금속주식회사 東洋金屬株式會社			회사	무	126-38-20 37-28-30	P21 4P6	4281년 1월 악어표 공장으로 창설하고 4288년 2월 22일에 동양금속으로 개칭하여 운영중임 (40)		동양금속		동양금속 주식회사	DONG-YANG Metal Co.
[illegible]		구세군송림영문 救世軍松林營門				무	37-28-30	"	4288년 11월에 신설하여 현재에 이르고 있음 (130)		구세군 송림영문		구세군송림영문	
[illegible]		송림四동사무소 松林四洞事務所			관공서	무	126-38-10 37-28-30	P24 4P8	4283년 1월 1일 송림동四동설치에 따라 설치되었으며 동행정사무를 취급하고 있음 (4)		송림四동 사무소		송림사동 사무소	SONGRIM SA DONG Office
[illegible]		송림노―다리 松林노―다리			[illegible]	무	37-	"	[illegible]		[illegible] 노―다리		[illegible]	
[illegible]	송현동三동 松峴洞三洞				동	무	126-38-40 37-28-40	P18 4P9	왜정시는 송현정이라 칭하였으나 해방후 4280년 2월 1일 송현동이라 칭하였으며 4283년 1월 1일 인천시 조례 시행으로 송현동三동이라 칭함 (5668)	(1713)	송현동 三동		송현동삼동	SONGHYEONDONG SAM DONG
[illegible]		인천시배수지 仁川市配水池	수도국산 水道局山	만수산 滿水山	저수지	무	126-38-40 37-28-40	P16 500	단기4241년 9월 노량진 수원지 준공에 따라 500미리 주철관으로 송수하여 인천배수지에서 시민에게 배수하는 관계로 (A) 인천배수지라 칭하였으며 (B) 그당시 수도국에서 관리한 관계로 수도국산이라 칭하게 되였으며 (C) 이명 萬壽山이라 칭하며 현재는 滿水山이라 칭하고 있음		인천시 배수지		인천배수지	INCHEONBAESUJI
[illegible]		대한중공업공사 大韓重工業公社			회사	무	126-38-30 37-28-50	P16 503	4272년 3월 5일 이연금속회사로 발족 4281년 6월 1일 대한중공업공사로 사명을 개칭 4286년 5월 1일 제강 [illegible] 4288년 1월 15일 평로를 [illegible] 조업을 개시하였으며 현재 [illegible] 공장을 건설중에 있음 (578)		대한 중공업공사		대한중공업공사	DAEHAN Heavy Industrial Co. Inc.
[illegible]		한국강업주식회사 韓國鋼業株式會社			회사	무	126-38-30 37-28-40	P16 503	4272년 5월 10일 조선강업주식회사로 설립 (200)		한국강업 주식회사		한국강업회사	HAN-GUG Steel Manufacturing Co.
[illegible]		대한연공업주식회사 大韓鉛工業株式會社			회사	무	-38-50 37-28-50	P17 506	4275년 2월 10일 조선연공업주식회사로 설립 연판, 연관 알미늄 [illegible] (31)		대한연 공업주식회사		대한연공업 주식회사	
[illegible]		장노교제6교회 長老敎第六敎會			교회	무	126-38-40 37-28-40	P17 501	4285년 11월에 장노교 제6교회로 설립하였음 (400)		장노교 제6교회		제육교회	JEYUG Church

2 0 3

지 명 조 사 표

(1) 정리번호	(2) 행정구역명	(3) 지명 A	B	C	(4) 지명의 종류	(5) 지도상기재	(6) 경위도	(7) 좌표	(8) 유래	(9) 비고	(10) 당해위원회 제정	(11) 상급위원회 승인	(12) 중앙위원회 한글표기	로-마자 표기
292	송현[illegible]	송현1동 사무소 [illegible] 事務所			[illegible]	무	126-38-[illegible] 37-28-60	BS	4283년 1월 [illegible]일 조례시행에 따라 송현동으로 됨이라 칭하여 [illegible] (4)		송현1동 사무소		송현1동 사무소	
293	창영동 昌榮洞				동	무	126-38-30 37-28-10	916 490	일정당시는 창영정이라 칭하였으나 4280년 2월 1일 지명변경에 따라 창영동이라 칭함 (4,410)	(602)	창영동		창영동	CHANG-YEONGDONG
294		쇠뿔고개 牛角峴	소뿔이고개 [illegible]峴		고개	무	126-38-40 37-28-10	918 493	(A) 이조중엽부터 고개의 형체가 소뿔과 같다고 하여 쇠뿔고개라 칭한다는 설도 있고 (B) 이고개에 솔뿌리가 늘어져 있다 하여 솔뿌리고개라고도 불리우고 있음		쇠뿔고개	소뿔고개	솔뿔고개	SOBBULGOGAE
295		창영국민학교 昌榮國民學校			[illegible]	무	126-38-40 37-28-10	916 491	4240년 5월 26일 개교 한국인학교로는 문교부 연구학교로 지정되어 있음 (2,958)		창영 국민학교		창영국민학교	CHANG-YEONG Primary school
296		영화여자중학교 永化女子中學校			[illegible]	무	126-38-10 37-28-10	917 491	4286년 5월 5일 개교하였음 (219)		영화 여자중학교		영화 여자중학교	YEONGHWA Girls middle school
297		영화여자국민학교 永化女子國民學校			[illegible]	무	126-38-50 37-28-10	917 491	4226년 4월 30일 미국인선교사 "존스" 부인이 설립하였고 한국소년교육에 이바지하고 있음 (477)	(296)과 동일함	영화여자 국민학교		영화국민학교	YEONGHWA Primary school
		영화유치원 永化幼稚園			[illegible]	무	37-	"	42[illegible]년 12월 28일 미감리교 유지재단으로 설립하여 한 [illegible] (41)		영화 유치원			
298		동인천세무서 東仁川稅務署			[illegible]	무	126-38-20 37-28-10	918 492	4287년 7월 1일 사세청 기구개편에 따라 설치되었음 (102)		동인천 세무서		동인천세무서	DONG-INCHEON Taxation office
11		창영교회 昌榮敎會			[illegible]	무	126-38-[illegible] 37-28-10	"	지금으로부터 약 40여년전에 [illegible]에 의하여 기독교 [illegible] (270)	[illegible]	창영교회		창영교회	
		창영동사무소 昌榮洞事務所			[illegible]	무	126-38-[illegible] 37-28-10	"	창영동 43번지의 1에 소재하며 4275년 6월 15일 동사무 [illegible] (70)	[illegible]	창영동 사무소		창영동 사무소	
							126- 37-							
							126- 37-							

3.
「전국 지명조사철 인천시 편」
조사용 지도

1) 인천

2) 인천시

※ 도엽 명칭은 추정하여 제시한 것임.

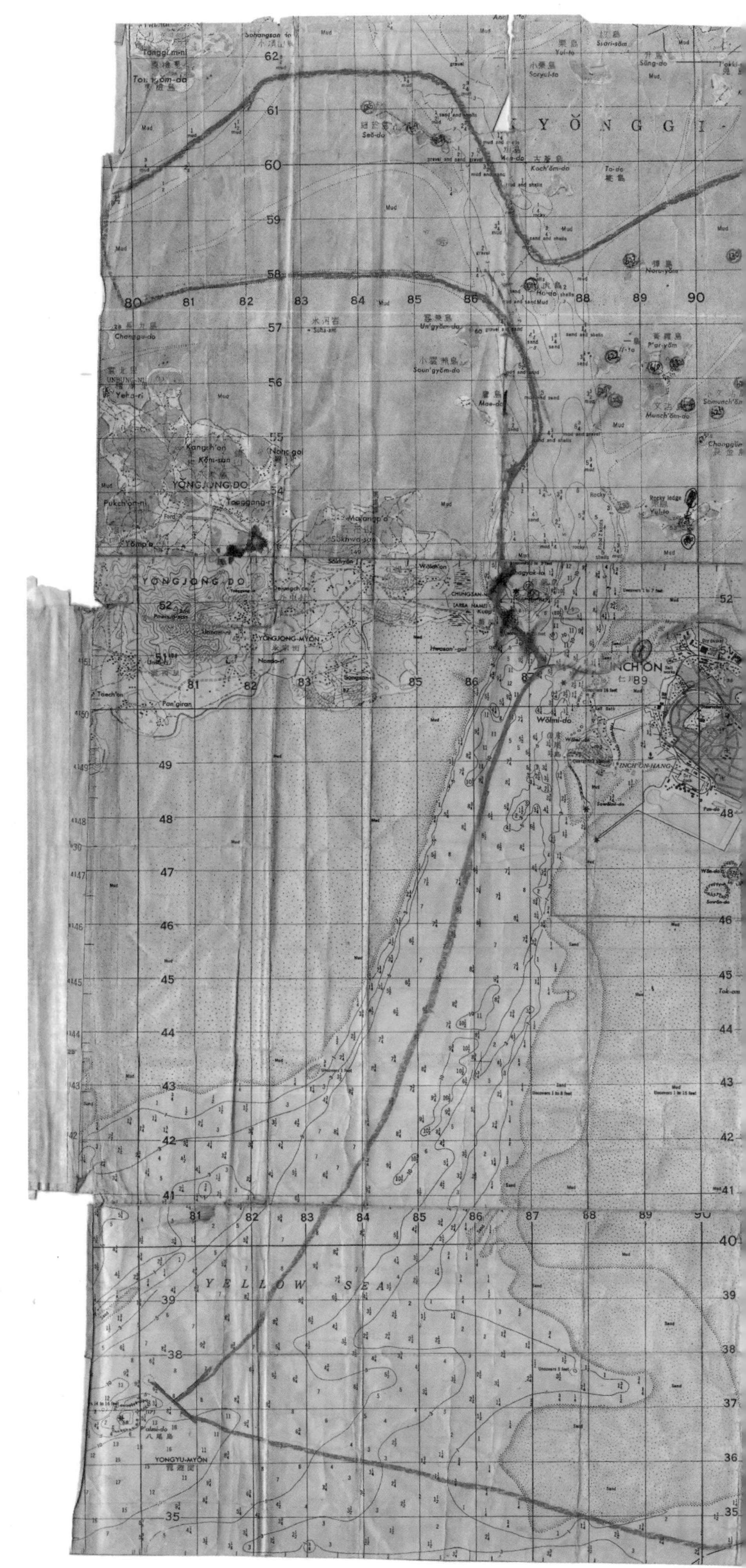
KYŎNGGI
YŎNGJONG DO
YŎNGJONG-MYŎN
INCH'ON
INCH'ON-HANG
Wŏlmi-do
Y E L L O W   S E A
YONGYU-MYŎN
Kach'ŏm-do
Un'gyŏm-do
Soun'gyŏm-do
Chonggo-do

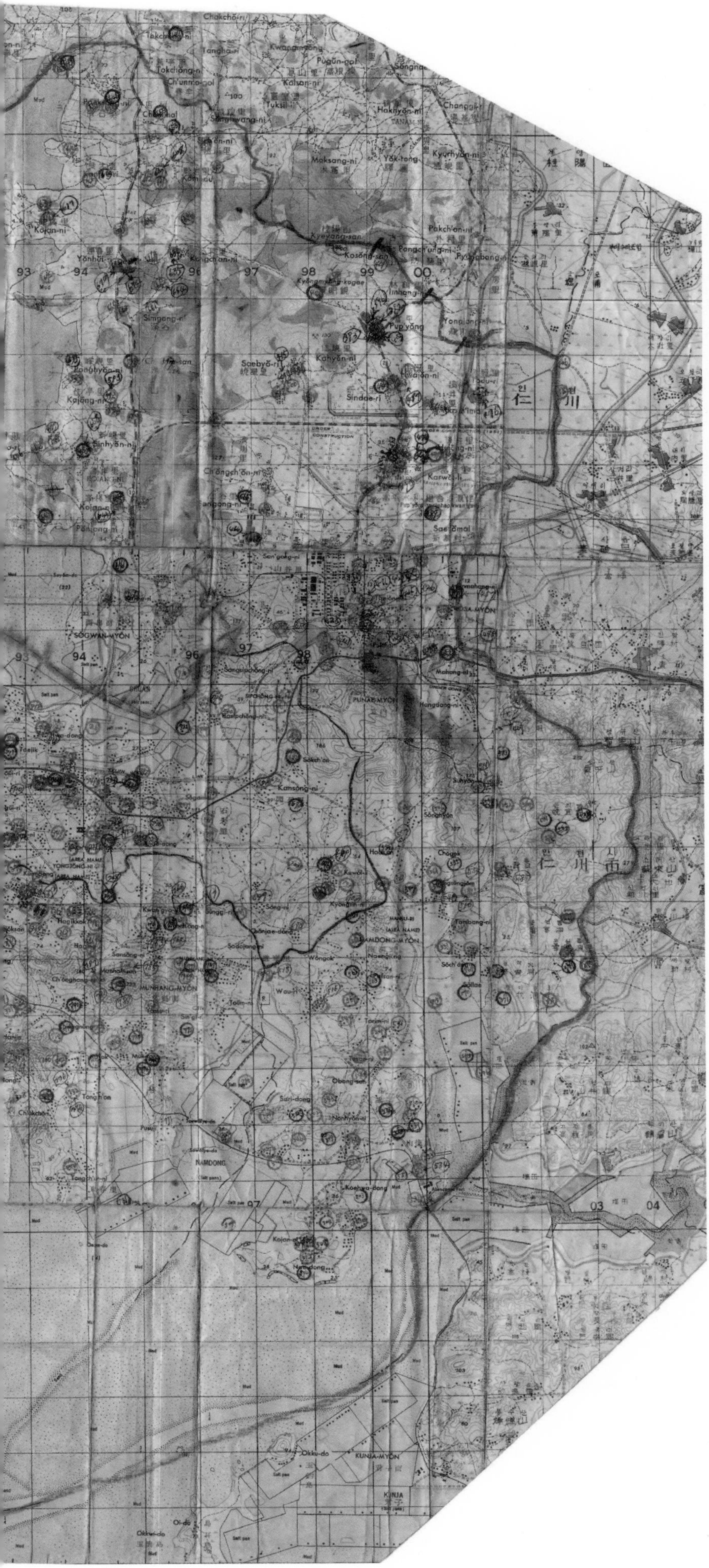
Chakchŏ-ri
Tokchŏng-ni
Tangha-ri
Kwangmyŏng
Pugŭn-gol
Songnae
Tokchŏng-ni
Ch'unmo-gol
Kalsan-ni
Tuksil
Sangbwang-ni
Hakhyŏn-ni
Changgi-ri
Maksang-ni
Yŏk-tong
Kyurhyŏn-ni
Kojan-ni
Yŏnhŭi
Kyŏyang-san
Pakch'ŏn-ni
Kosŏng-san
Pyŏngbang-ni
93
94
96
97
98
99
00
Simgong-ni
Inhang-ni
Pup'yŏng
Yongjong-ni
Saebyŏ-ri
Kahyŏn-ni
Kajŏng-ni
Sindae-ri
Sinhyŏn-ni
仁
川
Ch'ŏngch'ŏn-ni
Karwŏ-ri
Sae'ŏmal
San'gok-ni
SŎGWAN-MYŎN
PUNAE-MYŎN
Kansŏng-ni
仁
川
市
NAMDONG-MYŎN
MUNHAK-MYŎN
Koehwa-dong
NAMDONG
Okku-do
KUNJA-MYŎN
KUNJA
Oi-do
03
04

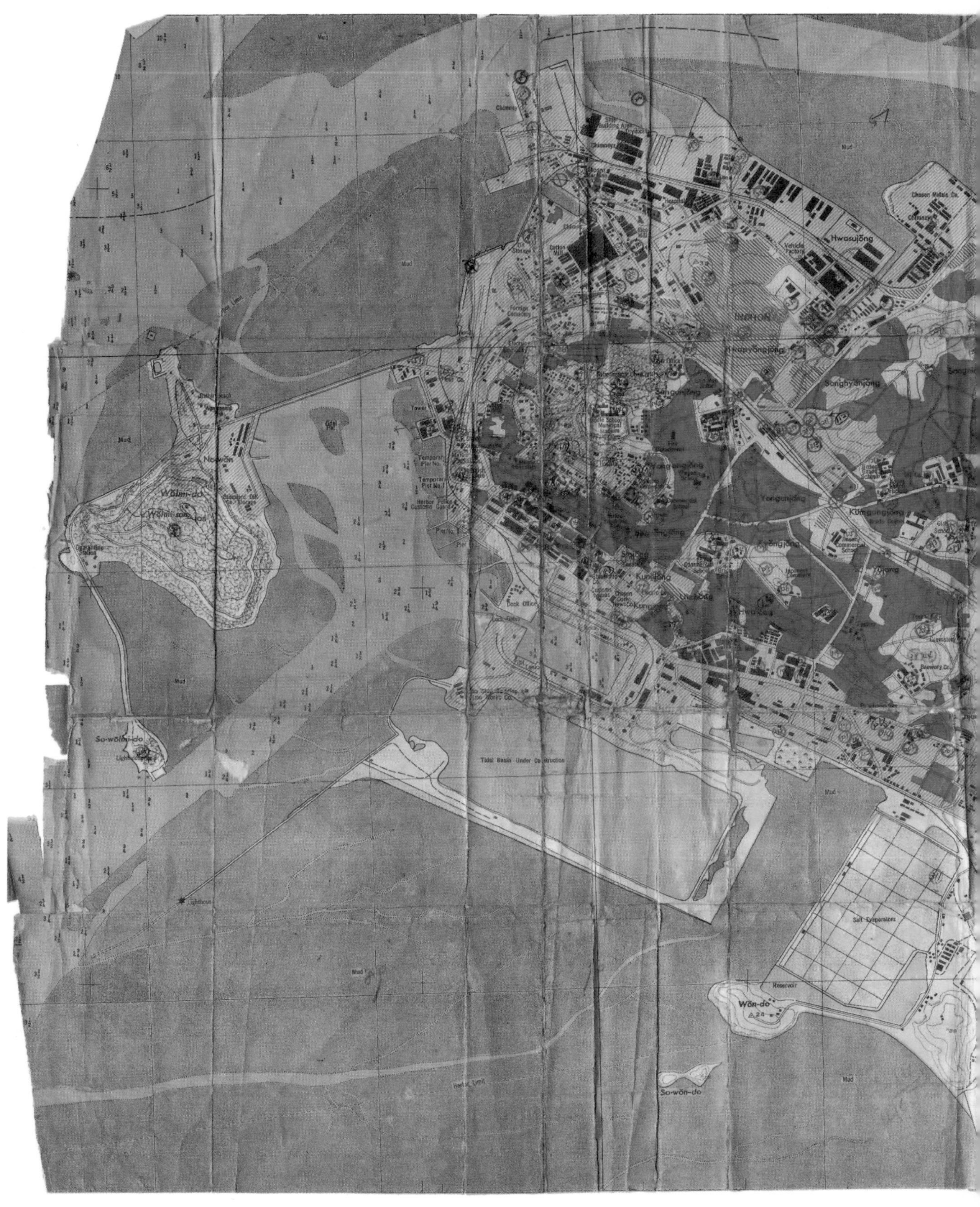
Mud
Chosen Metals Co.
Chimney
Hwasujŏng
Vehicle Factory
Songhyŏnjŏng
Yongunjŏng
Kŭmgongjŏng
Kyŏngjŏng
Commercial School
Yujŏng
Cotton Mill
Wŏlmi-do
Nowŏn
So-wŏlmi-do
Tower
Dock Office
Tidal Basin Under Construction
Lighthouse
Salt Evaporators
Reservoir
Wŏn-do
So-wŏn-do
Harbor Limit

Kajwa-ri
Salt Evaporator
Sangsip-chong-ni
SOGWAN-MYON
Reservoir
Mud
Hasipchong-ni
Hwa-dong
Taejik
Tohwa-ri
Youi-ri
Subong
Changui-ri
Sogam-ni
Songhae-dong
Under Construction
Tokchong-ni
Piryong-ni
MUNHANG-MYON
Kwan gyo-ri
Kum-dong
Sungbi-ri

4.
「지방별 지명조사철 인천시 편」 조사용 지도

인천시

금포1

인천(仁川)

서울

온수리(溫水里)

금포2

백천(白川)

무학리

강화

통진(通津)

주문도(注文島)

SŎNCH'ŎN

KOREA 1:12,500
대 한
FIRST EDITION-ROKAMS
INC
INCH'ONHANG

시
CITY
Salt pans
Salt pans
Salt pans
Tohwa-dong
Chuan-dong
Sobong-san
Technical school
Pifyong-dong
Engineering college
Hogu-dong
Teenager prison
Hagik-dong
Toschong-dong
Changui-dong
Songnim-dong
Primary school
Fire station
middle school
primary school

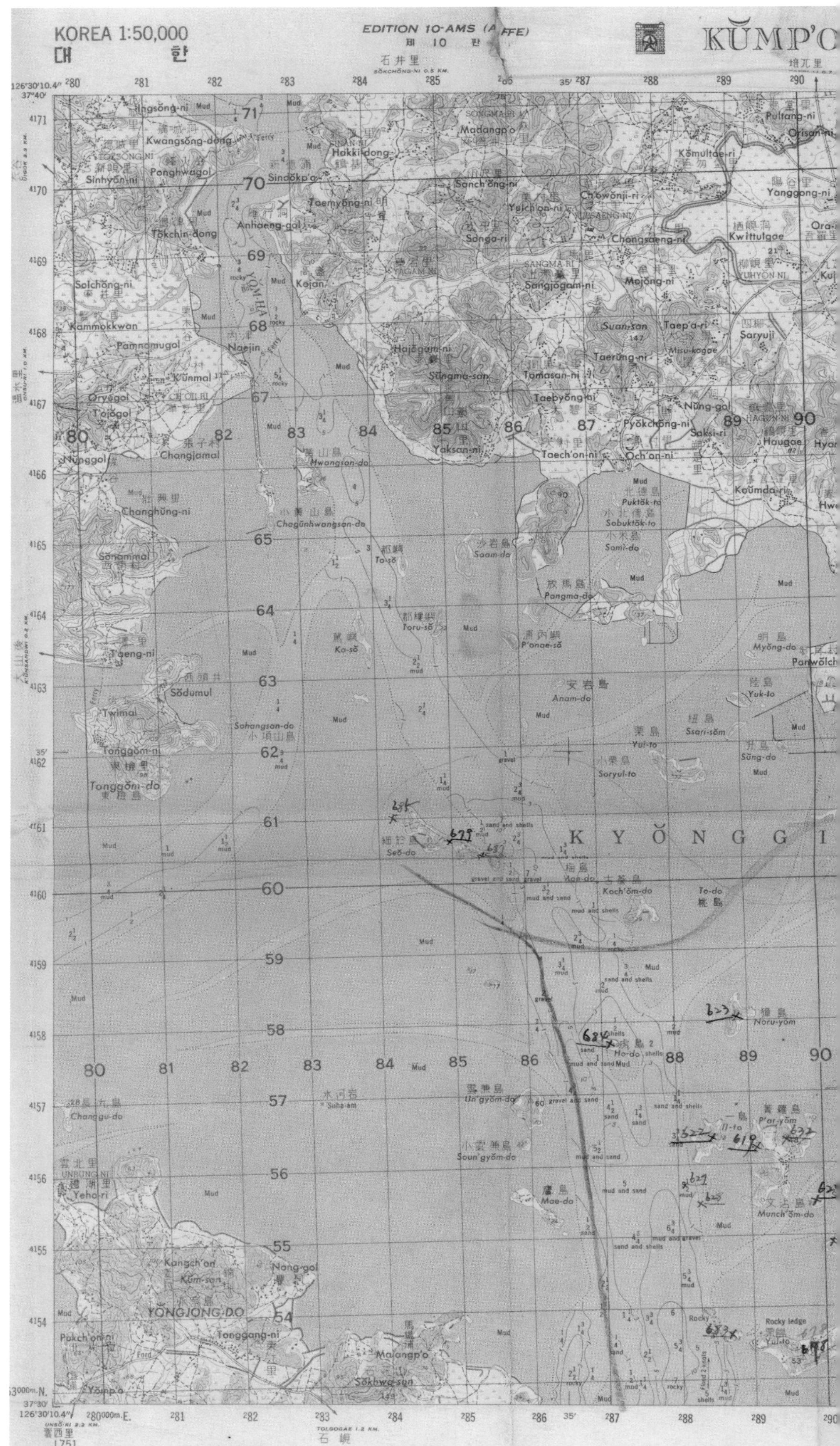
KOREA 1:50,000
대 한
EDITION 10-AMS
제 10 판
KŬMP'O
石井里
Hagsŏng-ni
Kwangsŏng-dong
Sinhyŏn-ni
Ponghwagol
Sindŏkp'o
Hakki-dong
Madangp'o
Sanch'ŏng-ni
Kŏmultae-ri
Pultang-ni
Orisan-ni
Yanggong-ni
Taemyŏng-ni
Anhaeng-gol
Tŏkchin-dong
Yulch'on-ni
Songa-ri
Ch'ŏwŏnji-ri
Chongsaeng-ni
Kwittulgae
Solchŏng-ni
Kojan
YŎM HA
Sangjŏgam-ni
Mojŏng-ni
Kammokkwan
Naejin
Suan-san
Taep'a-ri
Saryuji
Pamnamugol
Hajŏgam-ni
Taerŭng-ni
Kŭnmal
Sŭngma-san
Tomasan-ni
Oryŏgol
T'ojŏgol
Taepyŏng-ni
Nŭng-gol
Pyŏkchŏng-ni
Saksi-ri
Hougae
Nŭnggol
Changjamal
Hwangsan-do
Yaksan-ni
Taech'on-ni
Och'on-ni
Kŭmda-ri
Changhŭng-ni
Puktŏk-to
Sobuktŏk-to
Chagŭnhwangsan-do
Sami-do
Saam-do
To-sŏ
Sŏnammal
Pangma-do
Toru-sŏ
Ka-sŏ
P'onae-sŏ
Myŏng-do
Taeng-ni
Sŏdumul
Anam-do
Yuk-to
Twimal
Sohangsan-do
Ssari-sŏm
Tonggŏm-ni
Yul-to
Sŭng-do
Soryul-to
Tonggŏm-do
Sŏ-do
K Y Ŏ N G G I
Mae-do
Koch'ŏm-do
To-do
Noru-yŏm
Ho-do
Un'gyŏm-do
Suha-am
Changgu-do
Soun'gyŏm-do
P'ar-yŏm
UNBUNG-NI
Yeho-ri
Munch'ŏm-do
Kangch'on
Kŭm-san
Nong-gol
YŎNGJONG-DO
Pokch'on-ni
Tonggang-ni
Malangp'o
Sŏkhwa-san
Yŏmp'o
Rocky ledge
Yul-to
Mud
TOLGOGAE 1.2 KM.
石峴
L751

REFER TO THIS MAP AS:
SHEET 6526 IV
SERIES L751
Kŭmp'o
Nonji-do
Sŏksan-ni
Nusan-ni
Palsan-ni
Chiruji
Kegol
Unyang-ni
Ch'ŏngsu-dong
Changgi-ri
Koch'ang-ni
Togol
Hwanggol
Naeongjajŏng-ni
Oeongjajŏng-ni
Najin'gyo
Kamjŏng-ni
Taegong-ni
Sŏrwŏn-ni
Pusan-dong
Yŏrae-ri
Pullo-ri
Mokchi-ri
Pungmu-ri
Sau-ri
Sin-ni
Sop'ul
Hyangsan-ni
Tongbyŏn-ni
Kwakchŏl-li
Imep'o
Kambau-nara
HAN-GANG
Kŭmgong-ni
Taptu-ri
Kosanhu-ri
Kosanha-ri
Yangdo-ri
Sŏnsu-dong
Kalsan-ni
Nŭngnae
Wanjŏng-ni
Tanggong-ni
Yuhyŏn-ni
Ihwa-ri
Palsan-ni
Majŏn-ni
Ch'ŏngnyong-ni
Nunggol
Chokchŏ-ri
Oryo-ri
Tŏkchŏng-ni
Tangha-ri
Kwangmyong
Pugŭn-gol
Sŏngnae-ri
Sŏnjuji-ri
Soksagon-ni
Kŏŏ-ri
Tokchŏng-ni
Ch'unmo-gol
Kalsan-ni
Tuksil-li
Hakhyŏn-ni
Changgi-ri
Ch'ŏmmal
Sŏnghwang-ni
Sinch'ŏn-ni
Moksang-ni
Yŏk-tong
Kyuhyŏn-ni
Kombau
Kojan-ni
Kyeyang-san
Pakch'on-ni
Pangch'ung-ni
Pyŏngbang-ni
Kosŏng
Yŏnhŭi-ri
Kongch'on-ni
Kyŏngmyŏng-kogae
Imbang-ni
Simgong-ni
Yongjong-ni
Saebyŏl
Kahyŏn-ni
Panghyŏn-ni
Kajang-ni
Hwajŏn-ni
Sindae-ri
Kŏan-ni
Ch'ŏngch'ŏn-ni
San'gong-ni
Karwŏl-li
Kojan-ni
Pŏnjang-ni
Saet'ŏmal
Chach'i-do
Mud
365

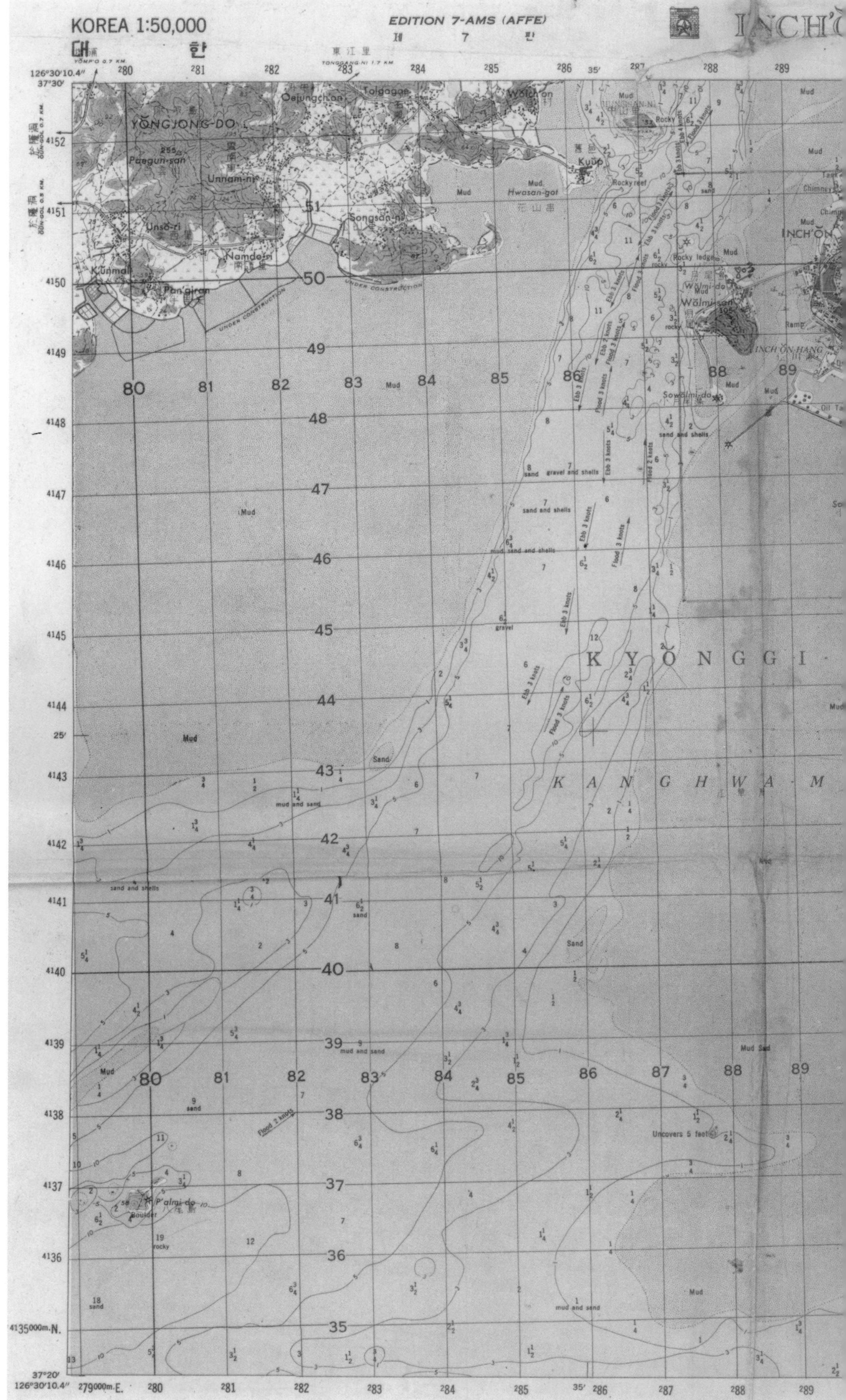
KOREA 1:50,000
EDITION 7-AMS (AFFE)
INCH'ŎN
YŎNGJONG-DO
Paegun-san
Unnam-ni
Unsŏ-ri
Namdo-ri
Kŭnmal
Pan'giran
Oejungch'on
Tolgage
Wŏlch'on
Songsan-ni
Kubp
Hwasan-got
Wŏlmi-do
Wŏlmi-san
Sowŏlmi-do
INCH'ŎN-HANG
P'almi-do
KYŎNGGI
KANGHWA M
UNDER CONSTRUCTION
Mud
sand and shells
mud and sand
Uncovers 5 feet
Flood 2 knots
Ebb 3 knots
Flood 3 knots
Rocky reef
Rocky ledge
4135000m.N.
279000m.E.
126°30'10.4"
37°30'
37°20'

REFER TO THIS MAP AS:
SHEET 6526 III
SERIES L751
Ascam
Sangsipchŏng-ni
Pupyŏng
Pulcham
Mobun-ni
Hangdong-ni
Tolmal
Kansong-ni
Sŏnghyŏn
Songnae-dong
Sŭnggi-ri
Hoch'on
Kyŏngsin
Songmal
Chŏnjae-dong
Kwanch'ong-ni
Tambang-ni
Sodolang-ni
Sach'ang-ni
Sollae
Palsan-ni
Wŏn'gu
Tojang-ni
Tosan-ni
Torim-ni
Obongsan
Namhyŏn
Konhwa-dong
Kolsan-dong
Kojan-ni
Anmal
Okku-do
Oi-do
Oeam-do
Taeam-dong
Ch'okchŏn
Tongch'on
Haakkol
Yŏnsu
Mud

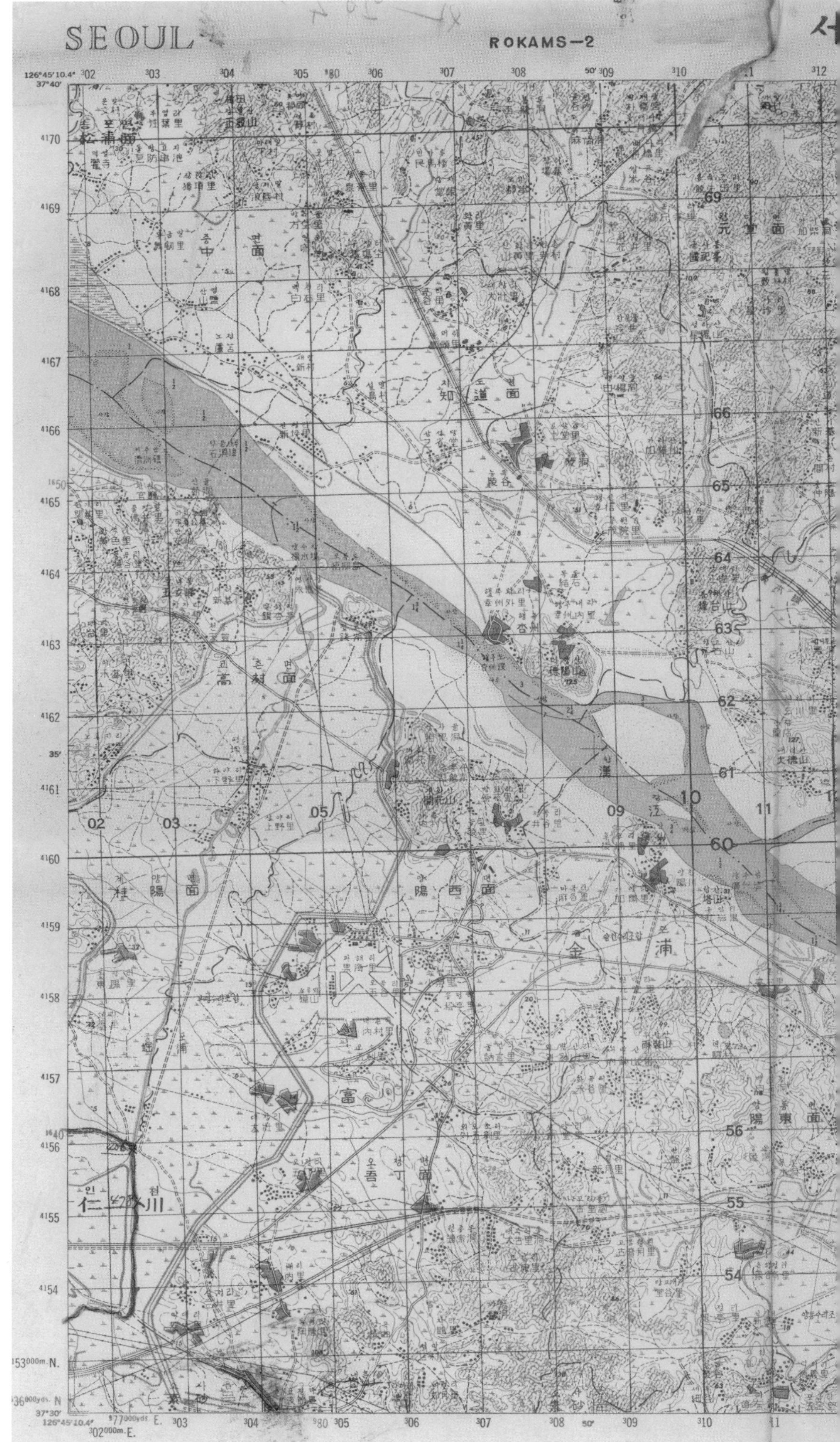
SEOUL
ROKAMS-2
中面
知道面
高村面
陽西面
桂陽面
陽東面
金浦
富
漢江
仁川
元堂面

서울 3 호

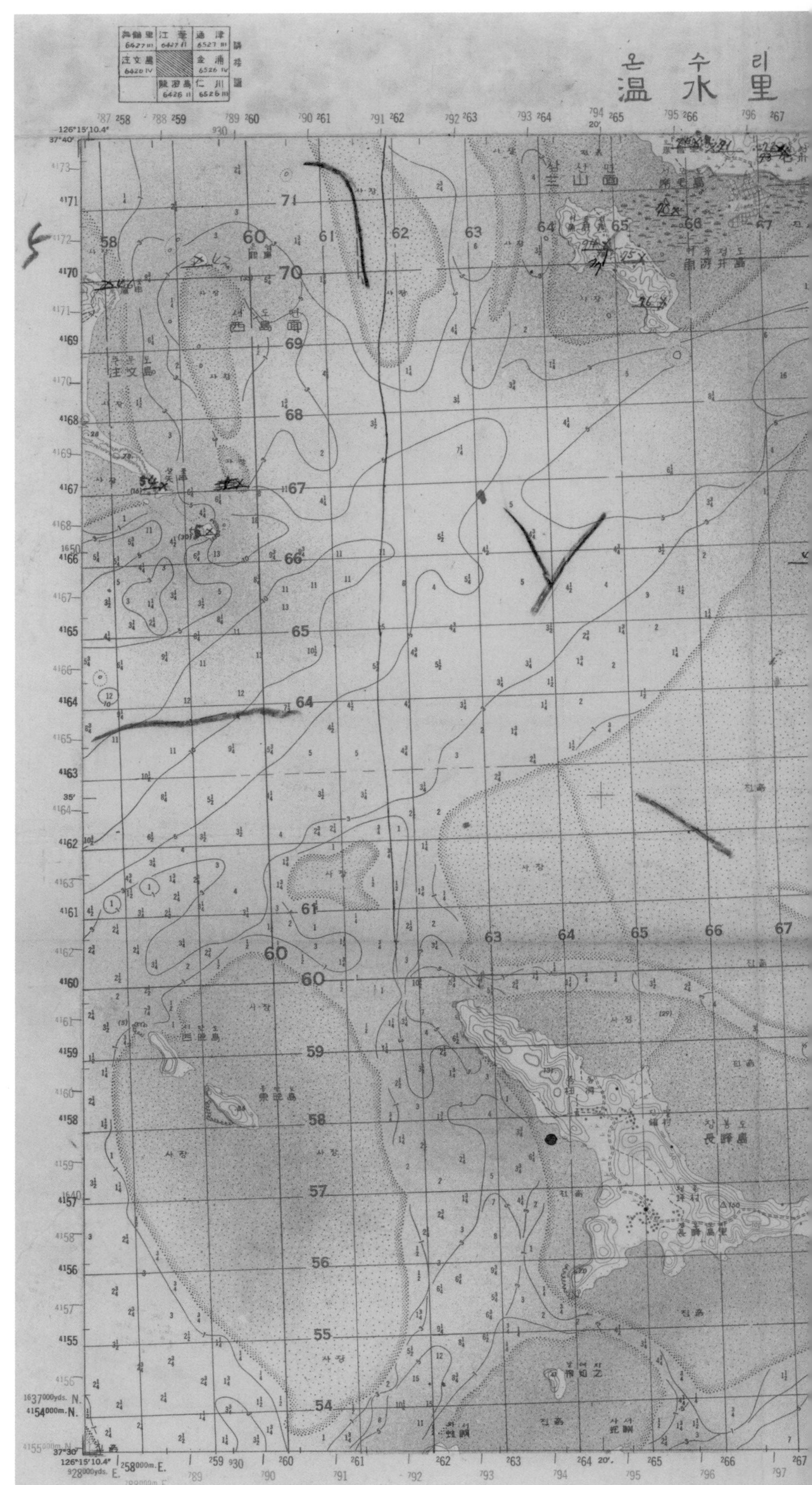
온 수 리
溫水里
삼 산 면
三山面
서 도 면
西島面
注文島
長峰島
사 장
진 흙

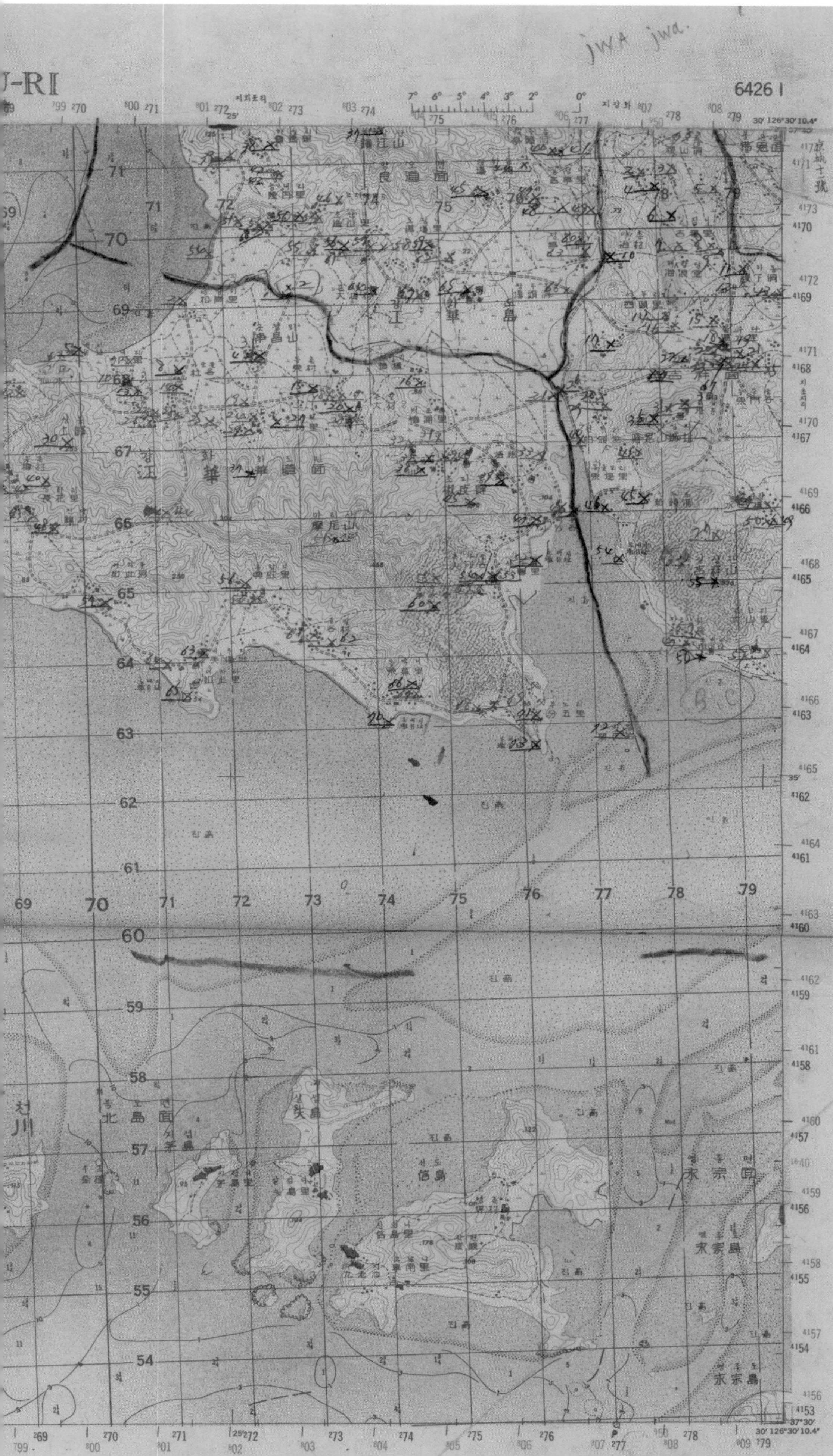

J-RII
6426 I
jwA jwa.
京城十二號
鎮江山
良道面
江華島
江華邑
吉祥面
摩尼山
北島面
矢島
茅島
信島
永宗面
永宗島

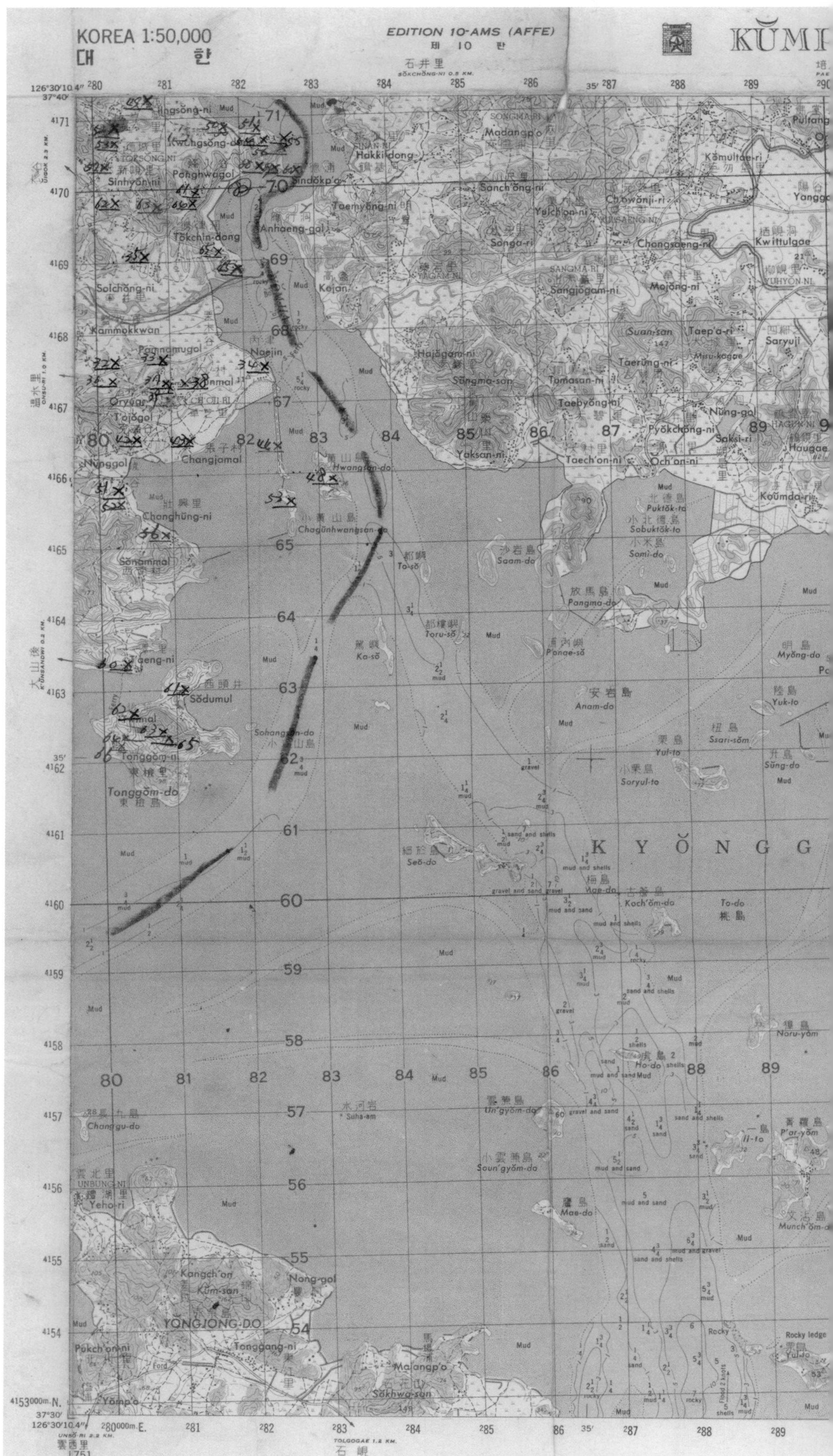
KOREA 1:50,000
대 한
EDITION 10-AMS (AFFE)
제 10 판
KŬMI
Hakki-dong
Madangp'o
Sanch'ŏng-ni
Yuich'on-ni
Ch'owŏnji-ri
Kŏmultae-ri
Taemyŏng-ni
Anhaeng-gol
Sindokp'o
Songa-ri
Chongsaeng-ni
Kwittulgae
Sangjŏgam-ni
Mojŏng-ni
Kojan
Solchŏng-ni
Kammokkwan
Hajŏgam-ni
Sŭngma-san
Suan-san
Taep'a-ri
Saryuji
Taerŭng-ni
Tomasan-ni
Taebyŏng-ni
Nŭng-gol
Pyŏkchŏng-ni
Saksi-ri
Haugae
Yaksan-ni
Taech'on-ni
Och'on-ni
Changjamal
Hwangsan-do
Chonghŭng-ni
Chagŭnhwangsan-do
Puktŏk-to
Sobuktŏk-to
Somi-do
Saam-do
To-sŏ
Sŏnammal
Pangma-do
Toru-sŏ
Ponae-sŏ
Ko-sŏ
Myŏng-do
Sŏdumul
Anam-do
Yuk-to
Tonggŏm-ni
Tonggŏm-do
Sohangsan-do
Ssari-sŏm
Yul-to
Soryul-to
Sŭng-do
Seŏ-do
K Y Ŏ N G G
Nae-do
Kach'ŏm-do
To-do
Noru-yŏm
Ho-do
Changgu-do
Suha-am
Un'gyŏm-do
Il-to
P'ar-yŏm
Soun'gyŏm-do
UNBUNG-NI
Yeho-ri
Mae-do
Munch'on-do
Kangch'on
Kŭm-san
Nong-gol
YONGJONG-DO
Pukch'on-ni
Tonggang-ni
Malangp'o
Sakhwa-san
Yŏmp'o
Rocky ledge
Yul-to
Mud
rocky
sand and shells
mud and sand
gravel and sand
TOLGOGAE 1.2 KM.
石 峴
L751

포
이 지도 참조는 도엽
REFER TO THIS MAP AS:
SHEET 6526 IV
SERIES L751
Sŏksan-ni
Nusan-ni
Ongjŏm-ni
Palsan-ni
K'ŭnmal
Panwŏl-li
Pŏpkon-ni
Sŏbyŏn-ni
paegam-ni
Unul
Tongbyŏn-ni
Kwakchŏl-li
Imep'o
Chiruji
Kolmal
Kegol
Unyang-ni
Kodan-ni
Unyuha-ri
Ch'ŏngsu-dong
Kam-bau
HAN GANG
Changgi-ri
Chŏnhyŏn-ni
P'yŏng-ni
Sŏngmo-ri
Somasan-ni
Unyŏ-san
Naech'on
Koch'ang-ni
Masan-ni
Taemasan-ni
Togol
Naeongjajŏng-ni
Kŭmp'o-nongjang
Oeongjajŏng-ni
Najin'gyo
Hwanggol
Kamjŏng-ni
Kŭmp'o
Kahyŏn-bong
Taegong-ni
Sŏrwŏn-ni
Taejŏng-ni
Sau-ri
Sop'ul
Sin-ni
Pusan-dong
Hyangsan-ni
Kahyŏn-dong
Chwa-dong
Yŏrae-ri
Pullo-ri
Mokchi-ri
Sim-ni
Pungmu-ri
WŎNDANG-NI
Kŭmgong-ni
Taegol
Sogok
Taptu-ri
Sŏnsu-dong
ORYU-RI
Kalsan-ni
Kosanhu-ri
Yangdo-ri
Ponghwach'on
Kosanha-ri
Nŭngnae
Wanjŏng-ni
Tanggong-ni
Yuhyŏn-ni
Taewanggil-li
Palsan-ni
Ihwa-ri
Sowanggil-li
Majŏn-ni
Ch'ŏngnyong-ni
Nŭnggol
Chokchŏ-ri
Oryu-ri
Soksagon-ni
Tokchŏng-ni
Kwaegmyŏng
Tangha-ri
Pugŭn-gol
Sŏngnae-ri
Sŏnjuji-ri
Kŏo-ri
Tokchŏng-ni
Ch'unmo-gol
Kalsan-ni
Tuksil-li
Changgi-ri
Hakhyŏn-ni
TANAM-NI
Paeksŏng-ni
Chŏmmal
Sŏnghwang-ni
Sich'ŏn-ni
Nanji-do
Moksang-ni
Yŏk-tong
Kyurhyŏn-ni
Kaojae-ri
Kŏmbau
Kŭm-san
Kolan-ni
Kyeyang-san
Pakch'on-ni
Pangch'ung-ni
Kosŏng-san
Pyŏngbang-ni
Yŏnhŭi-ri
Kongch'on-ni
Sa-sŏm
Kyŏngmyŏng-kogae
Imhang-ni
Pup'yŏng
Yongjong-ni
Simgong-ni
Ch'ŏlma-san
Saebyŏ-ri
Kahyŏn-ni
Panghyŏn-ni
Hwajŏn-ni
Tadu-ri
Sindae-ri
Kojang-ni
Kkach'imal
UNDER CONSTRUCTION
UNDER CONSTRUCTION (1954)
So-yŏm
Sinhyŏn-ni
Hujŏng-ni
Chach'i-do
P'o-ri
Ch'ŏngch'ŏn-ni
Power station
Karwŏl-li
KOJANG-NI
Pup'yŏng-surijohap-kwan'gaeji
San'gong-ni
Kojan-ni
Saet'ŏmal
Ponjang-ni
KAJWA-RI 1.5 KM.
佳佐里
TAEJŎNG-NI 1.5 KM.
大井里
37°30'
37°40'
45' 126°45'10.4"
Mud

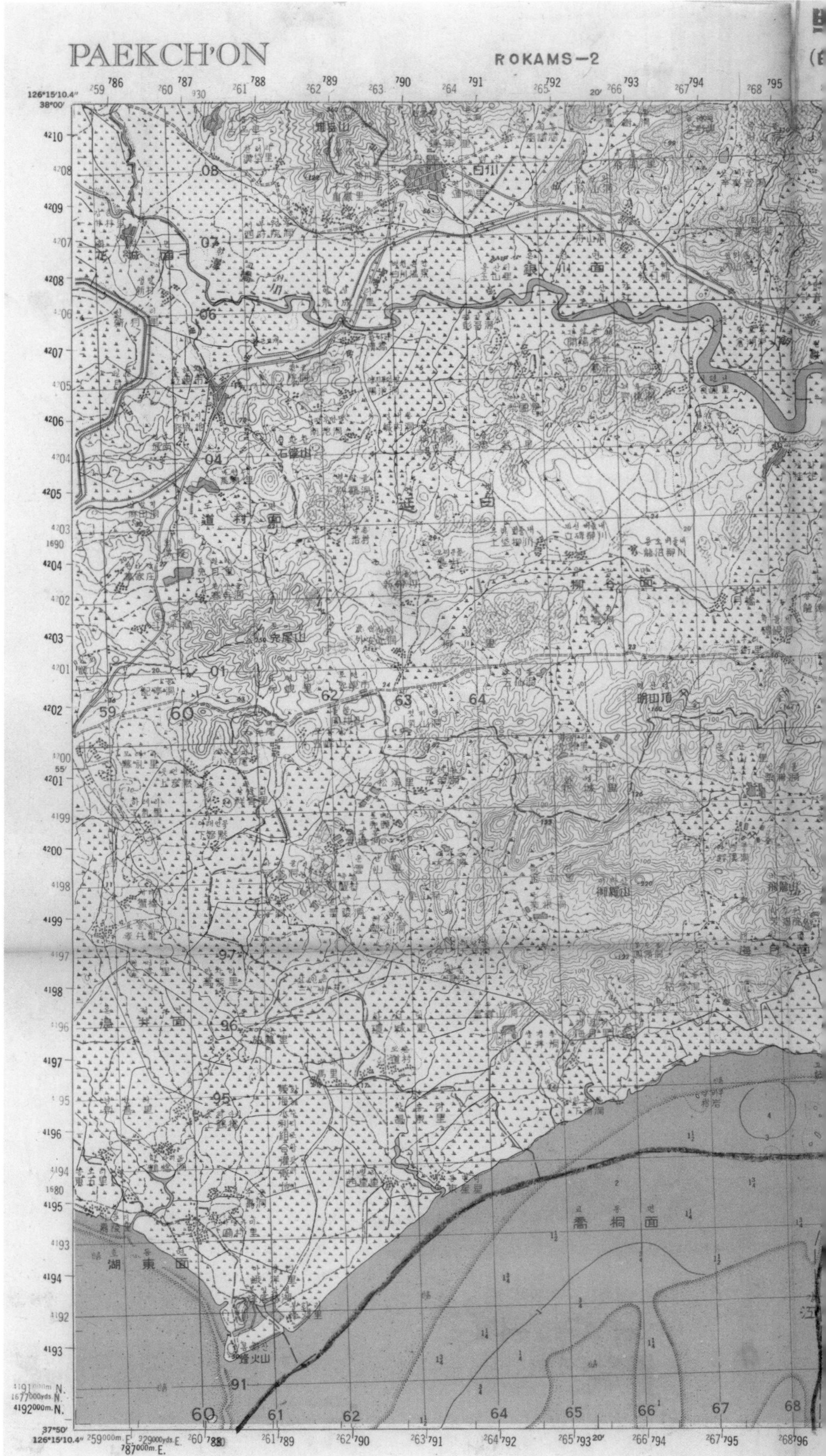
PAEKCH'ON
ROKAMS—2

천
川)
KOREA 1:50,000
6427 I

KOREA 1:50,000
대 한
EDITION 6-AMS (AFFE)
제 6 판
新浦里
SINP'O-RI 0.5 KM.
YONGDO-MYŎN
SONGBONG-MYŎN
HONAM-MYŎN
Rocky ledge
Kujŭngsan-do
Chŭngsan-ni
Kyŏngmal-to
Uphang-ni
石山里
Sŏksan-ni
Ihwa-dong
Kaehyon-ni
Yebang-ni
Tongsan-ri
Chinmi-dong
Saenmal
Hu-dong
Yongjŏng-ni
Ch'oso-ri
Tangha-ri
Hwayang-ni
Maehwa-ri
Nae-dong
Koho-ri
CH'ŎNGNYONG-MYŎN
Yuho-ri
Changhyŏn-dong
Yŏgyang-ni
Oam-ni
Panip'o
盤伊浦
Apipau
PYŎKSŎNG-GUN
YŎNBAEK-KUN
Hyŏn-am
Mahang-dong
mud and sand
sand
Uncovers 1 to 15 feet
Uncovers 14 feet
Uncovers 13 feet
Tidal flat
YELLOW SEA
Uncovers 7 feet
HWANGHAE-DO
KYŎNGGI-DO
Uncovers 2 feet
Uncovers 26 feet
Hambak-to
Rocky
Uncovers 3 to 9 feet
Uncovers 6 feet
SŎDO
4173000m. N.
37°40'
126°00'10.4"
236000m. E.

-NI 무학리
도엽 SHEET 6427 III
AMS SERIES L751
HODONG-MYŎN
ONAM-MYŎN
YŎNBAEK-KUN
KANGHWA-GUN
HWANGHAE-DO
KYŎNGGI-DO
Yŏk-sŏm
Yultu-san
Tolgonni
Omi-dong
MUHANG-NI
Musŏsan-ni
KYODONG-DO
KYODONG-MYŎN
Kami-dong
Nan'go-ri
Tangdu-dong
Namŏng-ni
Tongjang-ni
Mil-chae
Tongsan-ni
Morime
Kŭmjŏng-gol
Chuksanp'o
Masŏn
Mun'anp'o
Pultangp'o
Kan-dong
Nodŏri
Yuch'on
HAENAM-NI
Saho-ri
KURYONG-NI
MURUNG-NI
Pikku
Sŏgŏm-do
Sŏgŏm-ni
Solch'aek
Nap-sŏm
SAMSAN-MYŎN
Yŏngnam
Kŭmi-san
Ku-sŏk
Ponghwa-bong
PORŬM-DO
Ŭnhaengmal
Kedaraemal
Yook-san
Mokpulli
TANGHAMAL 0.1 KM.
PISALGON-NI 1.3 KM.
YANGGAM-NI 0.2 KM.
Uncovers 7 feet
Uncovers 9 feet
Uncovers 25 feet
Uncovers 9 to 15 feet
Tidal flat
mud and sand
126°15'10.4"
37°50'
37°40'

대 한
제 6 판
HODONG-MYŎN
HWANGHAE-DO
KYŎNGGI-DO
KYODONG-MYŎN
KYODONG-DO
喬桐島
SŎNGMO-DO
席毛島
SAMSAN-MYŎN
AMS L751
MAEUM-NI 0.4 KM.
煤音里

강 화
SHEET 6427 II
AMS SERIES L751
YANGSA-MYŎN
HAJŎM-MYŎN
KANGHWA-DO
SONGHAE MYŎN
KANGHWA-MYŎN
NAEGA-MYŎN
SONWŎN-MYŎN
PURUN-MYŎN
YANGDO-MYŎN
KILSANG-MYŎN
REPUBLIC OF KOREA ARMY MAP SERVICE 10/60

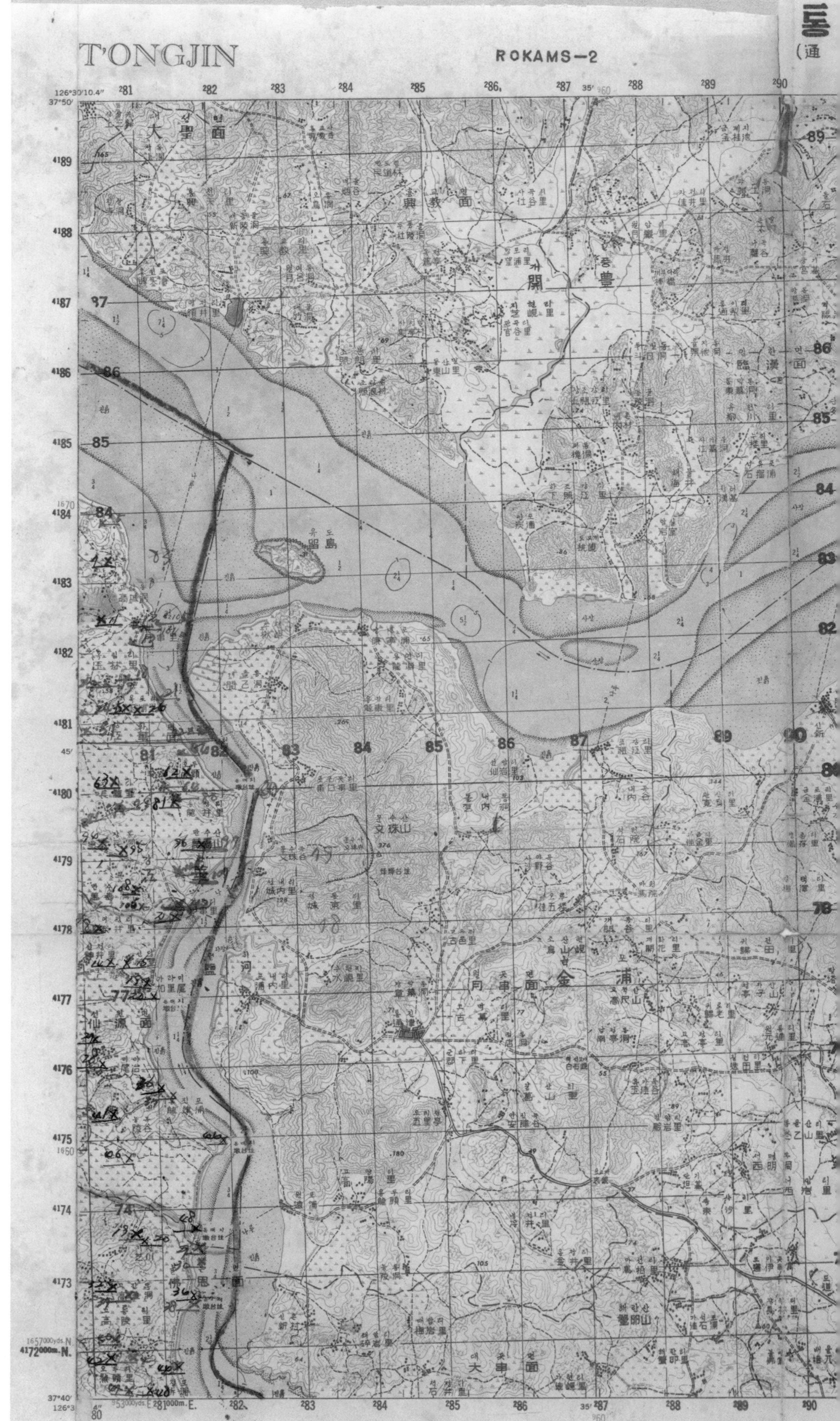

T'ONGJIN
ROKAMS-2
1통
(通
大聖面
興教面
開豊
臨漢面
留島
文殊山
月串面
金浦
大串面

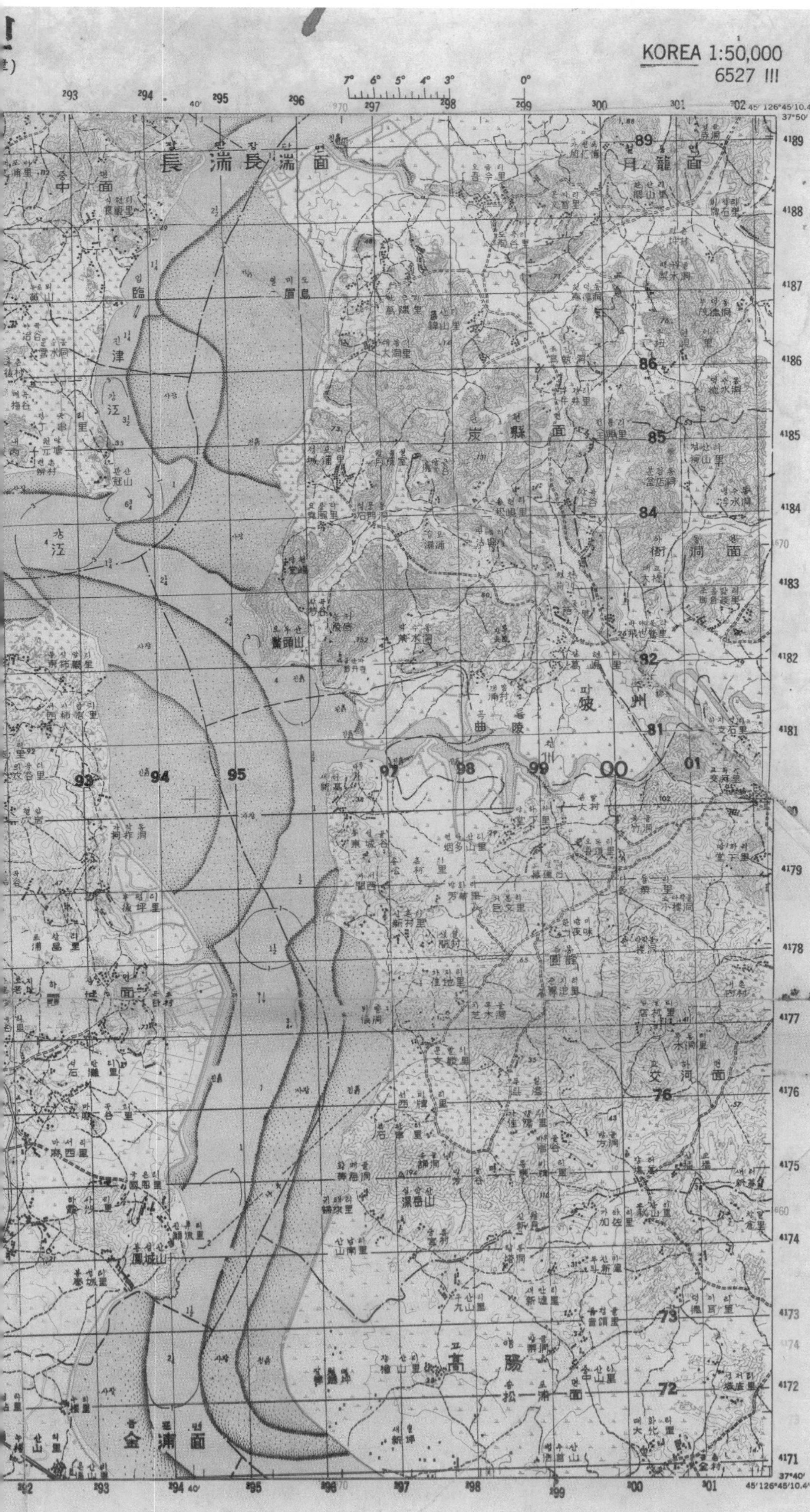
KOREA 1:50,000
6527 III
長湍長湍面
月籠面
炭縣面
坡州
交河面
高陽
松浦面
金浦面
二眉島
臨津江

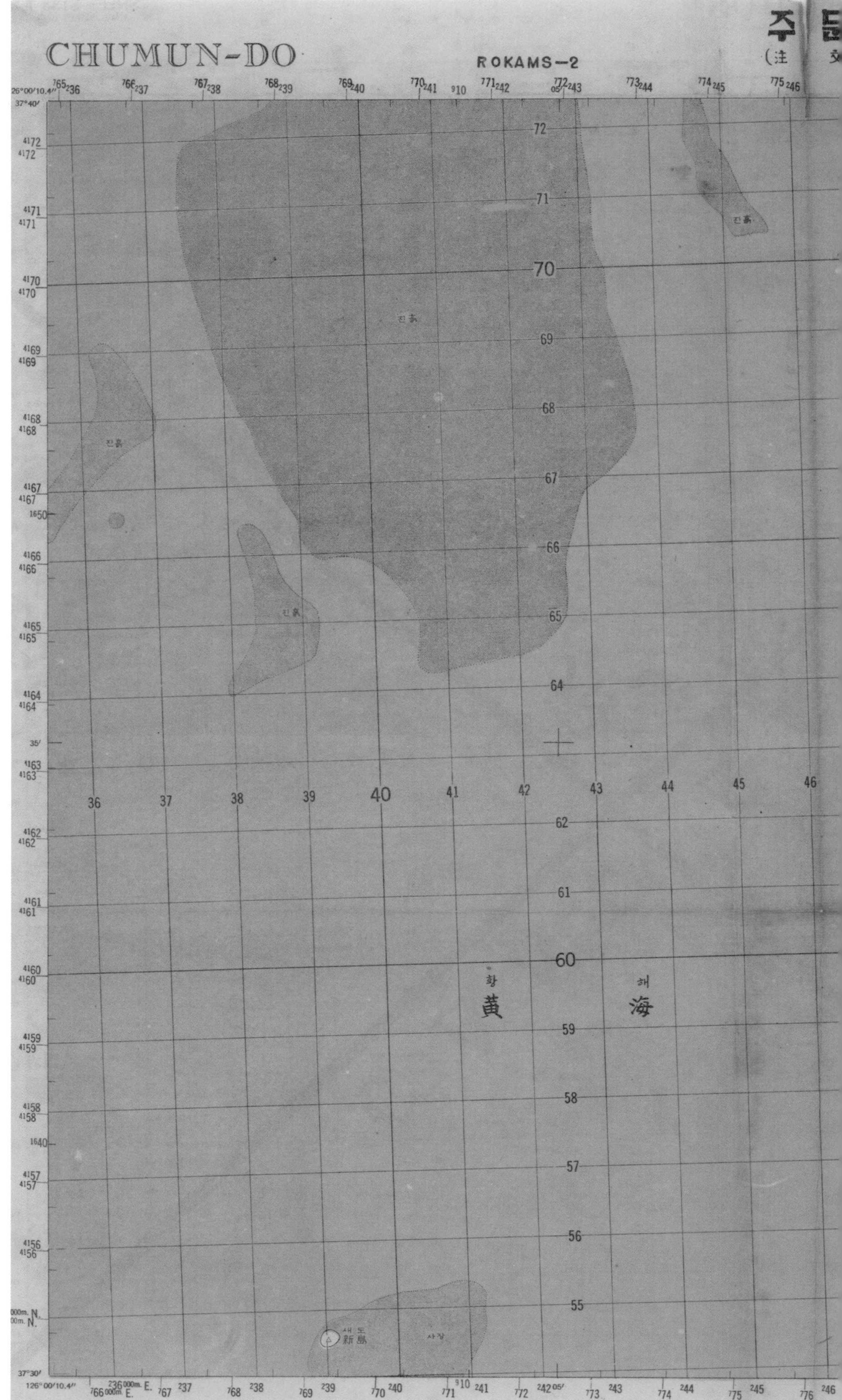
CHUMUN-DO
ROKAMS-2
주
(注
진흙
진흙
진흙
진흙
황
黃
해
海
새도
新島
사질

KOREA 1:50,000
6426-IV
江華
서 도 면
西 島 面
진흙
분지도
사장

KOREA 1:50,000
AMS 3 FOURTH EDITION-AMS (FEC)
Indu-dong
Ippong-dong
Tanggok
MASŎNG-SAN
MASŎNG-DONG
(AREA NAME)
Naedong-ni
SIMCH'ŎN-MYŎN
Sambong-dong
Ch'ŏnsodae
Tangu-dong
Songsa-dong
Koyang-dong
SUNGJI-DONG
SINBU-MYŎN
Ŭmsu-dong
Yŏnbong-ni
Yŏan-dong
Wŏlbong-dong
NONGGON-DONG
Yujŏng-dong
Kan-dong
Tŏkpong-dong
Sŏngoe-ri
Sangdan
MOKSADAE-DONG
(AREA NAME)
Sŏngnae-ri
SANSŎNG-DONG
T'aphyŏn
Hadan
Songjŏng-dong
Kwang-dong
Sogo-dong
Ch'ŏn-dong
Chungbong-dong
Hakhyŏndong-Ha-dong
Sinch'amoe-dong
Hakhyŏn-dong
KOUP-TONG
Sang-dong
Nae-dong
Chung-dong
Sŏ-dong
SUCH'ŎNG-MYŎN
Koupfong-Ha-dong
Kouptong-Chung-dong
Tang-dong
KAMUL-TONG
Hangnim-dong
Changyo-dong
Wŏnsan-dong
Sangbong-dong
Ponghwang-dong
T'ap-tong
ANSAN-DONG
Nam-dong
Taebinp'o
Tong-dong
Ch'oam
SOWŎN-SAN
Sinch'on
TAEWŎN-SAN
Changnyŏng
Hagam
Sangsang-dong
TOK-SAN
Hak-tong
Mangdong-p'o
Sangjung-dong
Sungam
T'AESAN-MYŎN
Masan
Sindong-p'o
Sogwan
KILSŎNG-DONG
Tanghe
Kok-tong
Hasang-dong
PAENGNYANG-MYŎN
Pinjang-p'o
Hajung-dong
Chik-p'o
Namu-ch'oe
Ibam
No-do
Changyo
Chihong-dong
Yo-dong
Sasin
Sŏn-do
Chuk-to
Samgot-to
Tong-do
mud
Sand
sand shells
rocky
Uncovers
124°45'10.4"
39°50'
39°40'
651000m.E.
792000m.N

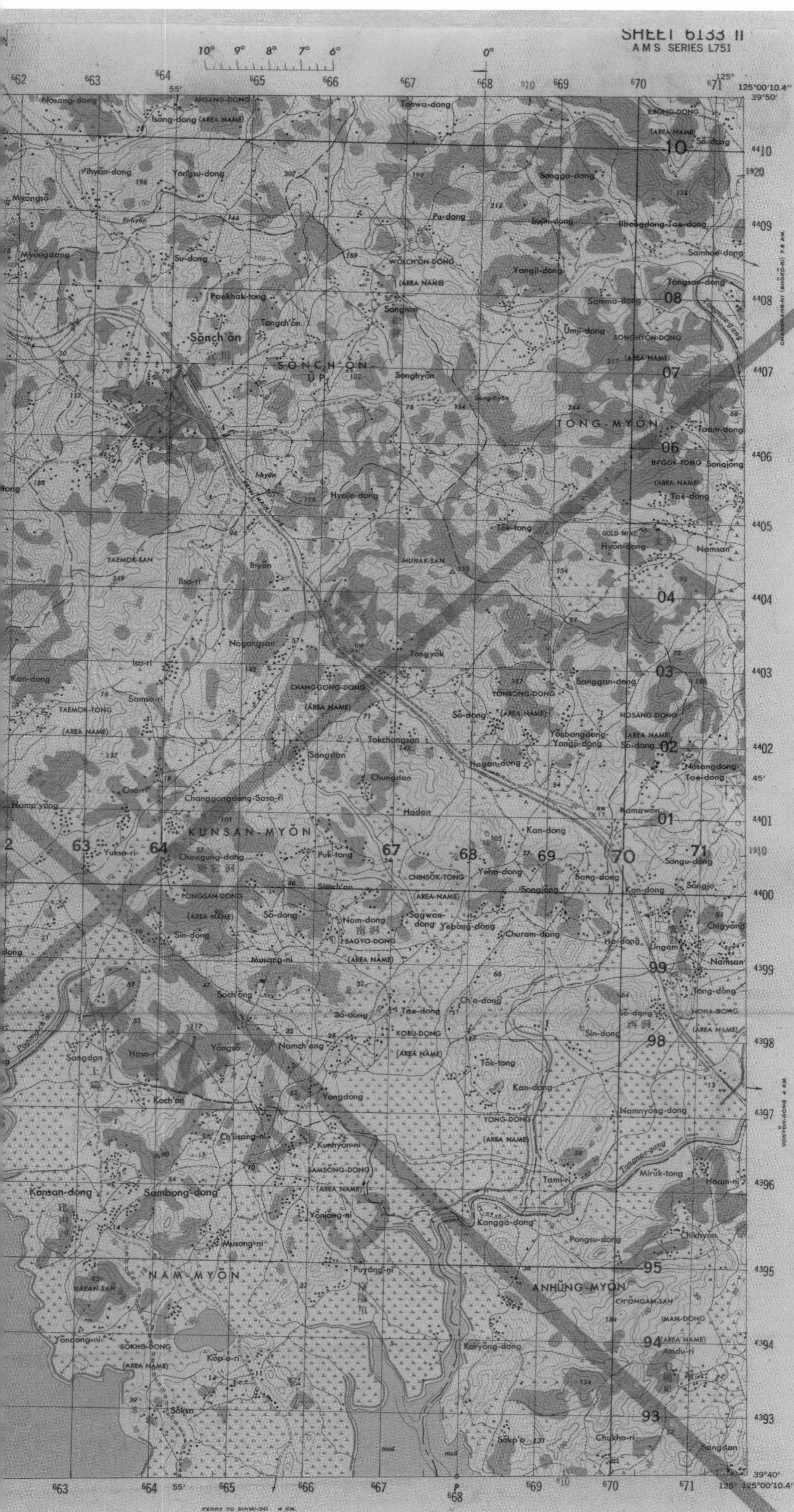
SHEET 6133 II
AMS SERIES L751
SŎNCH'ŎN ŬP
TONG-MYŎN
KUNSAN-MYŎN
NAM-MYŎN
ANHŬNG-MYŎN
Sŏnch'ŏn
FERRY TO SINMI-DO 4 KM.

5.
「1916년 地誌調書 仁川府」 편 [우철]

1) 京畿道 仁川府 面內地誌調書

2) 道路, 海灣, 湖池, 廟寺, 名勝, 舊蹟, 瀑布, 巖石, 溪谷 等

이 문서는 우철입니다. 395쪽부터 보시기 바랍니다.

地誌調書用紙甲

京畿道 仁川 府 面內地誌調書

洞里名	舊洞里名又ハ部落名	戶數	人口	備考
金谷里	金谷洞 그리, 비다리, 기시지 장승	一九三	八六四	
牛角里	牛角洞 쇠뿔, 쇠뿔고개 시장	四〇四	一八二一	
花平里	花村洞 고잔, 平洞 평판말	五五二	二五三〇	
外里	外洞, 싸리재, 京町一部	四二七	一八六九	
內里	內洞 上部, 京町一部	四六八	二〇一五	內洞一部 當洞一部 [illegible]
竜里	龍洞 二部 싼우물	三六二	一四四五	
竜岡町	龍岡町	一三三	五五〇	
山根町	山根町, 위티골	九二	三五〇	
栗木里	栗木洞 밤나무골	三一六	一三四九	
萬石町	萬石洞, 萬石町, 備砲町, 水脉洞一部, 괘이부리	一八九	六六九	
幸町	當洞, 고잔말, 부엉바위, 幸町	五四四	二〇三六	
新町	新町	三三七	一二八〇	
宮町	宮町, 花町一丁目一部	三四二	一三一〇	
濱町	濱町	二二〇	八〇八	
花町一丁目	花町一丁目一部, 花町二丁目 [illegible], 新昌洞一部	四五五	一七三八	
花町二丁目	新昌洞一部, 花町一丁目一部, 花町二丁目一部, 花開洞 [illegible]	一三五	五一六	新昌洞 [illegible]

花町三丁目	花町三丁目一部 花町四丁目	四〇	一六六	
敷島町	敷島町 桃山町一部	六五	三五九	敷島町 桃町 비암물
桃山町	桃山町一部、長川里、잠사리 獨脚里、독갑다리	三三	一三七	桃山町 황골
松林里	松林洞 한우물、안송넘、서낭 비화지、밤나무골、	二九	一四二七	
松峴里	松峴洞 박끝 함우물、서방죽너	四四	一九九六	
新花水里	新村、서말、水踰洞、무넘이 花島	四五〇	二〇〇二	
海岸町一丁目	海岸町一部	一八	六〇	
海岸町二丁目	仝	一五	八六	
海岸町三丁目	仝	三二	一三八	
海岸町四丁目	仝	三四	一四一	四二五
本町一丁目	本町一部	四〇	二一九	
本町二丁目	仝	四四	二五七	
本町三丁目	仝	五二	二九一	
本町四丁目	仝	一〇	五八八	一、三五五
柳町	柳町	五六	二一六	
仲町一丁目	仲町一部	九〇	三四八	
仲町二丁目	仝	六六	三〇三	
仲町三丁目	仝	六〇	二五三	九〇四 仲町 支那町 선창
山手町一丁目	山手町一部	四	二四	
山手町二丁目	仝	五五	二八八	

- 2 -

地誌調書用紙甲

道 府郡 面内地誌調書

洞里名	舊洞里名又ハ部落名	戸數	人口	備考
山手町三丁目	仝	二七	一三四	
港町一丁目	港町一丁目	四	一五	
港町二丁目	港町二丁目	一	一	
支那町	支那町	一〇	八〇七	
花房町一丁目	花房町一部	一八	六一	
花房町二丁目	仝	一五三	五五三	
花房町三丁目	仝	八	四〇	
松坂町一丁目	松坂町一部	四二	一八〇	
松坂町二丁目	仝	七六	二六一	
松坂町三丁目	仝			

북성구지

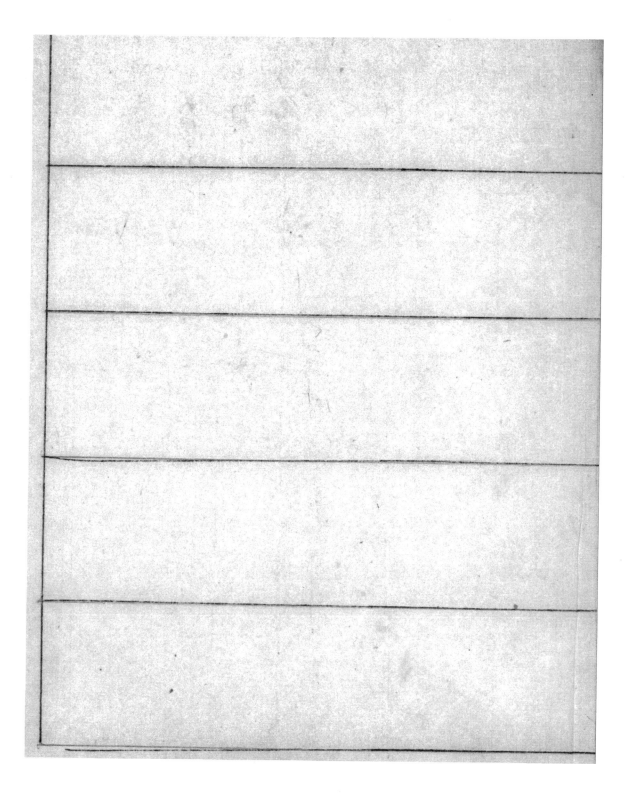

地誌調書用紙乙

道路、山川、海灣、湖池、廟寺、名勝、舊蹟、瀑布、岩石、溪谷等

道路

一等道路　元標ヨリ税関桟橋上陸地点ニ至ル

一　元標ヨリ仁川駅ニ至ル

元標ヨリ本町、[illegible]仲町、内里、栗木里、桝町、桃山町ヲ経テ富川郡界ニ至ル

外里ヨリ竜岡町、竜里ヲ経テ杻峴駅ニ至ル

二等道路　本町四丁目ヨリ新町、寺町、花町、敷島町、桃山町ヲ経テ富川郡官廳里ニ至ル

海灣

仁川港　仁川府西南ニ面スル海面ヲ云ヒ内港ニ船渠式ノ築港中ニシテ大正[illegible]年度完成ノ予定

廟寺

大谷派本願寺仁川布教所　寺町

妙覚寺　寺町

遍照寺　宮町

明照寺　寺町

華厳寺　花町一丁目

島嶼

大月尾島　仁川港ノ前面約八丁ノ處ニアリ周囲約一里頂ニ無線電信所ノ設ケアリ西南面中央ニ井アリ之レハ明治十七年ノ役ニ花房公使避難ノ際山腹ヨリ清水湧出シアルヲ発見シ井ノ設備ヲナセシヲ以テ花房井ト名称ヲ付ス又海軍ノ炭庫検疫所アリ

小月尾島　大月尾島ノ南方ニ在リ頂ニ燈臺ノ設アリ

沙島　築港前面ノ小島ナリ 表島、猫島ヲ[illegible]

名勝

宮町公園　宮町南端ニテ園内ニ仁川神社アリ

山手公園　山手町一丁目山腹ニテ眺望最モ可ナリ

官公署

仁川府　仲町一丁目

仁川警察署　仲町一丁目

仁川郵便局　仲町一丁目

支那領事館　支那町

仁川税関　港町二丁目

[illegible]

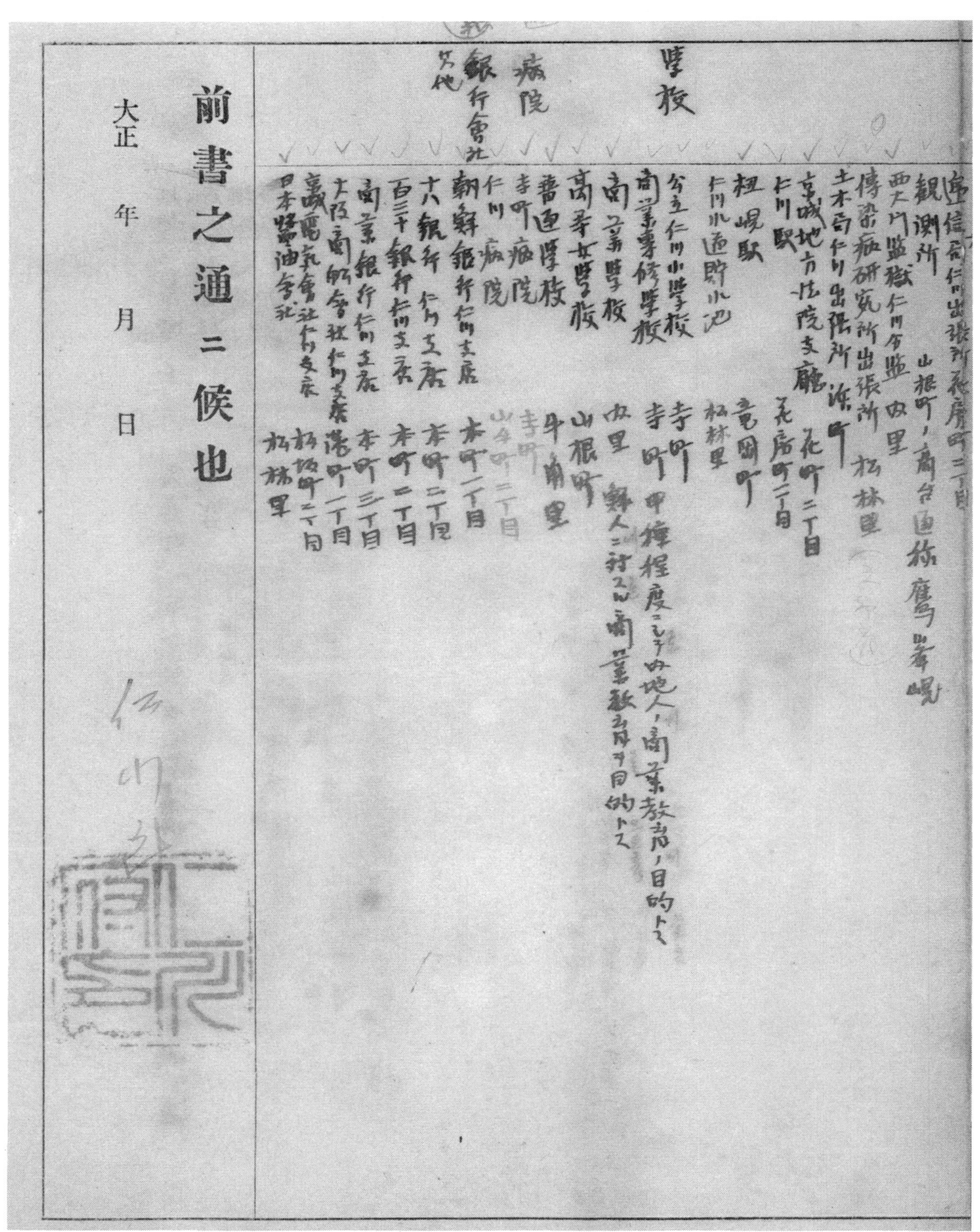

學校
病院
銀行會社
其他

通信局仁川出張所 花房町二丁目
觀測所 山根町ノ高台通称鷹峯
西大門監獄仁川分監 内里
傳染病研究所出張所 松林里
土木局仁川出張所 濱町
京城地方法院支廳 花町二丁目
仁川驛 花房町二丁目
杻峴驛 龍岡町
仁川水道貯水池 松林里
公立仁川小學校 寺町
商業專修學校 寺町 甲種程度ニテ内地人ノ商業教育ノ目的トス
南商業學校 内里 鮮人ニ對スル商業教育ノ目的トス
高等女學校 山根町
普通學校 牛角里
寺町病院 寺町 山手町二丁目
仁川病院 本町一丁目
朝鮮銀行仁川支店 本町二丁目
十八銀行仁川支店 本町二丁目
百三十銀行仁川支店 本町二丁目
商業銀行仁川支店 本町三丁目
大阪商船會社仁川支店 濱町一丁目
京城電氣會社仁川支店 松坂町二丁目
日本石油會社 松林里

前書之通ニ候也

大正　年　月　日

仁川府

- 6 -

地誌調書用紙乙

道路、山川、海灣、湖池、廟寺、名勝、舊蹟、瀑布、岩石、溪谷等

舊蹟

外國人墓地　花房町二丁目 公園ノ設備アリ夏期ノ遊園地トシテ最モ可ナリ
朝鮮新聞社　仲町
佛国教会　寺町ノ高地ニアリ
海陸軍墓地　栗木里礒林大尉ノ墓アリ
旧砲臺　萬石町猫島ノ角ニアリ

京町通
宅合名会社、屠獣場、内地人共同墓地、水上巡査出張所、税関監視課、検疫事務所、
水産会社、遞信局工作場、仝瓦斯製造所、検疫所、仝見張所、無線電信所、スタンダード
石油会社、海軍需品支庫、驗潮所、石油会社、仁川製塩所、煉製塩所、
依知川製塩所、水踰洞避病院、監理教会堂、美監理教会堂、歌舞伎座
[illegible]鉄、奥田精米所、力武精米所、幼稚園、税関官舎、午砲臺、煙草場、
英國病院、水道事務所、商業会議所、金光教会堂、[illegible]

(藤井)

- 7 -

前書之通ニ候也

大正　年　月　日

- 8 -

부 록

1. 유형별 지명 색인
2. '가나다'순 지명 색인

1. 유형별 지명 색인

부평연화(와)공장(富平煉瓦工場)
삼성주물공장(三星鑄物工場)
신한베아링공장(新韓베아링工場)
주안섬유공장(朱安纖維工場)
한국화약주식회사인천공장(韓國火藥株式會社仁川工場)
협신화학공장(協信化學工場)

【관개지】
부평수리조합관개지(富平水利組合灌漑地)
한강수리조합관개지(漢江水利組合灌漑地)

【관재국】
경기도관재국(京畿道管財局)

【광산】
주안고령토광산(朱安高嶺土鑛山)

【교육청】
부천교육청(富川教育廳)
인천시교육청(仁川市教育廳)

【교회】
감리교회(監理教會)
검암천주교회(黔岩天主教會)
계산감리교회(桂山監理教會)
구세군송림영문(救世軍松林營門)
구세군영(救世軍營)
금곡교회(金谷教會)
기독교감리회만석교회(基督教監理會万石教會)
남동기독교회(南洞基督教會)
남동천주교회(南洞天主教會)
대한감리회인천시만수교회(大韓監理會仁川市萬壽教會)
대한예수교장로회인천제4교회(大韓예수教長老會仁川第四教會)
도원교회(桃源教會)
도화교회(道禾教會)
백석성결교회(白石聖潔教會)
보합교회(寶合教會)
부광교회(富光教會)
부평감리교회(富平監理教會)
부평천주교회(富平天主教會)
북성교회(北城教會)
사미감리교회(士美監理教會)
성결교회(聖潔教會)
송도장노(로)교회(松島長老教會)
송림천주교회당(松林天主教會堂)
송월교회(松月教會)
송현성결교회(松峴聖潔教會)
숭의교회(崇義教會)
시은교회(施恩教會)
신현교회(新峴教會)
안식교회(安息教會)
연백성모원(延白聖母院)
연수교회(延壽教會)
연희동교회(連喜洞教會)
예수교장노(로)회제七교회(예수교長老會第七教會)
인천구세군(仁川救世軍)
장노(로)교제6교회(長老教第六教會)
장노(로)교제五교회(長老教第五教會)
전동교회(錢洞教會)
제三교회(第三教會)
제二교회(第二教會)
제일교회(第1教會)
주안감리교회(朱安監理教會)
주안장노(로)교회(朱安長老教會)
중앙교회(中央教會)
중앙교회(中央教會)
창영교회(昌榮教會)
천주교인천답동성당(天主教仁川畓洞聖堂)
침예(례)교회(浸禮教會)
팔복교회(八福教會)
화도교회(花島教會)
화평성결교회(花平聖潔教會)

【구역출장소】
남동출장소(南洞出張所)
남부출장소(南部出張所)
동부출장소(東部出張所)
문학출장소(文鶴出張所)
북부출장소(北部出張所)
서곳(곶)출장소(西串出張所)
인천시부평출장소(仁川市富平出張所)
주안출장소(朱安出張所)
중부출장소(中部出張所)

【군도】
자치도(雌雉島)
장금도(長金島)

【군청】
부천군청(富川郡廳)
옹진군청(甕津郡廳)

【극장】
동방극장(東邦劇場)
문화극장(文化劇場)
미림극장(美林劇場)
부평극장(富平劇場)
시민관(市民舘)
애관(愛館)
인천극장(仁川劇場)
장안극장(長安劇場)
제二시민관(第二市民館)

【다리】
검암교(黔岩橋)
구름다리
大橋
도원교(桃源橋)
동인천교(東仁川橋)
만수교(萬壽橋)
만화로(万花路)
배다리
빈정교(濱汀橋)
송현제三교(松峴第三橋)
송현제二교(松峴第二橋)
송현제一교(松峴第一橋)
승기교(承基橋)
시시내다리
운교(雲橋)
장수교(長壽橋)
청천교(淸川橋)
下里橋
하천교(河川橋)
하천다리(河川橋)
한다리
홍여문
홍예문(虹霓門)
화평철로교(花平鐵路橋)
화평철로문다리

【도로】
경인도로(京仁道路)
논현사거리(論峴四巨里)
도림로(桃林路)
도원동선(桃源洞線)
만화로(万花路)
만화로(萬花路)
문학선(文鶴線)
반월로(半月路)
송도선(松島線)
송림로(松林路)
송현전선도로(松峴前線道路)
수인도로(水仁道路)
숭인로(崇仁路)
仁永道路
중앙로(中央路)
채미전거리
杻峴沓洞線

【도서관】
인천시립도서관(仁川市立圖書館)

【도장】
제一도장(第一屠場)

【동】
가정니(리)(佳亭里)
가정동(佳亭洞)
가좌동(佳佐洞)
간석(間石)
간석동(間石洞)
갈산동(葛山洞)
검암동(黔岩洞)
검암리(黔岩里)
경동(京洞)
경서동(景西洞)
계산二동(桂山二洞)
계산一동(桂山一洞)

고잔동(古棧洞)
공촌니(리)(公村里)
공촌동(公村洞)
관교(官校)
관교동(官校洞)
관동三가동(官洞三街洞)
관동二가동(官洞二街洞)
관동一가동(官洞一街洞)
구산동(九山洞)
구월(九月)
구월동(九月洞)
금곡동二동(金谷洞二洞)
금곡동一동(金谷洞一洞)
남촌동(南村洞)
내동(內洞)
논현리
논현二동(論峴二洞)
논현一동(論峴一洞)
답동(畓洞)
도림동(桃林洞)
도원동(桃源洞)
도화동(道禾洞)
도화동二동(道禾洞二洞)
도화동一동(道禾洞一洞)
동춘(東春)
동춘동(東春洞)
만석동(万石洞)
만수(萬壽)
만수동(萬壽洞)
문학(文鶴)
문학동(文鶴洞)
밤나무골
백석동(白石洞)
백석리(白石里)
부개동(富開洞)
부평(富平)
부평三동(富平三洞)
부평二동(富平二洞)
부평一동(富平一洞)
북성동三가동(北城洞三街洞)
북성동二가동(北城洞二街洞)
북성동一가동(北城洞一街洞)
사동(沙洞)
산곡(山谷)
산곡동(山谷洞)
삼산동(三山洞)
서운동(瑞雲洞)
서창(西昌)
서창동(西昌洞)
석남동(石南洞)
선린동(善隣洞)
선학동(仙鶴洞)
송림동四동(松林洞四洞)
송림동三동(松林洞三洞)
송림동二동(松林洞二洞)
송림동一동(松林洞一洞)
송월동1가동(松月洞一街洞)
송월동三가동(松月洞三街洞)
송월동二가동(松月洞二街洞)
송학동3가동(松鶴洞三街洞)
송학동二가동(松鶴洞二街洞)
송학동一가동(松鶴洞一街洞)
송현동三동(松峴洞三洞)
송현四동(松峴四洞)
송현二동(松峴二洞)
송현一동(松峴一洞)
수산동(壽山洞)
숭의동1동(崇義洞一洞)
숭의동3동(崇義洞三洞)
숭의동四동(崇義洞四洞)
숭의동二동(崇義洞二洞)
시천동(始川洞)
시천리(始川里)
신생동(新生洞)
신포동(新浦洞)
신현니(리)(新峴里)
신현동(新峴洞)
신흥동三동(新興洞三洞)
신흥동二가동(新興洞二街洞)
신흥동一가동(新興洞一街洞)
심곡니(리)(深谷里)
심곡동(深谷洞)
십정(十井)
십정동一동(十井洞一洞)

【동사무소】

숭의1,3동사무소(崇義一,三洞事務所)
숭의二,四동사무소(崇義二,四洞事務所)
신흥삼선화동사무소(新興三仙花洞事務所)
신흥一,二동사무소(新興一二洞事務所)
십정一동사무소(十井一洞事務所)
연수청학동(延壽青鶴洞)
옥련동사무소(玉蓮洞事務所)
용현二동사무소(龍現二洞事務所)
용현一동사무소(龍現一洞事務所)
원창동사무소(元倉洞事務所)
유율목동사무소(柳栗木洞事務所)
작전동사무소(鵲田洞事務所)
장수동사무소(長壽洞事務所)
주안一,二동사무소(朱安一,二洞事務所)
중앙해안항관송학선린동사무소(中央海岸港官松鶴善隣洞事務所)
창영동사무소(昌榮洞事務所)
학익동사무소(鶴翼洞事務所)
화수1,2,3송현4동사무소(花水一,二,三松峴四洞事務所)
화평동사무소(花平洞事務所)
효성동사무소(曉星洞事務所)

【묘지】

외국인공동묘지(外國人共同墓地)

【바위】

벼락바위

【박물관】

인천시립박물관(仁川市立博物館)

【발전소】

경전인천지점(京電仁川支店)

【방송국】

기독교방송국(基督教放送局)

【변전소】

부평변전소(富平變電所)
송현변전소(松峴變電所)
숭의변전소(崇義變電所)
전동변전소(錢洞變電所)
조선전업부평변전소(朝鮮電業富平變電所)

【병원】

경기도립인천병원(京畿道立仁川病院)
경기도적십자병원(京畿道赤十字病院)
경인의원(京仁醫院)
국립성계원(國立成蹊園)
기독병원(基督病院)
대한적십자사경기도인천지부(大韓赤十字社京畿道仁川支部)
부평병원(富平病院)
성모자애병원(聖母慈愛病院)
인천해군병원(仁川海軍病院)
적십자결핵요양원(赤十字結核療養院)
제인원(濟仁院)

【보건소】

보건소(保健所)

【부락】

가곡(稼谷)
가루개(佳会峴里)
가정(佳亭)
가정니(리)(佳亭里)
가현(佳峴)
가현리(佳峴里)
각골(角谷)
간재(艮才)
간재리(艮才里)
간재울
갈매
갈산(葛山)
갈산동(葛山洞)
갈월(葛月)
갈월리(葛月里)
감중절
감중절리(甘中節里)
개말
개와리
거월(巨月)
건지(乾池)
건지골

먹으미
못머리
묵동(墨洞)
물네미
박촌말
발산(鉢山)
발촌(鉢村)
배꼽부리
배렷
백마장(白馬場)
백석(白石)
백석리(白石里)
백호뿌리
번작리(番作里)
번지기
범아가리
벗말
벽돌막
벽돌말
봉동(鳳洞)
봉오재
봉현니(리)(烽峴里)
봉화촌(烽火村)
부수지(浮水芝(地))
부평(富平)
부평구읍(富平舊邑)
북논현(北論峴)
북촌(北村)
불잠(佛岑)
비랭이
비룡(飛龍)
비룡리(飛龍里)
비루고개
사근다리
사동(寺洞)
사리동
사리울
사리월
사미(士美)
산곡리(山谷里)
산뒤
산밑말주막
산밑부락
산성(山城)
산성리(山城里)
산저동(山底洞)
산후(山後)
산후리(山後里)
살나리
살나리부락
삼능사택(三菱舍宅)
상십정동(上十井洞)
상촌(上村)
새고개
새골
새골(鳥谷)
새꼴
새대
새말
새말(新村)
새미
새별이
새터말(新基村)
샛말(間村)
서당골(書堂골)
서창(西昌)
서촌(西村)
서판(西判)
석바위
석암
석암동(石岩洞)
석촌(石村)
설내(雪內)
성동(城洞)
성말
성현(星峴)
소구월동(小九月洞)
소도장(小道章)
소래(蘇萊)
소반재말
송내동(松內洞)
송도(松島)
쇄판
수곡(水谷)

제척말
조곡(鳥谷)
주안(朱岸)
주안사거리(朱安四巨里)
주원(朱元)
지두동(池頭洞)
지제루사택(지-젤舍宅)(志節坊)
찬우물
척전(尺前)
청능(릉)(靑陵)
충훈동(忠勳洞)
충훈부(忠勳府)
큰 구월리
큰말
큰암
태직(培直)
티-젤
포리(浦里)
포촌(浦村)
하십정동(下十井洞)
하촌(下村)
하촌(河村)
한나루
한들
한진(漢津)
햇골
헐덕고개
호구포(虎口浦)
홍중사택(弘中舍宅)
화전(化田)
화전리(化田里)
환자곳(곶)(還子串)
활터고개(弓峴)
황골
황굴
후정(後井)
후정리(後井里)
훍터머지

【뽐부장】
부평뽐부장(富平뽐부장)

【삐중다리】
괭이부리
묘도(猫島)

【사무소】
외자청인천사무소(外資廳仁川事務所)
인천지방해무청축항사무소(仁川地方海務廳築港事務所)
주안출장소(朱安出張所)

【산】
거마산(距馬山)
계양산(桂陽山)
관모산(冠帽山)
금산(金山)
기상대산
문학산(文鶴山)
배꼽산
봉화산(烽火山)
상아산(象牙山)
수봉산(壽鳳山)
수봉산(水峰山)
아남산
안남산(安南山)
오봉산(五峯山)
오정포산(午正砲山)
용두산(龍頭山)
척량산(尺量山)
철마산(鐵馬山)
청량산(淸凉山)
태봉산(胎封山)
함봉산(娀峰山)

【산성】
문학산성(文鶴山城)

【서원】
학산서원(鶴山書院)

【섬】
곰에바위
굼에바위
기도(箕島)

까투렴
낙도(落島)
낙섬
난점
난지도(蘭芝島)
낭도(浪島)
놀염(獐島)
목도(木島)
목섬
문점
문점도(文沾島)
밤염
범섬
부도(缶島)
사도(蛇島)
사섬(蛇島)
사염
세루
세어도(細於島)
소도(小島)
소문점
소문점도(小文沾島)
소염
소염(小島)
소월미도(小月尾島)
아암도(兒岩島)
원도(猿島)
월미도(月尾島)
율도(栗島)
이도(耳島)
일도(一島)
일섬
장구염
장도(獐島)
잿겸도
지내섬
청나(라)도(菁蘿島)
키섬
파-렴(菁蘿島)
팔염
항도(缸島)
호도(虎島)

【세관】
인천세관(仁川稅關)

【세무서】
동인천세무서(東仁川稅務署)
인천세무서(仁川稅務署)

【소방서】
부평소방서(富平消防署)
인천소방서(仁川消防署)

【수로】
송현수로(松峴水路)
수문통
한강수리조합간선(漢江水利組合幹線)

【수신국】
인천무선국전신송도수신국(仁川無線電信局松島受信局)

【시장】
송월시장(松月市場)
송현시장(松峴市場)
중앙시장(中央市場)

【시청】
인천시청(仁川市廳)

【신문사】
경인일보사(京仁日報社)
인천신보사(仁川新報社)
주간인천사(週刊仁川社)

【약수】
문학약수(文鶴藥水)

【양조장】
문학양조장(文鶴釀造場)
부천양조장(富川釀造場)
주안양조장(朱安釀造場)

【어시장】
어시장(魚市場)

【어업조합】
경기도어업조합연합회(京畿道漁業組合聯合會)
송도어업조합(松島漁業組合)

【역】
남동역(南洞驛)
남인천역(南仁川驛)
동인천역(東仁川驛)
부평역(富平驛)
상인천역(上仁川驛)
소래역(蘇萊驛)
송도역(松島驛)
인천역(仁川驛)
주안역(朱安驛)
축현역(杻峴驛)
하인천역(下仁川驛)

【염시험장】
전매청염시험장(專賣廳塩試驗場)

【염전】
佳亭塩田
남동염전(南洞塩田)
남동염전2구(南洞塩田二區)
남동염전一구(南洞塩田一區)
남동제三구염전(南洞第三區塩田)
백석염전(白石塩田)
상애염전(相愛塩田)
서곶(곶)염전(西串塩田)
서주염전(西州塩田)
소래일구염전(蘇萊一區塩田)
인포염전(仁浦塩田)
주안염전(朱安塩田)

【영】
경명고개(景明峴)
경명현(景明峴)
승학현(昇鶴峴)
싱아고개
원퇴이고개(圓通고개)
징맹이고개

【요리점】
共和春
중화루(中華樓)

【우체국】
계산우체국(桂山郵遞局)
논현우체국(論峴郵遞局)
부평우체국(富平郵遞局)
상인천우체국(上仁川郵遞局)
인천우체국(仁川郵遞局)
주안우체국(朱安郵遞局)

【운동장】
인천시공설운동장(仁川市公設運動場)

【유원지】
송도유원지(松島遊園地)

【유치원】
화도유치원(花島幼稚園)

【은행】
농업은행인천지점(農業銀行仁川支店)
상업은행인천지점(商業銀行仁川支店)
조흥은행인천지점(朝興銀行仁川支店)
한국산업은행인천지점(韓國産業銀行仁川支店)
한국은행(제일)인천지점(韓國第一銀行仁川支店)
한국은행인천지점(韓國銀行仁川支店)
한국흥업은행인천지점(韓國興業銀行仁川支店)

【자치구】
인천화교자치구(仁川華僑自治區)

【작업장】
부천형무소작업장(富川刑務所作業場)

【재판소】
서울지방법원인천지원(서울地方法院仁川支院)

문학지서(文鶴支署)
부내지서(富平警察署富內支署)
부평경찰서서곶(곶)지서(富平警察署西串支署)
송도지서(松島支署)
용현지서(龍現支署)
주안지서(朱安支署)

【지점】
대한해운공사인천지점(大韓海運公社仁川支店)

【창고】
농업창고(農業倉庫)

【철공소】
이화철공소(二和鐵工所)

【철교】
소래철교(蘇萊鐵橋)

【출장소】
경기도관재국인천출장소(京畿道管財局仁川出張所)
남동출장소(南洞出張所)
남부출장소사무소(南部出張所事務所)
농은주안출장소(農銀朱安出張所)
문학출장소(文鶴出張所)
북부출장소사무소(北部出張所事務所)
서곶(곶)출장소(西串出張所)
외무부인천출장소(外務部仁川出張所)
인천시동부출장소(仁川市東部出張所)
인천시부평출장소(仁川市富平出張所)
인천시중부출장소(仁川市中部出張所)
한강수리조합부평출장소(漢江水利組合富平出張所)

【측후소】
인천측후소(仁川測候所)

【파출소】
만석동파출소(万石洞派出所)
수상경찰서만석동파출소(水上警察署万石洞派出所)
숭의동파출소(崇義洞派出所)
인천경찰서도원동경찰관파출소(仁川警察署桃源洞警察官派出所)
인천경찰서신흥동파출소(仁川警察署新興洞派出所)
축현파출소(杻峴派出所)
하인천파출소(下仁川派出所)
화평동파출소(花平洞派出所)

【판매소】
동막판매소(東幕販賣所)

【하천】
굴포천(掘浦川)
만수천(萬壽川)
빈정천(濱汀川)
샘내
승기천(承基川)
시시내개울
시천천(始川川)
심곡천(深谷川)
장수천(長壽川)

【학교】
경기도자동차기술학교(京畿道自動車技術學校)
경기수산고등학교(京畿水産高等學校)
경찰전문학교(警察專門學校)
계동국민학교(桂洞國民學校)
고려중학교(高麗中學校)
구월국민학교(九月國民學校)
남인천여자중고등학교(南仁川女子中高等學校)
논현국민학교(論峴國民學校)
도원국민학교(桃源國民學校)
도화국민학교(道禾國民學校)
동명국민학교(東明國民學校)
동산중고등학교(東山中高等學校)
동인천중학교(東仁川中學校)
만수국민학교(萬壽國民學校)
무궁화공민학교(無窮花公民學校)
무선고등학교(無線高等學校)
문학국민학교(文鶴國民學校)
박문국민학교(博文國民學校)
박문여자중고등학교(博文女子中高等學校)
보합공민학교(宝盒公民學校)
부평공립보통학교(富平公立普通學校)
부평동국민학교(富平東國民學校)

【항구】

【형무소】

【화장장】

【회사】

【회의소】

【훈련소】

2. '가나다순' 지명 색인

ㄴ

ㄷ

ㅁ

ㅂ

ㅅ

ㅇ

ㅈ

ㅊ

ㅋ

ㅌ

ㅍ

ㅎ

편저자 소개

강재철(姜在哲)

1948년 부천 출생
단국대학교 명예교수
인천고 인물사편찬위원회 위원(2016년~현재)
부천문화원 부천학연구소 연구위원(2022년~현재)
「인천과 부천의 접계지 송내 권역의 설화 발굴과 향토 소지명」(2021)
「인천과 부천의 접계지 송내 권역의 지명과 조수」(2022)
「부천시 오정구의 '배리내천 및 여월천' 학술답사기」(2021)

김영수(金榮洙)

1952년 서울 출생
단국대학교 명예교수
부천문화원 부천학연구소 연구위원(2021년~현재)
『조선시가 연구』(2004)
『고대가요 연구』(2007)
『삼국유사와 문화코드』(2009)
〔디지털부천문화대전〕 인문지리 30여개 地名 수정·증보

이건식(李建植)

1960년 서울 출생
단국대학교 문과대학 국어국문학과 교수
한국지명학회 회장 / 한국어문정보학회 회장(現)
『한국 고유한자의 구성법 연구』(2021)
「일본 제국주의의 한국 행정구역 통폐합 과정과 그 결과」(2021)
「馬韓小國 優休牟涿國 표기와 조선 시대 富平都護府 注火串面 표기의 의미 유사성과 차별성에 대하여」(2022)

인천학자료총서 34
1959년 인천시 지명조사표
– 인천시지명제정위원회 '결정통과본' –

2023년 2월 22일 초판 1쇄 펴냄

기 획 인천대학교 인천학연구원
편저자 강재철·김영수·이건식
펴낸이 김흥국
펴낸곳 보고사

등록 1990년 12월 13일 제6-0429호
주소 경기도 파주시 회동길 337-15 2층
전화 031-955-9797(대표)
02-922-5120~1(편집), 02-922-2246(영업)
팩스 02-922-6990
메일 kanapub3@naver.com / bogosabooks@naver.com
http://www.bogosabooks.co.kr

ISBN 979-11-6587-438-4 94300
979-11-5516-520-1 (세트)

정가 43,000원